Costumes Militaires

PARIS
LIBRAIRIE HISTORIQUE ET MILITAIRE
HENRI VIVIEN
51 rue Blanche
1900

COSTUMES MILITAIRES

L'Auteur et l'Editeur déclarent réserver leurs droits de traduction et de reproduction en France et à l'Etranger y compris la Suède et la Norwège.

IL A ÉTÉ TIRÉ A PART

45 exemplaires numérotés avec une suite en noir et une suite coloriée à la main

DONT

15 exemplaires sur papier de Hollande à...............			20 fr.	»
15	—	— Velin à..................	25 fr.	»
15	—	— Japon à.................	20 fr.	»

Costumes Militaires

CATALOGUE

DES PRINCIPALES SUITES DE

COSTUMES MILITAIRES FRANÇAIS

PARUES

TANT EN FRANCE QU'A L'ÉTRANGER

DEPUIS LE RÈGNE DE LOUIS XV JUSQU'A NOS JOURS

ET DES SUITES DE

COSTUMES MILITAIRES ÉTRANGERS

PARUES EN FRANCE

Par UN MEMBRE DE LA SABRETACHE

PARIS
LIBRAIRIE HISTORIQUE ET MILITAIRE
HENRI VIVIEN
51, RUE BLANCHE, 51
—
1900
Tous droits réservés

PRÉFACE

Le Catalogue des principales suites de Costumes Militaires Français, parues tant en France qu'à l'Étranger depuis le règne de Louis XV jusqu'à nos jours et des suites de Costumes Militaires Étrangers parues en France, n'était pas destiné à la publicité. Collectionneur de gravures et de lithographies représentant des uniformes militaires nous avions dressé ce catalogue pour notre usage personnel, en vue de faciliter nos recherches. Plusieurs de nos collègues de la Sabretache, collectionneurs eux-mêmes, ont pensé que notre travail pourrait rendre des services aux amateurs et nous ont demandé de le publier.

L'utilité d'un catalogue pour un collectionneur de costumes militaires n'a pas besoin d'être démontrée. Les suites complètes sont devenues pour la plupart fort rares, soit qu'elles aient été tirées à petit nombre, soit que beaucoup d'entre elles aient été livrées aux enfants. Certains albums, tels que ceux de Lalaisse, Bastin, de Moraine, spécialement publiés pour les enfants, pendant le second Empire, c'est-à-dire il y a trente-cinq ou quarante ans à peine, sont devenus aujourd'hui presque introuvables. Il en est de même, à bien plus forte raison, des suites qui ont paru sous Louis XV ou sous Louis XVI.

Parmi les collections les plus intéressantes, il en est beaucoup qui ont été publiées au jour le jour, souvent pendant un laps de temps fort long, comme les suites parues chez Martinet, chez Genty, chez Canu, chez Basset, etc., etc. Les planches qui les composent étaient surtout destinées à être vendues isolément aux militaires des différentes armes, désireux soit de conserver l'image de l'uniforme qu'ils avaient porté au régiment, soit de l'envoyer au pays, pour se rappeler au souvenir de leurs parents ou de leurs amis. Aussi ces suites ne se trouvent-elles pour ainsi dire jamais complètes. La Bibliothèque Nationale elle-même ne possède pas de séries complètes de Genty, de Basset, de Foussereau, de Richard et Berrieux, etc.

Ce qui rend encore les recherches plus difficiles c'est l'absence ou l'insuffisance de numérotation. Les planches de la collection si intéressante de Martinet sont, il est vrai, numérotées, soit à la presse, soit à la main, mais fréquemment deux planches différentes portent le même numéro et l'on trouve souvent des planches non numérotées. Parmi celles qui font partie des suites parues chez Genty, chez Basset, chez Canu, Vve Turgis, Richard et Berrieux, etc., il en est beaucoup auxquelles l'éditeur n'a jamais donné de numéro. Il est donc bien difficile à un amateur de se rendre compte des lacunes que peut encore présenter sa collection.

Nous n'avons pas la prétention de donner, pour les séries dont nous venons de parler, un catalogue absolument complet, mais les omissions, qui peuvent encore exister dans notre travail, doivent être bien peu nombreuses car nous avons relevé toutes les planches qui nous ont passé sous les yeux depuis quinze ans et nous avons compulsé avec soin les collections du Cabinet des Estampes de la Bibliothèque Nationale, la collection Dubois de l'Estang à la Bibliothèque des Beaux-Arts, ainsi que les principales collections des amateurs parisiens.

Nous ne nous sommes d'ailleurs pas bornés à cataloguer les suites parues en France et nous avons étendu nos investigations aux pays étrangers. Pendant les guerres de la Révolution et de l'Empire, des suites fort intéressantes de costumes militaires Français ont été publiées à l'Etranger et principalement en Allemagne. Des artistes de grand talent comme Seele et Kobell ont dessiné les uniformes que portaient nos soldats. Ces uniformes diffèrent souvent de ceux que fixaient les ordonnances, mais tout le monde sait que celles-ci n'étaient pas toujours observées en campagne et que la fantaisie des colonels et fréquemment l'impossibilité matérielle de se procurer les effets réglementaires, avaient introduit dans la tenue de nos troupes, de 1791 à 1815, une très grande variété. Il est donc utile pour l'amateur ou pour le peintre militaire, de pouvoir comparer les uniformes qui ont été réellement portés, avec ceux qui étaient réglementaires. C'est aussi dans les séries parues à l'Etranger, que l'on trouve le plus de renseignements sur les petites tenues et les tenues de campagne, alors que les collections françaises donnent le plus souvent les tenues de parade.

Malheureusement les suites allemandes sont, tout au moins dans notre pays, encore plus rares que les suites françaises. Nous ne croyons pas qu'il existe en France une seule collection complète de Wieland. C'est à la Bibliothèque de Bruxelles qu'a été relevé, grâce à l'obligeance d'un amateur belge, M. Jordens, le catalogue de l'édition de Wieland de 1812. Quant à l'édition de 1808, M. le docteur Rosenberg de Carlsruhe, qui l'a recherchée d'une façon toute spéciale, ne croit pas qu'il en existe une suite complète, même en Allemagne. La suite des costumes militaires de Berka n'existe complète, à notre connaissance, que dans la collection de S. A. I. Monseigneur le Prince Victor et c'est le Prince qui a bien voulu nous fournir les indications nécessaires pour en compléter le catalogue. Grâce à ces recherches et grâce au concours empressé de divers collectionneurs, nous avons pu compléter la plupart des séries et nous espérons avoir réussi à fournir aux collectionneurs, même les plus documentés, des indications qui leur faisaient défaut.

En dehors des suites particulièrement rares, nous avons catalogué également les collections, que l'on trouve souvent complètes, ainsi que celles dont la liste figure dans les catalogues des œuvres de Charlet, de Raffet, de Debucourt, etc., afin que l'on trouve dans le catalogue toutes les indications relatives aux costumes militaires, sans être obligé de se reporter à d'autres documents.

De leur côté, les peintres et dessinateurs militaires, les costumiers, les directeurs de théâtre pourront, à l'aide de notre catalogue, trouver rapidement l'indication des sources où ils devront puiser, pour reconstituer les costumes militaires de toutes les époques et éviter des anachronismes ou des erreurs.

Nous avons divisé le catalogue en quatre parties.

La première et la plus importante est celle qui se rapporte aux suites de Costumes Militaires français, parues tant dans notre pays qu'à l'étranger. Elle comprend cent quarante-sept ouvrages. Nous avons dû naturellement faire un certain choix parmi les suites à cataloguer et nous en avons écarté un certain nombre, qui n'offrent absolument aucun intérêt documentaire ou qui donnent des indications manifestement inexactes.

Nous avons néanmoins pensé qu'il valait mieux pécher par l'excès et c'est pour ce motif que nous avons catalogué certains Albums pour les enfants, qui soit par le soin apporté dans l'exécution, soit par le talent du dessinateur, nous ont paru sortir de l'ordinaire. Nous avons également compris dans cette première partie des ouvrages qui ne se rapportent pas exclusivement au costume militaire, comme les séries de Carle Vernet, ou qui comprennent avec des costumes militaires français, des costumes militaires étrangers comme les collections de Dero Becker, d'Augsbourg, ou de Wolf, de Prague.

La deuxième partie du catalogue comprend les suites de Costumes Militaires étrangers parues en France. Nous avons cru devoir les mentionner pour deux motifs ; le premier c'est que plusieurs d'entre elles contiennent, outre les costumes étrangers, des costumes français, comme les suites de Finart, de St-Fal, de Draner, les Tableaux comparatifs de Genty, l'Artillerie européenne de Moltzheim.

Quant aux Collections, qui ne comprennent que des costumes militaires étrangers, comme celles de Genty (Troupes Prussiennes, Russes, Allemandes et Anglaises), de Basset, de Martinet, elles forment en quelque sorte le complément des suites françaises, parues à la même époque, chez les mêmes éditeurs. Elles se rapportent d'ailleurs à l'une des périodes les plus intéressantes de notre histoire militaire. Enfin nous avons pensé qu'il pourrait être utile aux collectionneurs et aux Bibliothèques des pays étrangers d'avoir le Catalogue des suites publiées en France, sur les armées de leurs pays respectifs, d'autant que certaines d'entre elles offrent un véritable intérêt documentaire. Les quatre suites de Genty dont nous venons de parler sont certainement aussi précieuses pour l'histoire des uniformes prussiens, russes, allemands et anglais que les séries de Wieland pour celle de l'uniforme français.

Les troisième et quatrième parties du Catalogue se rapportent à des planches isolées.

Nous avons fait le choix de celles qui sont plus spécialement intéressantes, soit parce qu'elles constituent en quelque sorte une suite de costumes militaires, lorsqu'elles représentent tous les uniformes d'une même arme, d'un même corps, ou même d'une époque tout entière, comme la belle planche de Perrot, les tableaux synoptiques de Cormier du Médic, les tableaux de Kleist ou de Kobell, soit parce qu'elles fournissent des renseignements d'une grande valeur documentaire comme les planches de Seele et de Kobell par exemple, soit enfin, parce qu'elles se rapportent à la période si intéressante de 1814 et 1815, comme les nombreuses planches publiées à cette époque sur les armées alliées, et qui forment en quelque sorte le complément des séries de costumes militaires de Genty, de Martinet et de Basset.

Nous avons dû nous limiter dans notre choix et écarter des pièces souvent intéressantes, mais absolument isolées et ne donnant pas de renseignements inédits. Le catalogue complet de toutes les planches représentant des militaires comprendrait presque toute l'œuvre d'artistes comme Bellangé, Charlet et Raffet, Carle et Horace Vernet et serait tellement considérable que le lecteur s'y perdrait. D'autre part nous n'avons catalogué aucun des nombreux historiques de régiments, bien que beaucoup d'entre eux contiennent des planches de costumes militaires, mais sauf de très rares exceptions, ces planches ne sont que la reproduction de costumes extraits des suites que nous avons cataloguées. Pour faciliter les recherches et permettre de reconnaître rapidement à quelle collection appartient une planche, nous avons eu le soin de décrire minutieusement le type des planches formant chaque suite, en indiquant si elles sont gravées ou lithographiées, si elles sont ou non encadrées, quel est leur format (toutes les fois que nous avons eu en main des planches à toutes marges) nous avons reproduit les mentions qu'elles portent : titre, numéro, nom du dessinateur ou du graveur, ainsi que de l'éditeur.

Nous aurions désiré classer les ouvrages par ordre chronologique, mais nous avons dû y renoncer, parce que si certaines collections sont tout entières consacrées à une époque, d'autres s'étendent à des périodes très longues, comme la collection de MM. de Noirmont et de Marbot, la Galerie militaire, l'Infanterie de Suzane, celle de l'Artillerie de Motlzheim, etc., etc.

Nous avons par suite dû adopter l'ordre alphabétique, par nom d'auteur ou d'éditeur, mais pour faciliter les recherches, nous avons fait suivre la Table des Matières d'une deuxième table, indiquant pour chaque époque les ouvrages qui s'y rapportent.

En terminant, nous devons adresser tous nos remerciements aux amateurs, qui ont bien voulu nous autoriser à puiser des renseignements dans leurs collections et en particulier à MM. Cottreau et Millot dont nous avons mis l'inépuisable complaisance, fréquemment à contribution, à M. Raffet de la Bibliothèque Nationale, qui s'est mis à notre disposition pour faciliter nos recherches au Cabinet des Estampes, à S. A. I. Mgr le Prince Victor, à M. Jordens, de Bruxelles, à M. le Vicomte de Pelleport qui ont bien voulu nous fournir des indications sur leurs collections ou sur celles du musée de Bruxelles.

Nous prions les amateurs, qui voudront bien s'intéresser à notre catalogue d'excuser les lacunes qu'une œuvre de ce genre contient forcément et nous accueillerons avec reconnaissance les rectifications que l'on voudra bien adresser à notre Editeur.

L'Auteur.

PREMIÈRE PARTIE

Catalogue des principales suites de costumes militaires Français parues tant en France qu'à l'Étranger depuis le règne de Louis XV jusqu'à nos jours.

V. ADAM

COLLECTION DES COSTUMES MILITAIRES, ARMÉE FRANÇAISE, 1832, REPRÉSENTÉS DANS DES SUJETS DE GENRES

Dero Becker, rue Neuve-St-Augustin, n° 20
42 planches lithographiées en travers à plusieurs personnages, poses et fonds variés, entourées d'un triple trait carré. N° en haut, à gauche. En bas de la feuille et au milieu, titre de la planche; à gauche *Lith. de Delaunois*; à droite *V. Adam*; au-dessous, à gauche *et chez Chaillou, rue St-Honoré, n° 140*, à droite, *à Paris, chez Dero Becker, rue Neuve-St-Augustin, n° 20*. Sur certaines planches l'indication de droite figure à gauche et inversement.
Dimensions des planches 0,368 sur 0,280 et du cadre intérieur 0,186 sur 0,142.

1 Garde Nationale
2 Dragons
3 Maréchal de Camp
4 Hussards
5 Lanciers (Cavalerie de ligne)
6 Artillerie de la Ligne
7 Carabiniers
8 Lanciers 1er Régiment
9 Corps municipal de la Ville de Paris
10 Infanterie de ligne
11 Infanterie. Officier
12 Artillerie à pied
13 Cuirassiers
14 Chasseurs
15 Garde Nationale de Paris

16 Gendarmes des Départements
17 Sapeurs-pompiers de la Ville de Paris
18 Train des équipages
19 Infanterie légère
20 Marine
21 Dragons (Officiers et Trompette)
22 Gendarmes à pied des Départements
23 Officiers de Hussards
24 Chirurgiens de l'Armée
25 Etat-Major de la Garde Nationale
26 Sapeurs du Génie. Officier et soldat
27 Infanterie légère
28 Officier d'Artillerie
29 Officier supérieur de Chasseurs
30 Général de Division
31 Carabiniers
32 Vétéran et Officiers d'Invalides
33 Cuirassiers
34 Ecoles de cavalerie, St-Cyr et Polytechnique
35 Régiments des Zoabes
36 Lanciers et Chasseurs (Armée d'Afrique)
37 Artillerie légère
38 Garde municipale
39 Hussards en campagne
40 Garde Nationale et Pompiers de la Banlieue
41 Intendant
42 Officiers de Marine

Cette collection a été publiée par livraisons dans des couvertures saumon, sur lesquelles figure le titre ci-après :

Collection des Costumes Militaires, Armée Française, 1832, Représentés dans des sujets de genre, lithographiés par V. Adam.

Trophée d'armes surmonté d'un coq et signé *V. Adam.*
Au-dessous : *Lith. de Delaunois — Livraison. Publié par Dero Becker, rue Neuve-Saint-Augustin, n° 20, chez Chaillou, rue Neuve-Saint-Honoré, n° 140.*
A Paris

Nota. On trouve aux mêmes adresses un grand assortiment de lithographies coloriées.

Cette collection qui est à notre avis la plus intéressante de celles de V. Adam est documentaire et donne des renseignements utiles, notamment sur les petites tenues du commencement du règne de Louis-Philippe.

Le coloris en est très soigné. On en trouve assez souvent des planches isolées, soit en noir, soit en couleur, mais la collection complète est rare.

V. ADAM

LA RÉPUBLIQUE FRANÇAISE, COLLECTION D'UNIFORMES DESSINÉS PAR V. ADAM

Deux planches in-folio lith. en hauteur, contenant chacune quinze sujets. Dimensions 0,488 sur 0,324

En haut, titre général : en français à gauche, en anglais à droite.

En bas, à gauche : *London published by Ch. Tilt 86 Fleet street*, au milieu, à droite *Paris publié par Jeannin, rue du Croissant, n° 20.* Quelquefois, à droite, *New-Yorck, published by Bailly, Ward and Cie :*

1 Légion Grecque, 1799. — Général de brigade, 1798. — Légion Cophte, 1799.

Officier d'ordonnance, 1799. — Représentant du peuple à l'armée, 1799. — Syriens, armée française.

Infanterie de la ligne. — Hussards volontaire *(sic)*. 1799. — Vétéran 1798.

Artillerie à cheval, 1792. — Légion ilotique *(sic)* 1800 — Garde de Paris. Dragons 1806.

Chirurgien Major 1799. — Armée d'Orient : Régt. des Dromadaires, 1798 — Élève de Mars, Centurion, 1793.

2 Mousquetaire (1790) — Enrôlement volontaire. — Cavalerie 1790.

Infanterie Française 1789-1794 — Hussards 1795. — Infanterie française 1789-1794.

Garde constitutionnelle du Roi (Carabinier) — Garde de la Convention — Garde du Directoire.

Infanterie légère, Officier 1795. — Dragons 1790. — Gendarmerie Nationale 1800.

Hussard de la mort. — Infanterie. Officier supérieur. 1792. — Cuirassier 1795.

LA GRANDE ARMÉE, COLLECTION DES UNIFORMES DE L'EMPIRE, DÉDIÉE AUX VIEUX TROUPIERS, DESSINÉE PAR V. ADAM.

En bas, comme la série précédente.

1 Conscrit ex-garde. — Maréchal de France. — Pupile (sic).

Garde nationale mobile. — Officier d'ordonnance. — Infanterie légère.

Marin. — Napoléon. — Artillerie de la garde.

Tambour et sapeur. — Aide-de-camp de Maréchal de France. — Tambour-major et Trompettes.

Ecole Polytechnique. — Artillerie à cheval de la Garde. — Elève de St-Cyr et Invalide.

2 Garde d'honneur. — Infanterie légère. — Chasseur à cheval.

Eclaireur. — Cornet de Voltigeurs. — Chevau-léger lancier.

Dragon. — Le vieux grognard. — Mameluck.

Grenadier à cheval. — Voltigeur. — Carabinier.

Cuirassier. — Sapeur du génie. — Guide.

LA JEUNE ARMÉE, COLLECTION DES NOUVEAUX UNIFORMES FRANÇAIS DESSINÉS PAR V. ADAM.

En bas, comme aux séries précédentes.

1 Lancier d'Orléans, Officier, petite tenue. — Trompette de Hussards — Officier de Hussards, petite tenue.

Garde municipale à cheval. Officier. — Tambour-major de la ligne. — Trompette, garde municipale.

Tambour et Tambour maître. — Maréchal de camp. — Colonel d'Infanterie légère

Officier de Hussards. — Garde municipale à pied, grande tenue. — Hussard, petite tenue.

Gendarmerie des Départements. — Officier supérieur de Dragons, petite tenue. — Sapeur-pompier, grande et petite tenue.

2 Carabinier, grande tenue. — Porte-drapeau de la ligne. — Artillerie, batterie montée.

Sapeur du génie à la tranchée, en petite tenue de travailleur. — Officier de cuirassiers. — Génie, en grande tenue.

Lancier. — Maréchal de France, tenue de campagne. Dragons.

Sapeur de la ligne, grande tenue. — Officier d'Etat-Major. — Infanterie de la ligne, Grenadier.

Chasseur et trompette, petite tenue. — Infanterie de la ligne. Compagnie du centre. — Chasseur 1er Régiment.

GARDE NATIONALE, COLLECTION DES COSTUMES DEPUIS LA RÉORGANISATION EN 1830, DESSINÉE PAR V. ADAM.

En bas, mêmes inscriptions que dans les séries précédentes.

1 Colonel d'Artillerie, grande tenue. — Trophée. — Capitaine d'Artillerie, petite tenue.

Grenadier, petite tenue. — Chirurgien major. — Voltigeur, petite tenue.

Trompette, artillerie. — Tambour-major. — Trompette garde à cheval.

Tambour-maître. — Musicien. — Tambours.

Adjudant, petite tenue. — Le Biset. — Brigadier de la garde à cheval.

2 Grenadier, grande tenue. Sergent. — Maréchal. — Voltigeur, grande tenue.

Chef de bataillon. — Lieutenant de chasseurs. — Officier d'Etat-Major.

Officier de Grenadiers. — Colonel. — Porte-drapeau.

Garde à cheval, petite tenue. — Sapeur, grande tenue. — Porte-étendart, grande tenue.

Banlieue. — Général commandant d'une brigade. — Banlieue.

Cette collection, devenue fort rare, est intéressante pour les costumes de la Jeune Armée et de la Garde Nationale. Les costumes du 1er Empire et surtout ceux de la République sont sujets à caution.

V. ADAM

COSTUMES DE LA RÉPUBLIQUE, DE L'EMPIRE, DE L'ARMÉE FRANÇAISE ET DE L'ARMÉE D'AFRIQUE DE 1830 A 1840.

Planches lithographiées en hauteur, cinq à six sujets

par planche, à un ou plusieurs personnages, poses et fonds variés. En haut, au milieu, titre : *Costumes de la République,* N° au bas de la feuille et au milieu, en bas *à Paris chez A. Bès et F. Dubreuil imprimeur éditeur, rue Gît-le-Cœur, 11.*

Dimensions des planches : 0,324 sur 0,488.

1 COSTUMES DE LA RÉPUBLIQUE :

Général de brigade. — Représentant du peuple. — Cuirassier, 1790. — Chasseur (à cheval) 1795. — Hussard. — Trompette de Dragons.

2 COSTUMES DE LA RÉPUBLIQUE :

Inspecteur aux revues. — Ingénieur Géographe. — Garde de Paris — Régiment des Dromadaires — Syrien de l'armée française. — Artillerie à cheval.

3 COSTUMES DE LA RÉPUBLIQUE :

Commissaire des Guerres — Soldat du train d'artillerie — Garde constitutionnelle du Roi — Trompette des Grenadiers de la Convention — Hussard volontaire — Chartier *(sic)* du train des équipages.

4 COSTUMES DE LA RÉPUBLIQUE :

Trompette des Grenadiers (à cheval) — Cavalerie — Hussard volontaire — Hussard de la Mort — Aide-de-camp — Chirurgien major.

5 COSTUMES DE L'EMPIRE :

Cheval léger polonais *(sic)* — Hussard — Artillerie à cheval — Officier de Dragons de l'Impératrice — Chevau-légers Français — Cuirassier.

6 COSTUMES DE L'EMPIRE :

Napoléon et son Etat-Major (sans titre) — Mameluck — Officier d'ordonnance 1ᵉʳ Régiment d'éclaireurs, Officier — Chasseur à cheval 1812.

7 COSTUMES DE L'EMPIRE :

Garde d'honneur — Chevau-légers lanciers — Dragon, Compagnie d'élite — Aide-de-camp du Major Général — Ecole militaire de Saint-Germain — Trompette des Lanciers rouges.

8 COSTUMES DE L'EMPIRE :

Artillerie à cheval — Chevau-légers lanciers — Chasseur à cheval — Gendarme d'élite — Carabinier — Grenadier à cheval de la Garde.

9 COSTUME DE L'ARMÉE FRANÇAISE DE 1830 A 1840 :

Officiers d'Artillerie, grande tenue — Officier de Lan-

ciers, petite tenue — Lancier, grande tenue — Hussard grande tenue — Chasseur grande tenue.

10 COSTUMES DE L'ARMÉE D'AFRIQUE DE 1830 A 1840 :

Charge de Chasseurs d'Afrique (sans titre)— Zouave, grande tenue — Infanterie de ligne, Voltigeur — Zouave, petite tenue — Chasseur d'Afrique.

11 COSTUMES DE L'ARMÉE FRANÇAISE DE 1830 A 1840 :

Maréchal de camp. Colonel d'Infanterie et Officier d'Etat-Major — Sapeur, Chirurgien Major et Vivandière — Grenadier d'Infanterie — Artillerie, baterie à pied(*sic*) — Sapeur du Génie.

12 COSTUMES DE L'ARMÉE FRANÇAISE DE 1830 A 1840 :

Petit Etat-Major de l'Armée.— Sapeurs-Pompiers, grande et petite tenue. — Garde municipale, grande et petite tenue. — Elève de l'école Polytechnique et de Saint-Cyr — Vétéran sous officier, Adjudant des jardins royaux, Invalide.

13 COSTUMES DE L'ARMÉE FRANÇAISE DE 1830 A 1840 :

Carabinier, Officier — Cuirassier, lieutenant — Garde municipale de Paris, grande tenue d'inspection — Dragon, grande tenue — Gendarmerie départementale, grande tenue. — Brigadier du train des équipages.

14 COSTUMES DE L'ARMÉE FRANÇAISE DE 1830 A 1840:

Le prince de Joinville à la tête d'une escouade de marins (sans titre).

Elève de 1re classe, tenue d'hiver, élève de 2e classe tenue d'été — Elèves de 1re et de 2e classe, petite tenue à bord — Capitaine de vaisseau, grande tenue. Capitaine de corvette, tenue de bord d'été. Capitaine de Vaisseau, tenue de bord d'hiver. Amiral grande tenue.

La planche 14 porte les inscriptions suivantes :

A gauche : *Priston, rue des Prêtres-Saint-Germain-l'Auxerrois, 13.*

A droite : *Imp. Lemercier, Bernard et Cie.*

Cette collection publiée vers 1840, est intéressante pour les costumes de l'Armée Française de 1830 à 1840. Comme la précédente, elle est sujette à caution en ce qui concerne les uniformes de la 1re République et de l'Empire.

V. ADAM

CAVALERIE DE LA GARDE IMPÉRIALE DU Ier EMPIRE

4 planches lith. in-folio, en hauteur, représentant chacune un cavalier de la Garde Impériale dans un encadrement qui varie pour chaque planche et qui est formé de lances, d'aigles et d'armes. Titre en bas au milieu de la planche. 2e titre au bas de l'encadrement; à gauche, *à Paris, chez Bance, marchand d'estampes, rue Saint-Denis, n° 214*, à droite *Imprimerie de G. Lemercier, rue de Seine, S.-G., 55*. Signature *V. Adam* dans le terrain Dimensions des feuilles 0,620 sur 0,483.

Titre du bas de la planche.	Titre de l'encadrement
Soldat, Garde Impériale.	Grenadier à cheval 1812-1814
Officier, Garde Impériale.	Chasseur à cheval
Officier, Garde Impériale.	Chevau-légers Lanciers 1810-1814
Officier, Garde Impériale.	Dragons de la Garde, 1806-1814

Il existe des tirages sur papier ordinaire et d'autres sur Chine. Les dimensions indiquées pour les feuilles s'appliquent aux tirages sur Chine. Ces planches se trouvent en noir ou coloriées.

V. ADAM

CAVALERIE SOUS LE RÈGNE DE LOUIS-PHILIPPE

4 planches lith. in-folio en largeur, représentant chacune un cavalier, sous le règne de Louis-Philippe, dans un encadrement qui varie pour chaque planche et qui représente des trophées et des soldats ou des scènes militaires. Signature *V. Adam* dans le terrain.

Titre au haut de la planche et au bas de l'encadrement, au bas de la planche, à gauche : *Paris, Turgis, rue*

Saint-Jacques 16, au milieu *V. Adam* et au-dessous : *Lith. de Turgis*, à droite *et à Toulouse rue Saint-Rome, 16,* ou *Lith. de Lemercier, rue de Seine, S.-G., n° 55.*

Dimensions des planches : 0,63 sur 0,45.

1 En haut : Cuirassiers 1839, en bas, Cavalerie de réserve. Dans l'encadrement à gauche, en haut, Carabinier, à droite Officier, tenue de ville, à gauche, en bas, Gendarmerie départementale, à droite, Garde municipale de la Ville de Paris.

2 En haut, Dragons, 1837, en bas Cavalerie de ligne. Dans l'encadrement scènes militaires, sans titres.

3 En haut, Lanciers, en bas Cavalerie légère. Dans l'encadrement, à gauche, en haut, Hussards, à droite, Chasseurs. A gauche, en bas, Garde nationale à cheval, à droite, Chasseurs d'Alger.

4 En haut, Artillerie, 1837, en bas, Arme Spéciale. Dans l'encadrement, scènes militaires, sans titres.

Ces lithographies se trouvent en noir ou en couleur.

V. ADAM

ARMÉE FRANÇAISE

Planches lithographiées en hauteur, in-folio, représentant chacune plusieurs officiers ou soldats de la même arme.

Dimensions des planches 0,636 sur 0,480.

Cuirassiers.

Dragons.

Lanciers.

Hussards.

Chasseurs à cheval. Régiment
S. A. R. le Duc de Nemours, Lieutenant Général.

Ces planches lithographiées par V. Adam ont été dessinées par Ch. de Luna.

V. ADAM

COSTUMES DE L'ARMÉE FRANÇAISE. 1860-1861-1862

Desgodets et Cie, éditeurs à Paris

Planches in-4° lithographiées et coloriées, entourées d'un trait carré.

Dimensions du cadre 0,198 sur 0,266.

Dimensions des planches, variables suivant les éditions.

Il existe trois éditions, l'une sur papier blanc, la deuxième sur papier teinté à l'intérieur du cadre, la troisième sur papier à aquarelle fort; dans cette dernière, les planches sont coupées au cadre et les inscriptions du titre sont reportées à la main dans le terrain.

Les deux premières éditions portent les indications suivantes:

Au haut de la feuille et au milieu: ARMÉE FRANÇAISE.

Au bas de la feuille: au milieu, le N° de la planche et immédiatement au-dessous le titre, à gauche: *Paris, Massard, 20, rue Hautefeuille*, à droite: *Imprimerie Lemercier, Paris*.

La collection comprend un titre et trente-trois planches.

Titre: Dans un trophée l'inscription: COSTUMES DE L'ARMÉE FRANÇAISE. 1860-1861-1862 PAR V. ADAM. — *Desgodets et Cie, éditeurs à Paris.*

1 Zouaves (Garde Impériale)
2 Chasseur (Garde Impériale)
3 Colonel (Infanterie de ligne)
4 Cent-Garde
5 Colonel des Cuirassiers (Garde Impériale)
6 Officier et Grenadiers (Garde Impériale)
7 Sapeur (Garde Impériale)
8 Colonel de Carabiniers
9 Chef d'escadron d'Artillerie (Garde Impériale)
10 Colonel d'Etat-Major
11 Gendarmerie Impériale
12 Chasseur à cheval

13 Spahis indigène
14 Chasseur d'Afrique
15 Dragons (Grande et petite tenue)
16 Cuirassiers. Sous-lieutenant Porte-étendart
17 Lancier
18 Zouave de la ligne
19 Chasseur à pied
20 Infanterie de ligne (Grenadier)
21 Gendarmerie (Garde Impériale)
22 Tambour-Major (Garde Impériale)
23 Génie (Garde Impériale)
24 Voltigeurs de la Garde (Grande et petite tenue)
25 Lancier de la Garde
26 Chasseur à cheval de la Garde
27 Officier d'ordonnance de l'Empereur
28 Dragon de la Garde
29 Officier de Hussards, n°
30 Guides (Garde Impériale)
30 bis Cantinières: Chasseurs à cheval, Voltigeur, Lancier
31 Chirurgien Major et Infirmier
32 Pompier (Garde Nationale)

Outre les trente-trois planches que nous venons de décrire, nous connaissons à l'état d'épreuves, sans titre ni numéro, les planches suivantes qui ne paraissent pas avoir été comprises dans l'ouvrage :

Une planche représentant un Chasseur à pied de la garde, avec brandebourgs.

Une planche représentant deux Voltigeurs de la garde Impériale en tunique, avec brandebourgs.

Une planche représentant un Soldat et un Sapeur d'infanterie de ligne avec la culotte à la zouave et les jambières.

Une planche représentant un Grenadier de la Garde avec tunique à brandebourgs.

Une planche représentant un Capitaine de vaisseau.

L'Armée Française de V. Adam peut être considérée comme documentaire, mais les renseignements fournis par cette suite se trouvent plus complets et plus précis dans les deux volumes d'Armand Dumaresq sur la Garde et la Ligne, qui sont contemporains de la collection de V. Adam.

AMBERT (J.)

ESQUISSES HISTORIQUES DES DIFFÉRENTS CORPS QUI COMPOSENT L'ARMÉE FRANÇAISE

par Joachim Ambert

Officier de dragons, Membre de la Société de l'Histoire de France.
Dessiné par Charles Aubry
Professeur de Peinture à l'Ecole royale de cavalerie
Auteur de l'*Équitation Pittoresque*.
A. Degouy Editeur
1 vol. in-folio, texte et planches

Frontispice. Dans un groupe formé de militaires de différentes armes, d'instruments de musique, de canons et de drapeaux, médaillon sur lequel figure l'inscription retracée plus haut.

Dédicace au baron Ambert « Au Lieutenant-Général baron Ambert, Président du Conseil Colonial de la Guadeloupe, son fils Joachim Ambert ».

126 pages de Texte

Planches in-folio, en hauteur, lithographiées, représentant un ou plusieurs soldats à pied ou à cheval, poses et fonds variés, dans un encadrement de scènes militaires.

Dimensions des planches 0, 39 sur 0, 52.

En haut, l'armée française. En bas, titre au milieu, à gauche, *Aubry*, à droite *Lith. de A. Degouy, à Saumur*.

Etat Major 1835
Infanterie Moyen-Age

Infanterie (Grenadier à pied de la Vieille Garde)
Infanterie
Carabiniers
Cuirassiers
Dragons
Lanciers
Chasseurs. — Chasseurs d'Afrique
Houzards, 1835
Artillerie, 1835
Génie, 1835
Invalides et Ecoles, 1835

Dans une édition subséquente les planches suivantes ont été ajoutées :

Equipages militaires

Vétérans, Vivandière, Enfants de troupe.

Garde Municipale de Paris et Gendarmerie.

Cet ouvrage a été publié dans une couverture en papier gris reproduisant le frontispice.

Les planches de cet ouvrage se trouvent souvent sans le texte, soit en noir, soit en couleur.

Elles présentent un certain intérêt, bien qu'elles s'appliquent à une période de l'histoire du costume militaire sur laquelle les documents abondent.

Il existe du même ouvrage une édition in-8°, comprenant également un texte et des planches qui sont la reproduction à petite échelle de celles de l'ouvrage in-folio.

AUBRY ET LŒILLOT

MAISON DU ROI ET GARDE ROYALE
(LOUIS XVIII)

Planches lithographiées représentant un soldat à pied ou à cheval. Poses et fonds variés.

Le N° est au haut de la feuille et à droite.

En bas : à gauche, signature *Ch. Aubry* ou *Lœillot*, au milieu, titre de la planche en anglaise, à droite *Lith. de Delpech*.

Dimensions des planches 0,232 sur 0,308.

1 Garde du corps du Roi
2 Garde du corps de Monsieur, lieutenant
3 Garde à pied du corps du roi, Tambour
4 Garde royale, Grenadier
5 Garde royale, Grenadier à cheval
6 Garde royale, Grenadier suisse
7 Garde royale. Cuirassier. Brigadier en grande tenue
8 Garde royale. Voltigeur en grande tenue
9 Garde royale. Dragon
10 Garde royale. Artillerie à pied
11 Garde royale. Lancier
12 Garde royale. Train d'Artillerie. Maréchal des logis
13 Gendarmerie des chasses (grande tenue)
14 Garde royale. Voltigeur Suisse
15 Garde royale. Chasseur à cheval
16 Garde royale. Fusiliers Suisses. Officier
17 Garde royale. Hussard
18 Garde royale. Capitaine d'une Compagnie de Voltigeurs
19 Garde royale. Artilleur à cheval
20 Garde royale. Tambour Major (grande tenue)

Cette suite rare, d'une très bonne exécution, est fort intéressante pour les costumes du début de la deuxième Restauration (1816-1817).

AUBRY

COLLECTION DES UNIFORMES DE L'ARMÉE FRANÇAISE

Planches lithographiées en hauteur et coloriées, à deux personnages. Poses et fonds variés, trait carré, signature dans le terrain et quelquefois date. N° au haut de la feuille, à droite.

En bas, au milieu : Titre et schemas pour les corps comprenant plusieurs régiments, à droite : *Lith. de C. Motte.*

Dimensions des feuilles 0,545 sur 0,398
Dimensions du cadre 0,342 sur 0,257

   1 Titre

Dans un trophée d'armes, de coiffures et de drapeaux l'inscription :

COLLECTION

DES

UNIFORMES

DE L'ARMÉE FRANÇAISE

présentée

au Roi

par S. E. M. le Maréchal Duc de Bellune

Ministre de la guerre

MDCCCXXIII

à Paris

Chez M. Picquet, géographe ordinaire du Roi et de S. A. S. Mgr le Duc d'Orléans, quai de Conti, n° 17, près du pont des Arts.

Dessiné et lithographié au dépôt général de la guerre

   2 Frontispice

Des soldats de différentes armes jurent fidélité devant le buste de Sa Majesté Louis XVIII, posé sur un socle, devant un drapeau déployé.

Planches

3 Uniforme des Grenadiers du 1ᵉʳ Régiment d'Infanterie de la Garde royale.

4 Uniforme des Voltigeurs et Soldats du Centre du 1er Régiment d'Infanterie de la Garde royale.
5 Uniforme des Grenadiers du 7e Régiment d'Infanterie suisse de la Garde royale.
6 Uniforme des Soldats du Centre du 7e Régiment d'Infanterie suisse de la Garde royale.
7 Uniforme du 2e Régiment des Grenadiers à cheval de la Garde royale.
8 Uniforme du 1er Régiment de Cuirassiers de la Garde royale.
9 Uniforme du Régiment des Dragons de la Garde royale.
10 Uniforme du Régiment des Chasseurs à cheval de la Garde royale.
11 Uniforme du Régiment des Lanciers de la Garde royale.
12 Uniforme du Régiment des Hussards de la Garde royale.
13 Uniforme du Régiment d'Artillerie à cheval de la Garde royale.
14 Uniforme du Régiment d'Artillerie à pied de la Garde royale.
15 Uniforme du Train d'Artillerie de la Garde royale.
16 Uniforme des Gendarmes d'élite de la Garde royale.
17 Uniforme des 1er, 2e, 3e, et 4e Régiments d'Infanterie de ligne.
18 Uniforme des Régiments d'Infanterie légère.
19 Uniforme des Carabiniers de S. A. R. Monsieur.
20 Uniforme du 1er Régiment de Cuirassiers.
21 Uniforme du 1er Régiment de Dragons.
22 Uniforme des 1er et 2me Régiments de Chasseurs (signature G).
23 Uniforme du 1er Régiment de Hussards.
24 Uniforme des Régiments d'Artillerie à pied.
25 Uniforme des Régiments d'Artillerie à cheval.
26 Uniforme des Pontonniers.
27 Uniforme des Escadrons du Train d'Artillerie.
28 Uniforme des Régiments du Génie.
29 Uniforme des Escadrons du Train des Equipages militaires.
30 Table de la collection des Uniformes de l'Armée Française.

Cette suite bien dessinée et coloriée avec soin est extrêmement intéressante.

Outre l'édition que nous venons de cataloguer il en existe une deuxième, publiée à la même époque et qui comprend 84 planches dont la liste figure ci-après. Le Titre et le Frontispice sont ceux de l'édition précédente :

1 Unif. des Grenadiers, 1ᵉʳ Rég. d'Inf. de la Garde roy.
2 — 2ᵉ —
3 — 3ᵉ —
4 — 4ᵉ —
5 — 5ᵉ —
6 — 6ᵉ —
7 Unif. des Voltigeurs et Soldats du Centre, 1ᵉʳ Rég. d'Inf. de la Garde royale.
8 — 2ᵉ —
9 — 3ᵉ —
10 — 4ᵉ —
11 — 5ᵉ —
12 — 6ᵉ —
13 Unif. des Grenadiers du 7ᵉ Rég. d'Inf. suisse de la Garde royale.
14 — 8ᵉ —
15 Unif. des Soldats du Centre du 7ᵉ Rég. d'Inf. suisse de la Garde royale.
16 — 8ᵉ —
17 Unif. du 1ᵉʳ Régiment de Grenadiers à cheval de la Garde royale
18 — 2ᵉ —
19 Unif. du 1ᵉʳ Rég. de Cuirassiers de la Garde royale.
20 — 2ᵉ —
21 Uniforme du Régiment des Dragons de la Garde royale.
22 Uniforme du Régiment des Chasseurs à cheval de la Garde royale.
23 Uniforme du Régiment des Lanciers de la Garde royale.
24 Uniforme du Régiment des Hussards de la Garde royale.
25 Uniforme du Régiment d'Artillerie à pied de la Garde royale.
26 Uniforme du Régiment d'Artillerie à cheval de la Garde royale.
27 Uniforme du Train d'Artillerie de la Garde royale.
28 Uniforme des Gendarmes d'élite de la Garde royale.
29 Uniforme des 1ᵉʳ, 2ᵉ, 3ᵉ, 4ᵉ Rég. d'Inf. de Lig. 1ʳᵉ série.

30	—	5e, 6e, 7e et 8e	—	2e	—
31	—	9e, 10e, 11e et 12e	—	3e	—
32	—	13e, 14e, 15e et 16e	—	4e	—
33	—	17e, 18e, 19e et 20e	—	5e	—
34	—	21e, 22e, 23e et 24e	—	6e	—
35	—	25e, 26e, 27e et 28e	—	7e	—
36	—	29e, 30e, 31e et 32e	—	8e	—
37	—	33e, 34e, 35e et 36e	—	9e	—
38	—	37e, 38e, 39e et 40e	—	10e	—
39	—	41e, 42e, 43e et 44e	—	11e	—
40	—	45e, 46e, 47e et 48e	—	12e	—
41	—	49e, 50e, 51e et 52e	—	13e	—
42	—	53e, 54e, 55e et 56e	—	14e	—
43	—	57e, 58e, 59e et 60e	—	15e	—
44	—	61e, 62e, 63e et 64e	—	16e	—

45 Uniforme des régiments d'Infanterie légère.
46 Uniforme des Carabiniers de S. A. R. Monsieur.
47 Uniforme du 1er Régiment de Cuirassiers.
48 — 2e —
49 — 3e —
50 — 4e —
51 — 5e —
52 — 6e —
53 Uniforme des 1er et 2e Régiments de Dragons.
54 — 3e et 4e —
55 — 5e et 6e —
56 — 7e et 8e —
57 — 9e et 10e —
58 — 11e et 12e —
59 — 13e et 14e —
60 — 15e et 16e —
61 Uniforme des 1er et 2e Régiments de Chasseurs.
62 — 3e et 4e —
63 — 5e et 6e —
64 — 7e et 8e —
65 — 9e et 10e —
66 — 11e et 12e —
67 — 13e et 14e —
68 — 15e et 16e —
69 — 17e et 18e —
70 — 19e et 20e —
71 — 21e et 22e —
72 — 23e et 24e —

73 Uniforme du 1er Régiment de Hussards.
74 — 2e —
75 — 3e —
76 — 4e —
77 — 5e —
78 — 6e —
79 Uniforme des Régiments d'Artillerie à pied.
80 Uniforme des Régiments d'Artillerie à cheval.
81 Uniforme des Pontonniers.
82 Uniforme des Escadrons du Train d'Artillerie.
83 Uniforme des Régiments du Génie.
84 Uniforme des Escadrons du Train des Equipages militaires.

En 1828, il a paru une nouvelle édition de cet ouvrage, contenant outre les planches de l'édition précédente, les planches suivantes :

Gardes du corps.
Uniforme des Gardes à pied du corps du roi.
Uniforme de la Gendarmerie royale à cheval.
Uniforme de la Gendarmerie royale à pied.
Uniforme des régiments d'Infanterie de ligne suisses.
Uniforme du régiment d'Hohenlohe.
Uniforme des régiments de Chasseurs (avec la lance) (plumet et schako modifiés).
Uniforme de l'Artillerie à pied des régiments suisses.
Uniforme du Train d'Artillerie des régiments suisses.
Uniforme des ouvriers d'Artillerie.
Uniforme de l'Ecole royale de cavalerie.
Uniforme des Invalides (dans le terrain Prévost (Louis Eustache) Sergent invalide âgé de 107 ans, natif de Sumelle, département de la Somme, 28 août 1827) ; à gauche, K Loeillot del.
Uniforme des Sapeurs-Pompiers (à gauche K Loeillot del).

Les titre et frontispice sont ceux des éditions précédentes. Les dimensions des planches sont également les mêmes.

Nous nous bornerons donc pour la facilité du classement des planches que peuvent posséder des amateurs à reproduire textuellement la table des matières de l'édition de 1828.

TABLE

MAISON MILITAIRE DU ROI

1 Gardes du Corps.
2 Gardes à pied ordinaires du corps du Roi.

Garde Royale

3		1ᵉʳ	Régiment
4		2ᵉ	—
5	Infanterie Française	3ᵉ	—
6	Grenadiers	4ᵉ	—
7		5	—
8		6	—
9		1ᵉʳ	Régiment
10		2ᵉ	—
11	Infanterie Française	3ᵉ	—
12	(Centre et Voltigeurs)	4ᵉ	—
13		5ᵉ	—
14		6ᵉ	—
15	Infanterie Suisse	7ᵉ	Régiment
16	(Grenadiers)	8ᵉ	—
17	Infanterie Suisse	7ᵉ	Régiment
18	(Centre et Chasseurs)	8ᵉ	—
19	Grenadiers à cheval	1ᵉ	Régiment
20		2ᵉ	—
21	Cuirassiers	1ᵉ	Régiment
22		2ᵉ	—

23 Dragons.
24 Chasseurs.
25 Lanciers.
26 Hussards.
27 Artillerie à pied.
28 Artillerie à cheval.
29 Train d'artillerie.
30 Gendarmes d'élite.
31 Gendarmerie Royale (Cavalerie)
32 Gendarmerie Royale (Infanterie)

Troupes de Ligne

33		1re Série	
34		2e —	
35		3e —	
36		4e —	
37		5e —	
38		6e —	
39		7e —	
40	Infanterie de ligne	8e —	
41		9e —	
42		10e —	
43		11e —	
44		12e —	
45		13e —	
46		14e —	
47		15e —	
48		16e —	

49 **Infanterie légère.**
50 **Régiments Suisses** (Infanterie de ligne)
51 **Régiment d'Hohenlohe.**

52	Carabiniers	1er Régiment.	
53		2e —	

54		1er Régiment.	
55		2e —	
56		3e —	
57		4e —	
58	Cuirassiers	5e —	
59		6e —	
60		7e —	
61		8e —	
62		9e —	
63		10e —	

64		1er et 2e Régiments	
65		3e et 4e —	
66		5e et 6e —	
67	Dragons	7e et 8e —	
68		9e et 10e —	
69		11e —	
70		12e —	

71		1er et 2e Régiments	
72		3e et 4e —	
73		5e et 6e —	
74		7e et 8e —	
75	Chasseurs	9e et 10e —	
76		11e et 12e —	
77		13e et 14e —	
78		15e et 16e —	
79		17e et 18e —	

80		1er	Régiment
81		2e	—
82	Hussards	3e	—
83		4e	—
84		5e	—
85		6e	—

86 Artillerie à pied.
87 Artillerie à pied des Régiments suisses.
88 Artillerie à cheval.
89 Pontonniers.
90 Train d'Artillerie.
91 Train d'Artillerie des Régiments suisses.
92 Ouvriers d'Artillerie.
93 Génie.
94 Train des Equipages.
95 Ecole de Cavalerie.
96 Invalides.
97 Sapeurs-pompiers.

Les planches de cette édition sont celles de l'édition précédente, augmentée de 13 planches nouvelles. Le cabinet des Estampes de la Bibliothèque nationale possède un très bel exemplaire de cette édition, comprenant outre les planches que nous venons d'énumérer un certain nombre de projets d'uniformes pour les régiments de Chasseurs et de Dragons, qu'il était question de créer à cette époque.

BAOUR

UNIFORMES DE LA GARDE IMPÉRIALE DU Ier EMPIRE

Quatre planches gravées, en largeur, entourées d'un trait carré, représentant chacune plusieurs types de la garde impériale du 1er Empire, poses et fonds variés; Dimensions des planches 0,222 sur 0,173. Dimensions du cadre 0,150 sur 0,10. Ces planches ne portent ni titre ni nom d'éditeur. L'une d'elles est signée C. Baour 13, les autres sont signés C. B.

1 Planche représentant un Maréchal d'Empire, un officier d'ordonnance de l'Empereur, un lieutenant de grenadier à pied, un sapeur, un tambour-major et un musicien de grenadiers à pied.

2 Planche représentant un sapeur du génie, un gendarme d'élite, un mameluck, un garde d'honneur et un chasseur à cheval.

3 Planche représentant un grenadier à cheval, un artilleur à cheval, un soldat du train, un canonnier à pied et un marin.

4 Planche représentant un dragon, un chevau-léger lancier, un tirailleur grenadier, un grenadier à pied, un chasseur à pied et un ouvrier d'administration.

Petite série qui paraît avoir été publiée en Allemagne vers 1813 ou 1814.

Le dessin en est médiocre et les dimensions des personnages sont trop petites pour qu'on puisse se rendre un compte suffisamment exact des détails de l'uniforme et de l'équipement.

BASSANO (A.)

Recueil des Estampes et Tableaux représentant la cause des maux qui affligent l'Italie dans le temps où nous sommes, publiés jusqu'à aujourd'hui, 21 Mars 1797 et 1er Germinal de l'an V de la République Française, à Bassano.

Un volume texte manuscrit et planches gravées et coloriées, sans nom d'auteur ou d'éditeur.

Dimensions des planches : 0,18 sur 0,248.

Liste des Planches :

Bonaparte, Général en chef de l'Armée Française en Italie.

Officier Hussard François.

Officier Chasseur François.

Officier François Dragon.

Officier des Grenadiers d'Infanterie de ligne.

Officier Chasseur d'Infanterie légère.

Soldat de ligne d'Infanterie.

Wurmser.

Général Impérial-Royal *(Autrichien)*.

Officier d'Artillerie *(id)*.

Officier de Cuirassiers du Régiment Czartorisky *(id)*.

Uhlan du Régiment de Meszaross *(id)*.

Hussard du Régiment Erdodi *(id)*.

Officier Napolitain du Régiment du Roi *(Napolitain)*.

Régiment de Hussards de S. A. R. l'Archiduc Joseph *(Autrichien)*.

Hussard de la Mort.

Officier des Chasseurs volontaires Tyroliens *(Autrichien)*.

Soldat d'Artillerie du 3e Régiment de campagne *(id)*.

Premier Régiment des confins d'Infanterie Banal. *(id)*

Soldat du Régiment d'Alvinzi *(id)*.

Régiment d'Infanterie Stein *(id)*.

Régiment d'Infanterie de Vinceslas Colloredo *(id)*.

Cette série, fort rare, existe dans notre collection mais nous n'en connaissons par d'autre exemplaire.

BASSET (Chez)

MARECHAUX DE L'EMPIRE ET GÉNÉRAUX DES ARMÉES ALLIÉES

Planches gravées et coloriées, en hauteur, entourées d'un trait carré.

Dimensions des planches, 0,27 sur 0,424, du cadre 0,20 sur 0,279. En haut, à droite Nº, en bas, au milieu, titre et au-dessus : à Paris, chez Basset, Marchand d'Estampes et Fabriquant de papiers peints, rue St Jacques, au coin de celle des Mathurins, Nº 670, et Déposé à la Bibliothèque

Nous connaissons les planches suivantes :

Augereau Maréchal de l'Empire.
Bernadotte, Maréchal de l'Empire.
Masséna, Maréchal d'Empire (4).
Brune, Maréchal d'Empire (53).
Alex. Berthier, Maréchal de l'Empire (à cheval) (14).
Le Prince Murat, Maréchal de l'Empire.
Gouvion-St-Cyr, Colonel-Général des Cuirassiers.
Lannes, Maréchal de l'Empire.
Bessières, Maréchal de l'Empire.
Jourdan, Maréchal de l'Empire.
Davoust, Maréchal de l'Empire.
Lefebvre, Maréchal de l'Empire.
Moncey, Maréchal de l'Empire.
Kellerman, Maréchal de l'Empire (34).
Le Prince Murat, Maréchal de l'Empire (à pied et en manteau de cour).
Soult, Maréchal de l'Empire (45).
Mortier, Maréchal de l'Empire.
Serrurier, Maréchal de l'Empire.
Pérignon, Maréchal de l'Empire (57).
Loison, Général des Armées Françaises.
Cambacérès, Second consul de la République française. en grand costume (50).

Louis Alexandre Andrault Comte de Langeron, Général en chef au service de S. M. l'Empereur de Russie.

Georges Lebrecht Blucher Prince de Wagstaed, Feld-Maréchal au service de S. M. le roi de Prusse.

S. E. le Baron de Saken, Général en Chef des Troupes Russes, Gouverneur militaire de la Place de Paris.

Lord Wellington, Généralissime des Troupes Britnaniques en Espagne.

Henry IV.

Louis XVIII roi de France.

Charles Ferdinand Duc de Berri, né à Versailles le 24 Janvier 1778.

Frédéric-Guillaume III, roy de Prusse (21).

Le Duc d'York, commandant des troupes Anglaises débarquées en Hollande (44).

Passewan Oglou, fameux chef des insurgés contre la Porte-Ottomane (13).

Napoléon Ier, Empereur des Français, se met sur la tête le diadème Impérial, composé de feuilles de chêne et de lauriers d'or, béni par le pape, le 11 Frimaire de l'an 13, jour du Sacre de Sa Majesté dans l'Eglise Métropolitaine de Notre-Dame de Paris.

Le baron de Kray, Feld-Maréchal et Général des Armées Impériales.

Charles-Louis, Archiduc d'Autriche, Général en chef des Armées Impériales, né à Florence, le 5 sept. 1771 (N° 52).

S. A. Le Brun, Architrésorier de l'Empire Français.

Bonaparte, Premier consul de la République Française, dans son grand costume (26).

Ces planches qui tiennent le milieu entre l'imagerie et l'estampe sont coloriées grossièrement ; elles offrent cependant un certain intérêt.

BASSET (Chez)

TROUPES FRANÇAISES, Ier EMPIRE

Planches gravées en hauteur et coloriées, entourées d'un trait carré, représentant un personnage, à pied ou à cheval, poses et fonds variés.

En haut, au milieu, *Troupes Françaises*, en bas, au milieu, titre. Au dessous du titre, à gauche : *à Paris, chez Basset, marchand d'Estampes, rue Saint-Jacques, n° 64*, à droite : *Déposé à la Bibliothèque Impériale*, ou *Déposé à la Direction générale de l'Imprimerie et de la Librairie*. Cette dernière inscription est la plus fréquente, ce qui démontre que la collection, commencée à la fin de l'Empire, a été continuée sous la Restauration. Les planches sont généralement numérotées, tantôt à droite, tantôt à gauche, au haut du cadre.

Dimensions des planches, 0,18 sur 0,26. Les dimensions du cadre sont variables.

Nous connaissons les planches suivantes :

Maréchal de l'Empire, n° 16.

Général, chef d'Etat-Major de la Garde Impériale, n° 58.

Grenadier, Garde Impériale, n° 19.

Tirailleur de la Garde Impériale, n° 15.

Fusilier Grenadier de la Garde Impériale, n° 18.

Officier des Grenadiers à cheval, n° 49 *bis*.

Grenadier à cheval de la Garde, n° 24.

Dragon de la Garde Impériale, n° 23.

Officier des Chasseurs à cheval de la Garde Impériale, n° 46.

Trompette des Chasseurs à cheval de la Garde Impériale, n° 57 bis.

Chasseur à cheval de la Garde Impériale en petit uniforme, n° 14.

Officier des Lanciers de la Garde Impériale, 1er Régiment, n° 48.

Lancier polonais de la Garde Impériale, n° 36.

Timbalier des Lanciers polonais.

Officier des Lanciers de la Garde Impériale, 2e Régiment.

Garde Impériale, Lanciers, 2e Régiment.

Garde Impériale, Lanciers, 2e Régiment, 2e Classe.

Officier de l'Artillerie à cheval de la Garde Impériale, n° 50.

Canonnier de la Garde Impériale à cheval.

Officier des Eclaireurs de la Garde Impériale.

Eclaireur de la Garde Impériale, 1er Régiment.

Garde d'Honneur, 1er Régiment, n° 61.

Garde d'Honneur, 2e Régiment, n° 62.

Garde d'Honneur, 3e Régiment, n° 63.

Garde d'Honneur, 4e Régiment, n° 64.
Carabinier à cheval, Régiment.
Cuirassiers, Officier supérieur.
Cuirassiers, Régiment, n° 26.
Cavalerie légère, Dragon, 4e Régiment.
Dragon, Compagnie d'élite, 5e Régimemt, n° 47.
Dragon, Compagnie d'élite, 13e Régiment.
Officier de Hussards, 6e Régiment, n° 66.
Hussard, 7e Régiment, n° 35.
Hussard, 8e Régiment.
Hussard, 9e Régiment.
Colonel de Chevau-légers, 2e Régiment.
Officier de Chevau-légers, 2e Régiment, n° 57.
Chevau-légers français, 1er Régiment n° 40.
Chevau-légers français, 2e Régiment, n° 41.
Chevau-légers français, 3e Régiment, n° 42.
Chevau-légers français, 4e Régiment, n° 43.
Chevau-légers français, 5e Régiment, n° 44.
Chevau-légers français, 6e Régiment, n° 45.
Canonnier, n° 28.
Canonnier Garde-côtes, n° 7.
Garde de la Douane Impériale, n° 6.
Suisse, Grenadier.
Suisse, Fusilier, 2e Régiment.

Cette suite, qui paraît imitée de celle de Martinet, lui est notablement inférieure au point de vue de l'exécution et de la précision du costume. Même dans les planches de coloris ancien on relève souvent des inexactitudes de coloris. Par contre, elle est beaucoup plus rare que celle de Martinet. Il n'en existe pas de collection complète, à notre connaissance du moins, et pour en dresser le catalogue nous avons dû faire appel à divers amateurs.

La Bibliothèque Nationale et celle des Beaux-Arts ne possèdent qu'une partie des planches que nous avons catalognées.

BASSET (Chez)

TROUPES FRANÇAISES (RESTAURATION)

Planches gravées et coloriées, entourées d'un trait carré représentant un personnage à pied ou à cheval, poses et fonds variés.

En haut, au milieu : *Troupes Françaises*.
En bas, au milieu, titre de la planche.
A gauche, *à Paris, chez Basset, Marchand d'Estampes, rue Saint-Jacques, n° 64*.
A droite, *déposé à la direction générale de l'imprimerie et de la librairie*, ou *déposé à la direction de la librairie*, ou *déposé au bureau des Estampes*.

Le plus souvent les planches ne sont pas numérotées ; elles ont les mêmes dimensions que celles de la suite précédente.

Nous connaissons les planches suivantes :

MAISON DU ROI

Garde du corps *(à cheval, avec le chapeau)*, Cie.
Garde du corps *(à pied, avec le chapeau)*, Cie.
Garde du corps *(à cheval, avec le casque)*, Cie.
Garde du corps *(à pied, avec le casque)*, Cie.
Garde de la Porte,
Cent-suisses.
Mousquetaire *(à cheval)*.
Chevau-léger du Roi.
Gendarmes du Roi.

GARDE ROYALE (INFANTERIE)

Sapeur de la Garde royale, n° 30.
Tambour-Major de la Garde royale, n° 33.
Tambour de la Garde royale.
Cimbalier de la Garde royale à pied.
Musiciens de la Garde royale à pied (en schako).
Officier des Grenadiers de la Garde royale, Régiment.
Officier des Chasseurs de la Garde royale, Régiment, n° 31.
Grenadier de la Garde royale, n° 19.
Chasseur de la Garde royale, n° 22.
Fusilier de la Garde royale, n° 18.

GARDE ROYALE (CAVALERIE)

Officier des Grenadiers à cheval de la Garde royale.
Grenadier à cheval de la Garde royale.
Officier de Cuirassiers de la Garde royale.
Cuirassier de la Garde royale, n° 26.
Trompette des Dragons de la Garde royale.

Officier de Dragons de la Garde royale.
Dragons de la Garde royale, nº 23.
Officier de Chasseurs à cheval de la Garde royale.
Chasseur à cheval de la Garde Royale.
Timbalier des Lanciers de la Garde royale *(avec l'habit-veste blanc)*.
Timbalier des Lanciers de la Garde royale *(avec l'habit-veste vert)*.
Officier de Lanciers de la Garde royale.
Lanciers de la Garde royale.
Officier des Hussards de la Garde royale.
Hussard de la Garde royale.

ARTILLERIE DE LA GARDE ROYALE

Officier de Canonniers de la Garde royale à pied.
Canonnier de la Garde royale à pied, nº 28.
Officier de l'Artillerie royale (à cheval).
Canonnier de la Garde royale à cheval.
Officier du train d'Artillerie de la Garde royale.
Soldat du train d'Artillerie de la Garde royale.

GENDARMERIE

Officier de la Gendarmerie royale de la ville de Paris.
Gendarmerie royale de la ville de Paris.
Officier de Gendarmes à pied, nº 14.
Gendarme à pied, nº 34.

GARDE NATIONALE ET GARDE DE PARIS

Garde Nationale à cheval.
Garde Nationale, Grenadier.
Garde Nationale de Paris, Chasseur.
Gardes Nationales rurales.
Garde de Paris, Pompier, nº 10.
Garde de Paris, Vétéran, nº 13.

LIGNE (CAVALERIE)

1er Régiment des Chasseurs du Roi.
Colonel, 1er Régiment des Hussards du Roi.
Ligne, Lancier (*en schako*).

DIVERS

S. A. R. Mgr le Duc de Berry, Colonel Général des Chasseurs à cheval et des Chevau-légers-lanciers (*en schako*).

Cette collection qui fait suite à celle de l'Empire et dont plusieurs planches proviennent de transformations faites sur les cuivres de la collection précédente lui est supérieure au point de vue de l'exactitude du costume. On ne peut cependant pas y ajouter une foi absolue. Elle est tout aussi rare que celle de l'Empire et les Bibliothèques publiques n'en possèdent pas d'exemplaire complet.

BASSET (Chez)

TROUPES FRANÇAISES

Planches in-folio en largeur, gravées et coloriées, trait carré, représentant plusieurs personnages à pied, poses et fonds variés, titre au milieu, au bas de la planche; à gauche, *à Paris, chez Basset, rue Saint-Jacques, n°. 64*, à droite, *Déposé au bureau des Estampes* ou *à la Direction de la Librairie*.

Nous connaissons les planches suivantes :

MAISON DU ROI. MOUSQUETAIRES NOIRS EN GRAND ET PETIT UNIFORME

Cette planche représente deux Mousquetaires Noirs en grand uniforme se donnant la main. Dans le fond, à gauche, un mousquetaire à pied en chapeau et deux mousquetaires à cheval, l'un en chapeau, l'autre en casque.

Les mots *Maison du Roi* sont au haut de la planche.

GRENADIERS A CHEVAL DE LA GARDE ROYALE

Au premier plan, trois Grenadiers, dont l'un en chapeau. Dans le fond, deux autres Grenadiers. Tous les cinq sont en culotte grise.

CHASSEURS A CHEVAL ET TROMPETTE DE LA GARDE ROYALE FRANÇAISE

A gauche, Finart, del., à droite, Thiébaut, sculp.

Au premier plan deux Chasseurs de la Garde royale et

un Trompette en grand uniforme. Dans le fond deux Chasseurs à cheval.

LANCIER DE LA GARDE ROYALE FRANÇAISE

A gauche, dessiné par Finart, à droite, gravé par Marais.

Au premier plan, deux Lanciers et un Trompette en grande tenue, dans le fond un lancier à cheval au galop.

Le Trompette est colorié tantôt avec l'habit-veste blanc tantôt avec l'habit-veste vert.

TROUPES FRANÇAISES. HUSSARD, CUIRASSIER ET DRAGON DE LA GARDE ROYALE FRANÇAISE

A gauche, dessiné par Finart, à droite, gravé par Thiébaut

Les trois soldats sont en pantalon gris.

Ces planches sont fort intéressantes et donnent tous les détails des costumes avec beaucoup de précision. Elles constituent un document de haut intérêt.

BASSET (Chez)

UNIFORMES FRANÇAIS (RESTAURATION)

Cette collection, dont la publication a été interrompue par la révolution du mois de juillet 1830, devait comprendre la Maison du roi, la Garde royale, la Ligne et la Garde Nationale. On en trouve quelques planches tirées sur grand papier, mais il est probable que le plus grand nombre de celles dont nous allons donner la liste n'existent qu'à l'état d'essais ou d'épreuves. Nous ne les avons vues que dans la collection de M. Gabriel Cottreau qui, très probablement, possède un certain nombre de pièces uniques.

1 Garde du corps, Porte-étendard.
2 Garde à pied du Corps du Roi, Tambour.
3 Garde à pied du Corps du Roi, (*fusil à droite*).

4 Garde à pied du Corps du Roi, *(fusil à gauche)*
5 Maréchal de France.
6 Louis-Philippe en tenue de Général.
7 Officier d'Etat-Major.
8 Aide-de-camp du Roi.
9 Garde royale, Tambour-Major.
10 Garde royale, Sapeurs.
11 Garde royale, Musiciens.
12 Garde royale, Tambour des Grenadiers.
13 Garde royale, Clairon de Voltigeurs.
14 Garde royale, Officier des Grenadiers à pied. *(les bras croisés).*
15 Garde royale, Officier des Grenadiers à pied *(les mains derrière le dos).*
16 Garde royale, Régiment d'Infanterie, Officier des Cies du Centre. Fusiliers suisses.
17 Garde royale, Officier de Fusiliers.
18 Garde royale, Régiments suisses, Officier des Fusiliers.
19 Garde royale, Grenadier à pied *(arme au pied).*
20 Garde royale, Grenadier à pied *(en capote).*
21 Garde royale, Grenadier à pied *(appuyé contre un mur).*
22 Garde royale. Régiment d'Infanterie. Compagnies de Grenadiers.
23 Garde royale, Voltigeurs.
24 Garde royale, Régiments suisses, Fusilier *(vu de face).*
25 Garde royale, Régiments suisses, Fusilier *(vu de dos).*
26 Garde royale, Régiment d'Infanterie, Cies du Centre Fusilier.
27 Garde royale, Officier des Grenadiers à cheval, Régiment.
28 Garde royale, Grenadier à cheval, Brigadier.
29 Garde royale, Grenadier à cheval.
30 Garde royale, Officier des Cuirassiers *(saluant).*
31 Garde royale, Officier des Cuirassiers *(vu de dos à cheval).*
32 Garde royale, Cuirassier.
33 Garde royale, Cuirassiers, Trompette.
34 Garde royale, Officier des Dragons.
35 Garde royale, Dragon.

36 Garde royale, Dragons, Trompette.
37 Garde royale Lanciers. Officier.
38 Garde royale, Lanciers *(à cheval)*.
39 Garde royale, Lanciers *(à pied vu de dos)*.
40 Garde royale, Lanciers, Trompette.
41 Garde royale, Officier de Chasseurs à cheval *(à gauche)*.
42 Garde royale, Officier de Chasseurs à cheval *(à droite)*.
43 Garde royale, Chasseur à cheval *(avec mousqueton)*.
44 Garde royale, Chasseurs à cheval (Trompette).
45 Garde royale, Officier des Hussards.
46 Garde royale, Hussards.
47 Garde royale. Hussards (Trompette).
48 Garde royale, Officier de la Gendarmerie d'élite.
49 Garde royale, Gendarmerie d'élite.
50 Garde royale, Gendarmerie d'élite, (Trompette).
51 Garde royale, Canonnier à pied. Officier.
52 Garde royale, Artillerie légère. Canonniers à cheval Officier
53 Garde royale, Artillerie légère, Canonnier à cheval *(prêt à monter à cheval)*.
54 Garde royale, Canonnier à cheval.
55 Garde royale, Train d'Artillerie, Officier.
56 Garde royale, Train d'Artillerie (Maréchal des logis).
57 Garde royale, Train d'Artillerie *(conduisant 2 chevaux)*.
58 Garde royale, Train d'Artillerie *(vu de dos)*.
59 Garde royale, Train d'Artillerie. Trompette.
60 Garde royale, Cies Sédentaires de Sous-Officiers, Tambour.
61 Garde royale. Cies Sédentaires de Sous-Officiers, Soldat.
62 Infanterie de ligne, Tambour-Major.
63 Infanterie de ligne. Sapeur.
64 Infanterie de ligne, Tambour des Grenadiers.
65 Infanterie de ligne, Clairon des Voltigeurs.
66 Infanterie de ligne, Lieutenant de Voltigeurs.
67 Infanterie de ligne, Officier de Fusiliers.
68 Infanterie de ligne. Officier des Grenadiers.
69 Infanterie de ligne, Porte-drapeau.
70 Infanterie de ligne. Sergent de Grenadiers.
71 Infanterie de ligne, Caporal de Fusiliers.
72 Infanterie de ligne, Voltigeur *(l'arme au bras)*.

73 Infanterie de ligne. Voltigeur *(l'arme au pied)*.
74 Infanterie de ligne, Fusiliers *(l'arme sur l'épaule gauche)*.
75 Infanterie de ligne, Régiment de Hohenlohe. Caporal.
76 Infanterie de ligne, Fusilier *(l'arme au bras)*.
77 Infanterie de ligne, Compagnies du centre, Caporal.
78 Infanterie de ligne, Grenadier en campagne, tenue de route.
79 Infanterie légère, Compagnies de Voltigeurs (Trompette).
80 Infanterie légère, Chasseurs, Officier.
81 Infanterie légère. Voltigeurs, Officier.
82 Infanterie légère, Voltigeurs, *(présentant l'arme)*.
83 Infanterie légère, Voltigeur *(portant l'arme)*.
84 Infanterie légère, Régiment, Cies du Centre, Fusiliers.
85 Cavalerie de réserve, Carabiniers, Officier.
86 Cavalerie de réserve, Carabiniers, Trompette.
87 Cavalerie de réserve, Carabiniers. Soldat.
88 Cavalerie de Ligne, Officier des Cuirassiers.
89 Cavalerie de Ligne, Cuirassier.
90 Cavalerie légère de Ligne, Dragons de... Officier.
91 Cavalerie légère de Ligne, Dragons de... Régiment.
92 Cavalerie légère de Ligne, Dragons de... Trompette.
93 Cavalerie de Ligne, Officier de Chasseurs à cheval *(franchissant un fossé)*.
94 Cavalerie de Ligne, Officier de Chasseurs à cheval *(au pas)*.
95 Cavalerie de Ligne, Chasseur à cheval *(avec la lance)* 1er et 2e Escadrons, Maréchal des logis, Régiment
96 Cavalerie de Ligne, Chasseur à cheval *(avec la lance, vu de dos)*.
97 Cavalerie de Ligne, Chasseur à cheval *(avec mousqueton)*.
98 Cavalerie de Ligne, Chasseur à cheval *(sabre au fourreau)*.
99 Cavalerie de Ligne, Chasseur, à cheval, Trompette
100 Cavalerie légère, Hussards *(tenant son sabre à la main)*.
101 Cavalerie légère Hussards *(tenant son sabre abaissé)*.
102 Cavalerie légère, Hussards. Trompette.
103 Ligne, Officier d'Artillerie à pied.

104 Ligne, Artillerie à pied. Soldat en capote.
105 Ligne, Artillerie à pied.
106 Ligne, Artillerie à cheval.
107 Ligne, Train d'Artillerie.
108 Sapeur mineur *(en capote)*.
109 Corps royal du Génie. Officier.
110 Corps royal du Génie. Soldat.
111 Gendarmerie royale de la Ville de Paris, Trompette des Gendarmes à cheval.
112 Gendarmerie royale de la Ville de Paris, Soldat *(factionnaire en capote)*.
113 Gendarmerie royale de la Ville de Paris, Gendarmes à pied *(2 soldats)*.
114 Gendarmerie royale de la ville de Paris, Gendarme. *(à cheval)*.
115 Gendarme de la Seine *(l'arme au bras)*.
116 Gendarme de la Seine *(l'arme au pied)*.
117 Gendarmerie royale *(cavalier en chapeau)*.
118 Gendarme de la Seine, Officier.
119 Garnison de Paris, Sapeurs-Pompiers, Tambour.
120 — — Officier
121 — — Soldat *(vu de dos)*.
122 — — Soldat *(sans armes)*.
123 SousOfficiers sédentaires, Tambour *(la caisse sur le dos)*.
124 — Tambour. *(battant la caisse)*
125 — Officier
126 — Sous-Officier *(portant l'arme)*.
127 — Sous-Officier *(appuyé sur son fusil)*.
128 Garde Nationale. Officier d'Etat-Major *(vu de dos)*.

Les planches de cette importante suite sont très supérieures comme exécution à celles des séries précédentes. Tous les détails des uniformes sont reproduits avec beaucoup de précision.

BASSET (Chez)

UNIFORMES FRANÇAIS SOUS LE RÈGNE DE LOUIS-PHILIPPE

Cette collection, qui fait suite à la précédente, ne porte pas de numéros. Les planches sont gravées et coloriées, entourées d'un trait carré. Elles ont 0,234 sur 0,305. Dimensions du cadre, variables. En haut, au milieu : UNIFORMES FRANÇAIS, en lettres imprimées; en bas, au milieu, titre, en lettres imprimées; sauf les mots *Régiment Escadron* qui sont écrits en anglaise. Au-dessous des titres, à droite, *à Paris, chez Basset, rue Saint-Jacques, n° 64*, à gauche, *déposé*.

1 Garde nationale (de Paris) Légion, sapeur.
2 — Tambour-Major.
3 — Officier d'Etat-Major.
4 — Légion, Officier de Grenadiers.
5 — Légion, Grenadier.
6 — Légion, Voltigeur.
7 — Légion, Chasseur.
8 — Légion, Sergent porte-drapeau.
9 — 13ᵉ Légion, Cavalerie (avec schako).
10 — 13ᵉ Légion, Cavalerie (avec schapska).
11 — Cavalerie, Trompette.
12 — Officier d'Artillerie.
13 — Artillerie.
14 Garde nationale rurale, Cᵉˢ de Grenadiers.
15 — Cᵉˢ du Centre.
16 Garde Municipale de la Ville de Paris, Compagnies d'Infanterie, Officier.
17 Garde Municipale de la Ville de Paris, Compagnies d'Infanterie, Sergent-major, grande tenue.
18 Garde Municipale de la Ville de Paris, Compagnie d'Infanterie, Tambour.

19 Garde Municipale de la Ville de Paris, Compagnie de Cavalerie, Officier.
20 Garnison de Paris. Officier des Sapeurs-Pompiers, grande tenue.
21 Garnison de Paris. Sapeurs-Pompiers, Tambour.
22 — Sapeurs-Pompiers, Grande tenue.
23 — Garde municipale, Cavalerie.
24 Garde Départementale, Cavalerie.
25 Gendarmerie Départementale, Brigade à pied.
26 Infanterie de ligne, Sapeurs. Régiment.
27 Infanterie de ligne, Régiment, Cies de grenadiers, Tambour.
28 Infanterie de ligne, Régiment, Cies de Grenadiers,
29 — Compagnies de *Voltigeurs (à la main)* Sergent, Régiment.
30 Infanterie de ligne, Compagnies du Centre, Fusilier, Régiment.
31 Infanterie de ligne, Régiment étranger Hohenlohe (naturalisé français par Louis-Philippe Ier en 1830). Compagnies de fusiliers, caporal.
32 Infanterie légère. Compagnies de voltigeurs. Clairon.
33 Infanterie légère. Compagnies de *Carabiniers (à la main)* Officiers.
34 Infanterie légère. Compagnies de *Carabiniers (à la main)* Régiment.
35 Infanterie légère. Compagnies du Centre, Régiment.
36 Cavalerie de Réserve, Carabinier.
37 Cavalerie de Ligne, Officier des Chasseurs à cheval Régiment *(avec brandebourgs)*.
38 Cavalerie de ligne, Officier des Chasseurs à cheval Régiment *(sans brandebourgs)*.
39 Cavalerie de ligne Chasseur à cheval, 1er et 6e Escadrons, Maréchal-des-logis, Régiment *(avec flamme mi-partie blanche et de la couleur distinctive)*.
40 Cavalerie de ligne. Chasseur à cheval, 1er et 6e Escadrons, Maréchal-des-logis, Régiment *(avec flamme tricolore et siège en peau de mouton plus petit que sur la planche précédente)*.
41 Cavalerie légère, Chasseur à cheval, Régiment *(avec mousqueton et sans brandebourgs)*.
42 Cavalerie légère, Chasseur à cheval, Régiment, Trompette.

43 Cavalerie de ligne, Cuirassiers, Régiment, Officier.
44 Cavalerie de ligne, Cuirassiers, Régiment.
45 Cavalerie légère de ligne, Dragons, Régiment *(avec contre-épaulettes et gants à crispin)*.
46 Cavalerie légère de ligne, Dragons, Régiment *(avec épaulettes et sans gants)*.
47 Cavalerie légère de ligne, Dragons de...... Trompette *(avec contre-épaulette)*.
48 Cavalerie de ligne, Lanciers, Régiment.
49 Cavalerie légère, Lanciers d'Orléans.
50 Cavalerie légère, Hussards de... Régiment *(avec plumet droit, siège en peau de mouton et sans étoile sur le porte-manteau)*.
51 Cavalerie légère, Hussards de... Régiment *(avec panache en plumes de coq, siège en peau de mouton diminué et étoile sur le porte-manteau)*.
52 Artillerie de ligne, Canonier *(sic)* à cheval, Régiment.
53 Artillerie de ligne, Canonnier à pied, Régiment.
54 Génie, Sapeurs mineurs, Régiment, grande tenue.
Cavalerie de ligne, Dragons, 4ᵉ Régiment (1).

Cette suite qui n'est que la continuation de la précédente est très intéressante et d'un coloris fort soigné. Plusieurs des planches proviennent de transformations de celles de la série de la Restauration.

(1) Cette planche porte l'inscription : A Paris, chez Hocquart, successeur de Basset, rue St-Jacques, n° 64.

BASTIN

COLLECTION D'UNIFORMES MILITAIRES FRANÇAIS DE 1789 à 1857

Paris, Imprimerie Rigo, se trouve chez Wild, 38, Passage du Saumon.

Planches in-folio en hauteur ou en largeur, lithographiées et coloriées, représentant un ou plusieurs soldats à pied ou à cheval, poses et fonds variés. Quadruple trait carré. Signature dans le terrain.

En haut et au milieu, Titre Général, à droite, N° d'ordre, en bas, au milieu, nom du corps ou du régiment ; au-dessous : du titre, *Imprimerie Jules Rigo* ou *Decan*, et au-dessous, *chez Wild, 38, Passage du Saumon, Paris*.

Dimensions des Planches : 0,356 sur 0,470. Dimensions du cadre : 0,230 sur 0,304.

1 Empire de 1806 à 1815. Cuirassier.
2 République Française (1789-1794), Les Tirailleurs. *La planche est dessinée par Bellangé et lithographiée par Bour.*
3 Armée Française (1844), Porte-étendard du 8e Régiment de Hussards.
4 (1793) République Française (Volontaire) Hussard de la Mort.
5 (1815 à 1830), Garde du Corps du Roi et Garde du Corps à pied ou Cent-Suisses.
6 (1810 à 1814) Régiment Hollandais, Garde Impériale Lanciers rouges.
7 Armée Française (1790), Garde Suisse, Garde Française, (Grenadier) et Régiment du Forez.

8 Armée Française (1804 à 1815), Garde impériale, Grenadier (Vieille Garde).

9 Armée Française (1816 à 1830), Garde royale, Officiers suisses et français.

10 Armée Française (1816 à 1830), Garde royale (Officier). Dragon.

11 Armée d'Afrique (1845), Officier indigène au service de la France (Sous-Lieutenant) Spahis.

12 Armée d'Afrique (1845), Officier Français (Capitaine) Spahis.

13 Armée-Française (1816 à 1830), Lancier, Garde royale.

14 Armée Française (1816 à 1830), Hussard, Garde royale, (Officier).

15 Armée Française (1814 à 1815), Mousquetaires du roi.

16 Armée Française de 1804 à 1815. Garde impériale, Chasseur guide.

17 Garde municipale de Paris, Officier, Sous-Officier et soldats. Formée le 29 Juillet (1830).

18 Armée Française (1816-1830), Grenadier à cheval. Garde Royale.

19 Garde municipale de Paris, Officier et soldats. Fondée en 1830.

20 Armée Française (1816 à 1830), Cuirassier, Garde royale, (Officier).

21 Armée Française (1824 à 1830), Chasseur, Garde royale.

22 Armée Française (1846), Sapeurs-Pompiers. Officier et soldat.

23 Armée Française (1807 à 1814), Chevau-légers, Garde impériale, Officier des Lanciers polonais.

24 Armée Française (1846), Garde Nationale, Département de la Seine.

25 Armée Française (1816 à 1830), Garde impériale Garde d'Honneur.

26 Armée Française (1816 à 1830), Canonnier, Garde royale, Maréchal des logis.

27 Armée Française (1846), Vivandière, Régiment d'Infanterie de ligne.

28 Armée Française (1846), Hussards, 8ᵉ Régiment, Officier et soldats.

29 Armée d'Afrique (1847), Chasseurs d'Afrique, Officiers et soldat Arabe apportant une ordonnance.

30 Armée d'Afrique (1846,) Zouave, Sergent.
31 Armée d'Afrique (1847), Tirailleurs, Chasseur d'Orléans.
32 Armée d'Afrique (1847), Tirailleur, Bataillon de Constantine.
33 Armée Française (1847), Carabiniers, Officier.
34 Armée Française (1847) Chasseur *(à cheval)* Officier et soldat.
35 Armée Française 1847. Dragons, Sous-Officier.
36 Armée Française 1847. Bataillon d'Infanterie légère d'Afrique surprenant les Arabes.
37 Armée Française (1847), Cuirassier, Officier.
38 Armée d'Afrique (1847), Gendarme Maure et Spahis.
39 République Française (1848), Garde Mobile.
40 République Française (1848), Garde Nationale.
41 République Française (1849), Louis-Napoléon Bonaparte, Président de la République.
42 République Française (1849), Garde Nationale à cheval.
43 République Française (1849), Artillerie, Garde Nationale.
44 Armée Française (1811-1814), Pupilles, Garde impériale.
45 Armée Française (1849), Général Changarnier.
46 Armée Française (1804 à 1815) Grenadiers à cheval, Garde impériale.
47
48 Armée Française (1849), Nicolas-Charles-Victor Oudinot, Général de Division.
49 Armée Française (1851), Infanterie de Marine
50 Armée Française (1850), Garde républicaine à cheval.
51 Armée-Française (1850), Gendarme à cheval (de la Seine) et Gendarmes mobiles.
52 Armée Française, Napoléon Bonaparte, Empereur des Français.
53 Armée Française. Le Prince de Joinville (1).
54 Armée Française. Louis-Philippe roi des Français et les Princes ses fils.
55 Armée Française (1806 à 1815), Dragons de l'Impératrice, Porte-étendard et sa Garde (Garde impériale).

(1) Sans numéro.

55 1852. Garde Nationale (1).
56 Garde Nationale à cheval.
57 Garde Impériale. Voltigeur, grande tenue d'hiver. Tambour-Grenadier, grande tenue. Grenadier, grande tenue. Voltigeur, grande tenue. Grenadier, grande tenue de promenade. Officier Grenadier, grande tenue. Officier supérieur, grande tenue. Officier Voltigeur, grande tenue. Sapeur de Voltigeurs, grande tenue. Voltigeurs, grande tenue de promenade.

F. BASTIN

UNIFORMES FRANÇAIS SOUS NAPOLÉON I, LA RESTAURATION ET NAPOLÉON III

Planches in-folio en travers lithographiées, à plusieurs personnages à pied ou à cheval, poses et fonds variés, encadrées d'un trait arrondi aux angles, signature *Bastin* dans le terrain.

En haut, au milieu de la feuille, UNIFORMES FRANÇAIS ; N° en haut, tantôt à droite, tantôt à gauche ; à l'autre angle les mots, NAPOLÉON I, RESTAURATION, ou NAPOLÉON III.

En bas, à gauche, *Paris (Maison Martinet), Hautecœur frères, rue Vivienne, 41, et rue du Coq, 11*.

En bas, à droite, *Paris, imprimerie Villain, rue de Sèvres, 19*.

Dimensions des planches 0,657 sur 0,360, du cadre 0,393 sur 0,255.

1 Garde Impériale. Train d'Artillerie (1806-14) ; Artillerie à cheval (1804-14), Officier, soldat ; Artillerie à pied (1801-14), Officier, Canonnier ; Sapeur du Génie (1804-14).
2 Garde Royale (1830). 1er Rég. de Cuirassiers, 2e Rég. de Grenadiers (à cheval) ; 2e Rég. de Cuirassiers, Porte-étendard ; 1er Rég. de Grenadiers (à cheval), Trompettes.
3 Garde royale. Officiers : Rég. de Lanciers, Rég. de Dragons, Rég. de Hussards, Rég. de Chasseurs.
4 Garde Impériale (1804-1814). Grenadiers à pied.

(1) Cette planche devrait porter le numéro 47.

5 Garde Impériale. Mameluck (1804-1814). Chasseur à cheval, Officier (1804 à 1814). Tartare Lithuanien (1812). Chevau-légers lanciers, Officier 1ᵉʳ Rég. (1809-1814), Chasseur à cheval (1804-1814). Chevau-légers lanciers, 2ᵉ Rég. (1810-1814) 1ᵉʳ Rég (1804-1814).

6 Garde royale (1815-1830). Fusilier 1ᵉʳ Rég. Musicien 4ᵉ Rég. Grenadier 2ᵉ Rég. Voltigeur 3ᵉ Rég. Voltigeur 1ᵉʳ Rég. suisse. Grenadier 2ᵉ Rég. suisse, Tambour-Major, Tambour, 5ᵉ Rég, Officier de Grenadiers 6ᵉ Rég. Officier de Fusiliers, 1ᵉʳ Rég. Suisse.

7 Maison du Roi (1814) : Cent-Suisses, Garde de la Porte, Mousquetaire 2ᵉ Cⁱᵉ, Chevaux-légers, Mousquetaire 1ʳᵉ Cⁱᵉ, Garde du corps (en chapeau), Gendarme du Roi.

8 Maison du Roi (1825-1830) : Trompette des Gardes du Corps, Garde du Corps, Gendarme des chasses Maréchaux et Fourriers des logis du Roi, Gardes à pied ordinaires du Corps du Roi : Officier, soldat.

9 Infanterie de ligne (1804 à 1815) Fusiliers, Grenadiers, Porte-Drapeau, Voltigeur, Grenadiers (en shako), Officiers de Fusiliers, Grenadiers, tenue de campagne, Tambour, Sapeur.

10 Garde Impériale (1855), Cuirassiers, Voltigeurs, Grenadiers, Cent-Gardes, Général, Gendarmerie, Génie, Guides, Artillerie, Chasseur à pied.

11 Garde royale, Artillerie à cheval (1815-1830).
Train d'Artillerie, Artillerie à pied (1815-1828). Artillerie à cheval (1828-1830).
Artillerie à pied (1828-1830).

12 Garde Impériale (1809-1815).
Conscrit Chasseur, Conscrit Grenadier, Tirailleur Grenadier, Tambour, Tirailleur-chasseur, Flanqueur Grenadier, Garde Nationale, Tirailleur Chasseur, Officier, Flanqueur Chasseur.

Nota. — La planche 10 a été refaite vers 1886. La plancher refaite porte les inscriptions suivantes : en bas, à gauche, *d'après Bastin*, et à droite *Lith. par Harmant*; plus bas à gauche, *Paris, Jules Hautecœur, 172, rue de Rivoli,* et à droite, *Imp. Becquet frères à Paris.*

La collection des Uniformes Français de Bastin qui a

été publiée au commencement du 2ᵉ Empire n'est documentaire qu'en ce qui concerne la Planche n° 10 donnant les costumes de la Garde impériale au début du règne de Napoléon III. Les planches relatives au règne de Napoléon Iᵉʳ et à la Restauration contiennent quelques erreurs, notamment dans la Planche n° 7. Maison du Roi (1814), la forme des casques des Mousquetaires n'est pas exacte.

BELLANGÉ HIPPOLYTE

UNIFORMES DE L'ARMÉE FRANÇAISE DEPUIS 1815 JUSQU'A NOS JOURS

A Paris, chez Gihaut frères, éditeurs, Boulevard des Italiens N° 5.
Imprimerie lithographique de Villain.
116 planches lithographiées et coloriées représentant un personnage à pied ou à cheval, scènes et fonds variés, sans encadrement. Titre au bas de la planche, au milieu, N° d'ordre en haut, à droite; signature de *Bellangé* dans le terrain; en bas tantôt à droite tantôt à gauche : *lith. Villain* et le plus souvent *chez Gihaut, Editeur, Boulevard des Italiens N° 5 ou chez Gihaut ou chez Gihaut frères éditeurs*, etc.
Dimensions des planches environ 0,282 sur 0,370.
Couverture en papier gris avec titre.
Frontispice représentant un Grenadier de la Garde royale assis, montrant des lithographies à un enfant de troupe et avec l'inscription sur un pilastre :
UNIFORMES DE L'ARMÉE FRANÇAISE DEPUIS 1815 JUSQU'A NOS JOURS PAR M. BELLANGÉ.

1. Grenadier à pied, Garde royale, Grande tenue d'été.
2. Capitaine de Grenadiers à pied, Garde royale. Grande tenue d'hiver.
3. Grenadier (Infanterie de ligne) Grande tenue d'été.
4. Lancier (Garde royale).
5. Officier au Régiment d'Artillerie à pied (Garde royale).
6. Grenadier à cheval (Garde royale) Maréchal des logis. Grande tenue.
7. Chasseur à pied (Garde royale) Grande tenue d'hiver.
8. Grenadier suisse (Garde royale).

9 Officier d'Artillerie à cheval (Ligne).
10 Grenadier (Infanterie légère), Grande tenue d'été.
11 Maréchal de France.
12 Capitaine de Grenadiers à cheval (Garde royale).
13 Voltigeur Infanterie de ligne. Grande tenue d'hiver.
14 Officier de Fusiliers, Régiments suisses, Garde royale. Grande tenue d'hiver.
15 Dragon, Garde royale. Grande tenue d'hiver.
16 Fusilier, Garde royale en grande tenue d'hiver.
17 Gendarmerie des Chasses Maisons et Résidences du Roi. Garde royale.
18 Capitaine au Corps royal d'État-Major.
19 Légions Départementales, Grenadier.
20 Officier de Grenadiers. Infanterie de ligne, Grande tenue d'été.
21 Régiments suisses (Garde royale) Fusilier en grande tenue d'été.
22 Hussard de la Meurthe (2ᵉ Régiment).
23 Trompette des Grenadiers à cheval en grande tenue (Garde royale).
24 Carabiniers.
25 Fusilier, Infanterie de ligne en grande tenue d'été.
26 Chasseurs à cheval (Garde royale).
27 Cuirassiers (Garde royale).
28 Dragons de la Loire, 6ᵉ Régiment, Capitaine.
29 Régiments suisses (Garde royale) Capitaine de Grenadiers.
30 Artillerie à pied (Garde royale) Grande tenue d'hiver.
31 Tambour de Grenadiers (Garde royale Infanterie) Grande tenue d'hiver.
32 Légions départementales. Compagnies du centre de 1816 à 1820.
33 Sapeurs-Pompiers de la Ville de Paris.
34 Maréchal de camp (Garde royale).
35 Artillerie à cheval (Ligne).
36 Officier des Lanciers (Garde royale).
37 Artillerie à pied (Ligne).
38 Légions départementales (Voltigeur) de 1816 à 1820.
39 Compagnies de Sous-Officiers sédentaires (Garde royale).
40 Chasseur à cheval (Garde royale) Officier supérieur.
41 Chasseur à cheval, 8ᵉ Régiment (Ligne).

42 Maison du Roi, Garde du Corps.
43 Infanterie légère, Capitaine de Grenadiers.
44 Légions Départementales. Bataillons de Chasseurs de 1818 à 1820.
45 Officier d'Infanterie (Garde royale) Tenue de guerre.
46 Houzards du Nord (4e Régiment).
47 Cuirassier (3e Régiment Ligne).
48 Officier de Dragons (Garde royale).
49 Garde royale. Grenadier à pied. Tenue de route.
50 Sapeur du Génie.
51 Garde royale. Grenadier à cheval. Maréchal-des-logis (Petite tenue de ville).
52 Infanterie légère, Clairon.
53 Ligne, Officier de Hussards, 3e Régt.
54 Garde royale, Canonnier à cheval.
55 Infanterie de ligne, Grenadier, Tenue de route.
56 Garde royale. Régts suisses. Capitaine de Voltigeurs.
57 Infanterie de ligne, Tambour.
58 Gendarmerie royale de Paris, à pied.
59 Garde royale, Officier de Hussards.
60 Train d'Artillerie. Ligne.
61 Hussard du Bas-Rhin (5e Régiment).
62 Capitaine de Cuirassiers (Garde royale).
63 Gendarmerie royale de Paris à cheval.
64 Garde royale, Régiments suisses, Fusilier, tenue de route.
65 Elève de l'Ecole Polytechnique.
66 Régiment d'Hohenlohe.
67 Gendarmerie d'élite (Garde royale) Officier.
68 Colonel d'Infanterie (Garde royale).
69 Garde Nationale de Paris (Grenadier).
70 Ecole Royale de Saint-Cyr.
71 Régiments suisses (Garde royale) Tambour de grenadiers.
72 Hussards du Haut-Rhin (6e Régiment).
73 Tambour-Major, Garde royale.
74 Intendant militaire.
75 Grenadier à pied, Garde royale, Grande tenue de ville.
76 Régiments suisses, Ligne, Voltigeurs.
77 Train d'Artillerie, Garde royale.
78 Régiment d'Infanterie, Colonel.
79 Officier du Train d'Artillerie, Garde royale.

80 Sapeur, Infanterie de ligne.
81 Sapeur, Infanterie de la Garde royale.
82 Bataillon de voltigeurs corses.
83 Infanterie, Garde royale, Clairon.
84 Hussard (Garde royale).
85 Tambour-Major (Ligne).
86 Invalide.
87 Officier des Sapeurs-Pompiers de la Ville de Paris.
88 Chasseurs à cheval. Chef d'escadrons (Ligne).
89 Artillerie à cheval. Capitaine.
90 Gardes à pied ordinaires du Corps du Roi.
91 Vétéran.
92 Trompette des Chasseurs à cheval, Garde royale.
93 Infanterie, Garde royale, Musicien.
94 Train du Génie.
95 Train d'Artillerie, Garde royale, Musiciens et Trompettes.
96 Gendarmerie Départementale.
97 Trompettes des Hussards, (Garde royale).
98 Trompettes des Lanciers, (Garde royale).
99 Trompette des Cuirassiers, (Garde royale).
100 Trompette des Carabiniers.
101 Garde Nationale à cheval.
102 Trompette des Gardes du corps du Roi, Grande tenue.
103 Hérault d'armes.
104 Douanier (1828).
105 Compagnies de discipline (1828).
106 Garde royale, Infanterie, Chirurgien (1828).
107 Maréchaux et fourriers des Logis du Roi.
108 Lieutenant du Roi de 1re classe, commandant de Place forte.
109 Garde Nationale de Paris, Chasseurs, Grande tenue d'été (1830).
110 Garde Nationale à cheval de Paris (1830) Grande tenue d'été.
111 Artillerie à pied (Grande tenue) 1831.
112 Garde nationale à cheval de Paris (1831).
113 Corps municipal de la Ville de Paris, Garde à cheval (Grande tenue) 1831.
114 Corps municipal de la Ville de Paris, Garde à pied (Grande tenue) 1831.
115 Carabinier (1831).

116 Dragon. (1831).

Cette suite, l'une des plus importantes publiées sous la Restauration, est en quelque sorte classique, mais elle est inégale et toutes les planches n'ont pas la même valeur artistique. En outre, au point de vue de l'exactitude du détail des costumes et de l'équipement, il y a quelques réserves à faire. Elle n'en reste pas moins l'une des plus intéressantes et sa place est marquée dans toutes les collection de costumes militaires.

On trouve fréquemment des planches isolées de cette suite, soit en noir, soit coloriées.

BELLANGÉ HIPPOLYTE

COSTUMES DE L'ARMÉE FRANÇAISE DEPUIS 1830 JUSQU'A NOS JOURS

Paris chez Gihaut Frères, éditeurs, Boulevard des Italiens, n° 5, Imprimerie lithographique de Villain.

Ces planches proviennent de l'édition *Uniformes de l'Armée Française depuis 1815 jusqu'à nos jours*, avec diverses modifications, plumets, fausses bottes, etc, etc.

		N° de l'Édition précédente
1	Maréchal de France.	11
2	Maréchal de camp.	34
3	Capitaine d'Etat-Major.	18
4	Intendant militaire.	74
5	Colonel d'Infanterie.	78
6	Sapeur.	80
7	Tambour-Major.	85
8	Infanterie de ligne, Tambour de Grenadiers.	57
9	Officier de Grenadiers, Infanterie de ligne.	20
10	Grenadier, Infanterie légère.	3
11	Infanterie de ligne, Grenadier.	55
12	Infanterie de ligne, Fusilier.	25
13	Infanterie de ligne, Voltigeur.	13
14	Clairon, Infanterie légère.	83
15	Infanterie légère, Capitaine de Grenadiers.	43
16	Infanterie légère, Grenadier.	10
17	Garde Nationale de Paris, Grenadier.	69

17 bis Garde Nationale, Sous-Lieutenant de Chasseurs, petite tenue. 56
18 Garde Nationale de Paris, Capitaine de Voltigeurs, petite tenue d'hiver. 45
19 Tambour de Grenadiers, Garde Nationale, grande tenue d'hiver. 31
20 Garde Nationale, Capitaine de Grenadiers. 29
21 Garde Nationale, Chasseur, grande tenue d'hiver. 21
id. Garde Nationale, Lieutenant de Chasseurs, grande tenue d'été. 14
22 Garde Nationale de Paris, Chasseur, grande tenue d'été. 109
23 Garde Nationale à cheval de Paris (1831). 112
24 Corps municipal de la Ville de Paris, Garde à pied, (Grande tenue). 114
25 Corps municipal de la Ville de Paris, Garde à cheval (Grande tenue). 113
26 Gendarmerie Départementale. 96
27 Sapeurs-Pompiers de la Ville de Paris, Officier. 87
28 Sapeurs-Pompiers de la Ville de Paris. 33
29 Officier d'Artillerie à cheval. 9
30 Artillerie à cheval. 35
31 Artillerie à pied, grande tenue. 111
32 Compagnies d'Ouvriers. 94
33 Sapeurs du Génie. 50
34 Lancier. 4
35 Elève de l'Ecole de St Cyr. 70
36 Bataillon de Voltigeurs Corses. 82
37 Vétéran. 91
38 Elève de l'Ecole Polytechnique. 65
39 Compagnies de discipline. 105
40 Douanier. 104
41 Chasseurs à cheval, 8e Régiment. 40
42 Chasseurs à cheval, Chef d'escadrons. 88
43 Cuirassier. 47
44 Officier de Hussards, 3e Régiment. 53
45 Hussard, 2e Régiment. 22
46 Hussard, 4e Régiment. 46
47 Hussard, 5e Régiment. 61
48 Capitaine de Dragons. 28
49 Dragon. 116
50 Garde Nationale, Voltigeur, grande tenue d'hiver. 16
51 Carabinier. 11

52 Trompette des Carabiniers.	100
53 Officier de Lanciers.	36
54 Officier de Cuirassiers.	62
55 Garde Nationale à cheval, Trompette, grande et petite tenue.	98
56 Commandant de place forte.	108
57 Infanterie de ligne, Chirurgien-Major.	106
58 Trompette de Chasseurs.	92
59 Garde Nationale, Tenue de promenade.	75
60 Garde Nationale, Grenadier, petite tenue.	49
61 Garde Nationale à cheval de Paris (1830) grande tenue d'été.	110

BELLANGÉ HIPPOLYTE

CAVALERIE DE L'EX-GARDE

8 planches in-folio, en hauteur, lithographiées. Trait carré. Un ou plusieurs soldats à cheval, poses et fonds variés, signature de *Bellangé*. En haut, et à droite, N° d'ordre, en bas *Lith. de G. Engelmann*, et titre. Dimensions des planches, 0,36 sur 0,55, et du cadre 0,267 sur 0,310.

Liste des Planches :

1 Grenadier à cheval en grande tenue (Ex-Garde).
2 Officier de Chasseurs à cheval en grande tenue (Ex-Garde).
3 Mameluk (Ex-Garde).
4 Dragon en grande tenue (Ex-Garde).
5 Officier de Grenadiers à cheval en grande tenue (Ex-Garde).
6 Lancier Polonais en grande tenue (Ex-Garde).
7 Artillerie légère en grande tenue (Ex-Garde).
8 Trompette des Dragons en grande tenue (Ex-Garde).

Cette série intéressante ne se trouve guère qu'en noir. Il n'a dû en être tiré qu'un nombre relativement restreint d'exemplaires, car l'on ne rencontre pas comme dans certaines collections des tirages usés.

BELLANGÉ HIPPOLYTE

HUSSARDS (RESTAURATION)

Trois Planches in-folio, en largeur ou en hauteur, trait carré, titre en bas et au milieu de la planche, signature dans le terrain, à droite en bas : Lith. G. Engelmann.

HUSSARD DE LA MOSELLE (3º Rég.), planche en hauteur, de 0,368 sur 0,525. Dimensions du cadre, 0,286 sur 0,338.

Un Officier supérieur galope vers la gauche.

HUSSARD DU NORD (4º rég.) planche en largeur, de 0,538 sur 0,390. Dimensions du cadre, 0,380 sur 0,285.

Plusieurs hussards auprès d'une ferme.

RÉGIMENT DU BAS-RHIN, HUSSARDS, 5º Planche en largeur, de 0,581 sur 0,414. Dimensions du cadre, 0,422 sur 0,337.

Un officier à cheval et un soldat à pied devant lui. Dans le fond un bivouac.

Ces trois planches, fort intéressantes, peuvent être rangées parmi les meilleures lithographies de Bellangé.

BELLANGÉ HIPPOLYTE

COSTUMES MILITAIRES SOUS LA RESTAURATION

Trois Planches lithographiées sans nom d'éditeur.
Infanterie de ligne (deux fantassins).
Cuirassiers (un cavalier et un Cuirassier à pied).
Hussards (un cavalier et un Hussard à pied).

Ces planches qui sont du format de celles de la collection d'Aubry. (Collection des Uniformes de l'Armée française, présentée au Roi par S. E. M. le Ministre de la Guerre), existent à l'état d'épreuves dans la collection Dubois de l'Estang, à la Bibliothèque des Beaux-Arts. Elles paraissent constituer des spécimens qui auraient été fournis par Bellangé au Ministère de la guerre lorsqu'il s'est agi de préparer la publication dont nous venons de parler.

BELLANGÉ HIPPOLYTE

COLLECTION DES TYPES DE TOUS LES CORPS ET DES UNIFORMES MILITAIRES DE LA RÉVOLUTION ET DE L'EMPIRE

1 vol. Texte et 50 Planches gravées sur bois et coloriées. in-8°. *Paris, chez J.-J. Dubochel et Cie, Editeurs, 33, rue de Seine (1844)*. Signature de *Bellangé* généralement à gauche, titre en bas, au milieu; à droite, nom du graveur: *Rouget, Guichou, Verdiol, Andreue, Best, Leloir, Brugnot.*

1 Bonaparte, Général en chef de l'armée d'Italie.
2 Général républicain et son Guide (1795).
3 Général de division et son Aide-de-camp.
4 Officier d'ordonnance de l'Empereur.
5 Infanterie de ligne (1793-1806).
6 Infanterie de ligne (1808), Grenadier, Voltigeur.
7 Infanterie légère (1809). Voltigeur, Carabinier.
8 Officier d'Infanterie légère (1795).
9 Régiments suisses, Grenadier (1812).
10 Légion Polonaise (1810). Régiment de la Vistule.
11 Carabinier (1805).
12 Carabinier (1812).
13 Grosse cavalerie (1791-1802).
14 Cuirassier (1809).
15 Dragon et Sapeur de Dragons (1809).
16 Chasseur à cheval (1812).
17 Hussard (1795).
18 Hussard (1809).
19 Chevau-léger français (1812).
20 Garde d'Honneur (1814).
21 Train d'artillerie, Artillerie à pied (1809).
22 Le Prince Joachim Murat.
23 Artillerie à cheval.

24 Grenadier à pied, Officier et soldat, Garde Impériale.
25 Grenadier à pied, 3e Régiment Hollandais, Garde.
26 Chasseurs à pied (Grande tenue d'été). Sergent de Chasseurs à pied.
27 Fusilier Grenadier (Garde Impériale), Grande tenue.
28 Tirailleur et Voltigeur (Garde Impériale).
29 Fusilier (Garde Impériale).
30 Le prince Eugène Beauharnais, Colonel des Chasseurs à cheval.
31 Grenadier à cheval de la Garde Impériale.
32 Gendarme d'élite de la Garde Impériale.
33 Dragon de la Garde Impériale.
34 Officier de Chasseurs à cheval de la Garde Impériale.
35 Mameluk de la Garde Impériale.
36 Chevau-légers lanciers, 1er Régiment de la Garde Impériale.
37 Chevau-légers polonais (1812).
38 Chevau-légers lanciers, 2e Régiment de la Garde Impériale.
39 Le prince Joseph Poniatowski.
40 Artillerie à pied et Train d'Artillerie de la Garde Impériale.
41 Artillerie à cheval de la Garde Impériale.
42 Sapeur du Génie de la Garde Impériale.
43 Elève de l'Ecole Polytechnique.
44 Capitaine de Vaisseau.
45 Marin de la Garde Impériale.
46 Régiment des Dromadaires (1798). Armée d'Egypte.
47 Tambour d'Infanterie de ligne, Tambour-major des Grenadiers à pied de la Garde.
48 Trompette des Chevau-légers polonais et Trompette des Chasseurs à cheval.
49 Invalide (1812).
50 L'Empereur.

Ouvrage intéressant mais qui n'est pas rare. Le texte donne des détails intéressants sur les uniformes.

Il existe de cet ouvrage une édition allemande et une édition italienne.

BERKA

L'ARMÉE FRANÇAISE, PUBLIÉE A PRAGUE CHEZ FRANÇOIS ZIMMER, vers 1809 ou 1810

Un Frontispice et dix-huit planches gravées et coloriées à plusieurs personnages, poses et fonds variés, entourées d'un double trait carré.

Dimensions des planches, 0,25 sur 0,18.
Dimensions du cadre, 0,133 sur 0,1251.

Frontispice

Dans un encadrement style empire, un aigle couronné et au-dessous les inscriptions suivantes :

L'Armée Française, représentée en 18 feuilles, à Prague chez François Zimmer, Marchand de Beaux-Arts.

En dessous du titre français le même titre en allemand.

Au bas du frontispice à gauche : Buset, scripsit, et à droite, *J. Berka, fecit.*

1 1. Maréchal. — 2. Général de division. — 3. Général de brigade, chef d'Etat-Major. — 4. Colonel d'infanterie de ligne.

2 Infanterie de ligne. — 1 et 2. Officiers des Grenadiers — 3. Officier des Voltigeurs.

3 Infanterie de ligne. — 1. Grenadier. — 2. Sapeur. — 3. Voltigeur. — 4. Fusilier.

4 1. Officier des Voltigeurs d'Infanterie légère. — 2. Officier de Chasseurs. — 3. Carabiniers d'Infanterie légère. — 4. Chasseurs à pied.

5 1. Officier de Carabiniers. — 2 Sergent des Carabiniers portant le guidon. — 3. Chasseurs à pied.

6 1. Officier de Canonniers à pied. — 2. Officier d'Artillerie à cheval. — 3. Canonnier à pied. — 4. Officier du génie.

7 Canonnier à pied. — 2. Canonnier à cheval. — 3. Mineur.

8 1 Officier des Cuirassiers. — 2. Officier des Dragons. — 3. Officier de Chasseurs à cheval. — 4 et 5. Officiers des Hussards du 5ᵉ et 9ᵉ Régiments.

9 1, 2 et 3. Houssards des 5ᵉ, 9ᵉ et 13ᵉ Régiments. — 4 Elite des Houssards du 9ᵉ Régiment.

10 1, 2 et 3 Chasseurs à cheval des 12ᵉ, 19ᵉ et 27ᵉ Régiments. — 4. Chasseurs à cheval d'élite du 6ᵉ Régiment.

11 1 et 2. Cuirassiers de la division du Général Arrighi Duc de Padoue. — 3. Cuirassiers de la division du Général Comte de Nansouty. — 4. Dragon.

12 1. Carabinier. — 2. Elite des dragons. — 3. Sergent des Gens d'armes.

13 1. Soldat du train de la Garde. — 2. Soldats du 8ᵉ Bataillon du train.

14 1 et 2. Pontonniers. — 3 et 4. Mariniers.

15 1. Officier d'ordonnance de l'Empereur. — 2. Officier des Grenadiers à pied de la Garde Impériale. — 3. Officier des Grenadiers à cheval. — 4. Officier des Chasseurs à pied. — 5. Officier des Chasseurs à cheval. — 6. Officier de l'Artillerie à cheval. — 8. Officier de la Garde polonaise.

16 1. Grenadier de la Garde Impériale. — 2. Fusiliers.

17 1. Grenadier à cheval de la Garde Impériale. — 2. Dragon. — 3. Chasseurs à cheval. — 4. Garde polonaise. — 5. Gens d'armes d'élite.

18 1. Canonnier à pied de la Garde Impériale. — 2. Canonnier à cheval. — 3. Marinier.

Cette collection, bien que médiocre au point de vue artistique, donne des détails fort intéressants sur la tenue des Troupes Françaises, vers 1809. Il n'en existe d'exemplaire complet (à notre connaissance du moins) ni à la Bibliothèque Nationale, ni à la Bibliothèque des Beaux-Arts, ni dans les principales collections de Paris. Nous devons à l'extrême obligeance de S. A. I. Monseigneur le Prince Victor, qui possède cette suite complète, les indications qui nous ont permis de la cataloguer.

BONNEVILLE

COSTUMES DES ÉTATS-MAJORS DE LA Ire RÉPUBLIQUE

Planches in-8°, gravées à la manière noire, en hauteur. Double trait carré. Titre au bas de la planche et au milieu. En dessous du titre certaines planches portent l'inscription, *à Paris, chez Bonneville, rue Saint-Jacques, n° 195.*

Dimensions des planches, environ 0,20 sur 0,26.
Dimensions du cadre, 0,087 sur 0,128.

Liste des Planches :

Général en chef des armées de la République Française.
Général de Division.
Général de brigade.
Chef de brigade.
Adjudant-Général.
Aide-de-camp.
Commissaire ordonnateur des Guerres.
Porte-Enseigne.
Commandant d'escadron, 1er Régiment de Dragons.
Commandant de Chasseurs, 1er Régiment.
Commandant au 1er Régiment de Hussards.
Chef d'escadre.
Capitaine de Vaisseau.
Agent Maritime.
Consul.

Ces planches qui sont d'autant plus intéressantes que l'on possède moins de documents sur les costumes de l'Armée Française, sous la 1re République, ont servi à illustrer un ouvrage dont le titre est :

Portraits des Personnages célèbres de la Révolution, par François Bonneville, avec tableau historique et notices de P. Quesnard, Paris, 1796, 4 vol. in-4°.

BOUILLÉ (L. DE)

ALBUM DE LA CAVALERIE FRANÇAISE (MDCXXXV-MDCCCLXXXI)

Paris, Librairie Militaire J. Dumaine, Baudoin et Cie successeurs, 1881. 1 vol, Texte et Planches. Pour chaque régiment une feuille de texte et une planche de 0,50 sur 0,315. Sur la rangée supérieure, soldats à pied ou à cheval et au-dessous Etendarts.

Frontispice avec titre comme ci-dessus.

Dédicace: Un Dragon et un Chasseur à cheval encadrant l'inscription suivante : A Robert d'Orléans, Duc de Chartres, Colonel du 12e Régiment de Chasseurs à cheval.

Dédié par l'auteur, L. de Bouillé.

A gauche, *Armand Dumaresq, 1881*, à droite, *Imp. Lemercier et Cie, à Paris*.

Liste des Planches :

1. 6 Soldats et 7 Etendarts. — Colonel Général de la Cavalerie (1740-1767). 1er de Cavalerie (1792). 1er de Cuirassiers (1808-1830-1873). Etendarts (1705-1738-1773-1803-1816-1880).
2. 6 Soldats et 7 Etendarts. — Royal-Cavalerie (1740-1767). 2e de Cavalerie (1792), 2e de Cuirassiers (1808-1823-1880).
3. 6 Soldats et 7 Etendarts. — Commissaire Général de la Cavalerie (1740-1767). — 3e de Cavalerie (1792). 3e de Cuirassiers (1708-1823-1878). Etendarts (1736-1759-1803-1880).
4. 6 Soldats et 7 Etendarts. — La Reine-Cavalerie (1740-1767) 4e de Cavalerie (1792). 4e de Cuirassiers

(1808-1823-1880). Etendarts (1758-1773-1805-1816-1848-1852-1880).

5 6 Soldats et 7 Etendarts. — Royal-Pologne (1740-1767). 5ᵉ de Cavalerie (1772). 5ᵉ de Cuirassiers (1808-1830-1873). Etendarts (1725-1753-1803-1805-1816-1830-1880).

6 6 Soldats et 7 Etendarts. — Fusilier à cheval du Roi (1643). Le Roi-Cavalerie (1740-1767). 6ᵉ de Cavalerie (1792). 6ᵉ de Cuirassiers (1808-1880). Etendarts (1700-1805-1815-1848-1855-1880).

7 6 Soldats et 7 Etendarts. — Dauphin-Dragons (1692-1740-1763). 7ᵉ de Dragons (1812-1816). 7ᵉ de Cuirassiers (1873), Etendarts (1740-1805-1816-1825-1830-1880).

8 6 Soldats et 7 Etendarts. — Penthièvre-Cavalerie (1740), Penthièvre-Dragons (1776-1802), 8ᵉ de Dragons (1811), 3ᵉ de Chevau-légers lanciers (1816), 8ᵉ de Dragons (1880), 8ᵉ de Cuirassiers. Etendarts (1737-1805-1816-1825-1830-1880).

9 6 Soldats et 7 Etendarts. — Bauffremont-Dragons (1692-1740), 9ᵉ de Dragons (1802), 4ᵉ de Chevau-légers lanciers (1811), 9ᵉ de Dragons (1816), 9ᵉ de Cuirassiers (1873), Etendarts (1673-1805-1816-1855-1880).

10 6 Soldats et 7 Etendarts. — Mestre de camp-Général de Dragons (1692-1740), 10ᵉ de Dragons (1802)-(5ᵉ de Chevau-légers lanciers (1811), 10ᵉ de Dragons (1816), 10ᵉ de Cuirassiers (1880), Etendarts (1738-1740-1805-1816-1830-1880).

11 5 Soldats et 7 Etendarts. — Carabiniers (1740-1792-1812-1830), 11ᵉ de Cuirassiers (1873). Etendarts (1773-1782-1825-1830-1852-1880).

12 5 Soldats et 6 Etendarts. — Grenadiers à cheval de la garde (1805), Cuirassiers de la garde royale (1816), Cuirassiers de la Garde Impériale (1855), 1ᵉʳ, 2ᵉ, 12ᵉ de Cuirassiers (1880), Etendarts (1800-1805-1816-1865-1880).

13 6 Soldats et 7 Etendarts. — Royal-Dragons (1692-1740-1763) 1ᵉʳ de Chevau-légers lanciers (1811), 1ᵉʳ de Dragons (1861-1873), Etendarts. —(1692-1805-1816-1830-1848-1852-1880).

14 6 soldats et 7 Etendarts. — Condé-Cavalier (1740), Condé-Dragons (1778). 2ᵉ de Dragons, Compagnie

d'élite (1808-1848-1873), Étendarts (1646-1776-1805-1816-1830-1848).

15 6 soldats et 7 Étendarts. — Bourbon-Cavalerie (1740) Bourbons-Dragons (1776), 3ᵉ de Dragons (1803), 2ᵉ de Chevau-légers lanciers (1811), 3ᵉ de Dragons (1860-1873). Étendarts (1686-1776-1805-1816-1830-1855-1880).

16 6 Soldats et 7 Étendarts. — Chartres-Cavalerie(1720- Conti-Dragons (1776), 4ᵉ de Dragons, Cⁱᵉ d'élite (1808-1823-1873). Étendards (1753-1773-1804-1816-1852),

17 6 Soldats et 7 Étendarts. — Colonel Général des Dragons (1692-1740-1763), 5ᵉ de Dragons (1803-1823-1873), Étendards (1740-1740-1753-1753-1805-1816-1880).

18 6 Soldats et 7 Étendarts. — La Reine-Dragons (1692-1740-1763), 6ᵉ de Dragons (1803-1823-1873). Étendarts (1692-1805-1816-1830-1848-1880).

19 5 Soldats et 7 Étendarts. — 19ᵉ de Chasseurs (1793-1808-1816), 7ᵉ de Dragons (1825-1873). Étendarts (1793) 1ᵉʳ Escadron.(1805-1815-1825-1830-1852-1880).

20 5 Soldats et 7 Étendarts. — 20ᵉ de Chasseurs (1793-1808-1816), 8ᵉ de Dragons (1825-1873) Étendarts (1793) 1ᵉʳ Escadron, (1805-1816-1825-1830-1852-1880.

21 5 Soldats et 7 Étendarts. — 21ᵉ de Chasseurs (1793-1808-1816) 9ᵐᵉ de Dragons (1825-1873). Étendarts (1793(3ᵉ Escadron)(1805-1816-1825-1830-1848-1880).

22 5 Soldats et 7 Étendarts. — 22ᵉ de Chasseurs (1793-1803-1816)10ᵉ de Dragons(1816-1825-1873).Étendarts (1793)(4ᵉEscadron)(1805-1816-1825-1830-1848-1880).

23 5 Soldats et 7 Étendarts. — 23ᵉ de Chasseurs (1793-1808-1816), 11ᵉ de Dragons (1825-1873). Étendarts (1793)(4ᵉEscadron)(1805-1816-1825-1830-1848-1880).

24 5 Soldats et 7 Étendarts. — 24ᵉ de Chasseurs (1793-1808-1816), 12ᵉ de Dragons (1825-1873). Étendarts (1793)(6ᵉEscadron)(1805-1816-1825-1830-1852-1880).

25 2 Soldats,2 Étendarts. — Dragons de la Garde Impérial (1855), 13ᵉ de Dragons(1873). Étendarts (1844-1880).

26 6 Soldats, 7 Étendarts. — Conti-Cavalerie (1740). Boufflers-Dragons (1776), 1ᵉʳ de Chasseurs (1808-1816), 1ᵉʳ de Lanciers (1831), 14ᵉ de Dragons (1873). Étendarts(1733-1805-1816-1831-1852-1880).

27 6 Soldats, 8 Étendarts. — Verac-Dragons (1701), La Ferronnais-Dragons (1749), Chasseurs de Flandre (1788). 3e de Chasseurs (1816), 3e de Lanciers (1831), 15e de Dragons (1873). Étendarts (1725-1762-1795-1805-1816-1831).

28 6 Soldats, 7 Étendarts. — Sennectre-Dragons (1692), Nicolaï-Dragons (1740), Chasseurs de Franche-Comté (1788), 4e de Chasseurs (1816), 4e de Lanciers (1831), 16e de Dragons. (1873) Étendarts (1748-1763-1805-1816-1831).

29 6 Soldats, 7 Étendarts. — Asfeld-Dragons (1692), La Suze-Dragons (1740), Chasseurs du Hainaut (1788), 5e de Chasseurs (1808), 5e de Lanciers (1831), 17e de Dragons (1873). Étendarts (1764-1795-1805-1816-1831-1848).

30 5 Soldats, 7 Étendarts. — 11e de Hussards (1793). 29e de Dragons (Compagnie d'élite) (1808). 6e de Chevau-légers lanciers (1811) 6e de Lanciers (1831), 17e de Dragons (1873). Étendarts (1805-1831-1848-1852-1854-1880).

31 3 Soldats, 4 Étendarts. — 19e de Dragons, Compagnie d'élite (1808), 8e de Lanciers (1836), 19e de Dragons (1873). Étendarts (1805-1836-1852-1880).

32 3 Soldats, 3 Étendarts. — Lanciers de la Garde royale (1815) Lanciers de la Garde Impériale (1885). 20e de Dragons (1873). Étendarts (1815-1855-1880).

33 3 Soldats, 3 Étendarts. — 21e de Dragons Compagnie d'élite (1808). — (1808-1873). Étendarts (1805-1880.)

34 5 Soldats et 7 Étendarts. — Orléans-Cavalerie (1740-1767), 13e de Cavalerie 1672, 23e de Dragons Compagnie d'élite, (1805) — 1873. Étendarts, (1720-1753 à 1792-1805-1880).

35 5 Soldats et 6 Étendarts. — Royal-Piémont-Cavalerie (1740-1767), 14e de Cavalerie (1792), 23e de Dragons, Compagnie d'élite (1805-1873). Étendarts, (1690-1767-1805-1880).

36 5 Soldats et 6 Étendarts. — Brancas-Cavalerie (1740), Royal-Lorraine-Cavalerie (1700), 15e de Cavalerie (1792), 24e de Dragons, Compagnie d'élite (1805-1873). Étendarts (1672-1761-1805-1880).

37 5 Soldats et 5 Étendarts. — Bretagne-Cavalerie (1740), Bourgogne Cavalerie (1767), 16e de Cava-

lerie (1792). 25ᵉ de Dragons, Compagnie d'élite (1805-1873). Étendarts (1700-1805-1880).

38 5 Soldats et 5 Étendarts. — Berri-Cavalerie (1740-1767). 17ᵉ de Cavalerie (1792), 26ᵉ de Dragons, Cⁱᵉ d'élite (1805-1873). Étendarts (1690-1805-1880).

39 6 Soldats et 7 Étendarts. — Languedoc-Dragons (1702) 6ᵉ de Chasseurs (1788-1808-1823) 1ᵉʳ de Chasseurs (1855-1873). Étendarts (1690-1795-1805-1816-1831-1854).

40 6 Soldats et 7 Étendarts. — 1ᵉʳ de Chasseurs (1779). 7ᵉ de Chasseurs (1792-1808-1823) 2ᵉ de Chasseurs (1855-1873). Étendarts (1779-1793-1805-1816-1831-1852).

41 6 Soldats et 7 Étendarts. — 2ᵉ de Chasseurs (1779). 8ᵉ de Chasseurs (1792-1808-1823). 3ᵉ de Chasseurs (1855-1873). Étendarts (1779-1795-1805-1816-1831-1848).

42 6 Soldats et 7 Étendarts. — 3ᵉ de Chasseurs (1779), 9ᵉ de Chasseurs (1792-1808-1823), 4ᵉ de Chasseurs (1855-1873). Étendarts (1779-1795-1805-1815-1831).

43 6 Soldats et 7 Étendarts. — 4ᵉ de Chasseurs (1779) 10ᵉ de Chasseurs (1792-1805-1823), 5ᵉ de Chasseurs (1855-1873). Étendarts (1779-1795-1805-1816-1831-1848).

44 6 Soldats. et 7 Étendarts. — 5ᵉ de Chasseurs (1779), 11ᵉ de Chasseurs (1792-1808-1823), 6ᵉ de Chasseurs (1855-1873). Étendarts (1779-1795-1805-1831-1848).

45 6 Soldats et 7 Étendarts. — 6ᵉ de Chasseurs (1779). — 12ᵉ de Chasseurs (1792-1808-1823). 7ᵉ de Chasseurs.

46 5 Soldats et 7 Étendarts. — 13ᵐᵉ de Chasseurs (1793-1808-1823). 8ᵐᵉ de Chasseurs (1855-1873). Étendarts (1795-1805-1816-1831-1848-1852-1880).

47 6 Soldats et 7 Étendarts. — Hussards de la Mort (1793). 14ᵐᵉ de Chasseurs (1793-1808-1823), 9ᵐᵉ de Chasseurs (1855-1873). Étendarts (1795-1805-1816-1831-1848-1880).

48 5 Soldats et 7 Étendarts. — 15ᵐᵉ de Chasseurs (1793-1808-1823). 10ᵐᵉ de Chasseurs (1855-1873). Etendarts (1793-1805-1816-1831-1848-1852-1880).

49 5 Soldats et 7 Étendarts — 16ᵐᵉ de Chasseurs (1793-1808) (Cⁱᵉˢ d'élite) 1823. (Escadron de Chasseurs Lanciers) 11ᵐᵉ de Chasseurs (1855-1873). Etendarts (1795-1805-1816-1831-1848-1852-1880).

50 4 Soldats et 5 Etendarts. — Chevau-légers de West-Flandre (17me de Chasseurs) 1792. 17me de Chasseurs (1816) (Escadron de Chasseurs Lanciers) 12me de Chasseurs (1855-1873). Etendarts (1793-1816-1831-1852-1880).

51 4 Soldats et 3 Etendarts. — 2me de Chasseurs de la Garde Impériale (1815). Chasseurs de la Garde royale (1815). Chasseurs de la Garde Impériale (1855) 13me de Chasseurs (1873). Etendarts (1815-1855-1880).

52 3 Soldats et 5 Etendarts. — 18me de Chasseurs (Escadron de Chasseurs Lanciers) (1816) 7me de Lanciers (1836) 14me de Chasseur (1873). Etendarts (1793-1816-1836-1852-1880).

53 6 Soldats et 6 Etendarts. — 5me de Hussards (1840) 7me de Hussards (1840). 9me de Hussards (1873). Dragons (1873) Chasseurs (1855-1873). Etendarts (1880).

54 6 Soldats et 7 Etendarts. — Hussards de Bercheny (1720-1763) 1er de Hussards (1793-1808-1840-1873). Etendarts (1720-1740-1805-1816-1830-1880).

55 6 Soldats et 6 Etendarts. — Hussards d'Esterhazy (1735). Hussards de Chamborant (1763). 2me de Hussards (1793-1808-1840-1873). Etendarts (1761-1764-1805-1816-1830-1880).

56 5 Soldats et 6 Etendarts. — Hussards d'Esterhazy (1766) 3me de Hussards (1793-1808-1840-1873). Etendarts (1783-1802-1805-1816-1852-1880).

57 5 Soldats et 8 Etendarts. — Régiment Colonel-Général des Hussards (1783). 4me de Hussards (1793-1808-1840-1873). Etendarts (1783), Cornette du Colonel-Général (1783-1805-1815-1852-1880).

58 4 Soldats, 6 Etendarts. — 5me de Hussards, ci-devant Lauzun (1793) 5me de Hussards, (1808-1840-1873). Etendarts (1783-1805-1816-1830-1852-1880).

59 4 Soldats et 6 Etendarts. — 6me de Hussards (1793-1808-1840-1873). Etendarts (1805-1815-1830-1848-1852-1880).

60 4 Soldats et 6 Etendarts. — 7me de Hussards (1793-1808-1815-1840-1873). Etendarts (1805-1815-1840-1848-1852).

61 4 Soldats et 4 Etendarts. — 8me de Hussards (1793-1808-1840-1873). Etendarts (1805-1840-1848-1852).

62 5 Soldats et 7 Etendarts. — Hussards Guides (1798),

Chasseurs à cheval de la Garde Impériale(1804). Guides d'Etat Major (1848) Guides de la Garde Impériale (1854). 9me de Hussards (1873). Etendarts 1800 1er Escadron, 2me Escadron, 3me Escadron, 4me Escadron (1854-1880).

63 6 Soldats et 7 Etendarts. — Belle-Isle Dragons (1705) Custine Dragons (1763) 2me de Chasseurs (Compagnie d'élite (1808-1823) 2me de Lanciers (1831) 10me de Hussards (1873). Etendarts (1763-1795-1805-1816-1831-1880).

64 6 Soldats et 4 Etendarts.— 11me de Hussards (1800) 1er de Chasseurs (1855) 8me de Hussards (1840) 12me de Hussards (1800). 4me de Hussards (1840). 11me et 12e de Hussards (1873) Etendarts (1880).

65 2 Soldats et 5 Etendarts. — Chasseurs Algériens (1831) Chasseurs d'Afrique (1839) Etendarts (1831-1863-1880).

66 2 Soldats et 3 Etendarts. —Spahis indigènes. Spahis français. Etendarts (1845-1852-1880).

Le texte de cet ouvrage est fort intéressant pour la filiation des régiments. On ne peut malheureusement pas ajouter la même confiance aux planches qui contiennent de nombreuses erreurs.

CANU (Chez)

TROUPES FRANÇAISES

Planches gravées et coloriées de 0.238 sur 0.297. Trait carré, en haut au milieu, *Troupes Françaises*, en haut à droite, 1816, en bas au milieu titre, à gauche *Déposé à la Direction*, à droite, *dessiné et gravé par Canu, rue Saint-Jacques, N° 29.*

Dimensions des planches 0.220 sur 0.300 Dimensions du cadre (Cavalerie) 0.135 sur 0.87 (Infanterie) 0.115 sur 0.176.

Garde Nationale, Colonel Général, S. A. R. Monsieur.
Garde Nationale de Paris, Grenadier.
Garde Nationale de Paris, Chasseur.
Garde Nationale de Paris, Voltigeur.
Garde Nationale de Paris, Tambour-Major. Légion.
Garde Nationale à cheval.
Maréchal de France.
Aide-de-camp.
Maison du Roi, Garde-du corps. Compagnie créée en 1445, sous Charles VII.
Garde du corps du Roi, Porte-étendard. Compagnie.
Maison du Roi, Garde du corps, Trompette, Compagnie.
Garde royale, Colonel des Dragons. Monseigneur le Dauphin.
Garde du corps de Monsieur *(sans brandebourgs et avec brandebourgs).*
Maison du Roi, Cent-Suisses.
Maison du Roi, Garde de la Prévôté, créé en 1271, sous Philippe III.
Garde royale, Tambour-Major, Régiment.
Garde royale Infanterie, Sergent porte-drapeau, Régiment, Bataillon.

Garde royale Infanterie, Grenadier, Régiment.
Garde royale Infanterie, Chasseur, Régiment (avec guêtres).
Garde royale, Infanterie, Fusilier, Régiment.
Garde royale, Sapeurs, Régiment.
Garde royale, Trompette, Régiment.
Garde royale, Infanterie, Tambour, Régiment.
Garde royale, Suisse, Colonel, Régiment.
Garde royale, Suisse, Infanterie, Grenadier, Régiment.
Garde royale, Suisse, Infanterie, Chasseur, Régiment.
Garde royale, Suisse, Infanterie, Fusilier Régiment.
Garde royale, Grenadier à cheval, 1er Régiment.
Garde royale, Grenadier à cheval, 2e Régiment.
Garde royale, Trompette des Grenadiers, Régiment.
Garde royale, Colonel des cuirassiers, S. A. R. Mgr le duc de Bordeaux.
Garde royale, Cuirassiers, 1er Régiment.
Garde royale, Cuirassiers, 2e Régiment.
Garde royale, Trompette des Cuirassiers, Régiment.
Garde royale, Dragons.
Garde royale, Trompette des Dragons.
Garde royale, Chasseur à cheval.
Garde royale, Trompette de Chasseurs.
Garde royale, Colonel des Lanciers, S. A. R. le duc de Berry.
Garde royale, Lanciers.
Garde royale, Trompette de Lanciers.
Garde royale, Hussards.
Garde royale, Trompette de Hussards.
Garde royale, Officier au Régiment d'Artillerie à pied.
Garde royale, Canonnier à pied.
Garde royale, Canonnier à cheval.
Garde royale, Trompette des Canonniers à cheval.
Garde royale, Train d'Artillerie.
Gendarme des chasses royales créé en 1814, par Louis XVIII.
Légions Départementales, N°, Colonel.
— Officier.
— Grenadier.
— Chasseur.
— Fusilier.
Régiments d'Infanterie de ligne, Colonel.
— Officier.

Régiments d'Infanterie de ligne, Grenadier.
— Fusilier.
— Voltigeur
Gendarmerie de Paris, Infanterie (en haut 1792).
Cavalerie de ligne, Cuirassiers de la Reine, 1ᵉʳ Régiment.
Cavalerie de ligne, Cuirassiers du Dauphiné, 2ᵉ Régiment.
Cavalerie de ligne, Dragons du Calvados, 1ᵉʳ Régiment.
— Dragons du Doubs, 2ᵉ Régiment.
— Dragons de la Garonne, 3ᵉ Régiment.
— Dragons de la Gironde, 4ᵉ Régiment.
— Dragons de l'Hérault, 5ᵉ Régiment.
— Dragons de la Loire, 6ᵉ Régiment.
— Dragons de la Manche, 7ᵉ Régiment.
— Dragons du Rhône, 8ᵉ Régiment.
— Dragons de la Saône, 9ᵉ Régiment.
— Dragons de la Seine, 10ᵉ Régiment.
— Colonel des chasseurs, S. A. R. Mgʳ le duc de Nemours.
Cavalerie de ligne, Chasseurs de l'Allier, 1ᵉʳ Régiment.
— Chasseurs de l'Orne, 16ᵉ Régiment.
— Chasseurs de la Vienne, 23ᵉ Régiment.
— Chasseurs des Ardennes, 3ᵉ Régiment.
Cavalerie de ligne, Eclaireurs.
— Colonel des Hussards, S. A. R. Mgʳ le duc de Chartres.
Cavalerie de ligne, Hussards du Jura.
— Hussards de la Meurthe.
— Hussards de la Moselle.
— Hussards du Bas-Rhin.
— Hussards du Haut-Rhin.
— Hussards, Colonel Général, S. A. R. Mgʳ le duc d'Orléans,

Artillerie de ligne à cheval, Canonnier, Régiment.
Sapeur Pompier, créé en 1748, sous Louis XV.
Gendarmerie de Paris à cheval.
Gendarmerie de Paris, Trompette.

Ces planches, tout en conservant le millésime 1816, ont subi des transformations, au fur et à mesure des changements survenus dans les uniformes (1) et ont été rééditées par la Vve Turgis, successeur de Canu.

Une partie des planches anciennes ont servi également avec quelques planches nouvelles à éditer une suite des costumes de l'armée au commencement du règne de Louis Philippe. Nous connaissons les planches suivantes :

Corps municipal de la Ville de Paris, en grande tenue.
Garde Départementale, Cavalerie.
Garde Nationale de Paris, Officier d'Etat-Major.
Régiments d'Infanterie légère, Chasseurs (transformation de Légions Départementales).
Cavalerie de ligne, Cuirassiers, Régiment.
Cavalerie de ligne, Chasseurs à cheval (1er et 6e escadrons). Maréchal des logis.
Garde Nationale de Paris, Officier d'Artillerie.
Cavalerie de...... Carabinier.

(1) L'infanterie de la Garde royale, qui sur les planches primitives porte la culotte et la guêtre, porte le pantalon sur les planches transformées.

CARLE VERNET

COLLECTION DE COSTUMES DESSINÉS D'APRÈS NATURE PAR CARLE VERNET ET GRAVÉS PAR DEBUCOURT

Ouvrage commencé en 1814.
Paris, chez Ch. Bance, Éditeur et Marchand d'Estampes, rue J.-J. Rousseau, N° 10.
London, Bossange, Masson, N° 14, Great Malborough Street.
Planches in-folio, gravées en hauteur à la manière noire et coloriées. Titre en bas au milieu ; à gauche, *C. Vernet* ; à droite, Debucourt sculp. Trait carré. Au-dessous, à gauche, à Paris, chez Bance, rue J.-J. Rousseau n° 10, à droite *Déposé à la Direction*.
Dimensions des planches, 0,351 sur 0,530.
Dimensions du cadre : 0,238 sur 0,296.
Promenade d'Anglais.
Anglais en habit habillé.
Marche d'Officier Anglais.
Rencontre d'Officier Anglais.
Adieu d'un Russe à une Parisienne.
Le Cosaque Galant.
Officiers Anglais et Ecossais.
Officiers Prussiens.
Tambours Russes et Anglais.
Militaires de la Garde Impériale Russe et Allemande.
Militaires Ecossais.
Famille Ecossaise.
Grenadier et Tambour de la Garde Nationale parisienne.

Tambour-Major et Sapeur de la Garde Nationale parisienne.
Officier et Grenadier de la Garde royale française.
Militaires Anglais.
Cosaque au Bivouac.
Le coup de vent.
Garde National à cheval.
Mameluck.
Houssard Français.
Cosaque Régulier de la Garde.
Officier de Dragons Danois.
Artilleurs Anglais.
Dragon et Lancier de la Garde royale française.
La Marchande d'eau-de-vie.
La Marchande de coco.
Artilleur et chasseur Anglais.
La Marchande de saucisses.
La Marchande de cerises.
Mameluck Porte-étendard.
Le Kalmuck.
Hussard Anglais.
La toilette d'un clerc de procureur.
Course Anglaise.
Le courrier Anglais.
Cuirassier français.
Cuirassier prussien.
Houssard Autrichien.
Uhlan prussien.
Chasseur à cheval de la Garde royale.
Les Anglais à Paris.
Le jour de barbe d'un charbonnier.
Passez, Payez.
Cosaque irrégulier porteur de dépêches.
La Marchande de poissons.
Inutile précaution.
Chacun son tour.
Rempailleur de chaises.
Le chiffonnier *(en bistre)*.
La partie de plaisir.
Officier Anglais se rendant à une partie de plaisir.
Persan voulant dompter un cheval français.
Le marchand de peaux de lapins.
Il n'y a pas de feu sans fumée.

La bonne d'enfants en promenade.
Le Modèle à barbe *(en bistre)*.

Cette collection est sans contredit la plus belle de l'œuvre de Carle Vernet. On la trouve très rarement complète et les planches isolées sont fort recherchées. On les trouve généralement en couleur, rarement en noir. Plusieurs planches ont été rééditées récemment.

CARLE VERNET

COLLECTION DE CHEVAUX ET DE MILITAIRES

Planches lithographiées en hauteur ou en largeur, poses variées.

Dimensions des planches variables mais généralement de 0,295 sur 0,433.

N° en haut, à droite. Titre, généralement au milieu, au haut et au bas de la planche. En haut, indication de l'arme à laquelle appartient le militaire et en bas de la race du cheval, signature *C. Vernet* dans le terrain.

1 Garde royale, Grenadier à cheval, 1er Cheval Normand.
2 Garde royale, Grenadier à cheval, 2e Cheval Normand.
3 Garde royale, Grenadier à cheval(1), en petite tenue, 3e Cheval Normand.
4 Garde royale, Chasseur à Cheval, Cheval des Ardennes.
5 Garde royale, Dragon, 1er Cheval Limousin.
6 Garde royale, Hussard, Cheval des Ardennes.
7 Garde royale, Chasseur à Cheval, cheval des Ardennes.
8 Garde royale, Hussard, Cheval des Ardennes *(à cheval en grande tenue)*.
8 Garde royale, Hussard, Cheval des Ardennes *(à pied pansant son cheval)*.

(1) Les mots *Garde royale, Grenadier à cheval* ne figurent pas sur la planche.

9 Garde royale, Chasseur, Cheval des Ardennes (*le n° est en bas, à droite*).

10 Garde royale, Hussard (1) Cheval des Ardennes (*le cavalier est prêt à monter à cheval*).

11 Garde royale Cuirassier, Cheval Normand (*Le cuirassier à pied tient son cheval par la bride*).

12 Carabinier (la planche ne porte pas de titre); en bas à gauche *Imp. lithographique de C. de Lasteyrie*.

13 Garde royale, Hussard, Cheval des Ardennes (*Le Hussard monte à cheval*).

14 Garde royale, Cuirassier, Cheval Normand (*Le Cuirassier à cheval est en grande tenue*).

15 Garde royale, Dragon, Cheval Limousin (*Le Dragon à cheval est en grande tenue*).

16 Garde royale, Hussard, Cheval des Ardennes. Trompette sonnant la charge.

Sans n° et sans titre. Trompette des Carabiniers de Monsieur ; à droite, *Lit. de C. de Lasteyrie*.

Sans n° et sans titre. Cuirassier en manteau tenant par la bride son cheval qui se cabre, à gauche *Lithographie de C. de Lasteyrie*.

19 Cheval d'Espagne. *Muletier conduisant son cheval par la bride*.

Sans n° Cheval Arabe. *Un Mameluck tient son cheval par la bride*.

Sans n° et sans titre, Chevau-léger lancier (à pied devant son cheval), à gauche *Lithographie de C. de Lasteyrie*.

22 Cheval de course au moment du départ.

Sans n° et sans titre. Hussard de la Garde royale tenant son cheval par la bride, à gauche *Lithographie de C. de Lasteyrie, rue du Four, n° 54*.

Sans n° Un jockey, auprès d'un cheval que bouchonne un domestique.

Sans n° et sans titre. Un Mameluck, la lance à la main, sur un cheval au galop.

26 Sans titre. Un Mameluck endormi près de son cheval.

Sans n° et sans titre, Un Mameluck, vu de dos, tient un cheval qui se cabre.

28 Sans titre, Mameluck à cheval (*la lance à la main et le fusil en bandoulière.*)

(1) Les mots *Garde royale, Hussard*, ne figurent pas sur la planche.

29 Lancier de la Garde royale (1), 1ᵉʳ Cheval polonais, *Vu de dos est devant son cheval.*
30 Lancier de la Garde royale, 2ᵉ Cheval polonais, *Vu de face devant son cheval.*
31 Lancier de la Garde royale, 3ᵉ Cheval polonais, *Au galop la lance à la main.*
32 Lancier de la Garde royale, 4ᵉ Cheval polonais, *Au galop vu de dos.*
33 Kalmouck en retraite.
34 Cosaque du Volga.
35 Kalmouck en route (*vu de coté*).
36 Kalmouck en route (*vu de dos*).
37 Turc combattant.
38 Murat-bey. Cheval sans cavalier.
Sans nº et sans titre, Mule espagnole que son conducteur essaye de relever.
40 Cheval de revue, *Tenu en main par un valet de pied.*
41 Espagnol au manège.
Sans nº et sans titre, Hussard de la Garde royale au galop, à gauche *Lithographie de Lasteyrie, rue du Four-Saint-Germain, nº 54.*
42 Muletier Espagnol.
Sans titre et sans nº. Artilleur de la Garde royale : à droite, *de l'Impⁱᵉ Lithographique de Ch. de Lasteyrie.*
45 Gendarme des Chasses.
46 Garde du Corps, Porte-étendard.
47 Gendarme, Cheval normand.
Planche sans nº et sans titre autre que « Cheval Arabe ».

Nous connaissons un exemplaire de cet ouvrage qui outre les planches cataloguées ci-dessus contient un certain nombre de têtes de chevaux. Cet exemplaire a appartenu à Mᵐᵉ la Duchesse de Berry.

Ces lithographies ont été éditées en noir et celles que l'on trouve coloriées sont généralement de coloris moderne. L'ouvrage est plus intéressant au point de vue des chevaux qu'au point de vue des militaires.

Un certain nombre des militaires de cette collection ont été reproduits par Locillot dans une suite de lithographies publiées chez Delpech, en feuilles in-4º contenant chacune deux sujets.

---

(1) Les mots *Lancier de la Garde royale* ne figurent pas sur la planche.

CHARLET

COSTUMES MILITAIRES (CHEZ DELPECH) 1817

Planches lithographiées en hauteur. Trait carré. Titre en bas au milieu de la planche, à droite, *Imp. lithog. de F. Delpech*, signature de *Charlet*.
Dimensions des planches 0,26 sur 0,430; dimensions du cadre 0,20 sur 0,313
Dragon d'élite, Armée d'Espagne.
Grenadier à pied de la Vieille Garde (*sans titre*).

CHARLET

COSTUMES MILITAIRES (CHEZ VILLAIN) 1822

Deux lithographies, en hauteur, in-folio. Trait carré. Titre en bas au milieu de la planche, à gauche, *chez Gihaut frères, boulevard des Italiens, n° 5*, à droite, *Lith. de Villain rue de Sèvres, n° 11*.
Dimensions du cadre 0,286 sur 0,404
Infanterie légère française : Carabinier.
Infanterie légère française : Voltigeur.

CHARLET

COSTUMES DE LA GARDE NATIONALE (1827)

Planches lithographiées en hauteur. Titre en bas au milieu, à droite *Lith de Villain* et au-dessous, *chez Gihaut frères, éditeurs*.

Dimensions des planches 0,302 sur 0,423.
Garde Nationale de Paris, Grenadier, Grande tenue 1827 (trait carré)
Garde Nationale de Paris, Grenadier, non encadrée. Sur un mur : *Les Amis seront toujours des amis.*
Garde Nationale, Chasseur.

CHARLET

COSTUMES MILITAIRES

publiés par de Lasteyrie (1817 et 1818)

Lithographies en hauteur, in-folio, de 0,29 sur 0,425, représentant un ou plusieurs personnages, poses et fonds variés, à droite *Lithographie de C. de Lasteyrie.*

Recrue à l'exercice *(en bonnet de police l'arme au pied).*

Sergent d'Infanterie *(arme au bras).*

Officier de voltigeurs *(tient une carabine dans la main droite).*

Carabinier instructeur. Infanterie de Ligne *(appuyé sur son fusil).*

Sergent de carabiniers, Guide général.

Sapeur d'Infanterie *(la hache sur l'épaule droite).*

Grenadier de la Garde impériale *(en tenue de route).*

Grenadier de la Garde royale *(en grande tenue l'arme au pied).*

Deux Grenadiers de la Garde royale *(l'un en bonnet à poil, l'autre en chapeau).*

Chasseur à cheval de la Garde impériale *(sabre sous le bras gauche).*

Dragon de la Garde impériale *(appuyé sur son fusil).*

Cuirassier *(à pied, en manteau).*

Deux Cuirassiers *(l'un en grande tenue, l'autre en bonnet de police et manteau).*

Deux lanciers polonais *(en grande tenue, assis sur un banc).*

Canonnier à cheval de la Garde royale *(tenant de la main droite le boute-feu).*

Lancier polonais de la garde impériale (1) (*à cheval, en grande tenue*).

Dragon Cie d'élite (*à cheval, tient son sabre de la main droite*).

Cette suite, une des meilleures de Charlet, est devenue rare. On la trouve très rarement en coloris ancien Elle est décrite en détail dans le catalogue de l'œuvre lithographique de Charlet par M. de la Combe, pages 227 et 228.

CHARLET

LA VIEILLE ARMÉE FRANÇAISE

Douze lithographies en hauteur représentant chacune un soldat, poses et fonds variés. Trait carré. En bas, tantôt au milieu, tantôt à droite, *Lith. de C. Motte, rue du Marais* ou *rue des Marais, n° 13. Faubg.-S¹-Germain.*

Dimensions des planches, 0,294 sur 0,423

Dimensions du cadre, 0,182 à 0,186 sur 0,270 à 0,278.

1 Frontispice. Un sapeur en chapeau, s'appuie sur un socle sur lequel on lit l'inscription suivante : *La vieille armée française.*
2 Sapeur.
  Grenadier *(en campagne)* (Infanterie de ligne, 1809).
4 Grenadier *(grande tenue)* (Infanterie de ligne, 1809).
  Capitaine de Grenadiers *(grande tenue)* (Infanterie de ligne, 1809).
  Capitaine de Voltigeurs *(tenue de guerre)* (Infanterie de ligne, 1809).
7 Voltigeur *(grande tenue)* (Infanterie de ligne, 1809).
8 Compagnie du centre *(grande tenue)* (Infanterie de ligne, 1809).
8 Cornet de Voltigeurs *(grande tenue)* (Infanterie de ligne, 1809).
9 Tambour de Voltigeurs *(grande tenue)* (Infanterie de ligne, 1809).
  Tambour de Grenadiers *(sans titre)*.
10 Tambour Maître *(grande tenue)* (Infanterie de ligne, 1809).

(1) A gauche, inscription : « de la Litho. de C. de Lasteyrie».

Porte-drapeau *(grande tenue)* (Infanterie de ligne, 1809).

Cette série fort rare est extrêmement intéressante. Outre les planches cataloguées, il existe des épreuves tirées à très petit nombre sur lesquelles le catalogue de Lacombe donne des indications détaillées (Pages 234 et 235 du catalogue).

CHARLET

COSTUMES DE L'EX-GARDE

Trente planches in-4° en hauteur, un ou plusieurs personnages, poses et fonds variés. Trait carré. N° en haut et à droite, signature de *Charlet* dans le terrain. Titre en bas au milieu, à droite le plus souvent : *Imp. lithog. de F. Delpech.*

Dimensions des planches, 0,275 sur 0,362, du cadre 0,166 sur 0,265.

1 Grenadier à pied en petite tenue (ex-garde) à droite. *Imp. lith. de F. Delpech.*
2 Grenadier à pied. Tenue de guerre (ex-garde) *(id.)*.
3 Grenadier à pied. Officier porte-drapeau. Grande tenue (ex-garde) *(id.)*.
4 Mameluck (ex-garde).
5 Chasseur à pied en grande tenue (ex-garde) *(id.)*.
6 Soldat du Train d'Artillerie légère (ex-garde) *(id.)*.
7 Grenadier à cheval, en grande tenue (ex-garde) *(id.)*.
8 Chasseur à cheval (ex-garde) *(id.)*.
9 Tambour-Major des Grenadiers à pied, grande tenue (ex-garde) *(id.)*.
10 Sergent de Grenadiers à pied en petite tenue (ex-garde) *(id.)*.
11 Lancier en grande tenue (ex-garde) *(id.)*.
12 Dragons en grande tenue (ex-garde), à droite, *Imp. lithog. de F. Delpech, quai Voltaire, n° 23.*
13 Sapeur-Mineur, en grande tenue (ex-garde) à droite *Imp. lithog. de F. Delpech, rue de Grenelle-St-Germain, n° 45.*

14 Marin (ex-garde) (id.).
15 Artillerie légère. Canonnier en grande tenue (ex-garde) (même inscription moins S¹-Germain).
16 Trompette des dragons en grande tenue (ex-garde) (même inscription que la planche n° 13).
17 Grenadier à pied, en grande tenue (ex-garde) (même inscription que le n° 15).
18 Sapeur des Grenadiers à pied, en grande tenue (ex-garde) (même inscription que le n° 16).
19 Capitaine de Grenadiers à pied (ex-garde) (à droite l'inscription ordinaire).
20 Officier de lanciers, en grande tenue (ex-garde) (id.).
21 Gendarme d'élite, en grande tenue (ex-garde) (id.).
22 Fusilier Grenadier, en grande tenue (ex-garde (id.).
23 Fusilier Chasseur, en grande tenue (ex-garde) (id.).
24 Chasseur à cheval, en petite tenue (ex-garde) (id.).
25 Lancier du 2ᵐᵉ régiment, en grande tenue (ex-garde) (id.).
26 Lancier polonais, en petite tenue (ex-garde) (id.).
27 Canonnier à pied, en grande tenue (ex-garde) (id.).
28 Grenadier à cheval, tenue de guerre (ex-garde) (id.).
29 Chasseur à pied, tenue de ville (ex-garde) (id.).
30 Officier de dragons, en grande tenue (ex-garde) (id.).

Cette suite, fort intéressante, est une des moins rares de celles de Charlet.

Il en existe une autre édition où les personnages sont plus petits, sans cadre et sans fond avec les mêmes titres. À droite, *Imp. lith. de Delpech.*

Dimensions des planches 0,235 sur 0,305. Cette suite se trouve en noir ou en couleur. Pas de signature.

CHARLET

COSTUMES MILITAIRES FRANÇAIS

28 planches à la plume entourées d'un trait carré et coloriées, publiées chez Delpech (1818).

N° en haut à droite. Titre en bas et au milieu, au bas

de l'encadrement, sauf le N° 1, dont le titre est au milieu de la planche.

Dimensions des planches 0,190 à 0,196 et du cadre 0,135 à 0,140.

1 Frontispice représentant un chasseur en bonnet à poil qui s'appuie sur un jeune tambour, en lui indiquant l'inscription :

Costumes militaires Français

écrite sur un mur.

2 Tambour-maître, Infanterie légère.
3 Sapeur, Infanterie légère.
4 Capitaine de Carabiniers, Infanterie légère.
5 Cornet de Voltigeurs, Infanterie légère.
6 Grenadier, Infanterie de ligne.
7 Tambour, Infanterie légère.
8 Adjudant Sous-Officier, Infanterie légère.
9 Carabinier, Infanterie légère.
10 Grenadier, Garde royale.
11 Voltigeur, Infanterie légère.
12 Recrue.
13 Fusilier, Infanterie de ligne.
14 Voltigeur, Infanterie de ligne.
15 Officier, Infanterie de ligne.
16 Chasseur, Garde royale.
17 Voltigeur.
18 Vivandière.
19 Grenadier.
20 Fusilier, Garde royale.
21 Tambour de Voltigeurs, Infanterie de ligne.
22 Sergent de Carabiniers, Infanterie légère.
23 Tambour Major, Infanterie de ligne.
24 Colonel, Infanterie de ligne.
25 Hussard.
26 Chasseur à pied.
27 Maréchal des logis de Hussards.
28 Fusilier, Légions Départementales.

Cette suite fort intéressante est très rare complète. Il en existe une édition de plus petit format, gravée, que l'on trouve généralement en noir avec la signature D.L.D. avec ou sans titre.

Dimensions des planches 0,155 sur 0,232, du cadre 0,068 sur 0,092.

CHARLET

COSTUMES DE CORPS MILITAIRES FAISANT PARTIE DE L'ARMÉE FRANÇAISE AVANT ET PENDANT LA RÉVOLUTION ET DE LA GARDE IMPÉRIALE.

Planches lithographiées, in-folio, en hauteur, trait carré, signature de *Charlet* dans le terrain, en bas, au milieu, *Imprimé par Auguste Bry, 134, rue du Bac.*

Dimensions des planches, 0.412 sur 0,588, du cadre 0,175 sur 0,262.

Garde Française (14 juillet 1789).

Régiment de Flandres, Grenadier (1790).

Le Salut, Officier suisse.

Gardes Suisses, Grenadier (1792).

La Patrie en danger (1792).

Général Républicain (1793).

Colonel d'infanterie (1794).

L'Empereur, Habit de Grenadier. Tenue des grandes Solennités militaires, N° 1.

Officier d'ordonnance de l'Empereur (Créés vers 1805, époque d'Austerlitz), N° 3.

Officier Général Colonel, commandant un régiment de Grenadiers à pied (Vieille Garde), N° 4.

Tambour-Major. (La botte molle à l'écuyère est historique, de 1810 à 1814, et n'a existé qu'au 1er Régiment de Vieux Grenadiers où MM. les Tambours-Majors et Tambours-Maîtres en avaient fait un objet de fort belle tenue : la botte à retroussis était celle de la tenue ordinaire), N° 10.

Capitaine de Grenadiers à pied, Grande tenue, N° 14.

Officier de grenadiers, Tenue ordinaire. (La troupe ayant la guêtre noire, MM. les Officiers avaient la botte à retroussis), N° 13.

Grenadier à pied, Grande tenue, N° 17.

Grenadier à pied, Grande tenue, N° 18.

Grenadier à pied, Tenue de ville, N° 19.

L'Empereur, frac de chasseur à cheval (cette tenue était celle qu'il avait le plus habituellement), N° 23.

Capitaine de Chasseurs à pied, Grande tenue, N° 25.

Chasseur à pied, Grande tenue, (La Garde combattait toujours en grande tenue mais les événements de 1812 rendirent ce grand ensemble impossible), N° 26.

Capitaine de Grenadiers à pied, Tenue de route, N° 26.

Chasseur à pied, Grande tenue, N° 27.

Chasseur à pied, Sergent, tenue de ville, N° 28.

Porte-Aigle, N° 29.

Fusilier Grenadier, Grande Tenue, N° 31.

Garde royale Hollandaise, Capitaine de Grenadiers, grande tenue. (En 1810 elle fut incorporée dans la Garde; l'Infanterie prit le N° 3 des Grenadiers à pied, rien ne fut changé à l'uniforme; les brandebourgs seuls furent supprimés), N° 35.

Garde royale Hollandaise, Grenadier grande tenue, Passsé 3ᵉ de Grenadiers, vieille garde.

L'Empereur en campagne, N° 37.

Artillerie à pied, Officier supérieur, N° 49.

Gendarme d'élite, grande tenue, N° 51.

Grenadier à cheval, tenue de ville, N° 55.

Chasseur à cheval, grande tenue, N° 94.

Mameluck, N° 90.

Lanciers polonais, Colonel commandant, N° 69.

Chevau-légers polonais, N° 70.

Bonaparte, Général en chef (Armée d'Italie 1796), N° 79.

Recrues pour la Garde Impériale, N° 80.

Napoléon, élève à l'école militaire (1783). Extrait des règlements et ordonnances de 1771 à 1776 (Louis XV) :

1751. Article 18. Les élèves seront vêtus d'un uniforme (1759). Un domestique leur fera la queue, le perruquier leur fera deux boucles.

1769. Ils ne prendront le chapeau bordé qu'aux jours ou l'ordre en sera donné.

1776. Habit bleu, paremens rouges, boutons blancs, veste bleue, culotte noire, la queue et le toupet en brosse, N° 84.

La même planche, sans N°, avec différentes variantes. Napoléon tient de la main droite une baïonnette avec laquelle il dessine le plan d'une forteresse sur un mur.

Bonaparte aux Tuileries, 10 Août 1792, N° 82.

L'Empereur (1812), N° 84.

Cet ouvrage fort important est resté inachevé par suite

de la mort de Charlet. L'éditeur essaya de le faire continuer par des amis de Charlet et nous connaissons deux planches de V. Adam et une planche de Lalaisse qui furent ajoutées à la suite :

Marin, grande tenue, par V. Adam.

Dragon de l'Impératrice, officier supérieur, par V. Adam.

Artillerie à cheval, Grande tenue, par M. Lalaisse.

Cette suite a été retirée à deux reprises ; mais les pierres étaient fatiguées et ces retirages sont fort médiocres. La 1re édition se reconnaît à la finesse des épreuves, tirées sur grand papier et portant la marque de Bry (un oiseau en relief dans un petit cercle).

La 1re édition se trouve, soit en noir, soit coloriée.

Outre les planches cataloguées, il existe des variantes, tirées à petit nombre qui sont décrites dans le catalogue de La Combe, pages 237 à 241.

CHARPENTIER (EUG.)

COSTUMES MILITAIRES SOUS LE RÈGNE DE LOUIS-PHILIPPE

Planches lithographiées en largeur et coloriées. Plusieurs soldats à pied ou à cheval, poses et fonds variés. Double trait, signature, *Eug. Charpentier*, dans le terrain. Titre en bas et au milieu. Au dessous du N° d'ordre, en bas, à gauche. *Dessiné d'après nature et lith. par E. Charpentier*, à droite, *imp. par Aug. Bry, 134, rue du Bac*. Au-dessous de ces inscriptions, à gauche, *Paris, Victor Delarue et Cie, Ed. 10, place du Louvre* et à droite *London published by E. Gambart Junior et Cie*.

Dimensions des planches 0,633 sur 0,448.
Dimensions du cadre intérieur 0,42 sur 0,284.

Liste des Planches :

2 Cavalerie de réserve, Régiment de cuirassiers.
3 Cavalerie de ligne, Régiment de Dragons.
4 Cavaliers et Canonniers Vétérans.

Nous ne connaissons de cette série, qui n'a sans doute pas été achevée, que les trois planches cataloguées ci dessus.

CHARPENTIER

COSTUMES MILITAIRES SOUS LA DEUXIÈME RÉPUBLIQUE

Planches lithographiées et coloriées en largeur, plusieurs personnages à pied ou à cheval, poses et fonds variés. En bas et au milieu, titre de la planche.

Dans le terrain tantôt à gauche et tantôt à droite, *E. Charpentier, del.*, et à droite, *Paris, Lebrasseur, et Hautecœur frères, Londres, Gambart et C*^{ie}*, Lith. de Becquet frères, et au-dessous, N*° *d'ordre.*

Dimensions des planches, 0,315 sur 0,225.

1 Etat-Major.
2 Infanterie de ligne.
3 Infanterie légère.
4 Chasseurs à pied.
5 Zouaves.
6 Carabiniers.
7 Cuirassiers.
8 Dragons.
9 Lanciers.
10 Chasseurs à cheval.
11 Hussards.
12 Chasseurs d'Afrique.
13 Artillerie.
14 Officier d'Etat-Major, Capitaine, Génie, Mineurs, tenue de travail.
15 Train des équipages.
16 Garde Républicaine (Infanterie).
17 Garde Républicaine (Cavalerie).
18 Gendarmerie.
19 Ecole militaire de Saint-Cyr.
20 Infanterie de Marine.
21 4e Régiment de Chasseurs *(signature Bastin).*
21 Régiment des Guides *(signature, à droite: Bastin, à gauche, Paris, Imp. Villain, 19, rue de Sèvres).*

Jolie petite collection dont quelques planches et notamment les n°s 7, 10, 11 et 12 sont fort rares. Les deux dernières planches qui ne font pas à proprement parler partie de la collection et qui figurent sous d'autres n^{os} dans la galerie militaire sont entourées d'un trait carré.

CHATAIGNIER ET POISSON

COSTUMES MILITAIRES ET CIVILS SOUS LE CONSULAT ET COSTUMES PORTÉS AU SACRE DE NAPOLÉON Ier

De l'an VIII à l'an XIII.

Planches gravées et coloriées à un et rarement plusieurs personnages. N° en haut et à droite. Titre en bas. Sous le titre *se vend chez Chataignier, rue Saint-Jacques, n° 54* ou *se vend chez Jean, rue Jean de Beauvais, n° 32*, à droite : *Déposé à la Bibliothèque Nationale*. Les premières planches portent à la suite de ces mots : *le 21 pluviose an 8*. Il existe de ces planches des tirages sur papier fort et d'autres sur papier mince. Beaucoup d'entre elles ont été modifiées comme inscriptions; sur les derniers tirages, les mots *Garde des Consuls* ont été remplacés par ceux de *Garde de l'Empereur*; les inscriptions relatives aux Généraux devenus Maréchaux ont été également modifiés. Le catalogue que nous donnons correspond pour les planches 1 à 104 aux indications portées sur les planches qui font partie d'un exemplaire de cet ouvrages appartenant à la Bibliothèque Nationale et qui s'arrête au N° 104.

1 Costume des Consuls de la République Française.
2 Costume des Ministres de la République Française.
3 Costume des Préfets.
  Costume du Secrétaire d'Etat.
4 Costume des Membres du corps Législatif.
5 Costume des Membres du Conseil des prises maritimes.
6 Costume du Secrétaire Général du Conseil d'Etat.

Costume des Conseillers d'Etat.
7 Costume des Membres du Sénat conservateur.
8 Costume des Membres du tribunal.
9 Costume des Membres de l'Institut.
10 Costume des Sous Préfet (*sic*).
11 Bonaparte, 1er Consul, passant la grande parade et revue le 15 de chaque mois, ou Bonaparte, Premier Consul de la République Française, né à Calvi en Corse, département du Golo, le 15 Aout 1769.
12 Capitaine de Grenadiers de la Garde des Consuls.
13 Tambour Major de la Garde des Consuls.
14 Porte-Drapeau de la Garde des Consuls.
15 Costume des Grenadiers de la Garde des Consuls.
16 Costume des Grenadiers de la Garde des Consuls.
17 Costume des Sapeurs de la Garde de l'Empereur.
18 Trompette des Grenadiers de la Garde des Consuls. à cheval.
19 Tambour des Grenadiers de la Garde des Consuls.
20 Timbalier des Grenadiers de la Garde des Consuls (ou de l'Empereur).
21 Costume des Guides.
22 Costume des Mamelucks.
23 Costume des Cuirassiers.
24 Costume de la Gendarmerie d'élite.
25 Costume de la Garde d'élite.
26 Trompette de la Gendarmerie d'élite.
27 Costumes des Tambours de la Garde d'élite.
28 Costume du 9e Régiment de Dragons.
29 Musiciens de la Garde des Consuls à pied.
30 Officier des Chasseurs de la Garde des Consuls.
31 Tymbalier des Grenadiers de la Garde des Consuls.
32 Costume du Grand Juge, Ministre de la Justice, en habit de cérémonie.
33 Trompette des Guides de la Garde des Consuls (ou Trompette des Guides).
34 Trompette du 9e Régiment de Dragons.
35 Artillerie de la Garde des Consuls.
36 Beauharnais, Commandant de la 1ere Cie des Guides.
36 *bis* Officier des Chasseurs à pied de la Garde des Consuls.
37 Costume du Président du Tribunal de Cassation les jours de cérémonies.

38 Tambour des Chasseurs à pied de la Garde des Consuls.
39 Chasseur à pied de la Garde des Consuls.
40 Tambour-Major des Chasseurs à pied de la Garde des Consuls.
41 Porte-drapeau des Chasseurs à pied de la Garde des Consuls.
42 Costume de Roustant, Mameluck du Premier Consul (ou de l'Empereur).
43 Sapeur des Chasseurs à pied de la Garde des Consuls
44 Timbalier de la Gendarmerie d'élite.
45 Fifre des Chasseurs à pied de la Garde des Consuls.
46 Costume des Commissaires du Gouvernement près le Tribunal criminel.
47 Costume des juges du Tribunal criminel.
48 Costume des Préfets de Police.
49 Echarpe d'honneur donnée au citoyen Le Tourneur, maire de Granville, département de la Manche, pour son courage et son dévouement.
50 Costume des Inspecteurs aux Revues.
51 Madame Bonaparte, dans son jardin de Malmaison, s'amusant à effeuiller une rose.
52 Costume de Pie VII, Pape.
53 Costume des Cardinaux.
54 Costume des Archevêques.
55 Lecourbe, un des quatre Généraux commandant l'Armée Française contre l'Angleterre.
56 Augereau, Général en Chef de l'armée Française en Espagne, ou duc de Castiglione, Maréchal de l'empire.
57 Soult, un des quatre Généraux commandant l'Armée Française contre l'Angleterre, ou duc de Dalmatie, Maréchal de l'empire.
58 Davoust, un des quatre Généraux commandant l'Armée Française contre l'Angleterre.
59 Ney, un des quatre Généraux commandant l'Armée Française contre l'Angleterre.
60 Trugent, Grand Amiral de la République Française commandant en chef la grande flotte de Brest.
60 bis S. A. R. Mgr le duc d'Angoulême, Grand Amiral de France.
61 Mortier, Général de l'Armée Française en Ha-

novre, ou Fauconnet, Général de brigade, commandant de la Légion d'honneur.

62 Ambassadeur de la République Française en grand costume.

63 Gourdon, Capitaine en chef, commandant la flotte française au Havre contre l'Angleterre.

64 Bruix, Grand Amiral de la République française, commandant en chef la flotille à Boulogne contre l'Angleterre.

65 Commandant en chef des Guides-interprètes (Cavalerie) contre l'Angleterre.

66 Capitaine des Guides-interprètes (Infanterie) de l'Armée française contre l'Angleterre.

67 Monnet, un des Généraux en chef commandant l'Armée en Hollande contre l'Angleterre, ou Général de division commandant la Réserve de cavalerie à l'Armée d'Italie.

68 Boudet, un des Généraux en chef, commandant l'Armée française en Hollande contre l'Angleterre ou Membre de la Légion d'Honneur commandant à la Grande Armée.

69 Dumonsceau, un des Généraux en chef, commandant l'Armée française en Hollande contre l'Angleterre ou Général de Division commandant la Division Batave à la Grande Armée.

70 Oudinot, un des Généraux commandant en chef l'Armée française contre l'Angleterre, ou Grand Officier de la Légion d'Honneur, commandant une Division de Grenadiers à la Grande Armée.

71 Lannes, un des Généraux en Chef commandant en Italie l'Armée française contre l'Angleterre, ou Montrichard, un des Généraux en chef commandant en Italie l'Armée française contre l'Angleterre.

72 Verules, Vice-Amiral, commandant en chef la flotille française en Hanovre contre l'Angleterre.

73 Junot, Général en Chef, commandant l'avant-garde de l'Armée française contre l'Angleterre.

74 Dessolles, Général en Chef commandant l'Armée française en Italie contre l'Angleterre.

75 Dupont, Général commandant en Chef, au camp d'Ostrow à Boulogne, l'Armée française contre l'Angleterre.

76 Pinot, Général commandant en chef l'armée du Rhin en Hollande pour l'expédition d'Angleterre.
77 Murat, Général commandant de la place de Paris.
77 *bis* Lefebvre.
78 Pistor, un des Généraux commandant en chef en Hollande l'Armée française contre l'Angleterre.
78 *bis* Malher, Général de Division, Membre de la Légion d'Honneur, commandant à la Grande Armée.
79 Warlé, membre de la Légion d'Honneur, commandant l'Armée Française à Gottingue en Hanovre pour l'expédition d'Angleterre.
80 Desperrière, membre de la Légion d'Honneur commandant en Chef l'Armée Française à Brest pour l'expédition d'Angleterre.
81 Madame Belmont, Artiste du Théatre du Vaudeville dans le rôle de Fanchon la Vielleuse.
82 Napoléon, Empereur des Français, proclamé à Paris, le 30 Floréal an XII.
83 L'Impératrice Joséphine (*elle est à cheval*).
84 M. Lebrun, Archi-Trésorier de l'Empire.
85 M. Cambacérès, Archi-Chancelier de l'Empire.
86
87
88
89
90
91
92
93 Napoléon Ier, Empereur des Français, en habit de cérémonie le jour de son couronnement, 18 Brumaire an XIII.
94 S. A. Impériale Joseph Bonaparte, Prince Français, Grand électeur, en habit de cérémonie, le jour du Couronnement, ou Grand Electeur de l'Empire Français.
94 Sa Majesté Impériale Joséphine, en robe de cérémonie et manteau impérial, le jour du Sacre.
95 S. A. Impériale Louis-Bonaparte, Prince Français, Connétable, en habit de cérémonie le jour du couronnement, ou S. A. I. le prince Louis-Bonaparte, Connétable de l'Empire Français.
96 Membre de la Légion d'Honneur en habit d'étiquette.

97 Chef de brigade, Officier de la Légion d'Honneur.
98 Général de Division, Commandant de la Légion d'Honneur.
99 Commandant en chef, Grand-Officier de la Légion d'Honneur.
100 L'Empereur Napoléon accordant à Mme de Polignac la grâce de son mari. — Sa Sainteté Pie VII. — Son Éminence Caprara, légat. — Son Éminence Deballey, Archevêque de Paris. (*Les quatre sujets sont sur la même feuille*).
101 Napoléon Ier Empereur des Français. — L'Impératrice Joséphine. — S. A. Impériale le Prince Louis-Bonaparte. — S. A. Impériale le Prince Joseph Bonaparte. (*Les quatre sujets sont sur la même feuille*).
102 Son Altesse Impériale la princesse Louise.
103 Son Altesse Impériale la princesse Joséphine.
103 Le Saint Père assis sur son trône, le jour du couronnement de l'Empereur.
104 Son Altesse Impériale la princesse Joséphine. Son Altesse Impériale la princesse Louise Cambacérès. Lebrun.
104 Mgr le Nonce apostolique, Porte-Croix de Sa Sainteté, le jour du couronnement de l'Empereur.
105
106 Moreau, Général en chef de l'armée du Rhin, né à Morlaix, en 1763.
107 Bernadotte, prince royal de Suède, Maréchal de l'Empire.
108
109 Brune.
110 Serrurier, Sénateur, Gouverneur des Invalides.
111 Masséna, Général en chef de l'Armée d'Italie.
112
113 Berthier.
114 Kellermann, Sénateur, Grand-Officier de la Légion d'Honneur, Commandant à la Grande Armée.
115 Lannes, Maréchal de l'Empire, Commandant à la Grande Armée.
116 Bessières, Commandant la Cavalerie à l'Armée d'Italie.
117 Jourdan, Maréchal de l'Empire, Chevalier de l'ordre de St-Hubert, Commandant en chef à la Grande Armée.

(La même planche avec l'inscription Jourdan, maréchal de France)
118 Baraguey d'Hillier, Grand Cordon, Colonel Général des Dragons à pied à la Grande Armée.
119
120
121 Duroc, Grand Maréchal du Palais, duc de Frioul.
122 Mortier.
123 René, Commandant en Chef la garnison d'Augsbourg, Général de Division à la Grande Armée.
124
125
126
127 Alexandre Ier, Empereur de Russie.
128
129 Frédéric-Guillaume III, roi de Prusse.
130 Louis XVII, Roi de France et de Navarre.
131 Louis XVIII, Roi de France.

Sans n^{os} :

S. A. R. Monsieur Comte d'Artois.
Le Prince Schwartzenberg, Commandant en chef pour Sa Majesté l'Empereur d'Autriche.
Kléber.
Louis XVI, Roi de France et de Navarre, né à Versailles, le 23 Août 1754, mort le 21 Janvier 1793.
Louis-Joseph de Bourbon, Prince de Condé, né à Paris le 9 Août 1736.
Charles-Ferdinand d'Artois, duc de Berry, petit-fils de France, né à Versailles, le 24 Janvier 1778.
Mgr le Duc d'Orléans, Colonel-Général des Hussards.
Blucher, Général en chef de l'Armée Prussienne.
Louis XVIII, Roi de France et de Navarre, né à Versailles, le 17 Novembre 1755 (en manteau de cour).
Louis-Antoine-Henri de Bourbon-Condé, duc d'Enghien, né à Chantilly, le 2 Août 1772.
S. A. R. Charles-Ferdinand, duc de Berry, neveu de S. M. Louis XVIII.
S. F. Menou, Général en chef de l'Armée d'Egypte.
Costume des Gardes du corps.
Les planches, éditées chez Chataignier, et qui forment le commencement de l'ouvrage sont en général meilleures que celles éditées chez Jean.

On trouve des tirages sur papier fort et sur papier mince.

Ces derniers sont très inférieurs aux premiers et le coloris en est le plus souvent fantaisiste.

CHÉREAU (Mme Vve)

Planches in-8, en hauteur gravées, et coloriées. Titre en bas et au milieu de la planche ; à gauche, *à Paris, chez Mme Vve Chéreau, rue Saint-Jacques, n° 14* ; à droite, *Déposé au Ministère.* Trait carré.

Dimensions des planches 0,223 sur 0,238. Dimensions du cadre 0,129 sur 0,193.

1 Garde royale, Grenadier.
2 Garde royale, Fusilliers (*sic*).
3 Garde royale, Cavalerie Légère, Chasseur.
4 Garde royale, Grenadier à cheval.
5 Garde royale, Chasseurs à pied.
6 Garde royale, Cuirassier.
7 Garde royale, Lancier.
8 Garde royale, Hussard.
9 Garde royale, Dragon.
10 Garde royale, Canonnier à pied.
11 Garde royale, Cent-Suisses.
12 Garde royale, Canonnier à cheval.

Cette suite tient le milieu entre l'Estampe et l'Imagerie, elle est très inférieure à celles de Martinet, Genty, Basset et Canu.

CHEREAU (F.)

NOUVEAU RECUEIL DES TROUPES LÉGÈRES DE FRANCE

Levées depuis la présente guerre, avec la date de leur création, le nombre dont chaque corps est composé, leur uniforme et leurs armes.

Dessiné d'après nature sous la direction des officiers.

Présenté à Monseigneur le Dauphin par son très humble et très obéissant serviteur F. Chéreau.

Double trait carré, au bas à gauche, *Babel, inv. et sculpsit*, à droite, *Desbrustiers, scripsit.*

Frontispice. Dans un trophée d'armes et de drapeaux surmonté des armes de France l'inscription ci-dessus relatée. En bas, *A Paris, chez F. Chereau, rue Saint-Jacques, au Grand Saint-Henry. Avec privilège du Roy.*

Dimensions des planches, 0,252 sur 0,395.
Dimensions du cadre 0,203 sur 0,279.

1 Volontaires de Saxe, Uhlans.   De la Farre, *sculpsit*.
2 Volontaires de Saxe, Dragons.   A.-C. Boucher.
3 Chasseurs de Fischer.   A.-C. Boucher.
4 Arquebusiers de Grassin, Infanterie.   De la Fosse.
5 Arquebusiers de Grassin, Cavalerie.   P. Aveline.
6 Fusiliers de Montagne.   P. Aveline.
7 Fusiliers de la Morlière.   De la Fosse.
8 La Morlière Dragons.   Aveline.
9 Cantabres volontaires.   Majon.
10 Croates, Infanterie.   De la Fosse.
11 Bretons volontaires, Fusiliers.   Aveline.
12 Bretons volontaires, Hussard.   A.-C. Boucher.

Très belle collection extrêmement intéressante; se trouve en noir et rarement coloriée.

DERO BECKER (Chez)

GALERIE MILITAIRE

Planches lithographiées et coloriées, en hauteur, triple trait carré ; en haut, au milieu, *Galerie militaire* et n° d'ordre général. Titre en bas, au milieu, au-dessous de l'indication du pays ; numéro d'ordre par pays ou par époque, à gauche, *Dero Becker, éditeur*, à droite nom du lithographe. Dimensions des planches, 0,225 sur 0,292, du cadre, 0,116 sur 0,142.

1. Armée Autrichienne, n° 1, Garde du corps noble des Arciers.
2. Armée Française, n° 1, Tirailleurs de Vincennes, Chef de b^{on} et Clairon.
3. Armée Belge, n° 2, Corps de Partisans.
4. Armée Arabe, n° 1, Chef des Arabes.
5. Armée Russe, n° 1, Cosaques de l'Héritier (Officier).
6. Armée Anglaise, n° 1, Infanterie Ecossaise.
7. Armée Française, n° 2, Officier de Hussards, 1er Régiment.
8. Armée Persane, n° 1, Cavalerie.
9. Armée Belge, n° 1, Léopold.
10. Armée Grecque, n° 1, Infanterie.
11. Armée Française, Empire, n° 2, Grenadier de la Garde, en campagne.
12. Armée Anglaise, n° 2, Officier de Hussards.
13. Armée Autrichienne, n° 2, Cuirassiers.
14. Armée Belge, n° 4, Officier des Guides.
15. Armée Française, n° 3, Officiers d'Infanterie légère.
16. Armée Espagnole, n° 1, Infanterie sous le commandement de Cabrera.

17 Armée Prussienne, n° 2, Gendarmes.
18 Armée Française, n° 4, 2me Régiment de Hussards, Officiers, Trompette.
19 Armée Russe, n° 3, Cosaque de la Garde Impériale.
20 Armée Belge, n° 3, Officier, Chasseur à pied.
21 Armée Autrichienne, n° 3, Train des équipages.
22 Armée Française, n° 5, Chasseur à cheval, 1er Régiment.
23 Armée belge, n° 5, Officier de Lanciers, 2e Régt.
24 Armée Russe, n° 2, Tambour et Trompette des Grenadiers de la Garde à cheval.
25 Armée Française, n° 3, Cuirassier (Empire).
26 Armée Anglaise, n° 3, Lanciers, 9e Régiment.
27 Armée Belge, n° 9, Infanterie de ligne.
28 Armée Française, n° 6, Dragons, 5e Régiment.
29 Armée Espagnole, n° 2, Cavalerie sous le commandement de Cabrera.
30 Armée Anglaise, n° 4, Officier du Train d'Artillerie.
31 Armée Française, Empire, n° 4, Dragons à l'armée d'Egypte.
32 Armée Française, n° 7, Sapeurs-Pompiers de la Ville de Paris.
33 Armée Espagnole, n° 3, Cavalerie sous le commandement de Cabrera.
34 Armée Belge, n° 7, Officiers d'Etat-Major.
35 Armée Russe, n° 4, Régiment Mahométan.
36 Armée Belge, n° 8, Gendarmerie.
37 Armée Française, n° 8, Lanciers, 1er Régiment.
38 Armée Chinoise, n° 1, Cavalerie,
39 Armée Autrichienne, n° 4, Officiers de Marine.
40 Armée Française, n° 9, Garde municipale de la Ville de Paris
41 Armée Russe, n° 5, Cuirassier de la Garde.
42 Armée Française, Général Cte d'Houdetot, Aide de camp du Roi.
43 Armée Espagnole, n° 4, Fantassin sous le commandement de Cabrera.
44 Armée Belge, n° 9, Chasseur à cheval, 2e Régiment.
45 Armée Autrichienne, n° 5, Officiers d'Infanterie.
46 Armée Autrichienne, n° 7, Garde de Trabants.
47 Armée Belge, n° 10, Lanciers, 1er Régiment.
48 Armée Française, n° 11, Chirurgien et soldat d'ambulance.

49 Armée Russe, n° 6, Homme d'armes de l'Escadron de Montagnards du Caucase.
50 Armée Française, n° 12, Train des parcs d'Artillerie, (Officier et soldats).
51 Armée Française, Empire, n° 1, Napoléon.
52 Armée Française, n° 13, Officier d'Artillerie légère.
52bis Armée Française, n° 13, Officier de Chasseurs à cheval, 10ᵉ Régiment.
53 Armée Anglaise, n° 5, Officier d'Infanterie.
54 Armée Russe, n° 7, Officier de la Garde des Tartares de Crimée.
55 Armée Prussienne, n° 2, Infanterie.
56 Armée Autrichienne, n° 6, Grenadiers Allemands *(il existe une variante)*.
57 Armée Française, n° 14, Artillerie de la Garde Nationale.
57 bis Armée Française, n° 14, Vétérans et Officiers d'Invalides.
58 Armée Prussienne, n° 3, Hussards et Cuirassiers.
59 Armée Belge, n° 12, Chasseurs à cheval. 1ᵉʳ Régiment.
60 Armée Française, n° 15, Sapeurs du Génie. Officiers et soldat.
61 Armée Française, 1ᵉʳ Empire, n° 5. Officier de Chasseurs à cheval de la Garde.
62 Armée Prussienne, n° 4, Grenadier à pied de la Garde royale.
63 Armée Française, n° 16, Officier, Chasseurs d'Afrique.
64 Armée Russe, n° 9, Officier de Grenadiers à cheval.
65 Armée Belge, n° 13, Général de division et Aide-de-camp.
66 Armée Française (1815-1830), n° 1, Capitaine des Grenadiers à cheval de la Garde royale.
67 Armée Russe, n° 9, Lanciers Régᵗˢ Arkhangel et duc de Nassau.
68 Armée Française, n° 17, Artillerie de la ligne.
69 Armée Belge, n° 14, Officier de Cuirassiers.
70 Armée Française, n° 18, Gendarmes des Départements.
71 Armée Autrichienne, n° 8, Grenadier hongrois.
72 Armée Française, n° 19, Bataillon des Tirailleurs (petite et grande tenues).
73 Armée Russe, n° 10, Artillerie légère des Cosaques du Don de la Garde.

74 Armée Française, n° 22, Officier de Hussards, 8ᵉ Régiment (création de 1840).
75 Armée Française (1815-1830), n° 2, Officier de Hussards de la Garde royale.
76 Armée Française (1815-1830), n° 3, Artillerie à pied de la Garde royale.
77 Armée Belge, n° 15, Artillerie à cheval.
78 Armée Française, n° 20, Officier de Dragons.
79 Armée Russe, n° 11, Cuirassiers de la Garde, grande tenue.
80 Armée Française, n° 21, régᵗ des Zouaves (Armée d'Afrique).
81 Armée Turque, n° 1, Infanterie.
82 Armée Française, 1840, Officier de Cuirassiers, 5ᵉ Rég. Porte-étendard.
83 Armée Russe, n° 12, Artillerie à pied de la Garde.
84 Armée Française, Empire, n° 6, Lancier de la Garde.
85 Armée Belge, n° 16, Garde civique.
86 Armée Autrichienne, n° 10, Maréchal de camp et Général de Division
87 Armée Russe, n° 13, Officier d'Artillerie à pied de la Garde.
88 Armée Française, n° 24, Garde Nationale à cheval.
89 Armée Autrichienne, n° 11, Hussards.
90 Armée Française, République, n° 1, Infanterie de ligne.
91 Armée Française (1815-1830), n° 4, Régiments suisses (Fusilier).
92 Armée Russe, n° 14, Lancier des Cosaques de l'Héritier.
93 Armée Française, République, n° 2, Hussard de la mort.
94 Armée Belge, n° 17, Corps du Génie et Sapeurs-Mineurs.
95 Armée Française, 1841, n° 26, Officier de Carabiniers.
96 Armée Prussienne, n° 5, Uhlans.
97 Armée Française, n° 26, Infanterie de ligne, Grenadiers.
98 Armée Turque, n° 2, Officier de la Garde.
99 Armée Française, Empire, n° 7, Aide-de-camp de Général de Division.
100 Armée Anglaise, n° 6, Prince Albert.

101 Armée Française, n° 27, Infanterie légère, Tambour major.
102 Armée Anglaise, n° 7, Officier du 11° Hussards.
103 Armée Française, n° 29, Gendarme d'Afrique.
104 Armée Russe, n° 15, Grenadiers de la Garde du roi de Prusse.
105 Armée Française, Empire, n° 8, Officier des Grenadiers à cheval de la garde.
106 Armée Russe, n° 16, Général d'Infanterie.
107 Armée Française, 1840, n° 26, Bataillon de Voltigeurs corses.
108 Armée Belge, n° 18, Officiers d'Etat-Major Général.
109 Armée Napolitaine, n° 1, Garde Nationale.
110 Armée Française (1815-1830), n° 5, Grenadier à pied de la Garde royale.
111 Armée Russe, n° 19, Reg^t de Dragons de Riga.
112 Armée Française, n° 30, Spahis. Officier supérieur et Cavalier.
113 Armée Autrichienne, n° 12, Chasseurs.
114 Armée Russe, n° 17, Dragons de Novgorod.
115 Armée Hollandaise, n° 1, Chasseurs à pied.
116 Armée Française, Empire, n° 9, Garde d'honneur.
117 Armée Française, 1840, n° 31, Infanterie légère, tenue de guerre.
118 Armée Française (1815-1830), n° 6, Régiments suisses. Grenadiers, Garde royale.
119 Armée Russe, n° 18, Lanciers de la Garde.
120 Armée Française, n° 30, Garde Nationale, Grenadier et Chasseur.
121 Armée Française, n° 32, 8e Régiment de Hussards, (Trompette).
122 Armée Anglaise, n° 8, Officier du 2e Rég. des Gardes du Corps.
123 Armée Française, n° 33, Chasseurs à cheval d'Afrique (tenue de guerre).
124 Armée Hollandaise, n° 2, Grenadiers à pied.
125 Armée Française, Empire, n° 12, Mameluck de la Garde.
126 Armée Russe, n° 20, Dragons de Finlande, Officier.
127 Armée Française, Empire, n° 10, Infanterie légère.
128 Armée Anglaise, n° 9, 75e Rég. d'Inf. Officier de Grenadiers.

129 Armée Française, 1841, n° 34, 9° Rég. de Hussards, (Officier).
130 Armée Française, Empire, n° 11, Officiers de Cuirassiers.
131 Armée Française, 1841, n° 35, 4° Rég. de Hussards, (Officiers).
132 Armée Anglaise, n° 10, Officier de la Garde royale à cheval.
133 Armée Autrichienne, n° 13, Artillerie à pied.
134 Armée Russe, n° 21, Cosaques de la Mer Noire.
135 Armée Anglaise, n° 11, Chasseurs à pied.
136 Armée des États du Pape, n° 1, Tambour des Gardes Suisses.
137 Armée Prussienne, n° 6, 2° Régiment de Hussards. (Officier).
138 Armée Française, n° 36, Officiers d'Infanterie de ligne, 1842.
139 Armée Autrichienne, n° 14, Officier Hussard Hongrois, Rég. de l'Empereur.
140 Armée Française (Empire), n° 13, Officier des Carabiniers.
141 Armée Anglaise, n° 12, 4° Rég. (Montagnards royaux) Officier.
142 Armée Autrichienne, n° 15, Officier de Hulans.
143 Armée Française, Empire, n° 14, Tirailleur (Jeune garde).
144 Armée Russe, n° 22, Artillerie à cheval.
145 Armée Française, 1840, n° 37, Cuirassier (1842). (Grande et petite tenues).
146 Armée Anglaise, n° 13, Officier des Gardes du corps (1842).
147 Armée Russe, n° 23, Grenadier de la Garde du Palais.
148 Armée Française (1815-1830), n° 7, Garde du corps. (Maison du Roi).
149 Armée des États du Pape, n° 2, Sergent des Gardes suisses (Petite et grande tenues).
150 Armée Française, Empire, n° 15, Chevau-légers.
151 Armée Française, n° 38, Sapeur, Infanterie de ligne, 1840.
152 Armée Anglaise, n° 34, Officier de Lanciers.
153 Armée Française, 1842, n° 39, Artillerie légère.
154 Armée du Grand Duché de Saxe-Weimar, n° 1, Infanterie, Officier et soldats.

155 Armée Française, Empire, 1810, n° 16, Officier de dragons.
156 Armée Suisse, n° 1, Canton de Zurich, Infanterie.
157 Armée Française, 1840, n° 40, Lanciers, 1ᵉʳ Régiment.
158 Armée Russe, Officier de Cuirassiers, Régiment de Pskof.
159 Armée Française, 1829, n° 8, Chasseur à cheval, Garde royale.
160 Armée Autrichienne, n° 16, Infanterie de ligne.
161 Armée des États du Pape, n° 3, Soldats des Gardes-Suisses.
162 Armée Française, Empire, n° 17, Officier. Chasseurs à cheval. Cⁱᵉ d'élite.
163 Armée Autrichienne, n° 17, Gardes Frontières.
164 Armée Française, n° 41, Officier de la Garde municipale, 1842.
165 Armée Anglaise, n° 15, Officier du 9ᵉ Régiment d'Infanterie légère.
166 Armée Française (1815-1830), n° 9, Chasseur à cheval. Officier.
167 Armée Russe, n° 20, Corps des Pages.
168 Armée Française (Empire), n° 18, Officier des Dragons de l'Impératrice.
169 Ville libre de Hambourg, n° 1, Infanterie.
170 Armée Turque, n° 3, Officier d'Artillerie.
171 Armée Anglaise, n° 16, Officier des Grenadiers de la Garde.
172 Grand Duché Hessen, n° 1, Chevaux-légers.
173 Armée Russe, n° 21, Gendarmes de la Garde.
174 Armée Française, Empire, n° 19, Marin de la Garde.
175 Grand Duché de Saxe Weimar, n° 2, Hussard.
176 Armée Française, 1841, n° 42, 8ᵉ Rég. de Hussards Adjudant.
177 Armée Autrichienne, n° 18, Chevau-légers et Officier supérieur de Hussards.
178 États du Pape, n° 4, Officier de la Garde Suisse.
179 Armée Prussienne, n° 7, 4ᵉ Régiment de Dragons.
180 Armée Russe, n° 22, Train des équipages.
181 Armée Française, 1842, n° 43, 7ᵉ Régiment de Hussards.
182 Armée Russe, n° 23, Cosaques d'Astrakhan.
183 Armée Sarde, n° 6, Grenadiers de la garde.
184 Armée Autrichienne, n° 18, Garde noble hongroise.

8

185 Armée Française, 1842, n° 44, Garde municipale de Paris, Officiers.
186 Armée Française, Empire, 1810, n° 20, Aide-de-camp.
187 Armée Sarde, n° 5, Chasseurs, Officier et soldat.
188 Armée Russe, n° 29, Cuirassiers, 5° et 1er Régiments.
189 Armée Française, 1er Empire, n° 21, Garde royale hollandaise.
190 Armée Prussienne, n° 18, Lanciers de la Garde nationale mobile.
191 Armée Française, Empire, n° 21, Grenadier de la Garde.
192 Armée Sarde, n° 4, Chevau-légers (Officier sup.).
193 Armée Russe, n° 25, Corps de Cadets de la Marine (Cadet et Officier).
194 Armée Française, Costumes Anciens, n° 1, Colonel du Régiment de la Reine (Infanterie 1706).
195 Armée Sarde, n° 8, Régiment de la Reine.
196 Armée Prussienne, n° 99, Officier d'Artillerie.
197 Armée Française, 1842, n° 45, Officier d'État-Major en campagne.
198 Armée des États Suisses, Canton de Vaud, n° 2, Cavalerie, Officier et soldat.
199 Armée Sarde, n° 3, Cavalerie de Savoie.
200 Armée Française, Costumes Anciens, n° 2, Régiment du Roi (Cavalerie).
201 Armée Sarde, n° 1, S. M. Charles Albert.
202 Armée Française, n° 46, Infanterie de ligne.
203 Armée Russe, n° 31, Montagnards du Caucase (Officier grande tenue).
204 Armée Française (1828), Officier de Lanciers (Garde royale).
205 Duché de Saxe-Cobourg, n° 1, Lieutenant d'Infanterie.
206 Armée Française (1815-1830), n° 11, Cuirassier, Garde royale.
207 Armée Sarde, n° 2, Major général Commandant de brigade
208 Armée Française, n° 47, Infanterie légère.
209 Armée Sarde, n° 10, Cavalerie de Novare (Officier).
210 Armée Française, République n° 3, Bonaparte, Général en chef.
211 Armée Autrichienne, n° 20, Général Major en grande tenue.

212 Armée de Mecklembourg, n° 1, Infanterie.
213 Armée Sarde, n° 7, Carabiniers royaux.
214 Armée Française, 1815-1830, n° 12, Cent-Suisses.
215 Ville libre de Hambourg, n°2. Général.
216 Armée Française (1791), n° 3, Gardes suisses.
217 Armée Prussienne, n° 10, Hussards de la Garde (Officier et soldat).
218 Armée Russe, n° 32, Cosaques de la Petite Russie (Officier et soldat).
219 Anhalt Bernbourg, n° 1, Chasseurs (Officier et soldat).
220 Armée Française, 1843, n° 48, 3e Régt. de Hussards, Sous-Officier.
221 Armée Autrichienne, n° 21, Général de cavalerie (en campagne).
222 Armée Sarde, n° 11, Ferdinand duc de Gênes, Colonel d'Artillerie.
223 Armée Française, n° 49, Garde Nationale. Chef de bataillon et capitaine.
224 Mecklembourg, n° 2, Grenadiers de la Garde (Officier et soldat).
225 Armée Française, Empire, n° 23, Chasseur à cheval de la Garde Impériale.
226 Armée Française, 1843, n° 50, Infanterie légère, Porte-drapeau et Sous-Officier.
227 Armée Autrichienne, n° 22, Régiment de Dragons.
228 Armée Française (Costumes Anciens), n° 3, Infanterie, Régiment de Forez (1787).
229 Armée Russe, n° 33, 8e Régt de Hussards, Officier.
230 Armée Prussienne, n° 11, Pionnier de la Garde.
231 Armée Française, Empire, n° 25, Artillerie de la Garde.
232 Armée Prussienne, n° 12, 1er et 2e Régt. de Uhlans de la Garde (Landwehr).
233 Armée Sarde, n° 12. Brigade de Savone.
234 Armée Autrichienne, n° 23, 3e Régt de Cuirassiers. Officier.
235 Armée Française, Empire, n° 24, Chasseurs à pied de la Garde. Officier et soldat.
236 Armée Française, 1843, n° 52, Chasseur à cheval, 2e Régiment.
237 Hohenzollern Sigmaringen, n° 7, Infanterie. Officier, Soldat.
238 Armée Française, 1843, n° 51, Carabinier, soldat.

239 Armée Russe, n° 34, Régiment de la Garde Ismailofski.
240 Armée Française (1825) n° 14. Gendarme d'élite. Garde royale, Officier.
241 Armée Française (1815-1830), n° 13, Capitaine de Grenadiers à pied, Garde royale.
242 Armée Prussienne, n° 13, 2ᵉ Régᵗ de Cuirassiers, Trompette.
243 Mecklembourg, n° 3, Artillerie à pied.
244 Ville libre de Hambourg, n° 3, Lancier.
245 Armée Française (1756), n° 5, Régiment du Roi, (Infanterie).
246 Armée Russe, n° 35, Nicolas Empereur.
247 Armée Française, République, n° 4, 4ᵉ Housard.
248 Armée Française (1816), n° 15, Officier de Chasseurs à cheval.
249 Royaume de Saxe, n° 1, Infanterie, Division de la Garde.
250 Armée Française, Empire n° 26, Housards, 2ᵉ Régiment, Chamboran.
251 Armée Française, République, n° 5, Régiment des dromadaires.
252 Armée Sarde, n° 9, Sapeurs du Génie.
253 Armée Française (1814), n° 16, Chasseur à cheval, Régiment du Roi.
254 Armée Russe, n° 36, Grenadiers de la Garde de l'Empereur d'Autriche.
255 Armée Française, 1843, n° 52, 5ᵉ Régiment de Hussards.
256 Royaume de Hanovre, n° 1, Officier de Chasseurs de la Garde.
257 Armée Française (Ancien), n° 6, Garde de la Porte (Louis XV).
258 Duché de Brunswick, n° 1, Major et Tambour-Major.
259 Armée Française (1815-1830), n° 17, Garde royale (Officier de Dragons).
260 Armée Danoise, n° 1, Mousquetaires du Régiment Holstein.
261 Armée Française, 1844, n° 53, le duc de Nemours, Lieutenant Général.
262 Armée Française (1815-1830), n° 18, Dragon, Garde royale.
263 Royaume de Hanovre, n° 2, Chasseurs de la Garde.

264 Armée Française, n° 54, Chef d'escadron de Lanciers 1ᵉʳ Régiment.
265 Armée Danoise, n° 2, Officiers du Régiment d'Holstein.
266 Armée Française (Ancien), n° 7, Gendarme de la Garde ordinaire du Roi (Officier).
267 Armée Française (République), n° 6, Infanterie.
268 Royaume de Hanovre, n° 4, Major des Grenadiers de la Garde.
269 Armée Française, 1844, n° 55, 1ᵉʳ régiment de Chasseurs (Officier).
270 Armée Prussienne, n° 14, Garde du corps.
271 Armée Française, 1844, n° 56, 1ᵉʳ régiment de Dragons (Officier).
272 Armée Française, Empire, n° 27, Infanterie de ligne. Grenadier et Voltigeur.
273 Royaume de Hanovre, n° 3, Officier d'artillerie à cheval.
274 Armée anglaise, 1844, n° 17, 10ᵉ régiment de Dragons Légers (Officier).
275 Armée Française, (Anciens), n° 8, Mousquetaires sous Louis XV.
276 Duché de Brunswick, Corps d'élite, Officier et Chasseur.
277 Armée Française (1815-1830), n° 19, Garde royale, Artillerie à cheval.
278 Armée Prussienne, 1844, n° 15, Hussards de la Garde.
279 Armée Hollandaise, n° 2, Tirailleurs. Officier et soldat.
280 Royaume de Saxe, n° 5, Officier de Grenadiers de la Garde.
281 Armée Française, 1845, n° 57, S. A. R. le duc d'Aumale.
282 Armée Anglaise, n° 18, Officier de Dragons.
283 Armée Française (1815-1830), n° 20, Garde royale Officier du Train.
284 Armée Prussienne, 1844, n° 16, Garde du corps.
285 Armée Française, Empire, n° 28, Hussards, 3ᵉ Régiment.
286 Armée Prussienne, 1844, n° 17, Grenadiers, Régiment de l'Empereur d'Autriche et de l'Empereur Alexandre.
287 Armée Française (Ancien), n° 9, Cuirassiers du Roi.

288 Armée Espagnole, n° 3, Officier d'Etat-Major.
289 Royaume de Hanovre, n° 4, Officier de Dragons de la Reine.
290 Armée Russe, n° 37, Alexandre Nicolajewitch, prince héritier.
291 Armée Française, 1847, n° 58, Louis-Philippe, roi des Français.
292 Armée Espagnole, n° 2, Cuirassier.
293 Armée Prussienne, 1844, n° 18, Chasseurs à pied de la Garde.
294 Armée Française, 1847, n° 59, S. A. R. le Prince de Joinville, contre-amiral.
295 Armée Française, 1847, n° 60, Cuirassier, 5e Régiment.
296 Armée Française, n° 61, S. A. R. le duc de Montpensier, capitaine d'Artillerie.
297 Armée Française, 1847, n° 62, Elève de l'Ecole Saint-Cyr.
298 Armée Française, 1847, n° 63, Elève de l'Ecole de Cavalerie de Saumur.
299 Armée Française, 1847, n° 64, Elève de l'Ecole d'application de l'Artillerie et du Génie.
300 Armée Française, 1847, n° 65, Elève de l'Ecole Polytechnique.

DEUXIÈME PARTIE — SUPPLÉMENT

Toutes les planches au delà du n° 300 ont été publiées par la maison Martinet-Hautecœur, qui a en outre réédité un certain nombre des planches précédentes.

301 Armée Sarde, n° 13, Officiers d'Artillerie.
302 Armée Française, 1851, n° 68, 1er régiment de Carabiniers, Timbalier.
303 Armée Russe, n° 38, Officier supérieur d'Infanterie, Régiment des Chasseurs de la Garde.
304 Armée Russe, n° 39, Infanterie de ligne, Chasseurs de Finlande.
305 Armée Française, 1851, n° 69, Chasseurs à cheval, 6e Régiment.
306 Armée Anglaise, 1851, n° 19, Officier Général.
307 Armée Anglaise, 1851, n° 20, Officiers de Chasseurs à cheval, 14e Régiment.

308 Armée Anglaise, 1851, n° 21, Gardes du Corps.
309 Armée Espagnole, n° 7, Infanterie porte-drapeau.
310 Armée Française, 1851, n° 70, Garde républicaine. Officiers d'Infanterie et de Cavalerie.
311 Armée Anglaise, n° 22, Infanterie de la Garde (1852).
312 Armée Française, 1851, n° 71, Infanterie de ligne. Clairon, Sapeur, Tambour-major, et Tambour.
313 Armée Française, 1852, n° 72, 7° Régiment de Lanciers, Timbalier.
314 Armée Française, 1852, n° 73, 1er Régiment de Lanciers, Timbaliers.
315 Armée Française, 1852, n° 74, Guides d'Etat-Major.
316 Armée Française, 1852, n° 75, 8° Régiment de Hussards, Timbaliers.
317 Armée Belge, 1852, n° 11, Régiment d'Elite.
318 Armée Autrichienne, 1858, n° 26, Infanterie de ligne Allemande.
319 Armée Prussienne, n° 21, Artillerie de la Garde.
320 Armée Russe, 1852, n° 40, Régiment des Gardes à cheval.
321 Armée Prussienne, 1852, n° 19, 6° Régiment de Hussards.
322 Armée Prussienne, 1852, n° 20, Général.
323 Armée Prussienne, 1852, n° 22, 1er Régiment de la Garde à pied.
324 Armée Espagnole, 1852, n° 8, Artillerie de Montagne.
325 Armée Espagnole, 1852, n° 9, Régiment de Marie-Christine, 6° de Chasseurs.
326 Armée Autrichienne, 1852, n° 9, Officier de l'Etat-Major Général et Aide de Camp.
327 Armée Autrichienne, 1852, n° 24, Gardes des Palais Impériaux.
328 Armée Autrichienne, 1852, n° 25, Archer de la Garde.
329 Armée Française, 1852, n° 75, Infanterie de ligne.
330 Armée Belge, 1852, n° 19, Garde civique.
331 Armée Française, 1853, n° 1, Gendarmerie d'élite.
332 Armée Anglaise dans l'Inde, n° 23, Infanterie de Madras, 32° Régiment.
333 Empire Français, n° 2, Officier des Spahis (Armée d'Afrique).
334 Armée Hollandaise, n° 4, Artillerie de la Garde. Artillerie à pied (Officier en petite tenue).

335 Empire Français, n° 3, Régiment des Guides de la Garde Impériale.
336 Armée Sarde, n° 14, Infanterie (Brigade de Cunès).
337 Armée Sarde, n° 15, Chevau-légers d'Alexandrie.
338 Empire Français, n° 4, 4e régiment de Chasseurs à cheval.
339 Armée Anglaise, 1854, n° 24, Cavalerie légère de Madras.
340 Armée Belge, 1854, n° 20, Infanterie de ligne.
341 Armée Anglaise, 1854, n° 25, Colonel du 30e Régiment d'Infanterie.
342 Armée Anglaise, 1854, n° 26, Artillerie royale.
343 Armée Russe, 1854, n° 41, Chevaliers-Gardes.
344 Armée Russe, 1854, n° 42, Régiment de Dragons de la Nouvelle Russie.
345 Armée Autrichienne, 1855, n° 26, Hussards.
346 Empire Français, n° 5, Grenadiers de la Garde Impériale.
347 Empire Français, n° 6, Voltigeurs de la Garde Impériale.
348 Empire Français, n° 7, Artillerie à cheval de la Garde Impériale.
349 Empire Français, n° 8, Cuirassiers de la Garde Impériale.
350 Empire Français, n° 9, Chasseurs à pied de la Garde Impériale.
351 Armée Autrichienne, 1855, n° 27, Gardes du corps.
352 Armée Autrichienne, 1855, n° 28, Général de Cavalerie.
353 Armée Autrichienne, 1855, n° 29, Génie.
354 Armée Autrichienne, 1855, n° 30, Cuirassiers.
355 Armée Autrichienne, 1855, n° 31, Chasseurs à pied.
356 Armée Russe, 1855, n° 43, Cosaques du Caucase.
357 Armée Russe, 1855, n° 44, Officier des Lesghiens, Officier des Musulmans.
358 Armée Russe, 1855, n° 45, Cosaques de la Garde Impériale.
359 Armée Anglaise, 1855, n° 27, Grenadiers de la Garde.
360 Armée Anglaise, 1855, n° 28, Infanterie (Nouvelle tenue.)
361 Empire Français, n° 10, Zouaves de la Garde Impériale.
362 — n° 11, Hussards (9e régiment.)

363	Empire Français	n° 12, Dragons.
364	—	n° 13, Infanterie de ligne.
365	—	n° 14, Carabiniers.
366	—	n° 15, Lanciers.
367	—	n° 16, Chasseurs à pieds.
368	—	1856, n° 17, Cuirassiers.
369	—	n° 18, Zouaves.
370	—	n° 19, Artillerie.
371	—	n° 20, Napoléon III et son Etat-Major.
372	—	n° 21, Officier de Marine. Infanterie de Marine. Soldat.
373	—	n° 22, Train des équipages de la Garde.
374	—	n° 23, Sapeurs-pompiers de Paris.
375	—	n° 24, Garde de Paris.
376	—	n° 25, Garde nationale.
377	—	n° 26, Spahis.
378	—	n° 27, Gendarmerie Impériale.
379	—	n° 28, Dragons de la Garde.
380	—	n° 29, Lanciers de la Garde.
381	—	n° 30, Chasseurs de la Garde.
382	—	n° 31, Train des équipages
383	—	n° 2, Troupes du Génie.
384	—	Cent-Gardes.
385	—	n° 32, Gendarmerie de la Garde.
386	—	1857, n° 33, Chasseurs d'Afrique à cheval.
387	—	n° 33, Vivandières.
388	—	n° 34, Guides de la Garde Impériale.
389	—	n° 35, Hussards.
390	—	n° 36, Tirailleurs indigènes.
391	—	n° 37, Génie de la Garde Impériale.

Petite collection qui sans être entièrement documentaire reproduit assez fidèlement des planches de diverses collections, telles que celles d'Eckert et Monten, pour les armées allemandes, autrichiennes et russes, de Hull pour l'armée anglaise, etc., etc. Un certain nombre de planches ont d'ailleurs été faites spécialement pour la Galerie militaire. Dessinateurs: *V. Adam, Bour, Bastin, David, Finart, Lehnart, Le Pan, Pajol*, etc., etc. Les planches d'ancien coloris sont très soigneusement coloriées. L'ouvrage publié chez Dero Becker, a été continué par la maison Martinet-Hautecœur *(Planches 300 et au-dessus)*. Parmi les 300 premières planches plusieurs ont été également rééditées par la maison Martinet-Hautecœur.

DERO BECKER (Chez)
GALERIE MILITAIRE ARMÉES EUROPÉENNES

Planches in-folio en hauteur, lithographiées et coloriées, contenant chacune quatre sujets. Chacun des sujets est entouré d'un double trait carré et un cadre général entoure les quatre sujets. Au haut de la feuille, à gauche *Galerie militaire*, à droite numéro général ; nom de l'armée, avec un n° particulier à chaque armée, entre les deux Armes du Pays. En bas, à droite et à gauche, titre des divers sujets et au-dessous de ces 4 titres :

Dero Becker, Éditeur, Marché St-Honoré, n° 15, Paris, à gauche, sous le cadre, nom du lithographe (variable avec les planches) et à droite *Litho. de Fourquenier* ou *Litho. Coulon, rue Richer, 7*.

Dimensions des planches 0,312 sur 0,451. Dimensions du petit cadre 0,0915 sur 0,1135, Timbre sec de A. Collin, éditeur, rue Chapon, à Paris.

Galerie Militaire, n° 1 ; Armée Autrichienne, n° 1 :

N° 1 *Grenadiers hongrois*. N° 2, *Artillerie*. N° 3 *Première Garde du Corps noble des Arciers*. N° 4, *Lieutenant et Maréchal de camp*.

Galerie Militaire, n° 2, Armée Française, n° 1 (Empire):

N° 1, *Napoléon*. N° 2, *Grenadiers de la Garde en campagne*. N° 3, *Cuirassiers*. N° 4 *Dragons (Armée d'Espagne)*.

Galerie Militaire, n° 3 ; Armée Anglaise, n° 1 :

N° 1, *Artillerie royale*. N° 2, 87ᵐᵉ *Régiment, Fusiliers royaux Irlandais*. N° 3, *Garde du Corps 1ᵉʳ Régiment*. N° 4, 15ᵐᵉ *Hussards*.

Galerie Militaire, n° 4 ; Armée Russe, n° 1 :

N° 1, *Homme d'armes de l'Escadron de la Garde des Montagnards du Caucase.* N° 2, *Officier du Génie, Officier de Marine et Soldat de la flotte.* N° 3, *Officier des Grenadiers à cheval de la Garde.* N° 4, *Cuirassier de la Garde*

Galerie militaire, n° 5, Armée Turque, n° 1.

N° 1, *Infanterie de la Garde.* N° 2, *Artillerie.* N° 3, *Cavalerie de la Garde.* N° 4, *Général.*

Galerie militaire, n° 6 ; Armée Belge, n° 1 :

N° 1, *Artillerie de campagne et train.* N° 2, Garde civique (Premier ban). N° 3, *1ᵉʳ Régiment de Chasseurs à cheval.* N° 4, *1ᵉʳ Régiment de Lanciers.*

Galerie Militaire, n° 7 ; Armée Autrichienne, n° 2 :

N° 1, Garde de frontières. N° 2, Grenadiers Allemands. N° 3, Hussards. N° 4, Officiers du Train.

Galerie Militaire, n° 8. (1825) ; Armée Française, n° 1. (Restauration) :

N° 1, *Grenadiers à pied (Garde royale).* N° 2, *Régiment Suisse (Garde royale).* N° 3, *Hussards (Garde royale).* N° 4, *Grenadiers à cheval (Garde royale).*

Galerie Militaire, n° 9 ; Armée Russe, n° 2 :

N° 1, *Général de Cavalerie en grande tenue.* N° 2, Soldat du Régiment Mahométan. N° 3, *7ᵐᵉ Escadron de Réserve de Cosaques de la Mer Noire.* N° 4. Régiment de Cosaques de l'Héritier.

Galerie Militaire, n° 10 ; Armée Belge, n° 2 :

N° 1, Léopold, roi des Belges. N° 2, Corps de Partisans. N° 3, Aide de camp et Officier d'ordonnance du Roi. N° 4, 2ᵐᵉ Régiment de Lanciers.

Galerie Militaire, n° 12 ; Armée Belge, n° 3 :

N° 1, Chasseurs à pied (Colonel). N° 2, Gendarmerie. N° 3, Cuirassiers (Porte-étendard). N° 4, Régiment des Guides, grande et petite tenues (Officier et capitaine).

Galerie militaire, n° 13 ; Armée Russe, n° 3 :

N° 1, Cosaque de l'Héritier. N° 2, Cosaque du Don. N° 3, Cuirassier de la Garde. N° 4, Grenadier de la Garde à cheval.

Galerie Militaire, n° 14 ; Armée Espagnole, n° 1 :

Cavalerie et Infanterie sous le commandement du général Cabrera.

Galerie Militaire, n° 15 ; Armée Belge, n° 4 :

N° 1, Corps du Génie. N° 2, Infanterie de ligne. N° 3, *Officier d'Artillerie.* N° 4, *2ᵐᵉ Régiment de Chasseurs à cheval.*

Les sujets de cette collection sont en partie des reproductions de ceux de la Galerie Militaire du format in-4°. Nous avons indiqué en italique ceux qui sont nouveaux. Nous ne connaissons pas le n° 11, et nous ignorons si la collection comprend plus de 15 planches.

DETAILLE (ÉDOUARD)

L'ARMÉE FRANÇAISE
TYPES ET UNIFORMES

Texte par Jules Richard
2 volumes in-folio. Paris, Boussod-Valadon et Cies, éditeurs, 9, rue Chaptal, 1885.

Cet ouvrage a été publié en livraisons, illustrées de nombreuses gravures dans le texte et de 4 gravures horstexte, par livraison. Nous ne cataloguerons que ces dernières, qui constituent une série documentaire des uniformes de l'Armée Française sous la troisième République.

Planches en photogravure et en couleur. Titre au bas et au milieu de la planche; signature *Édouard Detaille* et date dans le terrain.

Dimensions des planches 0,350 sur 0,468.

GÉNÉRAUX, ÉTAT-MAJOR, ÉCOLES

État-Major d'un Général de Division (1884).
État-Major du Ministre de la Guerre (1884).
Élève de l'École spéciale militaire, Infanterie (1885).
Élève de l'École spéciale militaire, Cavalerie (1885).

HISTOIRE DE L'INFANTERIE

Infanterie de ligne, grande tenue (1885).
Infanterie de ligne, La Caserne (1884).
Infanterie de ligne, Clairon, Tenue de campagne (1885).
Infanterie de ligne, Le bureau du Sergent-Major (1885).
Infanterie de ligne, Capitaine adjudant-major (1885).
Infanterie de ligne, Arrivée à l'étape, grandes manœuvres (1885).
Infanterie de ligne, Musicien (1885).
Infanterie de ligne, Revue dans les chambrées (1885).
Chasseurs à pied, Clairon, grande tenue (1885).

Chasseurs à pied, Tenue de campagne (1885).
Chasseurs à pied, Sergent-Major, Tenue de campagne (1885).
Chasseurs à pied, Grandes Manœuvres (1885).

HISTOIRE DE LA CAVALERIE

Cuirassiers, Peloton d'escorte (1885).
Cuirassiers, Réception d'un Ambassadeur à l'Élysée (1886).
Cuirassiers, Petite tenue (1885).
Cuirassiers, Tenue de route, Maréchal-ferrant (1885).
Officier de Dragons, Tenue de Manœuvres (1885).
Dragon, Service en campagne (1885).
Trompette de Dragons, Tenue de campagne (1885).
Dragon, Petite tenue (1886).
Officier de Hussards, grande tenue (1886).
Hussards, Grande Tenue, quartier de cavalerie (1886).
Hussards, Tenue de campagne (1885).
Hussards, Service en campagne (1885).
Chasseurs à cheval, Tenue de campagne (1885).
Chasseurs à cheval, En manœuvre (1885).
Chasseurs à cheval, Défilé de la parade (1886).
Chasseurs à cheval, Service en campagne (1886).

Deuxième Volume

HISTOIRE DES TROUPES DE L'ARMÉE D'AFRIQUE

Zouaves, Tambours, Tenue de campagne (1886).
Campement de Zouaves (1885).
Tirailleurs indigènes, Grande Tenue (1886).
Tirailleurs indigènes en colonne (1886).
Officier indigène de Tirailleurs Algériens, Tenue de campagne (1886).
Chasseurs d'Afrique, Tenue de campagne (1886).
Spahis à la Fantasia (1886).
Spahis, Peloton d'escorte (1886).

HISTOIRE DE L'ARTILLERIE

Chef d'escadron d'Artillerie, commandant les Batteries divisionnaires de Cavalerie, Grande tenue (1887).
Artillerie à cheval, Mise en batterie, Tenue de campagne (1887).
Artillerie Sous-officiers de Batteries à cheval et Canonniers de batteries à pied, Grande tenue (1886).
Batterie d'Artillerie montée, tenue de campagne (1887).

HISTOIRE DU CORPS DU GÉNIE

Capitaine du Génie, Grande tenue (1887).
Corps du Génie, Construction d'une redoute (1886).
Sapeur du Génie, Tenue de campagne (1886).
Corps du Génie, Construction d'un pont de fascines (1887).

HISTOIRE DE LA GENDARMERIE

Gendarmerie, Grande tenue (1887).
Gendarmerie, Tenue de campagne (1887).
Le tirage au sort, Paris, salle Saint-Jean (1887).
Garde républicaine et Sapeurs-Pompiers, grande tenue (1887).

HISTOIRE DE L'ADMINISTRATION

Contrôleur de l'Administration de l'Armée, Sous-Intendant militaire et Officiers d'Administration (1887).
Cavalier de remonte, Commis et Ouvriers militaires d'Administration, Secrétaire d'État-Major, Infirmiers militaires (1887).
Officier et Cavalier du Train des Équipages militaires (1887).
Médecin major de 2e classe; Aide-Major de 1re classe. Aide-Vétérinaire en premier et Télégraphiste (1887).

HISTOIRE DES TROUPES DE LA MARINE

Vice-Amiral, Lieutenant de Vaisseau, Aspirants, Fusiliers marins, tenue de service (1887).
Revue d'honneur à bord, Vice-Amiral et ses Aides-de-Camp, Canonnier, Commissaire, Médecin de la Marine, Grande tenue (1887).
Infanterie de Marine, Grande tenue (1887).
Fusiliers Marins, en expédition (1887).

L'ouvrage de M. Detaille est certainement le plus beau livre qui ait été publié sur l'Armée française. Il est documentaire pour la période de 1883 à 1888 et fournit en même temps des renseignements fort intéressants sur les tenues des troupes françaises de 1789 à 1883.

DUFLOS

NOUVEAU RECUEIL DES COSTUMES MILITAIRES FRANÇAIS PAR DUFLOS JEUNE

Paris, Duflos an III.

Planches gravées in-8° en hauteur et coloriées. Titre en bas, au milieu, au-dessous du titre : *à Paris, chez Duflos, rue Victor, n° 23, près la place Maubert.*

Trait carré entouré d'un fort trait en or, sauf à la planche 1.

Dimensions des planches 0,22 sur 0,28, du cadre 0,08 sur 0,123.

TITRE

Nouveau Recueil des Costumes Militaires français et autres nations, tant anciennes que modernes, dans lequel on a fait entrer des Tableaux d'Evolutions, d'Attaques, de Défense et de Retraite, avec les cartes géographiques des Pays et les Plans topographiques des endroits devenus célèbres par les Batailles ou les Victoires.

Ouvrage élémentaire, destiné à l'Education Publique, par Duflos jeune.

A Paris, chez Duflos jeune, Graveur, rue Victor, n° 23, l'an III.

Propriété de l'Auteur.

1. Officier des Jeunes Orphelins de Paris (ci-devant Enfants du Saint-Esprit) sous leur nouveau costume, en 1793 (V. S.) dessiné d'après nature, sur les lieux.
2. Officier des Elèves de la Patrie (ci-devant appelés Enfants de la Pitié de Paris) sous leurs nouveaux costumes, en 1793 (V. S.) dessiné d'après nature, sur les lieux.

3 Officier ou Centurion des Elèves du Camp de Mars, sous Paris, institué par la Convention Nationale, l'an II de la République (1794), (V. S.), dessiné d'après nature, sur les lieux.
4 Costume d'un Représentant du peuple français près les Armées de la République, institué par la Convention Nationale l'an I de la République (1793), (V. S.), dessiné d'après nature, sur les lieux.
5 Officier de la Garde Nationale Parisienne, instituée par l'Assemblée nationale en juillet 1789, dessiné d'après nature, sur les lieux.
6 Sauveur, Receveur à la Roche-Bernard, Commune et Département du Morbihan, ayant refusé de livrer sa caisse aux Brigands qui s'étaient emparés de la ville et de crier « Vive le Roi, » fut attaché à un arbre et fusillé par ces monstres. Ses dernières paroles furent « Vive la Nation, Vive la République » en Mars 1793 (V. S.), Extrait du recueil des Héros de la Patrie.

Cet ouvrage, qui, à en juger par le titre, devait avoir un développement considérable, a dû être arrêté dès le début de sa publication. Nous ne connaissons que le titre et les six planches cataloguées. Elles sont fort intéressantes, d'un dessin correct, d'un très beau coloris et sont fort rares.

DUMARESCQ (ARMAND)

UNIFORMES DE LA GARDE IMPÉRIALE EN 1857

Dessinés sous la direction du Général de Division Hecquet, d'après les ordres de M. le Maréchal Ministre de la Guerre, par Armand Dumarescq.

Paris, Imprimerie Impériale, MDCCCLVIII.

Texte disposé en cinq tableaux, avec tracé des différents effets de la troupe.

55 Planches in-folio en hauteur ou en largeur. Deux personnages à pied ou un personnage à pied tenant un cheval en main, sur papier teinté et marge blanche. En haut, au milieu : *Garde Impériale* ; à gauche : *1857* ; à droite *Numéro d'ordre*. En bas : *Imprimerie Lemercier, Paris* ; au-dessous nom du corps et désignation de la tenue. Signature dans le terrain avec la date.

1 Régiments de Grenadiers, Grande tenue.
2 — Petite tenue.
3 — Officiers, grande et petite tenues.
4 — Tambour-Major, Tambours
5 Régiments de Voltigeurs, Grande et petite tenues.
6 — Officiers, grande et petite tenues.
7 — Sapeur. Musicien.
8 Bataillon de Chas. à pied. Grande tenue.
9 — Officiers, grande et petit tenues.
10 — Soldat en collet à capuchon Clairon.

11	Régiment de Zouaves.	Grande tenue.
12	—	Officiers, grande et petite tenues.
13	—	Soldat en collet à capuchon. Clairon.
14	Régiments de Cuirassiers.	Grande tenue de cheval (1er et 2me régiments).
15	—	Grande tenue à pied (1er et 2me régiments).
16	—	Trompettes (1er et 2me régiments).
17	—	Officiers, grande tenue, (1er et 2me régiments).
18	—	Officiers, petite tenue, (1er et 2me régiments).
19	—	Cheval de troupe, Soldat en tenue d'écurie.
20	R. de Dragons de l'Impér.	Grande tenue.
21	—	Officiers, grande et petite tenues.
22	—	Trompette. Soldat en manteau.
23	—	Cheval de troupe, Soldat en veste.
24	Régiment de Lanciers.	Grande tenue.
25	—	Officiers, Grande et petite tenues.
26	—	Trompette, Soldat en manteau.
27	—	Cheval de troupe, Soldat en tenue d'écurie.
28	R. de Chasseurs à cheval.	Grande tenue.
29	—	Officiers, grande et petite tenues.
30	—	Trompette. Soldat en veste.
31	—	Cheval de troupe, Soldat en manteau
32	Régiment des Guides.	Grande tenue.
33	—	Officiers, grande et petite tenues.
34	—	Trompette, Soldat en manteau.

35 Régiment des Guides. Cheval de troupe, Soldat en tenue d'écurie.
36 Régiments d'Artillerie. Régiment à cheval, Canonnier servant, grande tenue.
37 — Régiment à pied, Canonnier servant, grande et petite tenues.
38 — Trompette (dans les deux régiments), grande et petite tenues.
39 — Officiers (dans les deux régiments), grande et petite tenues.
40 — Cheval de selle, Soldat en veste.
41 — Cheval d'attelage, Canonnier conducteur.
42 Compagnie du Génie. Grande tenue.
43 — Sapeur conducteur, en petite tenue.
44 — Officiers, grande et petite tenues.
45 — Cheval d'attelage, Sapeur conducteur en veste.
46 Escadron du train des Équipages. Grande tenue.
47 — Officiers, grande et petite tenues.
48 — Chevaux d'attelage, Soldat en manteau.
49 R. de Gendar. à pied. Grande tenue.
50 — Sapeur, Musicien.
51 — Tambour, Soldat en petite tenue.
52 — Officiers, grande et petite tenues.
53 Es. de Gendar. à cheval. Grande tenue.
54 — Officiers, grande et petite tenues.
55 — Cheval de troupe, Soldat en veste.

TEXTE

Tableau n° 1. — Régiments de Grenadiers.

Tableau n° 2. — Régiments de Voltigeurs, — Bataillon de Chasseurs à pied. — Régiment de Zouaves.

Tableau n° 3. — Régiments de Cuirassiers. — Régiment de Dragons de l'Impératrice.

Tableau n° 4. — Régiment de Lanciers. — Régiment de Chasseurs à cheval. — Régiment des Guides.

Tableau n° 5. — Régiments d'Artillerie. — Compagnie du Génie. — Escadron du Train des Equipages.

Régiment de Gendarmerie à pied. — Escadron de Gendarmerie à cheval.

DUMARESCQ (ARMAND)

UNIFORMES DE L'ARMÉE FRANÇAISE EN 1861

Dessinés sous la direction du Général de Division Hecquet, d'après les ordres de M. le Maréchal Ministre de la Guerre, par Armand Dumarescq.

TROUPES DE LIGNE

Paris, Imprimerie lithographique de Lemercier MDCCCLXI.

56 Planches, in-folio, en hauteur ou en largeur. Deux personnages à pied ou un personnage à pied tenant un cheval en main. Papier teinté à marges blanches. En haut, au milieu : *Armée de ligne*, à gauche, *1859*, à droite, *numéro* ; au bas : Imprimerie *Lemercier Paris*, au-dessous nom du corps et désignation de la tenue. Signature dans le terrain avec la date 1858 à 1861.

1	Gendarmerie.	Gendarmerie à cheval. Gendarmerie, Cie de la Seine.
2	—	Officier, Gendarmerie à pied.
3	Garde de Paris.	Soldat d'Infanterie. Idem de Cavalerie.
4	—	Officier de Cavalerie. Idem d'Infanterie.
5	Sapeurs-Pompiers de Paris.	Officier et soldat, grande tenue.
6	—	Officier et soldat, tenue de feu.
7	Infanterie de ligne.	Grenadier, Grande tenue. Voltigeur, petite tenue.

7 bis Infanterie de Ligne. Grenadier et fusilier, grande tenues (Décision du 30 Mars 1860).
8 — Fusilier, grande tenue. Idem, en veste.
9 — Grenadier et fusilier, tenue de route.
9 bis — Grenadier et fusilier, tenue de route (Décision du 30 Mars 1860).
10 — Tambour-Major. Musicien.
11 — Tambour. Sapeur.
12 — Officier, grande tenue. Idem en caban.
13 Chasseurs à pied. Soldat, grande tenue. Clairon.
14 — Officiers, grande et petite tenues.
15 Corps spéciaux. Soldat zouave. Tirailleur algérien.
16 — Officiers de Zouaves et de Tirailleurs.
17 Infanterie légère d'Afrique. Soldat. Officier.
18 Régiments étrangers. Soldat. Officier.
19 Carabiniers. Soldat, grande et petite tenues.
20 — Officiers, grande et petite tenues.
21 — Cheval de troupe. Soldat en veste.
22 Cuirassiers. Soldat, grande et petite tenues.
23 — Officiers, grande et petite tenues.
24 — Cheval de troupe, Soldat en veste.
25 Dragons. Soldats, Grande tenue. Idem, en manteau
26 — Officiers, grande et petite tenues.
27 — Cheval de troupe. Soldat en veste.
28 Lanciers. Soldats, grande tenue.
29 — Officiers grande et petite tenues.

30 Lanciers. Cheval de troupe. Soldat en veste.
31 Chasseurs. Soldat, grande tenue. Officier, grande tenue.
32 — Cheval de troupe, Soldat en veste.
33 Hussards. Soldat, 4ᵉ régiment, grande tenue. Idem, 7ᵉ régiment, pelisse.
34 — Officier, 2ᵉ régiment, grande tenue.
35 — Cheval de troupe. Soldat en veste.
36 Chasseurs d'Afrique. Soldat, grande tenue. Idem tenue de campagne.
37 — Officiers, grande et petite tenue.
38 — Cheval de troupe. Soldat en veste.
39 Cavalier de Remonte. Soldat. Officier.
40 Spahis et Maréchal des logis français. Soldat arabe
41 — Officier arabe. Officier français.
42 — Cheval et son cavalier arabe.
43 Ecole Impériale de Cavalerie Brigadier élève. Maréchal-ferrant.
44 — Officier du cadre. Sous-maître de manège.
45 Artillerie. Canonnier d'Artillerie à cheval. Idem d'Artillerie à pied.
46 — Officier, grande et petite tenues.
47 — Canonnier conducteur. Chevaux de selle et de trait.
48 Génie. Sapeur grande tenue. Idem, capote.
49 — Officier de l'état-major. Idem, de régiment.
50 — Sapeur, tenue de tranchée. Sapeur conducteur.
51 Train des Equipages. Soldat. Officier.
52 — Cheval de trait. Soldat en veste.

53 Troupes d'Adminis-
  tion   Ouvrier d'administration. Soldat infirmier.
54   —   Invalide. Sous-officier vétéran.

Les deux suites d'A. Dumarescq sont des plus intéressantes car elles donnent tous les détails des costumes avec une précision qui ne laisse rien à désirer. Ces deux ouvrages, qui n'ont pas été mis dans le commerce, son. devenus assez rares.

On les trouve en noir ou coloriés.

DUPLESSIS-BERTAUX

SUITE DE MILITAIRES DE DIFFÉRENTES ARMES

Douze planches gravées en hauteur, in-32, à une figure en noir (sauf le frontispice qui en a trois). Poses et fonds variés. Double encadrement. Planches signées : D. B. Numéro, en haut, à droite. Titre en bas.
Dimensions des planches 0,210 sur 0,271. Dimensions du cadre 0,058 sur 0,076.

1 Frontispice. Un porte-drapeau, un fifre et un tambour. Sur le drapeau : Suite de Militaires de différentes armes.
2 Dragon de l'Impératrice.
3 Grenadier à pied de la Garde Impériale.
4 Chasseur.
5 Sapeur de la Garde.
6 Maréchal des logis des Chasseurs de la Garde.
7 Capitaine de Dragons.
8 Officier d'honneur du palais.
9 Lieutenant d'Infanterie légère.
10 Major de Régiment de Ligne.
11 Grenadier à cheval de la Garde Impériale.
12 Chef d'escadrons de Hussards.

Cette suite, finement gravée, fait partie d'un ensemble très intéressant qui comprend des ouvriers, des corps de métiers, des mendiants, etc., etc.

La 1re édition date de 1807. Chaque suite est renfermée dans une couverture en papier fort, gris ou bleuté, qui porte le titre suivant :

Eaux-fortes de J. Duplessis-Bertaux.

Livraison.

Paris, chez l'Editeur, rue Saint-Lazare n° 42, 1807.

Cette même suite figure aussi dans un ouvrage dont le titre est :

Recueil de cent sujets de divers genres, composés et gravés à l'eau-forte par J. Duplessis-Bertaux, représentant toutes sortes d'Ouvriers occupés de leurs travaux, Scènes de comédies, Scènes populaires, Mendiants, Militaires, Cavaliers, Chevaux à l'abreuvoir, Foires, Danses de village, etc., etc.

Ouvrage dédié aux Amateurs des Beaux-Arts et aux Artistes de toutes les Nations.

A Paris, chez les Editeurs, rue Boucher, n° 1, près le Pont-Neuf, 1814.

ENGELBRECHT (MARTIN)(Chez)

COSTUMES DES ARMÉES FRANÇAISE BAVAROISE ET AUTRICHIENNE EN 1809

Planches gravées en hauteur et coloriées. Trait carré. Titre dans un encadrement, au bas de la planche ; au dessous : *chez Martin Engelbrecht*.

Dimensions des planches 0,194 sur 0,245.
Dimensions du cadre 0,0775 sur 0,109.

TROUPES FRANÇAISES *(Inscriptions en français)*

Un Officier des Grenadiers d'un Régiment de ligne.
Un Officier des Cuirassiers françois.
Un Cuirassier françois.
Un Chasseur à cheval Impérial royal françois.
Un Houssard françois.

TROUPES BAVAROISES *(Inscriptions en allemand)*

Un Officier des Dragons royaux Bavarois.
Un Dragon royal bavarois.
Un Caporal du Régiment royal bavarois du Prince Charles.
Un Officier des Chevau-légers royaux bavarois.
Un Chevau-léger royal bavarois.

TROUPES AUTRICHIENNES *(Inscriptions en allemand)*

Un Militaire Impérial royal Autrichien *(Cuirassiers)*.
Un Hussard Impérial royal Autrichien.
Un Hulan Impérial royal Autrichien.
Un Officier Impérial royal Autrichien.
Un Militaire Impérial royal Autrichien *(Grenadier Allemand)*.

Cette jolie suite, finement gravée, est d'une grande rareté. Nous ignorons si elle comprend plus des quinze planches que nous avons cataloguées d'après un exemplaire que nous possédons.

FINART

GARDE ROYALE ET MAISON DU ROI

Planches gravées et coloriées in-folio en largeur. Large trait carré. Titre au bas de la planche et au milieu ; à gauche, dessiné par *M. Finart*; à droite, gravé par *Aug. Blanchard*, au-dessous du titre, *à Paris, chez Basset, Marchand d'Estampes, rue St-Jacques, n° 64.*

Dimensions des planches 0,40 sur 0,285. Dimensions du cadre 0,294 sur 0,196 à 0,200.

1 Hussard, Cuirassier et Dragon de la Garde royale française.

(Les trois cavaliers ont le pantalon gris, le Hussard donne le bras au Cuirassier, dans le fond 5 soldats dont 3 à cheval.)

2 Maison du Roi. Mousquetaires Noirs, en grand et en petit uniforme.

(Deux Mousquetaires en casque au premier plan se donnent la main, au second plan un Mousquetaire en chapeau et dans le fond 2 Mousquetaires à cheval, l'un en casque, l'autre en chapeau.)

3 Grenadiers à cheval de la Garde royale.

(Au premier plan trois Grenadiers, tous trois en culotte grise et bottes à l'écuyère, celui de droite est en chapeau).

4 Chasseurs à cheval et Trompette de la Garde royale française.

(Deux Chasseurs et un Trompette au premier plan, à pied tous les trois; dans le fond 2 Chasseurs en casque, à cheval).

Ces quatre planches bien dessinées constituent une série fort intéressante pour les uniformes du début de la Restauration.

FOUSSEREAU

L'ARTILLERIE FRANÇAISE EN 1829

(Garde royale et Ligne)

Planches lithographiées et coloriées, in-folio, en long ou en travers, représentant un soldat à pied ou à cheval, poses et fonds variés.

Titre au bas et au milieu de la planche, à gauche, *Foussereau*, à droite, *Lith. de Engelmann*.

Dimensions des planches 0,312 sur 0,468.

1 Frontispice représentant un Artilleur de la Garde royale en manteau.
2 Artillerie de la Garde (Trompette) PL. 2.
3 Officier d'Artillerie (Garde royale).
4 Canonnier servant à cheval (Garde royale).
5 Canonnier à pied (Garde royale) PL. 5, *ou* Canonnier servant à pied (Garde royale).
6 Canonnier conducteur (Garde royale).
7 Artillerie de ligne. Trompette.
8 Officier d'Artillerie (Ligne).
9 Officier des parcs d'Artillerie, Adjudant-Major.
10 Canonnier à cheval (Ligne) PL. 10, *ou* Canonnier servant à cheval (Ligne).
11 Artillerie à pied (Ligne) petite tenue PL. 11 *ou* Canonnier servant à pied (Ligne) (1).
12 Canonnier conducteur (Ligne) PL. 12.
13 Marche de troupes (Artillerie de la Garde) PL. 13.

Cette série qui n'a aucun caractère artistique offre cependant de l'intérêt car elle donne avec beaucoup de dé-

(1) A un panache au lieu de pompon.

tails les uniformes de l'Artillerie à la fin du règne de Charles X. Les inscriptions ne sont pas toujours les mêmes. Nous avons indiqué les variantes.

FOUSSEREAU

UNIFORMES DE LA GARDE NATIONALE, DE L'ARMÉE ET DE LA MARINE FRANÇAISES DE 1830 A 1832

100 planches lithographiées en hauteur et coloriées, tirées sur papier fort. Un soldat à pied ou à cheval, poses variées. Les unes sont signées en toutes lettres *Foussereau*; d'autres et principalement celles de l'armée sont signées *E.D*; quelques-unes ne sont pas signées. Elles portent comme nom d'éditeur soit : *à Paris chez Desmaisons, rue Guénégaud, n° 14*, soit, *à Paris, chez Noel, rue de Seine, n° 14*

Dimensions des planches 0,176 sur 0,269.

1 Garde Nationale. Tambour de Grenadiers, Grande tenue d'hiver.
2 — Officier de Grenadiers, Grande tenue d'été.
3 — Grenadier, Grande tenue d'été.
4 — Grenadier, Petite tenue d'hiver.
5 — Sergent de Chasseurs, Grande tenue d'hiver.
6 — Officiers de Grenadiers, Petite tenue d'hiver.
7 — Grenadier, Grande tenue d'hiver.
8 — Sergent de Grenadiers, Grande tenue d'été.
9 — Chasseur, Petite tenue d'hiver.
10 — Voltigeur, Grande tenue d'été.
11 — Lieutenant de Chasseurs, Petite tenue d'hiver.
12 — Chasseur, Grande tenue d'été.
13 Garde Nationale à cheval. Petite tenue d'hiver.
14 Garde Nationale. Chasseur, Grande tenue d'hiver.

15 Garde-Nationale. Sapeur, Grande tenue d'hiver.
16 — Voltigeur, Petite tenue d'hiver.
17 — Officier d'Artillerie, Grande tenue d'hiver.
18 — Officier de Chasseurs, Grande tenue d'été.
19 — Canonnier, Grande tenue d'hiver.
20 — Officier de Voltigeurs, Grande tenue d'hiver.
21 — Trompette d'Artillerie, Grande tenue d'hiver.
22 Garde Nationale à cheval. Officier supérieur, Grande tenue d'hiver.
23 Garde Nationale. Artillerie, Petite tenue d'été.
24 Garde Nationale à cheval. Trompette, Grande tenue d'hiver.
25 Garde Nationale. Officier d'Etat-Major, Petite tenue d'été.
26 — Tambour-Maître, Petite tenue d'été.
27 — Tambour de Chasseurs, Grande tenue d'hiver.
28 — Tambour de Voltigeurs, Grande tenue d'hiver.
29 — Adjudant, Petite tenue d'été.
30 — Adjudant-major, Grande tenue d'hiver.
31 — Tambour-Major, Grande tenue.
32 Garde Nationale à cheval. Maréchal-des-logis, Grande tenue d'été.
33 Garde Nationale. Officier d'Etat-Major, Grande tenue d'été.
34 — Officier porte-drapeau, Grande tenue d'été.
35 — Musicien, Grande tenue d'hiver.
36 Garde Nationale à cheval. Grande tenue.
37 Garde Nationale. Officier d'Artillerie, Petite tenue d'hiver.
38 — Chirurgien-Major.
39 Garde Nationale à cheval. Brigadier, Petite tenue d'hiver.
40 Garde Nationale. Adjudant d'Artillerie, Grande tenue d'hiver.
41 Garde Nationale rurale. Chasseur, Grande tenue d'été.

42 Garde Nationale rurale, Tambour, Grande tenue d'hiver.
43 Garde Nationale, Canonnier, Petite tenue d'hiver.
44 Garde Nationale rurale, Bataillon de Passy, Grande tenue d'été.
45 Garde Municipale de Paris, Tambour, Grande tenue.
46 Garde Municipale de Paris, Grande tenue.
47 Garde Municipale Départementale, Tambour, Grande tenue.
48 Garde Municipale Départementale, Grande tenue.
49 Garde Municipale de Paris, Trompette, Grande tenue.
50 Garde Municipale Départementale, Petite tenue.
51 Garde Municipale de Paris, Grande tenue.
52 Garde Municipale Départementale, Grande tenue.
53 Lanciers d'Orléans, Officier, Petite tenue.
54 Lanciers d'Orléans, Officier, Grande tenue.
55 Lanciers d'Orléans, Lancier, Grande tenue.
56 Lanciers d'Orléans, Trompette, Grande tenue.
57 Hussards, 6me Régiment, Trompette, Grande tenue.
58 Hussards, 6me Régiment, Officier, Grande tenue.
59 Hussards, 6me Régiment, Hussard, Grande tenue.
60 Hussards, 6me Régiment, Officier, Petite tenue.
61 Carabiniers, 1er Régiment, Officier, Grande tenue.
62 Carabiniers, 1er Régiment, Carabinier, Grande tenue.
63 Hussards, 1er Régiment, Officier, Grande tenue.
64 Hussards, 1er Régiment, Hussard, Grande tenue.
65 Carabiniers, 1er Régiment, Trompette, Grande tenue.
66 Carabiniers, 1er Régiment, Timbalier, Grande tenue.
67 Hussards, 1er Régiment, Trompette, Grande tenue.
68 Hussards, 1er Régiment, Officier, Petite tenue.
69 Lanciers de Nemours, 1er Régiment, Officier, Grande tenue.
70 Lanciers de Nemours, 1er Régiment, Lancier, Grande tenue.
71 Dragons, 7me Régiment, Officier, Grande tenue.
72 Dragons, 7me Régiment, Soldat.
73 Chasseurs, 1er Régiment, Chasseur, Grande tenue.

74 Dragons, Trompette, Grande tenue.
75 Chasseurs, 1er Régiment, Officier, Grande tenue.
76 Lanciers de Nemours, 1er Régiment, Trompette, Grande tenue.
77 Infanterie de ligne, Voltigeur, Grande tenue.
78 Infanterie de ligne, Grenadier, Grande tenue.
79 Garde Nationale à cheval, Grande tenue.
80 Garde Nationale, Trompette, Grande tenue.
81 Infanterie de ligne, Officier, Grande tenue.
82 Infanterie de ligne, Cies du centre, Grande tenue.
83 Régiments de Cuirassiers, Cuirassier, Grande tenue.
84 Régiments de Cuirassiers, Trompette, Grande tenue.
85 Corps du Génie, Sapeur, Grande tenue.
86 Train des Equipages, Soldat, Grande tenue.
87 Régiments d'Artillerie, Batterie à cheval, Artilleur, Grande tenue.
88 Régiment d'Artillerie, Batteries montées, Artilleur, Grande tenue.
89 Infanterie de ligne, Cornet de Voltigeurs, Grande tenue.
90 Infanterie de ligne, Sapeur, Grande tenue.
91 Cuirassiers, Régiment, Officier, Grande tenue.
92 Chasseurs, Régiment, Trompette, Grande tenue.
93 Sapeurs du Génie, Officier, Grande tenue.
94 Sapeurs-Pompiers, Soldat, Grande tenue.
95 Marin de l'Etat, Aspirant de 1re classe.
96 Equipages de ligne, Matelot, Grande tenue.
97 Officier Général, Maréchal de camp, Grande tenue.
98 Officier Général, Lieutenant-Général, Grande tenue.
99 Etat-Major, Aide-de Camp, Grande tenue.
100 Etat-major, Service de santé, Chirurgien major.

Cette collection qui n'a pas de valeur au point de vue artistique, est documentaire. Elle donne des indications très complètes sur la Garde Nationale, au début du règne de Louis-Philippe, ainsi que sur les uniformes de l'Armée à la même époque. On en trouve assez souvent des planches isolées, mais la suite complète est fort rare et nous n'en connaissons qu'une, qui appartient à M. de Pelleport, à Bordeaux.

FOUSSEREAU

MILICES RÉVOLUTIONNAIRES SOUS LE GOUVERNEMENT PROVISOIRE

Paris, chez Goupil, Vibert et C*ⁱᵉ*.

Douze planches in-folio, lithographiées sur papier teinté et rehaussées. Plusieurs personnages à pied ou à cheval. scènes et fonds variés. En haut « Sous le Gouvernement provisoire, du 24 février au 4 mai 1848. » En bas : *Dessiné d'après nature par Foussereau et lithographié par E. Charpentier*. Au-dessous, titre et numéro. En blanc, à gauche, *Paris, Goupil, Vibert et Cⁱᵉ, éditeurs*, à droite : *Imprimé par Lemercier, à Paris*.

1 Montagnards de Sobrier.
2 Officiers de Montagnards. Garde-Marine.
3 Garde républicaine à cheval.
4 Officiers. Estafette.
5 Première prise d'armes de la Garde Nationale.
6 Garde mobile.
7 Garde républicaine.
8 Garde mobile.
9 Garde mobile à pied et à cheval, Officiers.
10 Garde mobile à cheval.
11 Garde républicaine à cheval, Officiers.
12 Guides d'Etat-Major.

Collection fort intéressante qui donne des costumes peu connus. Est très supérieure aux autres suites de Foussereau au point de vue de la correction du dessin.

GAILDRAU (JULES)

L'ARMÉE FRANÇAISE

Recueil contenant toutes les tenues des différentes Armes, les Écoles militaires et les Écoles de Marine, les Équipages et les Trains de l'Armée, l'Administration militaire, etc.

Dessiné et lithographié en couleur par Jules Gaildrau, dédié à Sa Majesté Napoléon III, Empereur des Français.

Paris, chez l'auteur, rue de Seine (1855).

Planches in-folio en hauteur, tirées sur papier teinté avec cadre blanc. Signature *J. Gaildrau* dans le terrain. En haut, à droite, millésime. Titre en bas au milieu ; à gauche, *Paris, Jules Gaildrau, rue de Seine, 19* ; à droite, *Imp. Lemercier, Paris*.

Dimensions des planches 0,393 sur 0,560.

Général de Division, Grande tenue de service, Année 1855.

Infanterie de ligne, Sapeurs et Musiciens, Année 1855.

Infanterie de ligne, Capitaine de Grenadiers, Grande tenue, Année 1855.

Infanterie de ligne, Voltigeur, Tenue de campagne, Année 1855.

Infanterie de ligne, Chasseur à pied, Tenue de guerre.

Infanterie, Zouaves, Grande tenue, Année 1856.

Ligne, Zouaves, Petite tenue.

Chasseurs d'Afrique, Lieutenant et Capitaine, Année 1856.

Chasseurs d'Afrique, Soldat.

Cavalerie, Cuirassier, Grande tenue, Année 1855.

Cavalerie, Lancier, Grande tenue, Année 1855.

Cavalerie légère, Chasseur, Grande Tenue, Année 1855.
Artillerie, Artilleurs à pied, Grande Tenue, Année 1855.
Sapeur-Pompier, Tenue de promenade et petite tenue en manteau, Caporal, Année 1855.
Marine, Capitaine de port et Lieutenant, Année 1856.
Marine, Capitaine d'Armes, Grande tenue, Année 1855.
Cent-Gardes, Service à pied, 1855.
Grenadiers de la Garde, Petite et grande tenues, 1856.
Garde Impériale, Voltigeurs, Petite tenue et tenue de quartier, Année 1856.
Garde Impériale, Voltigeur, Grande tenue et petite tenue de campagne, Année 1855.
Voltigeurs de la Garde, Musicien et Sapeur, 1856.
Zouaves de la Garde, Grande Tenue.
Spahis Indigène, Grande Tenue, 1856.
Vétérinaire, Grande et petite tenues, 1856.
Garde de Paris, Tenue de service à pied, 1856.
Garde de Paris, Petite tenue d'hiver et de quartier, 1856.

Cet ouvrage qui a été publié en livraisons est resté inachevé. Neuf livraisons seulement ont paru. Chaque livraison contenant 3 planches était vendue 4 fr. et le prix devait en être porté à 5 fr. La couverture, en papier bleu clair, portait le titre que nous avons transcrit plus haut et en outre : Paris, Imprimerie de d'Aubusson et Kugelmann rue de la Grange-Batelière, 13.

GARNEREY

COLLECTION DES NOUVEAUX COSTUMES DES AUTORITÉS CONSTITUÉES CIVILES ET MILITAIRES

Texte et Planches

Les planches sont gravées à la manière noire et coloriées. Double trait carré. Titre en bas dans le cadre; à gauche: *Dessinés par Garnerey*; à droite: *Gravés par Alix*.

Dimensions du cadre 0,15 sur 0,165.

Liste des Planches.

Membre du Directoire Exécutif en grand Costume.
Secrétaire du Directoire Exécutif.
Commissaire du Directoire Exécutif près les Tribunaux.
Ministre.
Messager d'Etat.
Huissier.
Membre du Conseil des Anciens.
Membre de la Haute Cour de Justice.
Membre du Tribunal de Cassation.
Juge du Tribunal Correctionnel.
Juge du Tribunal Criminel.
Juge du Tribunal Civil.
Juge de Paix.
Administrateur de Département.
Président d'Administration Municipale.
Trésorier.
Agent du Directoire Exécutif dans les colonies françaises.
Général en chef.

Général de Division.

Général de Brigade.
Adjudant Général.
Aide-de-Camp.
Adjoint aux Adjudants Généraux.
Commissaire ordonnateur des guerres.

Cette suite intéressante ressemble à celle de Grasset St Sauveur dont nous donnons plus loin le catalogue. Le texte donne des détails sur les costumes.

GAUTIER (Chez)

TROUPES FRANÇAISES

Planches, in-folio, en largeur, trait carré.
En haut au milieu : *Troupes Françaises*.
En bas au milieu, Titre; à gauche, *à Paris, chez Gautier, Graveur, rue Poupée, n° 7*; à droite, *Déposé à la Direction Générale de la Librairie*.
Dimensions des planches 0,475 sur 0,320; dimensions du cadre 0,331 sur 0,214.

1. Gendarme du Roi en petit et grand uniforme — Mousquetaire Gris en petit uniforme — Dragon — Mousquetaire Gris en grand uniforme.
2. Grenadier de la Garde Royale Suisse du Roi — Légionnaire Départemental — Garde Nationale de Paris.

Dans cette dernière planche, les mots : *Troupes Françaises* sont au bas de la planche et au milieu et l'inscription de gauche est *à Paris, chez Gautier, Quai des Augustins, n° 37* celle de droite *Déposé à la Direction*. En outre elle porte à gauche l'inscription *G.S. del*.

Ces deux belles planches sont, la 1re, de 1814, et la seconde de 1816. Elles sont fort rares l'une et l'autre et donnent avec beaucoup de précision tous les détails des uniformes qu'elles représentent.

GENTY (Chez)

TROUPES FRANÇAISES (1814)

Planches gravées et coloriées en hauteur, trait carré. En haut *Troupes Françaises*, en bas, au milieu, titre de la planche et au dessous à gauche :

A Paris, chez Genty, rue St-Jacques, n° 14.

Déposé à la police Littéraire, ou *Déposé à la Direction de la Librairie.*

Dimensions des planches 0,150 sur 0,230, dimensions du cadre, variables.

Cette série qui est excessivement rare donne les Costumes de la Maison du Roi en 1814, ainsi que des Régiments du Roi ou des Princes. Nous connaissons les planches suivantes :

Mousquetaire, En grande tenue, à cheval, regardant vers la droite.

Mousquetaire du Roi, En petite tenue, à pied, coiffé du chapeau, gants et ceinturon noirs.

Garde du Corps du Roi, Compagnie, à pied, appuyé sur son fusil, en faction au bas d'un escalier.

Cent-Suisse, En faction dans le jardin des Tuileries, l'arme au bras gauche.

Garde de la Porte du Roi, L'épée au fourreau, est en train de mettre ses gants.

Grenadier du Roi, A cheval, regardant vers la droite.

Chasseur du Roi, 1er Régiment, à cheval, regardant vers la droite, tire son sabre du fourreau.

Officier des Hussards du Roi, A cheval, sabre à la main, regardant vers la gauche.

Chasseur du duc de Berry, A pied, tient son sabre sous le bras gauche et salue.

Chasseur Grenadier du duc de Berry, 1er Régiment, Compagnie, A cheval, galope vers la droite, le sabre à la main. Dans le terrain, à gauche, signature Charles.

Le cabinet des Estampes de la Bibliothèque Nationale ne possède que quelques-unes de ces planches. Nous avons relevé le titre des autres dans un recueil de costumes militaires de 1814, que nous possédons et qui comprend, outre les dix planches de Genty, trente planches publiées chez Martinet et Basset, cataloguées avec les ouvrages de ces deux éditeurs.

GENTY (Chez)

TROUPES FRANÇAISES (1815)

Planches en hauteur gravées et coloriées Trait carré. En haut et à gauche : N° d'ordre ; au milieu : *Troupes Françaises*, à droite *1815*. En bas, au milieu, Nom du corps et au-dessous, *à Paris, chez Genty, rue Saint-Jacques, n° 14, Déposé.*

Dimensions des planches 0,23 sur 0,305 ; dimensions du cadre 0,137 sur 0,178.

Frontispice représentant Napoléon à l'Ile d'Elbe.
1 Garde Nationale, Grenadier.
2 Garde Nationale, Chasseur.
3 Garde Impériale, Grenadier.
4 Garde Impériale, Chasseur.
5 Garde Nationale de Paris, Sapeur.
6 Garde Impériale, Officier des Grenadiers à pied.
7 Infanterie de ligne, Grenadier, Régiment.
8 Garde de Paris, Gendarme à pied.
9 Infanterie de ligne, Voltigeur.
10 Élève de l'École Polytechnique *(N° à la main.)*
11 Volontaires Royaux *(N° à la main.)*
12 Canonnier à pied.
13
14
15 Garde Impériale, Officier des Chasseurs à pied.
16
17

18 Garde Impériale, Tirailleurs.
19 Garde Impériale, Sapeur du Génie.
20
21 Garde Impériale, Canonnier à pied.

Il est probable que cette publication a été interrompue par la chute de l'Empire. Les n°s manquant n'existent ni à la Bibliothèque Nationale, ni à celle des Beaux Arts, ni dans les collections des principaux amateurs parisiens. M. Cottreau possède 5 aquarelles qui sont, à n'en pas douter, des originaux destinés à être publiés, à savoir :

Infanterie légère, Carabinier, Régiment.
Infanterie légère, Officier de Grenadiers.
Infanterie légère, Voltigeur.
Infanterie légère, Fusilier, Régiment.
Garde Nationale de Paris, Capitaine de Grenadiers.

M. Millot possède également un original :

Infanterie de ligne, Fusilier,

qui devait prendre place dans la série.

La collection des Troupes Françaises (1815) de Genty est bien supérieure au point de vue de l'exécution, du fini et de l'exactitude des détails à la suite de 1814. Cette collection, ainsi que celle de 1816, dont nous allons parler est extrêmement intéressante et au point de vue documentaire elle rivalise avec les séries des Troupes Françaises de Martinet.

GENTY (Chez)

TROUPES FRANÇAISES (1816)

Planches gravées. Trait carré. Le n° quand il existe, est en haut à gauche ; au milieu et en haut : *Troupes Françaises*, à droite et en haut, 1815. En bas, à gauche : *chez Genty, rue Saint-Jacques, n° 14*, ou n° 33 ; à droite : *Déposé*. Au milieu, désignation du corps de troupe.

Dimensions des planches 0,23 sur 0,305. Dimensions du cadre, variables.

1 Garde royale, Régiment, Grenadier (*2 états : avec ou sans plumet ; l'arme au bras*).

2 Garde royale, Régiment, Fusilier *(en schako avec cocarde et sans armes sur le schako.)*
3 Garde royale, Régiment, Chasseur.
4 Garde royale, Régiment, Grenadier *(sans fusil, a la main gauche appuyée sur la garde de son sabre.)*
5 Garde royale, Régiment, Officier de Grenadiers.
6 Garde royale, Régiment, Sapeur.
7 Garde royale, Dragon, 1er Régiment.
8 Garde royale, Grenadier à cheval, Régiment, petite tenue.
9 Garde royale, Grenadier à cheval, Régiment, grande tenue.
10 Garde royale, Régiment, Hussard.
11 Garde royale, Régiment, Cuirassier en petite tenue.
12 Garde royale, Régiment, Canonnier à cheval.
13 Cavalerie de ligne, Dragon de la Manche, 7e Régiment.
14 Garde royale, 1er Régiment, Chasseur à cheval.
15 Garde Nationale de Paris, Légion, Grenadier.
16 Garde royale, Officier des Dragons, Régiment.
17 Garde royale, Lancier, Régiment,
18 Légions Départementales, 7e de la Seine, Grenadier.
19 Garde Nationale à cheval de Paris.
20 Garde royale, Sous-Officier des Dragons, Régiment.
21 Garde royale, Trompette de Cuirassiers, Régiment.
22 Garde royale, Trompette des Dragons, Régiment.
23 Garde royale, Tambour et Fifre des Grenadiers, Régiment.
24 Garde de Paris, Gendarmerie royale à cheval.
25 Garde Nationale de Paris, Chasseur, Légion.
26 Garde royale, Officier des Cuirassiers, Régiment.
27 Garde royale, Cuirassier, Grande Tenue, Régiment.
28 Légions Départementales, Grenadier.
29 Légions Départementales, Fusilier.
30 Garde royale, Canonnier à pied.
31 Légions Départementales, Musiciens.
32 Légions Départementales, Officiers.
33 Légions Départementales, Sergent.
34 Légions Départementales, Caporal.
35 Légions Départementales, Chasseur.
36 Légions Départementales, Officier.
37 Légions Départementales, Fusilier.
38 Légions Départementales, Chasseur.

39 Cavalerie de ligne, Dragon, Régiment, Escadron.
40 Légion royale étrangère, Grenadier.
41 1er Bataillon colonial.
42 2e Bataillon colonial.
43 3e Bataillon colonial.
44 Cavalerie Légère, Hussard, Régiment, Escadron, *(avec ou sans plumet)*.
45 Garde de Paris, Vétéran *(même planche que celle des bataillons coloniaux)*.
46 Cavalerie Légère, Chasseur à cheval, Régiment, Escadron.
47 Garde royale, Régiment, Fusiliers.
48 Infanterie de ligne *(représente un colonel à cheval)* 1816 ou 1817.
49
50 Garde royale, Régiment *(représente un fusilier des rég. suisses)*.
51
52 Légions Départementales, Sapeur.
53 Légions Départementales, Tambour et Fifre.
54 Garde royale, Train d'Artillerie.
55 Garde royale, Officier de Chasseurs à cheval.
56
57
58
59 Garde de Paris, Sapeurs-Pompiers.
60
61
62
63
64
65 Garde du Corps, Compagnie.
66
67 Légions Départementales, Tambour-Major.

        Sans titre, ni numéro :

Deux officiers en petite tenue et en chapeau.

        Sans numéro.

Garde royale suisse, Officier de Fusiliers.
Garde royale, Trompette des Hussards. Régiment.
Garde royale, Officier des Hussards Régiment.
Corps royal du Génie, Régiment, Sapeur.
Cavalerie de ligne, Cuirassier, Régiment, Escadron.
Gendarmerie royale, Légion.

Garde royale, Régiment d'Infanterie, Colonel.
Maison du Roi, Gardes du Corps du Roi, Compagnie.
Deux Officiers en petite tenue *(l'un est vu de dos)*.
Garde royale suisse, Grenadier.

GENTY (Chez)

TABLEAUX DES NOUVEAUX UNIFORMES DES TROUPES FRANÇAISES, 1816

Planches in-folio en largeur, gravées et coloriées. Plusieurs soldats sur la même feuille. Trait carré. En haut au milieu, *Tableau des nouveaux uniformes*, etc, en bas, titre particulier à chaque planche, et au-dessus *à Paris, chez Genty, Editeur et M. d'Estampes, rue SaintJacques, n° 14* ou *n° 33*; au-dessus, *Déposé au bureau des Estampes*.
Dimensions des planches 0,528 sur 0,353. Dimensions du cadre 0,292 sur 0,197.

1 Cavalerie de la Garde royale : Grenadiers. — Cuirassier. – Dragon. — Chasseur. — Canonnier. — Lancier — Hussard.
2 Infanterie de la Garde royale : Grenadier. — Fusilier. — Chasseur. — Sergent. — Officier. — Canonnier. Train — Tambour. — Sapeur. — Musiciens.

Ces deux belles planches donnent, avec fidélité, les uniformes de la Garde royale, en 1816, celle de l'Infanterie est moins rare que celle de la Cavalerie.

GRAMMONT (E)

MAISON MILITAIRE DU ROI

Planches in-folio, lithographiées en largeur et coloriées, représentant plusieurs soldats à pied ou à cheval. Titre en bas et au milieu de la planche, à gauche, *Verdoux Ducourtioux et Huillard*, sc, à droite, *L. Pillet, libraire, 39, Quai Voltaire, Paris*.

Dimensions des planches 0,652 sur o, 5o1.
Mousquetaires (1814).
Gardes du Corps (1814-1825).
Gendarmes de la Garde (1816).
Chevau-légers 1814.

Cette suite, publiée vers 1890, n'est pas documentaire mais elle reproduit avec précision les uniformes de la Maison du Roi sous Louis XVIII.

GRANDMAISON (H DE)

FANTASSINS ET CAVALIERS SOUS LOUIS XV

Croquis par H. de Grandmaison, d'après des Documents originaux de l'Époque, 1891.

Frontispice. Dans un cadre formé de timbales, de drapeaux et surmonté des Armes Royales, même titre que ci-dessus, mais au lieu des mots :

« *D'après des Documents originaux de l'époque* »

D'après des Documents de la Bibliothèque du Ministère de la guerre : Dessins de Parrocel, gouaches de Delaistre, peintre du Roi, etc.

Planches de 0,374 sur 0,282, lithographiées en noir.
1 Infanterie sous Louis XV, Officier.
2 Infanterie sous Louis XV, Officier.
3 Infanterie sous Louis XV, Officier *(appuyé sur l'esponton)*.
4 Infanterie sous Louis XV, Officier *(tenant l'esponton)*.
5 Infanterie sous Louis XV, Officier *(tenant l'esponton)*.
6 Infanterie sous Louis XV, Officier *(tenant un drapeau)*.
7 Infanterie sous Louis XV, Officier *(tenant un drapeau)*.
8 Infanterie sous Louis XV, Officier *(tenant un drapeau)*.
9 Infanterie sous Louis XV, Tambour.
10 Infanterie sous Louis XV, Gardes Françaises, Soldat.
11 Infanterie sous Louis XV, Gardes Françaises, Soldat.
12 Infanterie sous Louis XV, Gardes Françaises, Soldat. *(le fusil sur l'épaule)*.

13 Infanterie sous Louis XV, Soldat.
14 Dragons sous Louis XV, Soldat.
15 Dragons sous Louis XV, Soldat.
16 Dragons sous Louis XV, Soldat (*tenant le mousquelon*).
17 Dragons sous Louis XV, Soldat.
18 Dragons sous Louis XV, Soldat.
19 Dragons sous Louis XV, Bas-Officier.
20 Dragons sous Louis XV, Officier.
21 Dragons sous Louis XV, Officier (*vu de dos*).
22 Dragons sous Louis XV, Officier (*galope vers la droite*).
23 Dragons sous Louis XV, Officier (*caracolant*).
24 Dragons sous Louis XV, Officier (*galope vers la gauche*).
25 Dragons sous Louis XV, Officier (*tenant un étendard*).
26 Dragons sous Louis XV, Tambour.
27 Dragons sous Louis XV, Tambour.
28 Dragons sous Louis XV, Tambour.
29 Dragons sous Louis XV, Hautbois.
30 Dragons sous Louis XV, Hautbois.
31 Dragons sous Louis XV, Hautbois.
32 Dragons sous Louis XV, Tambour.
33 Dragons sous Louis XV, Soldat.
34 Cavalerie légère sous Louis XV, Cavalier.
35 Cavalerie légère sous Louis XV, Cavalier.
36 Cavalerie légère sous Louis XV, Cavalier.
37 Cavalerie légère sous Louis XV, Cavalier.
38 Cavalerie légère sous Louis XV, Cavalier.
39 Cavalerie légère sous Louis XV, Cavalier.
40 Cavalerie légère sous Louis XV, Cavalier.
41 Cavalerie légère sous Louis XV, Cavalier.
42 Cavalerie légère sous Louis XV, Cavalier.
43 Cavalerie légère sous Louis XV, Cavalier.
44 Cavalerie légère sous Louis XV, Cavalier.
45 Cavalerie légère sous Louis XV, Cavalier.
46 Cavalerie légère sous Louis XV, Cavalier.
47 Cavalerie légère sous Louis XV, Cavalier.
48 Cavalerie légère sous Louis XV, Cavalier.
49 Cavalerie légère sous Louis XV, Trompette.
50 Cavalerie légère sous Louis XV, Trompette.
51 Cavalerie légère sous Louis XV, Trompette.

52 Cavalerie légère sous Louis XV, Timbalier.
53 Cavalerie légère sous Louis XV, Timbalier.
54 Cavalerie légère sous Louis XV, Timbalier.
55 Cavalerie légère sous Louis XV, Officier.
56 Cavalerie légère sous Louis XV, Officier.
57 Cavalerie légère sous Louis XV, Officier.
58 Cavalerie légère sous Louis XV, Officier.
59 Cavalerie légère sous Louis XV, Officier.
60 Cavalerie légère sous Louis XV, Hussards (avant 1737).
61 Cavalerie légère sous Louis XV, Hussards (avant 1737).
62 Cavalerie légère sous Louis XV, Hussards (avant 1737).
62 bis Cavalerie légère sous Louis XV, Hussards de 1737 à 1751.
63 Gendarme de la Garde du Roi sous Louis XV.
64 Gendarme de la Garde du Roi sous Louis XV.
65 Gendarme de la Garde du Roi sous Louis XV.
66 Dragons sous Louis XV, 1763-1774 (porte à tort le n° 82).
67 Infanterie sous Louis XV, Soldat, 1766.
68 Gendarme de la Garde du Roi sous Louis XV.
69 Infanterie sous Louis XV, Soldat, 1760.
70 Infanterie sous Louis XV, Officier, 1763.
71 Infanterie sous Louis XV, Officier (porte à tort le n° 68).
72 Grenadier aux Gardes sous Louis XV.
73 Garde Écossaise sous Louis XV.
74 Hussards sous Louis XV, 1751-1774.
75 Régiment royal des Carabiniers sous Louis XV, Cavalier porte-Guidon, 1724.
76 Régiment royal des Carabiniers sous Louis XV, Brigadier en manteau, 1724.
77 Régiment royal des Carabiniers sous Louis XV, Officier en manteau, 1724.
78 Régiment royal des Carabiniers sous Louis XV, Capitaine en manteau, 1724.
79 Cent-Suisses de la Garde du Roi sous Louis XV.
80 Cavalerie légère sous Louis XV, 1763-1774.
81 Volontaires de Saxe Dragons sous Louis XV.
82 Dragons sous Louis XV, 1763-1775.
Reproduction de documents intéressants et rares.

GRASSET-Sᵗ-SAUVEUR (J.)

RECUEIL COMPLET DES COSTUMES DES LÉGISLATEURS, DES AUTORITÉS CONSTITUÉES, CIVILES, MILITAIRES ET DE LA MARINE.

4ᵉ année républicaine 1796
à Paris, chez l'auteur, rue Nicaise, maison de la Section des Tuileries, et chez Deroy, Libraire, rue du Cimetière-André-des-Arts, n° 15.

Un volume in-4°, Texte et Planches.

Iʳᵉ PARTIE, COSTUMES DES LÉGISLATEURS ET DES AUTORITÉS CIVILES.

22 pages de texte (en y comprenant les titres) et 17 planches gravées et coloriées de 0,265 sur 0,195, double trait carré. Titre en bas et au milieu, à gauche, *Labrousse, del. et sculp.*, à droite, *Sᵗ-Sauveur, direx*.

Conseil des Anciens.
Membre du Conseil des Cinq-Cents.
Membre du Conseil des Anciens.
Secrétaire du Directoire Exécutif.
Costume des Ministres.
Agent du Directoire Exécutif dans les Colonies Françaises.
Messager d'Etat.
Membre de Haute-Cour de Justice.
Membre du Tribunal de Cassation.
Membre du Tribunal criminel.
Membre du Tribunal civil.
Juge de Paix.
Membre de l'Administration Départementale.

Huissier du Directoire Exécutif et du Corps Législatif.
Membre du Directoire Exécutif, dans son grand costume.
Membre du Directoire Exécutif, dans son petit costume.
Président de l'Administration Municipale.

2º PARTIE, COSTUMES DES GÉNÉRAUX, DES AUTORITÉS MILITAIRES ET DE LA MARINE.

24 pages de texte et 18 planches.
Porte-enseigne, servant de Frontispice.
Général en chef.
Général de Division.
Général de brigade.
Adjudant-Général, en costume de guerre.
Adjoint aux Adjudants-Généraux, Aide-de-Camp.
Commissaire ordonnateur des Guerres.
Grenadier, Garde d'Honneur des Deux Conseils. Garde Nationale.
Commandant d'Escadron au 1er Régiment de Dragons.
Commandant au 1er Régiment des Hussards.
Commandant au 1er Régiment des Chasseurs.
Chef d'escadre dans son grand costume.
Chef d'escadre dans son petit costume.
Chef de brigade de l'Infanterie de la Marine.
Canonnier et Tambour de la Marine.
Capitaine de Vaisseau.
Agent Maritime, Commandant le Port.
Consul Général en Lévite Uniforme.

Cet ouvrage d'une exécution médiocre est fort intéressant au point de vue documentaire car il se rapporte à une époque où les renseignements sur la tenue des troupes sont fort peu nombreux.

GUÉRARD

LES EXERCICES DE MARS

Planches gravées en largeur. Double trait carré. Titre au bas de la planche.

Dimensions du cadre 0,134 sur 0,092.

Titre : Les Exercices de Mars, Dédiés et présentés à Monseigneur le Duc de Bourgogne. Par son très humble et très obéissant serviteur Guérard.

A Paris, chez N. Guérard, Dessinateur et Graveur rue Saint-Jacques, à la Reyne du Clergé, avec Privilège du Roy.

Trompette et Timbalier.
Tambours.
Fifres et hautbois.
Gardes du Corps et Mousquetaires.
Gendarmes et Chevau-Légers.
Guidon, Cornette, Enseigne.
Grenadiers.
Cavaliers et Dragons.
Infanterie en faction ou Sentinelle.
Suisses.
Hussards Royaux.
Sortie des Quartiers d'hiver.
Marche.
Corps de Garde.
Soldats en arrest et sur le cheval de bois.
Soldat passé par les baguettes.
Cavalier arrêté au piquet.
Le Boute-selle.
Fourrageurs.
Cavaliers aux Fascines.

Embuscade.
Party de Cavaliers et Prisonniers de Guerre.
Champ de bataille après le combat.

Cet ouvrage qui date de la fin du XVII° siècle ou du commencement du XVIII° n'est qu'en partie un ouvrage de Costumes militaires; nous le citons néanmoins parce qu'on peut y trouver quelques renseignements sur une période ou les documents font généralement défaut.

HAMBOURG (Le bourgeois de)

REPRÉSENTATION DES UNIFORMES DE TOUTES LES TROUPES QUI ONT ÉTÉ CASERNÉES A HAMBOURG, DE L'ANNÉE 1806 A L'ANNÉE 1815.

Planches lithographiées et coloriées à un ou plusieurs personnages, poses variées.
Dimensions des planches, variables environ 0,20 sur 0,28.

TROUPES ESPAGNOLES *(Division de la Romana)*.

1 Conducteurs de Mulets.
2 Officier du régiment de la Princesse, Sous Officier de l'Artillerie à cheval du régiment d'Estramadure ; Officiers du Génie et des Sapeurs.
3 Officier d'Artillerie du Régiment d'Estramadure.
4 Officier et soldat des Cavaliers d'Algarve.
5 Cavalier d'Algarve, en route avec sa femme.
6 Cavalier d'Algarve, partant en voyage.
7 Aide-de-camp d'un Officier du Régiment d'Algarve.
8 Trompette des Carabiniers du régiment de Villa-Viciosa.
9 Trompette du Régiment de Villa-Viciosa.
10 Trompette du Régiment de Villa-Viciosa.
11 Cavalier du Régiment de Villa-Viciosa.
12 Officier du Régiment de Villa-Viciosa.
13 Cavalier du Régiment de Villa-Viciosa.
14 Cadet porte-étendard et Cavalier du Régiment de l'Infante.
15 Cavalier et Trompette du Régiment de l'Infante.
16 Officier du Régiment du Roi et un autre Officier.
17 Grenadier du Régiment de Guadalaxara.

18 1. 2. Grenadiers du Régiment de la Princesse. 3 et 4. Sapeur et Grenadier du Régiment de Zamora. 5. Sapeur du Régiment de Guadalaxara.
19 Soldats des Régiments de la Princesse et de Guadalaxara.
20 1. Tambour-Major du Régiment de la Princesse. 2. Musicien et Tambour du Régiment de Zamora.
21 Grenadier et Sapeur du Régiment de Zamora.
22 Grenadier de Zamora se rendant à l'appel par la pluie.
23 Deux Sapeurs du Régiment de la Princesse et un Sapeur du Régiment d Asturie.
24 Fusiliers : 1. du Régiment des Asturies, 2, 4, 5, du Régiment de la Princesse 3. du Régiment de Guadalaxara.
25 Tambour-Major du Régiment de Catalogne. Musicien du Régiment de la Princesse.
26 Vivandière et Musicien du Régiment de Catalogne.
27 Soldats du Régiment de Catalogne.
28 Soldats du Régiment de Catalogne.
29 Régiment de Barcelone, 1. Barbier. 2. Domestique. 3. Soldat. 4 et 5. Soldats du Régiment de Catalogne.
30 Soldats du Régiment de Catalogne avec le nouvel uniforme.
31 Officier du Régiment de Catalogne.
32 Soldat du Régiment de Barcelone avec sa famille.
33 Soldat Espagnol prenant congé de ses camarades Hambourgeois : Adieu, camarades.

TROUPES ITALIENNES, *(faisant partie du 8me Corps d'Armée de la Grande Armée Française).*

34 Officier et Sapeur de Grenadiers.
35 Grenadier.
36 Fusilier et Tambour des Troupes de ligne.
37 Officier et deux Soldats des troupes de ligne.

TROUPES FRANÇAISES

38 Maréchal et Etat-Major de l'Armée.
39 Aide-de-camp du Prince de Ponte-Corvo (Bernadotte) avec le fils de ce dernier.
40 Aide-de-Camp du Prince de Ponte-Corvo, en grand uniforme.

41 Aide-de-Camp du Prince de Ponte-Corvo, en petit uniforme.
42 Gendarmes du 8e Corps d'Armée.
43 Gendarmes d'Ordonnance.
44 Colonel des Gendarmes et Maréchal des logis.
45 Artillerie à cheval du Corps d'Armée du Prince d'Eckmühl.
46 Artillerie à cheval du 8e Corps d'Armée.
47 Cuirassier du 1er Régiment faisant le service à pied pendant le blocus, faute de chevaux.
48 Officiers de Dragons et de Chevau-légers.
49 Dragons et Cuirassiers.
50 Officiers des 23e et 24e Régiments de Chasseurs.
51 Officiers des 23e et 24e Régiments de Chasseurs.
52 Trompettes des 14e, 23e et 24e Régiments de Chasseurs.
53 Carabiniers du 23e Régiment de Chasseurs.
54 Officier des Lanciers de la légion franco-polonaise.
55 Cavalier des Lanciers de la Légion franco-polonaise.
56 Officier du 9e Régiment de chevau-légers.
57 Chasseurs.
58 Chasseurs.
59 Chasseur et cavalier du Régiment du Prince d'Aremberg.
60 Trompette de la Cavalerie du Prince d'Aremberg.
61 Carabinier de la Cavalerie du Prince d'Aremberg.
62 Officier de la Cavalerie du Prince d'Aremberg.
63 Officier de la Légion franco-hanovrienne.
64 Officier de la Légion franco-hanovrienne.
65 Guides du prince de Ponte-Corvo.
66 Hussards des 1er, 7e et 2e Régts.
67 a. Hussard du 10e Régt. b. Officier du 5me Corps de l'Armée de réserve.
68 Officier et Soldat du 5e Corps de l'Armée de Réserve.
69 Soldats du 5me Corps de l'Armée de Réserve.
70 Soldat et maréchal-ferrant du 5me Corps de l'Armée de Réserve.
71 Artilleurs.
72 Officier d'infanterie du 8e Corps d'armée.
73 Soldat des troupes de ligne du 8e Corps.
74 Grenadier et Sapeur d'Infanterie légère.

75 Clairon des Voltigeurs d'Infanterie légère.
76 Tambour de Voltigeurs et Sapeur de Chasseurs.
77 Infanterie légère.
78 Colonel du 93ᵉ Régiment d'Infanterie de ligne.
79 Capitaine, Adjudant, Porte-étendard et Officier du 9ᵉ Régiment.
80 Soldats des 13ᵉ, 14ᵉ et 15ᵉ Régiments d'Infanterie de ligne en uniforme blanc, d'après un décret impérial de 1805.
81 Musicien de la Garde Nationale.
82 Sapeur de la Garde Nationale.
83 Porte-drapeau de la Garde Nationale.
84 Soldats du 17ᵉ Régiment d'Infanterie de ligne.
85 Tambour de la Garde de la préfecture de Hambourg et Boulanger, Chef de la Boulangerie de campagne.
86 Voltigeur de la Garde de Paris.
87 Garde de Paris.
88 Garde de la Préfecture de Hambourg.
89 Gendarmes à pied.
90 Marins de la Garde.
91 Marins de la Garde.
92 Marin.
93 Marins sur l'Alster.
94 Douaniers.
95 Tambours des Douaniers.

TROUPES HOLLANDAISES

96 Tambours-Majors des 2ᵉ et 6ᵉ Régiments.
97 Tambour-Major du 4ᵉ et Tambour-Maître du 2ᵉ Régiment.
98 Grenadier du 6ᵉ Régiment.
99 Grenadiers du 6ᵉ Régiment, revêtus de l'ancien uniforme.
100 Grenadier hambourgeois, Grenadier hollandais et fifre du 2ᵉ Régiment.
101 Soldat et Sapeur du 3ᵉ Régᵗ. Voltigeur du 2ᵉ Régiment. Musicien du 4ᵉ Régiment.
102 Chasseurs des 2ᵉ, 3ᵉ et 4ᵉ Régiments.
103 Musicien du 8ᵉ Régiment, en grande tenue.
104 Voltigeur du 8ᵉ Régiment.
105 Sapeur du 9ᵉ Régiment.
106 Musicien et Tambour-Major du 9ᵉ Régiment, en grande tenue.

HAMBOURG (LE BOURGEOIS DE)

107 Grenadier, Caporal et Voltigeur du 9e Régiment.
108 Officier des 6e et 8e Régiments.
109 Grenadier et Sapeur du 7e Régiment.
110 Tambour-Major, Musicien et Fifre des Grenadiers.
111 Soldats du 2e bataillon du 6e Régiment.
112 Soldats du 2e Bataillon du 6e Régiment. Tambour-Major et Fifres.
113 Musiciens du 7e Régiment.
114 Retraite par des Tambours et des Fifres de divers Régiments.
115 Adjudant-Général des Chasseurs.
116 Grenadier et Voltigeur. Officier de Chasseurs et Grenadier Chasseur.
117 Chasseurs.
118 Chasseurs de différents Régiments du 8e Corps.
119 Officiers d'Artillerie du 8e Corps d'Armée.
120 Officiers d'Artillerie.
121 Trompette et Officier de l'Artillerie à cheval.
122 Artillerie à cheval et à pied.
123 Cuirassiers du 2e Régiment.
124 Cuirassiers portant la nouvelle tenue et Cuirassiers dans leur ancienne tenue de Dragons légers.
125 Cuirassiers du 2e Régt avec l'ancien et le nouvel uniforme.
126 Dragons, Grosse cavalerie (2 soldats à pied).
127 Dragons, Grosse cavalerie (1 cavalier).
128 Dragons, Grosse cavalerie, en tenue d'écurie (4 soldats à pied).
129 Hussard, Dragon Léger.
130 Marine, Soldats.
131 Général.
132 Dragons, Grosse cavalerie.
133 Dragons, Grosse cavalerie.
134 Dragons Westphaliens.
135 Lanciers Westphaliens.
136 Lanciers Westphaliens.
137 Infanterie Westphalienne.

TROUPES ALLIÉES DE LA FRANCE

138 Soldats du régiment Zweier de Francfort.
139 Sapeur et Officier des troupes du Prince Primat.
140 Musicien, Grenadier, Fusilier et Voltigeur des Troupes du Prince Primat.

141 Troupes de Schwarzbourg-Rudolstadt.
142 Tambour du Régiment royal saxon du prince Frédéric-Auguste.

TROUPES ALLIÉES ALLEMANDES

143 Le Prince de Cambridge et ses aides-de-camp passant en revue les cosaques de Fettenborn.
144 Hussard d'Estorff.
145 Soldat de la Légion hanséatique du Corps d'Armée du Duc de Brunswick-Oels et Hussard prussien.
146 Chasseur de Lunebourg.
147 Garde de Mecklembourg-Schwerin.

TROUPES DANOISES

148 Officier des Leib-Dragons.
149 Officier du régiment d'Oldenbourg.
150 Grenadier et Fusilier du régiment d'Oldenbourg.
151 Infanterie et Artillerie volante Suédoises.

TROUPES RUSSES

152 Artillerie à cheval.
153 Infanterie.
154 Landwehr.
155 Tcherkesse de la suite du Général de Benningsen.
156 Hussard d'Izioum.
157 Baschkirs.
158 Officier de Cosaques avec ses hommes. Le soldat assis sur le devant est un Kalmouck.

Cet ouvrage est, comme l'indique son titre, l'œuvre d'un habitant de Hambourg qui a fidèlement reproduit les uniformes des troupes des différentes nations qui ont occupé Hambourg, de 1806 à 1815. Bien qu'il soit médiocre comme dessin, il est du plus haut intérêt au point de vue des costumes militaires. Il est d'ailleurs d'une très grande rareté et nous n'en connaissons que deux exemplaires, l'un qui appartient à la Bibliothèque du commerce à Hambourg, l'autre à M. le Vte de Bois-Lecomte qui le tient de son beau-père, M. de Noirmont. Ce second exemplaire contient d'ailleurs quelques planches de moins que celui de Hambourg. Quelques amateurs ont fait faire une copie autographiée du Bourgeois de Hambourg : elle a été tirée à un très petit nombre d'exemplaires.

Les originaux sont lithographiés et coloriés avec beaucoup de soin.

141 Troupes de Schwarzbourg-Rudolstadt.
142 Tambour du Régiment royal saxon du prince Frédéric-Auguste.

TROUPES ALLIÉES ALLEMANDES

143 Le Prince de Cambridge et ses aides-de-camp passant en revue les cosaques de Fettenborn.
144 Hussard d'Estorff.
145 Soldat de la Légion hanséatique du Corps d'Armée du Duc de Brunswick-Oels et Hussard prussien.
146 Chasseur de Lunebourg.
147 Garde de Mecklembourg-Schwerin.

TROUPES DANOISES

148 Officier des Leib-Dragons.
149 Officier du régiment d'Oldenbourg.
150 Grenadier et Fusilier du régiment d'Oldenbourg.
151 Infanterie et Artillerie volante Suédoises.

TROUPES RUSSES

152 Artillerie à cheval.
153 Infanterie.
154 Landwehr.
155 Tcherkesse de la suite du Général de Benningsen.
156 Hussard d'Izioum.
157 Baschkirs.
158 Officier de Cosaques avec ses hommes. Le soldat assis sur le devant est un Kalmouck.

Cet ouvrage est, comme l'indique son titre, l'œuvre d'un habitant de Hambourg qui a fidèlement reproduit les uniformes des troupes des différentes nations qui ont occupé Hambourg, de 1806 à 1815. Bien qu'il soit médiocre comme dessin, il est du plus haut intérêt au point de vue des costumes militaires. Il est d'ailleurs d'une très grande rareté et nous n'en connaissons que deux exemplaires, l'un qui appartient à la Bibliothèque du commerce à Hambourg, l'autre à M. le Vte de Bois-Lecomte qui le tient de son beau-père, M. de Noirmont. Ce second exemplaire contient d'ailleurs quelques planches de moins que celui de Hambourg. Quelques amateurs ont fait faire une copie autographiée du Bourgeois de Hambourg; elle a été tirée à un très petit nombre d'exemplaires.

Les originaux sont lithographiés et coloriés avec beaucoup de soin.

HENDSCHEL

GARDE IMPÉRIALE ET ROYALE

Planches in-8° gravées en hauteur et coloriées, représentant chacune un soldat, publiées à Berlin, vers 1807. Titre en bas et au milieu de la planche, signature de Hendschel.
Gendarme d'élite.
Maréchal-des-logis de Mamelucks.
Marin.
Canonnier.
Dragon.
Gendarme d'ordonnance.
Grenadier à pied.
Grenadier à cheval.
Chasseur Grenadier.
Chasseur Sappeur *(sic)*.
Chasseur à cheval.
Cuirassier.
Cette collection, dont l'exemplaire appartenant au Cabinet des Estampes de Dresde a douze planches, n'a que huit planches dans les exemplaires du Cabinet des Estampes de Paris et du Kriegs Conservatorium de Munich.
Elle est du plus haut intérêt, car elle donne tous les détails du costume avec une précision très grande; elle est fort bien dessinée et gravée.

Cimbalier de la Musique du Rég.nt des Gardes Françaises

HOFFMANN

COSTUMES MILITAIRES

Planches gravées en hauteur et coloriées, entourées soit d'un double trait carré, soit d'un triple ou d'un quadruple trait carré, dont les deux extérieurs forment un cadre, généralement colorié en vert d'eau, quelquefois en brun clair. Chaque planche représente un soldat à pied ou à cheval, poses et fonds variés. Le titre est au bas de la planche et au milieu ; il est gravé ou écrit à la main.

Au dessous du titre se trouve quelquefois l'inscription : chez l'Auteur, Cloître St-Honoré, chez M. Le Fort. La signature, Hoffmann, gravée, se trouve tantôt à droite tantôt à gauche, quelquefois on trouve les mots Hoffmann fecit, 1785 ou 1786, enfin quelquefois la signature est absente.

Dimensions des planches 0,270 sur 0,403. Dimensions du cadre intérieur environ 0,145 sur 0,273.

Nicolas Hoffmann né à Darmstadt vers 1740 a vécu à Paris à la fin du siècle dernier (de 1775 à 1808;) il y a dessiné les uniformes français pour les envoyer au Landgrave de Hesse Darmstadt, grand amateur de costumes militaires. La Bibliothèque Grand-Ducale de Darmstadt contient de nombreuses séries de planches, soit gravées, soit dessinées par Hoffmann, finement gouachées et rehaussées d'or et d'argent, représentant les uniformes des troupes de Louis XVI, suivant les Ordonnances de 1775, 1776, 1779, 1786 et 1791 et celles du Consulat et de l'Empire. Ces séries dont beaucoup de planches sont uniques, n'ayant pas été gravées, sont du plus haut intérêt. Les planches gravées avaient été mises dans le commerce et l'on en rencontre encore parfois. La Bibliothèque Nationale en possède plusieures séries dont la plus nombreuse, celle des costumes Militaires suivant l'ordonnance de 1786, comprend trois volumes ; un autre volume contient en partie des costumes de la cavalerie d'après l'ordonnance de 1779 et des planches diverses. Un 5ᵉ volume, intitulé Costumes Militaires de France, contient 130 planches de costumes du Consulat ou du début du 1ᵉʳ Empire. Enfin un volume, qui renferme les costumes des dignitaires de l'Empire, contient aussi les uniformes de l'État-Major.

La Bibliothèque du Louvre possédait également une très belle collection des costumes militaires d'Hoffmann, plus nombreuse que celle de la Bibliothèque Nationale ; elle a malheureusement disparu lors de la Commune, soit qu'elle ait été brûlée, soit qu'elle ait été volée. Les planches gravées de la série de 1786 ont servi, avec quelques transformations, à représenter également les costumes, suivant le règlement provisoire du 1ʳᵉ avril 1791, en sorte que l'on trouve des planches d'Hoffmann représentant les uniformes depuis 1775 jusqu'à 1807 ou 1808. Indépendamment des gravures dont nous venons de parler il en existe encore d'autres, moins finement exécutées, où les figures et les mains des soldats sont le plus souvent gravées en couleur. Comme elles ne sont pas signées, il n'est pas possible d'affirmer si elles sont de Hoffmann ou si ce sont des contrefaçons. La gravure est moins soignée mais plus poussée et les planches ne sont pas gouachées. Les planches de cette série ne sont pas non plus rehaussées d'or et d'argent. Elles sont fort inférieures aux vrais Hoffmann.

Les planches d'Hoffmann sont rares. Dans l'impossibilité où nous sommes de cataloguer les planches éparses de cet auteur nous nous bornons à donner le catalogue des collections de la Bibliothèque Nationale, qui renferment à peu près tous les types gravés.

HOFFMANN

COSTUMES MILITAIRES PAR HOFFMANN

suivant l'ordonnance de 1786

Gravures ou dessins coloriés, en hauteur, à un personnage, à pied ou à cheval.

Exemplaire de la Bibliothèque Nationale
1re volume, Maison du Roi et des Princes

1. Officier des Gardes du corps du Roi, 1re Compagnie.
2. Garde du corps du Roi, 1re Compagnie.
3. Officier des Gardes du corps du Roi, 2me Compagnie (*Type du N° 1*).
4. Garde du corps du Roi, 2me Compagnie (*Type du N° 2*).
5. Officier des Gardes du corps du Roi, 3me Compagnie (*Type du N° 1*).
6. Garde du corps du Roi, 3me Compagnie, (*Type du N° 2*).
7. Officier des Gardes du corps du Roi, 4me Compagnie (*Type du N° 1*).
8. Garde du corps du Roi, 4me Compagnie, (*Type du N° 2*).
9. Garde du corps du Roi en petit uniforme (*à pied*)
10. Trompette des Gardes du Corps du Roi, en grand uniforme.
11. Garde de la Manche.
12. Garde de la Manche (*vu de dos*).
13. Officier des Gendarmes de la Garde ordinaire du Roi, en grand uniforme.
14. Porte étendard des Gendarmes de la Garde ordinaire du Roi, en grand uniforme.
15. Gendarmes de la Garde du Roi, en grand uniforme.
16. Gendarmes de la Garde du Roi, en petit uniforme.
17. Timbalier des Gendarmes de la Garde du Roi, en grand uniforme.
18. Trompette des Gendarmes de la garde du Roi, en grand uniforme.
19. Officier des Chevau légers de la Garde du Roi, grand uniforme.
20. Chevau légers de la Garde du Roi, grand uniforme.
21. Chevau légers de la Garde du Roi, petit uniforme.
22. Trompette des Chevau-légers de la Garde du Roi.
23. Timbalier des Chevau légers de la Garde du Roi.
24. Officier des Gardes de la Porte du Roi, en grand uniforme, dédié à M. le vicomte de Vergennes.
25. Mestre de camp d'Infanterie, Capitaine Colonel de la Cie des Gardes de la Porte de Sa Majesté.
26. Garde de la Porte du Roi, en grand uniforme, dédié à M. le vicomte de Vergennes.

27 Mestre de camp d'Infanterie, Capitaine colonel de la Cie des Gardes de le Porte de Sa Majesté.
28 Garde de la Porte du Roi en petit uniforme, dédié à M. le Vicomte de Vergennes.
29 Mestre de camp d'Infanterie, Capitaine colonel de la Cie des gardes de la Porte de sa Majesté.
30 Tambour des Gardes de la Porte du Roi en grand uniforme, dédié à M. le vicomte de Vergennes.
31 Mestre de camp de l'infanterie, Capitaine colonel de la Cie des Gardes de la Porte de Sa Majesté.
32 Officier de la Garde de la Prévôté.
33 Officier de la Garde de la Prévôté, en petit uniforme.
34 Garde de la Prévôté de l'hôtel.
35 Garde de la Prévôté, en petit uniforme.
36 Trompette des Gardes de la Prévôté.
37 Officier des Cent-Suisses.
38 Cent-Garde Suisse en habit de cérémonie.
39 Tambour des Cent Suisses.
40 Fifre des Cent-Suisses.
41 Louis-Antoine de Gontaut, duc de Biron, Pair et Maréchal de France, Gouverneur de la province de Languedoc, Chevalier des Ordres du Roi.
42 Colonel des Gardes Françaises.
43 Adjudant des Gardes Françaises.
44 Adjudant du Régiment des Gardes Françaises, en petit uniforme.
45 Sergent d'ordre du Régiment des Gardes Françaises, avec le plus petit uniforme.
46 Officier de l'Etat-Major du Régiment des Gardes Françaises, avec le plus petit uniforme.
47 Officier du Régiment des Gardes Françaises, en grand uniforme.
48 Officier du Régiment des Gardes Françaises, en petit uniforme.
49 Sergent de Grenadiers du Régiment des Gardes Françaises, en grand uniforme.
50 Grenadier du Régiment des Gardes Françaises.
51 Caporal des Gardes Françaises.
52 Canonnier du Régiment des Gardes Françaises.
53 Canonnier ouvrier du Régiment des Gardes Françaises
54 Tambour-Major du Régiment des Gardes Françaises, en grand uniforme.

55 Tambour-Major des Gardes Françaises, en petit uniforme.
56 Tambour de Grenadiers du Régiment des Gardes françaises.
57 Tambour de Grenadiers des Gardes Françaises.
58 Musicien du Régiment des Gardes Françaises, en grand uniforme.
59 Musicien du Régiment des Gardes Françaises, en petit uniforme.
60 Soldat du dépôt des Gardes Françaises.
61 Cimballier des Gardes Françaises, en grand uniforme.
62 Cimballier de la musique du Régiment des Gardes françaises.
63 Charles Philippe de France, comte d'Artois, frère du Roy, Colonel des Suisses et Grisons.
64 Adjudant du Régiment des Gardes Suisses, en grand uniforme.
65 Officier de Grenadier du Régiment des Gardes Suisses, en grand uniforme.
66 Officer du Régiment des Gardes Suisses, en petit uniforme.
67 Sergent de Grenadiers du Régiment des Gardes Suisses.
68 Grenadier du Régiment des Gardes Suisses.
69 Caporal du Régiment des Gardes Suisses, en grand uniforme.
70 Soldat du Régiment des Gardes Suisses, en petit uniforme.
71 Ouvrier du Régiment des Gardes Suisses, en grand uniforme.
72 Tambour-Major du Régiment des Gardes Suisses, en grand uniforme.
73 Tambour-Major des Gardes Suisses, en petit uniforme *(Type du n° 72)*.
74 Tambour du Régiment des Gardes Suisses, en grand uniforme.
75 Tambour des Gardes Suisses, en petit uniforme, *(Type du n° 74)*.

Maison des Princes

76 Officier des Gardes du corps de Monsieur *(Type du n° 1.)*
77 Garde du corps de Monsieur (à cheval), *(Type du n° 2)*.

78 Garde du corps de Monsieur en petit uniforme (à pied) (*Type du n° 9*).
79 Officier des Gardes de la Porte de Monsieur.
80 Garde de la Porte de Monsieur.
81 Officier des Cent Suisses de Monsieur.
82 Cent Suisses de Monsieur.
83 Officier des Gardes du Corps du Comte d'Artois, (*Type du n° 1*).
84 Garde du Corps du Comte d'Artois (à cheval) (*Type du n° 2*).
85 Garde du Corps du Comte d'Artois en petit uniforme (à pied) (*Type du n° 9*).
86 Officier des Gardes de la Porte du Comte d'Artois.
87 Garde de la Porte du Comte d'Artois.
88 Officier de Cent Suisses du Comte d'Artois (*Type du n° 81*).
89 Cent Suisses du Comte d'Artois (*Type du n° 28*).

Les quatre Cies des Gardes sont représentées au moyen de deux types seulement, l'un pour l'Officier, l'autre pour le soldat. Les Planches N°s 9 et 10 ainsi que les Gendarmes, Chevaux légers, Gardes de la Porte, Gardes de la Prévôté, Cent Suisses, Gardes Françaises et Gardes Suisses sont représentés par autant de types différents qu'il y a de planches, sauf de très rares exceptions, par exemple pour le Tambour-Major des Gardes Suisses et le Tambour des Gardes Suisses, où la même planche a servi pour le grand et le petit uniforme. Pour la Maison des Princes on s'est servi de quelques-unes des planches de la Maison du Roi.

2e Volume (Infanterie)

1 Le Régiment de Colonel Général (*soldat avec casque, type spécial*).
2 — de Picardie (*soldat avec chapeau, deux soldats dans le fond*).
3 — de Piémont (*soldat avec chapeau, pas de soldats dans le fond*).
4 — de Provence, (*Type du n° 3*).
5 — de Navarre —
6 — d'Armagnac —
7 — de Champagne —
8 — d'Austrasie —
9 — de Normandie (*Type du n° 2*).
10 Manque à l'exemplaire.

11 Le Régiment de la Marine (*soldat avec chapeau mais collet plus bas que ceux des autres types*).
12 — d'Auxerrois (*Type du n° 11*).
13 — de Bourbonnois —
14 — du Forez —
15 — du Béarn —
16 — d'Agenois, (*Type du n° 2*).
17 — d'Auvergne (*Type du n° 11*).
18 — de Royal Auvergne —
19 — de Flandre —
20 — de Cambrésis —
21 — de Guyenne —
22 — de Viennois —
23 — du Roi (*soldat avec bonnet à poil, type spécial*).
24 — Royal (*Type du n° 2*).
25 — de Brie —
26 — du Poitou, (*Type du n° 11*).
27 — de Bresse —
28 — de Lyonnais —
29 — du Maine —
30 — du Dauphin —
31 — du Perche —
32 — d'Aunis —
33 — de Bassigny (*Type du n° 2*).
34 — de Touraine (*Type du n° 11*).
35 — du Duc d'Angoulême —
36 — d'Aquitaine —
37 — d'Anjou —
38 — du Maréchal de Turenne —
39 — de Dauphin —
40 — de l'Isle de France (*Type du n° 2*).
41 — de Soissonnois —
42 — de la Reine (*Type du n° 3*).
43 — de Limousin —
44 — Royal Vaisseau —
45 — d'Orléans (*Type du n° 11*).
46 — de la Couronne —
47 — de Bretagne —
48 — de Lorraine —
49 — d'Artois —
50 — de Berri —

51	Le Régiment d'Hainault	*(Type du n° 11)*.
52	— de la Sarre	*(Type du n° 11)*.
53	— de la Fère	*(Type du n° 2)*.
54	— d'Alsace	—
55	— Royal Roussillon	*(Type du n° 11)*.
56	— de Condé	—
57	— de Bourbon	—
58	— de Beauvoisis	*(Type du n° 3)*.
59	— de Rouergue	—
60	— de Bourgogne	—
61	— Royal de la Marine	*(Type du n° 11)*.
62	— de Vermandois	*(Type du n° 3)*.
63	— de Salm-Salm, Allemand	—
64	Corps Royal d'Artillerie	—
65	Le Régiment Royal Italien	—
66	— d'Ernest Suisse	
67	— de Salis Samade, Suisse	—
68	— de Sonnenberg, Suisse	—
69	— de Castella, Suisse	
70	— de Languedoc	—
71	— de Beauce	—
72	— de Vigier, Suisse	—
73	— du Médoc	*(Type du n° 2)*.
74	— de Vivarais	*(Type du n° 3)*.
75	— de Vexin	—
76	— Royal Comtois	*(Type du n° 11)*.
77	— de Beaujolais	—
78	— de Monsieur	*(Type du n° 3)*.
79	— Lullier de Chateau	—
80	— La Mark, Allemand	—
81	— de Penthièvre	
82	— de Boulonnois	
83	— d'Angoumois	—
84	— de Conti	—
85	— de Saintonge	—
86	— de Foix	*(Type du n° 2)*.
87	— de Rohan Soubise	*(Type du n° 3)*.
88	— de Diesbach, Suisse	—
89	— de Courten Suisse	—
90	— de Dillon, Irlandais	—
91	— de Berwick, Irlandais	—
92	— Royal Suédois Allemand	—
93	— de Chartres	—

94 Le régiment de Barrois (*Type du n° 3*).
95 — de Walsh (*Type du n° 2*).
96 — d'Enguien —
97 — de Hesse-Darmstadt (*Type du n° 3*).
98 — de Paris —
98bis — Troupes Provinciales —
99 — de Salis, Suisse —
100 — Royal-Corse —
101 — de Nassau, Allemand —
102 — Steiner, Suisse —
103 — de Bouillon —
104 — Royal-Deux-Ponts —
105 — de Sekeneau, Suisse —
106 — de Montréal —

Régiments royaux et Garde-côtes.
1 Le Régiment Royal de Picardie (*Type du n° 3*).
2 — Champagne —
3 — Normandie —
4 — Guyenne —
5 — Lyonnois —
6 — Isle-de-France —
7 — Orléanais —
8 — Bretagne —
9 — Lorraine —
10 — Languedoc —
11 — Bourgogne —
12 — Quercy —
13 — Canonnier Garde-côtes.

Les 119 planches de ce volume ne comportent que cinq types différents, celui du Rég. de Colonel-Général avec le casque, celui du Rég. du Roi avec le bonnet à poil et enfin trois types de soldats avec le chapeau, dont deux ne diffèrent que par le chapeau et le 3me par la hauteur du collet.

3e volume, Cavalerie

1 Le Régiment Colonel-Général (*Cavalier avec la vue d'un camp dans le fond*).
2 Le Régiment Mestre-de-camp-Général, Officier (*avec un rocher sur la droite*).
3 Le Régiment Mestre-de-camp-Général (*Cavalier avec la vue d'un camp dans le fond et dans le camp un cavalier vu de dos*).
4 Le Régiment Commissaire-Général, Officier (*Type du n° 2*).

5 Le Régiment Commissaire-Général *(Type du n° 3)*.
6 Le Régiment Royal, Officier *(Type du n° 2)*.
7 Le Régiment Royal *(Type du n° 3)*.
8 Le Régiment du Roi Officier *(Type du n° 2)*.
9 Le Régiment du Roi *(Type du n° 3)*.
10 Le Régiment Royal-Etranger, Officier *(Type du n° 2)*.
11 Le Régiment Royal-Etranger *(Type du n° 3)*.
12 Le Régiment de Cuirassiers du Roi, Officier *(Type du n° 2)*.
13 Le Régiment de Cuirassiers du Roi *(Type du n° 3)*.
14 Le Régiment Royal-Cravates, Officier *(Type du n° 2)*.
15 Le Régiment Royal-Cravates *(Type du n° 3)*.
16 Le Régiment Royal-Roussillon *(Type spécial)*. *(Le Cavalier regarde vers la droite)*.
17 Le Régiment Royal-Piémont, Officier *(Type du n° 2)*.
18 Le Régiment Royal-Piémont *(Type du n° 3)*.
19 Officier du Régiment Royal-Allemand *(Type spécial)*. *(Le Cavalier avec un bonnet à poil)*.
Le Régiment Royal-Pologne, Officier *(Type du n° 2)*.
Le Régiment Royal-Pologne *(Type du n° 3)*.
Le Régiment Royal-Lorraine *(Type du n° 1)*.
Le Régiment Royal-Picardie, Officier *(Type du n° 2)*.
Le Régiment Royal-Picardie *(Type du n° 3)*.
Le Régiment Royal-Champagne, Officier *(Type du n° 2)*.
Le Régiment Royal-Champagne *(Type du n° 3)*.
Le Régiment Royal-Navarre, Officier *(Type du n° 2)*.
Le Régiment Royal-Navarre *(Type du n° 3)*.
Le Régiment Royal-Normandie, Officier *(Type du n° 2.)*
Le Régiment Royal-Normandie *(Type du n° 3)*.
Le Régiment de la Reine *(Type du n° 1)*.
Le Régiment du Dauphin Officier *(Type du n° 2)*.
Le Régiment du Dauphin *(Type du n° 3)*.
Le Régiment de Bourgogne *(Type du n° 1)*.
Le Régiment de Berri, Officier *(Type du n° 2)*.
Le Régiment de Berri *(Type du n° 3)*.
Le Régiment de Carabiniers *(Type du n° 1)*.
Le Régiment d'Artois, Officier *(Type du n° 2)*.
Le Régiment d'Artois *(Type du n° 3)*.
Le Régiment d'Orléans, Officier *(Type du n° 2)*.
Le Régiment d'Orléans *(Type du n° 3)*.
Le Régiment de Nassau-Saarbruck, Officier *(Type du n° 19)*.

Le Régiment de Nassau-Saarbruck, *(Type du n° 3 mais avec bonnet à poil et forme d'habit différente).*
Le Régiment d'Orléanais, Officier, *(Type du n° 2.)*
Le Régiment d'Orléanais, *(Type du n° 3.)*
Le Régiment Evêchés, Officier, *(Type du n° 2.)*
Le Régiment Evêchés, *(Type du n° 3.)*
Le Régiment de Franche-Comté, Officier, *(Type du n° 2.)*
Le Régiment de Franche-Comté, *(Type du n° 3.)*
Le Régiment de Septimanie, Officier, *(Type du n° 2.)*
Le Régiment de Septimanie, *(Type du n° 3.)*
Le Régiment de Quercy, Officier, *(Type du n° 2.)*
Le Régiment de Quercy. *(Type du n° 3.)*
Le Régiment de Lamarche, Officier, *(Type du n° 2.)*
Le Régiment de Lamarche, *(Type du n° 3.)*

Chasseurs à cheval

1 Chasseur à cheval du Régiment des Alpes, *(Type spécial aux chasseurs à cheval.)*
2 Chasseur à cheval du Régiment des Pyrénées.
3 Chasseur à cheval du Régiment des Vosges.
4 Chasseur à cheval du Régiment des Cévennes.
5 Chasseur à cheval du Régiment du Gévaudan.
6 Chasseur à cheval du Régiment des Ardennes.

Dragons

1 Dragon du Régiment de Colonel Général, *(Type spécial aux dragons.)*
2 Dragon du Régiment Mestre de Camp.
3 Officier de Dragons du Régiment-Royal, *(Type différent, paraît être le Type n° 2 de la Cavalerie avec casque remplaçant le chapeau.)*
Dragon du Régiment Royal, *(Type du n° 1 des Dragons.)*
5 Officier de Dragons du Régiment du Roi, *(Type du n° 3 des Dragons.)*
6 Dragon du Régiment du Roi, *(Type du n° 1 des Dragons.)*
7 Officier de Dragons du Régiment de la Reine, *(Type du n° 3 des Dragons.)*
8 Dragon du Régiment de la Reine, *(Type du n° 1 des Dragons.)*
9 Officier de Dragons du Régiment du Dauphin, *(Type du n° 3 des Dragons.)*
10 Dragon du Régiment du Dauphin, *(Type du n° 1 des Dragons.)*

11 Officier de Dragons du Régiment de Monsieur, *(Type du n° 3 des Dragons.)*
12 Dragon du Régiment de Monsieur, *(Type du n° 1 des Dragons.)*
13 Officier de Dragons du Régiment du Comte d'Artois, *(Type du n° 3 des Dragons.)*
14 Dragon du Régiment du Comte d'Artois, *(Type du n° 1 des Dragons.)*
 Dragon du Régiment d'Orléans *(Type tout différent; la planche n'est pas gravée.)*
15 Officier de Dragons du Régiment de Chartres, *(Type du n° 3 des Dragons.)*
16 Dragon du Régiment de Chartres, *(Type du n° 1 des Dragons.)*
17 Officier de Dragons du Régiment de Condé, *(Type du n° 3 des Dragons.)*
18 Dragon du Rég. de Condé, *(Type du n° 1 des Dragons)*
19 Officier de Dragons du Régiment de Bourbon, *(Type du n° 3 des Dragons.)*
20 Dragon du Régiment de Bourbon, *(Type du n° 1 des Dragons.)*
21 Dragon du Régiment de Condé, *(Type du n° 3 des Dragons.)*
22 Officier de Dragons du Régiment de Penthièvre, *(Type du n° 1 des Dragons.)*
23 Dragon du Régiment de Penthièvre, *(Type du n° 1 des Dragons.)*
24 Officier de Dragons du Régiment de Boufflers, *(Type du n° 1 des Dragons.)*
25 Dragon du Régiment de Boufflers, *(Type du N° 3 des Dragons.)*
26 Dragon du Régiment de Lorraine, *(Type du n° 1 des Dragons.)*
27 Officier de Dragons du Régiment de Montmorency, *(Type du n° 3 des Dragons.)*
28 Dragon du Régiment de Montmorency, *(Type du n° 1 des Dragons.)*
29 Officier de Dragons du Régiment de la Rochefoucault *(Type du n° 3 des Dragons.)*
30 Dragon du Régiment de la Rochefoucault, *(Type du n° 1 des Dragons.)*
31 Officier de Dragons du Régiment de Deux-Ponts, *(Type du n° 3 des Dragons.)*

32 Dragon du Régiment de Deux-Ponts, *(Type du n° 1 des Dragons.)*
33 Dragon du Régiment de Ségur, *(Type du n° 3 des Dragons.)*
34 Dragon du Régiment de Schomberg, *(Type du n° 1 des Dragons.)*

Hussards

1 1ᵉʳ Régiment de Hussards du Colonel Général, Officier, *(Type spécial pour les off^{rs} de Hussards.)*
2 2ᵉ Régiment de Hussards de Bercheny, Officier, *(Type du n° 1 des Hussards.)*
3 2ᵉ Régiment de Hussards de Bercheny, *(Type spécial des Hussards.)*
4 3ᵉ Régiment de Hussards de Chamborand, Officier, *(Type du n° 1 des Hussards.)*
5 3ᵉ Régiment de Hussards de Chamborand, *(Type du n° 3 des Hussards.)*
  Quatrième Régiment de Hussards de Conflans, Officier, *(Type du n° 1 des Hussards.)*
  Quatrième Régiment de Hussards de Conflans, *(Type du n° 3 des Hussards.)*
  Cinquième Régiment de Hussards d'Esterhazy Officier, *(Type du n° 1 des Hussards.)*
  Cinquième Régiment de Hussards d'Esterhazy, soldat, *(Type du n° 3 des Hussards.)*
  Sixième Régiment de Hussards de Lauzun, Officier, *(Type du n° 1 des Hussards.)*

Gendarmerie

Officier de l'Etat-Major de la Gendarmerie, *(Type du n° 2 de la Cavalerie.)*
N° 1 Gendarme Ecossais, *(Type spécial pour les Gendarmes.)*
N° 2 Gendarme Anglais, —
N° 3 Gendarme Bourguignon, —
N° 4 Gendarme de Flandre, —
N° 5 Gendarme de la Reine, —
N° 6 Gendarme du Dauphin, —
N° 7 Gendarme de Monsieur, —
N° 8 Gendarme d'Artois, —

Toute la cavalerie est représentée par onze types différents dont l'un n'a pas été gravé.

HOFFMANN

COSTUMES MILITAIRES DE FRANCE

1 Officier de la Garde Nationale de Paris.
2 Officier des Grenadiers de la Garde de l'Empereur.
3 Grenadier de la Garde.
4 Sapeur des Grenadiers de la Garde de l'Empereur.
5 Tambour Major des Grenadiers de la Garde de l'Empereur.
6 Tambour des Grenadiers de la Garde.
7 Musicien des Grenadiers de la Garde.
8 Cimbalier des Grenadiers de la Garde.
9 Officier des Chasseurs de la Garde de l'Empereur.
10 Chasseur de la Garde.
11 Vélite de la Garde.
12 Vétéran de la Garde.
13 Officier des Marins de la Garde.
14 Marin de la Garde.
15 Grenadier de la Garde Italienne de l'Empereur.
16 Officier de Troupes de Ligne.
17 Chef de brigade d'Infanterie légère.
18 Soldat d'Infanterie légère.
19 Officier du Génie.
20 Officier d'Artillerie.
21 Officier de Vétérans de Troupes de ligne.
22 Officier des Invalides.
23 Le régiment suisse au service de la France, Grenadier.
24 Grenadier de la Garde de Paris, Ier Régiment.
25 Chasseur de la Garde de Paris, Ier Régiment.
26 Soldat de la Garde de Paris, Ier Régiment.
27 Grenadier de la Garde de Paris, 2e Régiment.
28 Chasseur de la Garde de Paris, 2e Régiment.
29 Soldat de la Garde de Paris, 2e Régiment.
30 Soldat du Département de la Seine.
31 Major de place, à cheval.
32 Major de place, à pied.
33 Officier de la Garde Nationale de Paris à cheval, Grand uniforme.

34 Garde National de Paris à cheval, Petit uniforme.
35 Chef de brigade des Grenadiers à cheval de la Garde.
36 Adjudant Général de la Garde.
37 Porte-Étendard de Grenadiers à cheval de la Garde.
38 Grenadier à cheval de la Garde.
39 Trompette des Grenadiers à cheval de la Garde.
40 Timbalier des Grenadiers à cheval de la Garde.
41 Chef de brigade des Chasseurs à cheval de la Garde.
42 Officier des Chasseurs à cheval de la Garde, petit uniforme.
43 Chasseurs à cheval de la Garde.
44 Chasseurs à cheval de la Garde, petit uniforme.
45 Trompette des Chasseurs à cheval de la Garde.
46 Timbalier des Chasseurs à cheval de la Garde.
47 Chef d'escadrons des Canonniers à cheval de la Garde.
48 Canonniers à cheval de la Garde.
49 Canonniers à cheval de la Garde, Petit uniforme.
50 Trompette de Canonniers à cheval de la Garde.
51 Trompette attaché aux Canonniers de la Garde.
52 Officier de Dragons de la Garde Impériale.
53 Dragon de la Garde, Nouvelle création.
54 Trompette de Dragons de la Garde.
55 Officier conducteur de Canonniers de la Garde.
56 Conducteur de Canonniers de la Garde.
57 Chef de brigade de Gendarmes de la Garde d'élite.
58 Trompette de Gendarmes de la Garde d'élite.
59 Timbalier de Gendarmes de la Garde d'élite.
60 Gendarme de la Garde d'élite.
61 Officier de Mamelucks.
62 Mamelucks.
63 Polonais de la Garde. Nouvelle création.
64 Officier des Dragons Italiens de la Garde.
65 Chef d'escadron des Hussards Italiens de la Garde.
66 Chef de brigade du 1er Régiment de Cuirassiers.
67 Cavalier du 1er Régiment de Cuirassiers.
68 Chef de brigade du 10e Régiment de Cuirassiers.
69 Chef de brigade du 1er Régiment de Carabiniers.
70 Cavalier du 1er Régiment de Carabiniers.
71 Officier de Canonniers à cheval de la troupe de ligne.
72 Canonnier à cheval de la troupe de ligne.
73 Officier de gendarmerie de la troupe de ligne.

74 Cavalier de la Gendarmerie, attaché aux troupes de ligne.
75 Officier du 1ᵉʳ Régiment de Dragons.
76 Chef d'escadrons du 10ᵉ Régiment de Chasseurs à cheval.
77 Chasseur à cheval du 10ᵉ Régiment.
78 Officier du 1ᵉʳ Régiment polonais au service de la France.
79 Cavalier du 1ᵉʳ Régiment polonais au service de la France.
80 Lancier polonais, Cavalerie légère auxiliaire.
81 Officier de la légion hanovrienne auxiliaire.
82 Officier de Dragons de la Garde de Paris.
83 Dragons de la Garde de Paris.
84 Trompette de Dragons de la Garde de Paris.
85 Chef de brigade du 1ᵉʳ Régiment de Hussards.
86 Cavalier du 1ᵉʳ Régiment de Hussards.
87 Chef d'escadron du 3ᵉ Régiment de Hussards.
88 Cavalier du 3ᵉ Régiment de Hussards.
89 Chef de brigade du 4ᵉ Régiment de Hussards.
90 Cavalier du 4ᵉ Régiment de Hussards.
91 Chef d'escadron du 5ᵉ Régiment de Hussards.
92 Cavalier du 5ᵉ Régiment de Hussards.
93 Chef d'escadron du 6ᵉ Régiment de Hussards.
94 Cavalier du 6ᵉ Régiment de Hussards.
95 Chef d'escadron du 7ᵉ Régiment de Hussards.
96 Cavalier du 7ᵉ Régiment de Hussards.
97 Officier du 8ᵉ Régiment de Hussards.
98 Cavalier du 8ᵉ Régiment de Hussards.
99 Officier du 9ᵉ Régiment de Hussards.
100 Cavalier du 9ᵉ Régiment de Hussards.
101 Officier du 10ᵉ Régiment de Hussards.
102 Cavalier du 10ᵉ Régiment de Hussards.
103 Officier du 1ᵉʳ Régiment de Hussards Italiens.

Presque toutes les planches de cette série ont été gravées avec les cuivres de la série de 1786, plus ou moins modifiés.

Ainsi que nous l'avons dit plus haut la Bibliothèque Nationale possède un volume d'Hoffmann qui contient outre les costumes des grands dignitaires civils du 1ᵉʳ Empire, ceux de l'État-Major, à savoir :

Maréchal de l'Empire (à cheval).
Maréchal de l'Empire (à pied).

Général en chef.
Général de brigade.
Aide-de-Camp de Général de brigade.
Inspecteur aux Revues.
Commissaire des Guerres et Ordonnateur en Chef.

HOFFMANN

COSTUMES DE LA CAVALERIE FRANÇAISE SUIVANT LES ORDONNANCES DE 1775 ET 1779 ET COSTUMES DE DIVERSES ÉPOQUES

En plus des volumes dont nous venons de parler, la Bibliothèque en possède un, qui renferme des costumes de différentes époques, à savoir:

Le Régiment de Colonel général. *(Type spécial, 2 cavaliers dans le fond.)*
— de Royal Roussillon, id.
— de Royal Lorraine, id.
— de la Reine, id.
— de Bourgogne, id.
— de Carabiniers id.

Chevau-légers, n° 1, *Type spécial pour les chevau-légers.)*
— 2 id.
— 3 id.
— 4 id.
— 5 id.
— 6 id.

Dragons de Colonel Général *(Type spécial pour les Dragons.)*
— de Mestre de Camp Général id.
— d'Orléans, id.
— de Conti, id.
— de Lorraine, id..
— de Belsunce, id.
— de Schomberg, id.

Chasseurs à cheval, n° 1, *Type des chevau-légers.*
— 2 id.
— 3 id.

Chasseurs à cheval n° 4 (*Type des chevau-légers*).
— 5 id.
— 6 id.

Hussards de Chamborant, *(Type spécial pour les Hussards.)*
— de Conflans id.
— d'Esterhazy id.

Le même volume contient quelques autres planches de Hoffmann:

Lieutenant-Général.
Grand-Amiral.
Garde-Française (*format in-folio*).
id. (*vu de dos*).

Le Régiment de Picardie (même planche que dans le volume de 1786).
Officier de Chasseurs à pied (type nouveau).
Soldat du Régiment de Royal-Vaisseaux (a servi à faire également un Chasseur à pied.)
Officier des Chasseurs à cheval de Lorraine.
Chasseurs à cheval de Lorraine.
Régiment de Salis-Samades.
Officier des Gardes du Corps en 1791. (*à cheval*).
Garde du corps du Roi en 1791.
Officier des Gardes du Corps du Roi, en 1791.

Enfin un Volume intitulé *Costumes Militaires* contient en outre les planches suivantes:

Elève de Mars, 1793 (*à pied*).
Elève de Mars, en 1793 (*à cheval*), et deux Hussards du 2ᵉ Régiment (*Officier et soldat*) qui se trouvent dans le volume: *Costumes Militaires de France*.

Nous possédons un volume contenant tous les Régiments suisses de 1779 (douze planches en huit types différents) qui n'existe pas à la Bibliothèque Nationale.

HOFFMANN

UNIFORMES DU CONSULAT

Sujets gravés et coloriés dans un cercle de 0,^{m}07 de diamètre; sur chaque planche deux sujets avec titre:

Général. — Adjudant Général.

Officier de Chasseurs à cheval *(à cheval)*, Officier de Chasseurs à cheval *(à pied)*.

Officier de Hussards *(à cheval)*, Officier de Hussards *(à pied)*.

Officier de Cavalerie *(à pied)*, Officier de Dragons *(à pied)*.

Officier de Chasseurs à pied, Officier de la Garde Nationale.

Tambour de la Garde des Consuls. — Grenadier de la Garde des Consuls.

Officier de Cavalerie *(à cheval)*, Officier de Dragons.

Ces sujets très finement gravés et coloriés paraissent être de Hoffmann. Il servaient sans doute à orner des dessus de boîtes. Nous ignorons s'il existe plus de sept planches. Celles que nous avons cataloguées appartiennent à la collection de M. Cottreau.

HORVATH

UNIFORMES DE L'ARMÉE DE LA RÉPUBLIQUE FRANÇAISE

A Postdam, chez Horvath, Libraire.
Planches gravées et coloriées, représentant un ou deux personnages.
Trait carré.
Dimensions du cadre 0. 110 sur 0. 168.

1 Général en chef.
2 Général de Division.
3 Général de Brigade.
4 Corps des Guides.
5 Infanterie de ligne.
6 Infanterie légère.
7 Artillerie à pied.
8 Artillerie à cheval.
9 Grenadiers à pied.
10 Chasseurs à pied.
11 Grenadiers à cheval.
12 Chasseurs à cheval.
13 Artillerie à cheval.
14 Corps du Génie.
15 Dragons, 1ᵉʳ-6ᵉ Régiments, Officier et soldat.
16 Dragons, 7ᵉ-12ᵉ Régiments, —
17 Dragons, 13ᵉ-18ᵉ Régiments, —
18 Dragons, 19ᵉ-20ᵉ Régiments. —
19 Carabiniers, 1ᵉʳ-6ᵉ Régiments —
20 Carabiniers, 7ᵉ-12ᵉ Régiments. —
21 Carabiniers, 13ᵉ-18ᵉ Régiments. —
22 Carabiniers, 19ᵉ-24ᵉ Régiments. —
23 Carabiniers, 25ᵉ Régiment. —

24 Chasseurs à cheval, 1-3ᵉ Régiments, officier et soldat.
25 Chasseurs à cheval, 4-6ᵉ Régiments, —
26 Chasseurs à cheval, 7-9ᵉ Régiments, —
27 Chasseurs à cheval, 10ᵉ 15ᵉ Régiments. —
28 Chasseurs à cheval, 16ᵉ-18ᵉ Régiments, —
29 Chasseurs à cheval, 19ᵉ-21ᵉ Régiments. —
30 Chasseurs à cheval, 24ᵉ-25ᵉ Régiments. —
31 Hussards, Régiments 1 et 10. —
32 Hussards, 2ᵉ Régiment, —
33 Hussards, 3ᵉ Régiment, —
34 Hussards, 4ᵉ Régiment. —
35 Hussards, 5ᵉ Régiment. —
36 Hussards, 6ᵉ Régiment. —
37 Hussards, 7ᵉ Régiment. —
38 Hussards, 8ᵉ Régiment, —
39 Hussards. 9ᵉ Régiment, —
40 Hussards, 11ᵉ Régiment. —
41 Hussards, 12ᵉ Régiment, —

Cet ouvrage, très rare, n'existe à notre connaissance que dans des bibliothèques allemandes et dans celle de S. A. I. Monseigneur le Prince Victor Napoléon. Ce qui diminue l'intérêt de cette suite, c'est que les planches proviennent de transformations de planches, qui ont été gravées pour une collection de costumes militaires prussiens et qu'elle ne donnent pas la physionomie réelle des types qu'elle doivent représenter.

ISNARD

LES NOUVEAUX UNIFORMES DE TOUS LES RÉGIMENTS DE CAVALERIE FRANÇAISE

Avec des planches enluminées, représentant un cavalier à cheval de chaque Régiment, selon l'ordonnance du Roy, du 31 mai 1776, par M. Isnard, Officier de Dragons, dans la légion de Lorraine, MDCCLXXVI.

Planches gravées sur bois, en hauteur et coloriées. Trait carré. Titre au haut de chaque planche, N° en haut et à droite, en bas description de l'uniforme.

Dimensions des planches 0,185 sur 0,238. Dimensions du cadre 0,122 sur 0,168.

Frontispice représentant deux lions et au centre un écu avec le collier de l'Ordre du St-Esprit.

1 Cavalerie du Colonel-Général.
2 Mestre de Camp Général.
3 Commissaire Général.
4 Royal.
5 du Roi.
6 Royal-Etrangers.
7 Cuirassiers.
8 Royal-Cravates.
9 Royal-Roussillon.
10 Royal-Piémont.
11 Royal-Pologne.
12 Royal-Lorraine.
Royal-Champagne.
Royal-Navarre.
Royal-Normandie.
La Reine.
Dauphin.

Bourgogne.
Berri.
Carabiniers.
Artois.
Orléans.

Ces planches qui tiennent le milieu entre l'Estampe et l'Image sont d'une précision suffisante pour donner une idée fidèle du costume. La Bibliothèque Nationale possède un exemplaire de cette suite rare.

ISNARD

LES NOUVEAUX UNIFORMES DE TOUS LES RÉGIMENTS DE DRAGONS

Avec des planches enluminées, représentant un chasseur à cheval de chaque Régiment, selon l'ordonnance du Roy, du 31 mai 1776, par M. Isnard, Officier de Dragons dans la Légion de Lorraine, MDCCLXXVI.

Planches gravées sur bois, en hauteur et coloriées. Trait carré, titre au haut de chaque planche. N° en haut et à droite, en bas description de l'uniforme.

Dimensions des planches 0,185 sur 0,238. Dimensions du cadre 0,122 sur 0,168.

Frontispice représentant deux lions et au centre un écu avec le collier de l'ordre du Saint-Esprit.

Chasseurs du Colonel-Général.
Chasseurs du Mestre de Camp-Général.
Chasseurs de Royal.
Chasseurs du Roi.
Chasseurs de la Reine.
Chasseurs de Dauphin.
Chasseurs de Monsieur.
Chasseurs d'Artois.
Chasseurs d'Orléans.
Chasseurs de Chartres.
Chasseurs de Condé.
Chasseurs de Bourbon.
Chasseurs de Conti.

Chasseurs de la Marche.
Chasseurs de Penthièvre.
Chasseurs de Lorraine.
Chasseurs de Custine.
Chasseurs de la Rochefoucauld.
Chasseurs de Jarnac.
Chasseurs de Lanans.
Chasseurs de Belsunce.
Chasseurs de Languedoc.
Chasseurs de Noailles,
Chasseurs de Schomberg.
Cet ouvrage forme la suite du précédent.

ISNARD

Etat général des uniformes de toutes les troupes de France représentés par un homme de chaque Régiment dans le costume du nouveau Règlement, arrêté par le Roi, pour l'habillement de ses troupes, le 21 février 1779, par M. P. F. Isnard, chevalier de l'ordre Royal et militaire de St-Louis, ancien officier de Dragons.

A Strasbourg, se trouve chez Jean-Henri Heitz, Imprimeur de l'Université. MDCCLXXIX, avec Permission.

Dédicace au prince de Montbarey.
Texte.
Infanterie, Française, Allemande, Suisse, Irlandaise, Italienne et Corse

INFANTERIE FRANÇAISE

Picardie, n° 1
Provence, n° 2
Piémont, n° 3
Blaisois, n° 4
Navarre, n° 5
Armagnac, n° 6
Champagne, n° 7
Austrasie, n° 8
Normandie, n° 9
Neustrie, n° 10
La Marine, n° 11.
Auxerrois, n° 12.

Bourbonnois, n° 13.
Forez, n° 14.
Béarn, n° 15.
Agenois, n° 16.
Auvergne, n° 17.
Gatinois, n° 18.
Flandre, n° 19
Cambrésis, n°20.
Guyenne, n° 21.
Viennois, n° 22.
Brie, n° 25.
Poitou, n° 26.
Bresse, n° 27.
Lyonnois, n° 28.
Du Maine, n° 29.
Du Perche, n° 31.
Aunis, n° 32.
Bassigny, n° 33.
Touraine, n° 34.
Savoie-Carignan, n° 35.
Aquitaine, n° 36.
Anjou, n° 37.
Maréchal de Turenne, n° 38.
Dauphin, n° 39.
Isle de France, n° 40.
Soissonnois, n° 41.
Limousin, n° 43.
Bretagne, n° 47.
Lorraine, n° 48.
Berry, n° 50.
Hainaut, n° 51.
La Sarre, n° 52:
La Fère, n° 53.
Beauvoisis, n° 58.
Rouergue, n° 59,
Bourgogne, n° 60.
Vermandois, n° 62.
Languedoc, n° 70.
Beauce, n° 71.
Médoc, n° 73.
Vivarais, n° 74.
Vexin, n° 75.

Beaujolais, n° 77.
Boulonnois, n° 82.
Angoumois, n° 83.
Saintonge, n° 85.
Foix, n° 86.
Rohan-Soubise, n° 87.
Barrois, n° 94.

RÉGIMENTS ROYAUX

Du Roi, n° 23.
Royal, n° 24.
Dauphin, n° 30.
Royal Vaisseau, n° 44.
La Couronne, n° 46.
Royal Roussillon, n° 55.
Royal Comtois, n° 76.

RÉGIMENTS DES PRINCES

La Reine n° 42.
Orléans, n° 45.
Artois, n° 49.
Condé, n° 56.
Bourbon, n° 57.
Monsieur, n° 78.
Penthièvre n° 81.
Conti, n° 84.
Chartres, n° 93.
Enguien (*sic*) n° 96,

INFANTERIE ÉTRANGÈRE. INFANTERIE SUISSE

Erlach.
Boccard.
Sonnenberg.
Castella.
Waldner.
Aulbonne.
Diesbach.
Courten.
Salis.
Muralt.
Eptingen.

INFANTERIE IRLANDAISE. RÉGIMENTS IRLANDAIS.

Dillon, n° 90.
Berwick, n° 91.
Walsch, n° 92.

INFANTERIE ALLEMANDE, RÉGIMENTS ALLEMANDS,

Alsace, n° 54.
Anhalt, n° 53.
Lamarck, n° 80.
Royal-Suédois, n° 92.
Royal-Bavière, n° 97.
Nassau, n° 101.
Bouillon, n° 103.
Royal Deux-Ponts, n° 114.

INFANTERIE ITALIENNE ET CORSE. RÉGIMENTS ITALIENS ET CORSES.

Royal-Italien, n° 65.
Royal-Corse, n° 100.

CORPS ROYAL, ARTILLERIE : RÉGIMENT DU CORPS ROYAL ET TROUPES PROVINCIALES

Corps Royal, n° 64,
Troupes Provinciales.

CAVALERIE

Colonel-Général, n° 1.
Mestre de Camp Général, n° 2.
Commissaire Général, n° 3
Royal, n° 4.
Du Roi, n° 5.
Royal-Etranger, n° 6.
Cuirassiers, n° 7.
Royal-Cravates, n° 8.
Royal-Roussillon, n° 9.
Royal-Piémont, n° 10.
Royal-Allemand, n° 11.
Royal-Pologne, n° 12.
Royal-Lorraine, n° 13.
Royal-Picardie, n° 14.
Royal-Champagne, n° 15.
Royal-Navarre, n° 16.

Royal-Normandie, n° 17.
La Reine, n° 18.
Dauphin, n° 19.
Bourgogne, n° 20.
Berry, n° 21.
Carabiniers, n° 22.
Artois n° 23.
Orléans, n° 24.

RÉGIMENTS DES CHEVAU-LÉGERS

Premier Régiment, n° 1.
Deuxième Régiment, n° 2.
Troisième Régiment, n° 3.
Quatrième Régiment, n° 4.
Cinquième Régiment, n° 5.
Sixième Régiment, n° 6.

DRAGONS

Colonel-Général, n° 1.
Mestre de Camp Général, n° 2.
Royal, n° 3.
Du Roi, n° 4.
La Reine, n° 5.
Dauphin, n° 6.
Monsieur, n° 7.
Artois, n° 8.
Orléans, n° 9.
Chartres, n° 10.
Condé, n° 11.
Bourbon, n° 12.
Conti, n° 13.
Penthièvre, n° 14.
Boufflers, n° 15.
Lorraine, n° 16.
Custine, n° 17.
La Rochefoucauld, n° 18.
Jarnac, n° 19.
Lanan, n° 20.
Belsunce, n° 21.
Languedoc, n° 22.
Noailles, n° 23.
Schomberg, n° 24.

CHASSEURS à CHEVAL

Premier Régiment, n° 1.
Deuxième Régiment, n° 2.
Troisième Régiment, n° 3.
Quatrième Régiment, n° 4.
Cinquième Régiment, n° 5.
Sixième Régiment, n° 6.

HUSSARDS

Bercheny.
Chamborand.
Conflans.
Esterhazy.

Cette collection, gravée sur bois, avec double trait carré tient le milieu entre l'Estampe et l'Image. Elle est grossièrement dessinée ; chaque arme est représentée par un seul et même soldat, dont le coloris seul varie. Elle offre cependant un certain intérêt au point de vue documentaire. Sur chaque planche on trouve les indications relatives aux couleurs des parements, revers, cols et boutons.

Les cadres ont 0,095 sur 0,155 et la marge de chaque côté a du être de 0,044 environ, mais il est difficile de rien affirmer à cet égard, tous les exemplaires que nous connaissons ayant été rognés à la reliure.

ISNARD

RÉGIMENTS DE HUSSARDS AU SERVICE DE FRANCE, DANS LE COSTUME D'AUJOURD'HUI, COMMANDÉS PAR SON ALTESSE SERÉNISSIME MONSEIGNEUR LE DUC DE CHARTRES

Par M. Isnard, chevalier de l'ordre royal de Saint-Louis, Officier de Dragons,

A Strasbourg, de l'Imprimerie de Levrault, Imprimeur du Gouvernement.

Planches gravées sur bois en hauteur, et coloriées à la gouache. En haut, au milieu de la planche, nom du Régiment ; au bas de la planche, description de l'uniforme. Double trait carré.

Dimensions des planches 0,300 sur 0,402. Dimensions du cadre 0,277 sur 0,335.

Dédicace Manuscrite : A son Altesse Sérénissime Monseigneur le Duc de Chartres,

Monseigneur,

Permettés (sic) que je présente à votre Altesse sérénissime les Régiments d'Hussards qui sont sous son commandement et que j'ai faits d'après le costume d'aujourd'hui. Mon ambition, dans ces petites occupations, est de mettre sous les yeux de Monseigneur le tableau d'une troupe, dans laquelle j'ai commencé mes premières années de service ; mon zèle pour continuer à y servir de rechef et me rendre utile pour la Levée de votre régiment me porte à demander à votre Altesse Sérénissime de vouloir bien m'y faire attacher avec commission de Capitaine, pour la partie des recrues dans la Province d'Alsace ; mon Etat de services est ci-joint.

Je suis avec le plus profond respect Monseigneur de votre Altesse Sérénissime, le très humble et très obéissant serviteur,

Isnard, à Strasbourg (en Alsace).

PLANCHES DE L'OUVRAGE

Portrait dessiné et colorié avec la suscription :

Louis-Philippe Joseph d'Orléans, Duc de Chartres, Colonel Général des Hussards.

Colonel général.

Bercheny.

Chamborant.

Conflans.

Esterhazy.

Suit le texte de l'Ordonnance relative à l'uniforme des Hussards.

Cette fort belle collection, très supérieure au point de vue du dessin, comme au point de vue de l'exécution, aux autres ouvrages d'Isnard, existe à la Bibliothèque Nationale. Elle doit être fort rare, car nous n'en connaissons pas d'autre exemplaire.

JANET-LANGE

UNIFORMES DE L'ARMÉE FRANÇAISE EN 1847

Paris, chez Aubert 1846-1848.

64 Planches lithographiées, in folio, en hauteur, à plusieurs personnages, poses et fonds variés. Trait carré, signature dans le terrain.

Dimensions des planches 0,430×0,620. Dimensions du cadre 0,285× 0,358.

Frontispice.
1 Maréchal.
2 Lieutenants Généraux.
3 Maréchal de camp, Capitaine aide de camp.
4 Corps royal d'État Major. Officier supérieur, grande tenue, Capitaine en capote.
5 Intendant militaire, Sous Intendant.
6 État Major des places.
7 Infanterie de ligne, Voltigeur, Sergent de Grenadiers.
8 Infanterie de ligne, Compagnies du Centre.
9 Infanterie légère, Chasseur, Caporal de Voltigeurs.
10 Infanterie légère, Officier en caban, Soldat en capote.
11 Officier supérieur d'infanterie.
12 Officiers d'infanterie.
13 Infanterie de ligne : Tambour, Sapeur, Tambour-Major.
14 Musiciens.
15 Légion étrangère.
16 Chasseurs d'Orléans.
17 Carabiniers, Soldat et Maréchal des logis, 1er et 2me Régiments.
18 Carabiniers, Officiers en frac et grande tenue.

19 Cuirassiers, Soldats, 1er et 6e Régiments.
20 Cuirassiers, Officiers en frac et grande tenue, 3e et 10e Régiments.
21 Dragons.
22 Dragons.
23 Lanciers.
24 Lanciers.
25 Chasseurs à cheval, Soldats, 2e et 6e Régiments.
26 Chasseurs à cheval, 1er et 12e Régiments.
27 Hussards, Soldats, 8e et 7e Régiments.
28 Hussards, Officiers, 9e et 2e Régiments.
29 Hussards, Colonel et Trompette.
30 École royale de Cavalerie.
31 École royale de Cavalerie.
32 Artillerie, Canonniers de batteries à cheval.
33 Artillerie, Canonniers conducteurs.
34 Artillerie, Canonniers de batteries à pied.
35 Artillerie, Officier et Trompette.
36 Artillerie, Canonnier et Garde d'Artillerie.
37 Train du parc d'Artillerie. Officier, soldat.
38 Corps royal du Génie, Sapeurs Mineurs.
39 Corps royal du Génie, Officier.
40 Corps royal du Génie, Garde et sapeur.
41 Équipages militaires, Train.
42 Équipages militaires, Officier, Ouvrier.
43 Équipages militaires, Parcs de construction.
44 Ouvriers d'administration, Infirmier.
45 Vétérans.
46 Vétérans canonniers.
47 Vétérans, Gendarme et cavalier.
48 Officiers de santé.
49 Officiers d'Administration.
50 Vétérinaire.
51 Gendarmerie de la Seine, Petite et grande tenues.
52 Gendarmerie Départementale.
53 Voltigeurs Corses.
54 Garde municipale de Paris à cheval.
55 Garde municipale de Paris à pied.
56 Garde municipale de Paris, Officier.
57 Pompier.
58 Invalides.
59 Zouaves, Officier, Soldat.
60 Chasseurs d'Afrique.

61 Spahis.
62 Élèves de l'École Polytechnique.
63 Élèves de l'École St-Cyr.
64 Élèves de l'École d'application.

JOB

TENUES DES TROUPES DE FRANCE

Aquarelles de Job. Texte par plusieurs Membres de la *Sabretache*.

Administration 7, rue des Canettes, Paris.

Ouvrage en cours de publication depuis le 1ᵉʳ janvier 1900.

Il paraît chaque mois une Livraison contenant outre le texte quatre aquarelles de Job, réprésentant des tenues peu connues et fort intéressantes.

JUILLETTE

NOUVEAU RECUEIL DES TROUPES QUI FORMENT LA GARDE ET MAISON MILITAIRE DU ROI, DE MONSIEUR ET DE MONSEIGNEUR LE COMTE D'ARTOIS, SES FRÈRES

Avec la datte (sic) de leur création, le nombre d'hommes dont chaque corps est composé, leurs uniformes et leurs armes.

A Paris chez *Juillette, rue de Bièvre, Place Maubert s'adresser à la marchande de tabac.*

Planches gravées et coloriées in 8°, dans un encadrement; quelques unes sont numérotées, à droite à la main.

Frontispice.
Louis Seize, Roy de France et de Navarre.
Louis-Stanislas Xavier de France, Monsieur, frère du Roy.
Charles-Philippe, Comte d'Artois, Colonel Général des Suisses et Grisons, frère du Roy.
Garde du Roy, divisée en 4 compagnies.
La Cie des Gendarmes de la Garde.
Chevau-Légers.
Gardes de la Manche.
Compagnie des Cent-Suisses.
Compagnie des Gardes de la Porte.
Garde de la Prévôté de l'Hôtel du Roy.
Garde Française.
Gardes Suisses.
Garde de Monsieur, frère du Roy.
Garde d'Artois.

JUILLETTE (chez)

UNIFORMES MILITAIRES DES TROUPES FRANÇAISES ET ÉTRANGÈRES, DE L'INFANTERIE, CAVALERIE, DRAGONS ET HUSSARDS

SOUS LE RÈGNE DE LOUIS XVI

Suivant les derniers réglement *(sic)* de 1778. utile à toutes les personnes qui se destinent à prendre le parti des armes, chez *Juillette, graveur, rue de Bièsvre, vis-à-vis le 3e Réverbère, près la place Maubert et chez Onfroy, libraire, quai des Augustins, au Lys d'or.*

Frontispice.

Texte comprenant sur un feuillet une carte de France avec une notice : Description Générale de la France et cinq pages « sur l'Origine des grands et premiers Officiers militaires Commandant des Armées Françaises ». Cette inscription est placée sous un médaillon encadrant un Officier Général à cheval.

Maison du Roy :

Garde du corps du Roy.
Gendarmes.
Chevau-légers.
Gendarmerie de France.
Gardes Françaises.
Gardes Suisses.

Cavalerie

Colonel Général, n° 1.
Mestre de camp, n° 2.
Commissaire Général, n° 3.
Royal, n° 4.
Régiment du Roi, n° 5.
Royal Etrangers, n° 6.
Cuirassiers du Roi, n° 7.
Royal Cravates, n° 8.
Royal Roussillon, n° 9.
Royal Piémont, n° 10.
Royal Allemand, n° 11.
Royal Pologne, n° 12.

Royal Lorraine, n° 13.
Royal Picardie, n° 14.
Royal Champagne, n° 15.
Royal Navarre, n° 16.
Royal Normandie, n° 17.
La Reine, n° 18.
Dauphin, n° 19.
Bourgogne, n° 20.
Berri, n° 21
Carabiniers, n° 22.
Artois, n° 23.
Orléans, n° 24.

Hussards

Bercheny, n° 1.
Chamborant, n° 2.
Conflans, n° 3.
Esterhazy, n° 4.
Lauzun.

Dragons

Colonel Général, Dragons, n° 1.
Mestre-de-camp Général, n° 2.
Royal, n° 3.
Du Roi, n° 4.
La Reine, n° 5.
Dauphin, n° 6.
Monsieur, n° 7.
d'Artois, n° 8.
Orléans, n° 9.
Chartres, n° 10.
Condé, n° 11.
Bourbon, n° 12.
Conti, n° 13.
Penthièvre, n° 14.
Boufflers, n° 15.
Lorraine, n° 16.
Custine, n° 17.
La Roche Foucauld, n° 18.
Jarnac, n° 19.
Lanan, n° 20.
Belsunce, n° 21.
Languedoc, n° 22.

Noailles, n° 23.
Schomberg, n° 24.

Maréchaussée

Maréchaussée.

Infanterie

Picardie, n° 1.
Provence, n° 2.
Piémont, n° 3.
Blaisois, n° 4.
Navarre, n° 5.
Armagnac, n° 6.
Champagne, n° 7.
Austrasie, n° 8.
Normandie, n° 9.
Neustrie, n° 10.
La Marine, n° 11 (II° suite).
Auxerrois, n° 12.
Bourbonnois, n° 13.
Forès, n° 14.
Béarn, n° 15.
Agenois, n° 16.
Auvergne, n° 17.
Gatinois, n° 18.
Flandre, n° 19.
Cambresis, n° 20.
Guyenne, n° 21.
Viennois, n° 22.
Du Roy, n° 23.(III° suite).
Royal, n° 24.
Brie, n° 25.
Poitou, n° 26.
Bresse, n° 27.
Lyonnois, n° 28.
Du Maine, n° 29.
Dauphin, n° 30.
Le Perche, n° 31.
Aunis, n° 32.
Bassigny, n° 33.
Touraine, n° 34.
Savoie-Carignan, n° (IIII° suite).
Aquitaine, n° 36.
Anjou, n° 37.
Nivernois, n° 38.

Dauphiné, n° 39.
Ile de France, n° 40.
Soissonnois, n° 41.
La Reine, n° 42.
Limousin, n° 43.
Royal Vaisseaux, n° 44.
Orléans, n° 45.
La Couronne, n° 46.
Bretagne, n° 47 (V^e suite).
Lorraine, n° 48.
Artois, n° 49.
Berri, n° 50.
Hainault, n° 51.
La Sarre, n° 52.
La Fère, n° 53.
Alsace, n° 54.
Royal Roussillon, n° 55.
Condé, n° 56.
Bourbon, n° 57.
Beauvoisis, n° 58.
Rouergue, n° 59.
Bourgogne, n° 60.
Royal La Marine, n° 61.
Vermandois, n° 62.
Anhalt, n° 63. (VIe suite).
Artillerie, n° 64.
Royal Italien, n° 65.
Derlach, n° 66.
Boccard, n° 67.
Sonnenberg, n° 68.
Castella, n° 69.
Languedoc, n° 70.
Beauce, n° 71.
Waldner, n° 72.
Médoc, n° 73.
Vivarais, n° 74.
Vexin, n° 75.
Royal Comtois, n° 76.
Beaujolais, n° 77.
Monsieur, n° 78.
d'Aulbonne, n° 79.
La Mark, n° 80.
Penthièvre, n° 81.

Boulonnais, n° 82.
Angoumois, n° 83.
Conti, n° 84.
Saintonge, n°85.
Foix, n° 86.
Rohan Soubise, n° 87 (VII° suite).
Diesbach, n° 88.
Courten, n° 89.
Dillon, n° 90.
Berwick, n° 91.
Royal Suédois, n° 92.
Chartres, n° 93.
Barois, n° 94.
Walsh, n° 95.
Enghien, n° 96.
Royal Bavière, n° 97.
Troupes Provinciales, n° 98.
Salis, n° 99.
Royal Corse, n° 100.
Nassau, n° 101.
Muralt, n° 102.
Bouillon, n° 103.
Royal Deux-Ponts, n° 104.
Eptingen, n° 105.
Provincial de l'Isle de Corse, n° 106.

Cet ouvrage fort intéressant donne tous les costumes de l'Armée, en 1778. Il en existe une 2° édition publiée en 1780 et donnant les costumes d'après l'ordonnance de 1779. Cette édition publiée chez Onfroy contient 182 planches soit 16 de plus que la 1re. Douze d'entre elles représentent les régiments de Chasseurs à cheval et de Chevau légers nouvellement créés.

Les quatre autres représentent : un Garde de la Porte de la maison du Roy, un Garde de la Manche, un Cent-Suisses et un Garde de la Prévoté de l'Hôtel

KNOETEL (RICHARD)

RENSEIGNEMENTS SUR LES UNIFORMES FEUILLES DÉTACHÉES POUR SERVIR A L'HISTOIRE DU DÉVELOPPEMENT DES COSTUMES MILITAIRES.

Rathenon, chez Max Babenzien.
Cet ouvrage est en cours de publication depuis 1890. Il paraît chaque mois une livraison comprenant, outre un texte, cinq planches coloriées au patron, représentant des uniformes de différentes nations et de différentes époques.

CH. L.

GARDE ROYALE

Planches gravées et coloriées à 2 personnages, in-folio, en hauteur. Trait carré, N° en haut et à gauche, en bas à gauche, *dessiné par Ch. L*, à droite, *à Paris chez Plancher, éditeur, rue Serpente,* 41, sur d'autres planches, à gauche, en bas, *à Paris chez Aubert, rue St Victor n° 7*.

Dimensions des planches 0,305 sur 0,475. Dimensions du cadre 0,242 sur 0,312,

1. Lancier et Grenadier de la Garde royale.
2. Fusilier (en petite tenue d'été) et Chasseur de la Garde royale.
3. Timbalier et Tambour Major de la Garde royale.
4. Tambour et Musicien de la Garde royale.
5. Canonnier à pied et à cheval de la Garde royale.
6. Dragon et Hussard de la Garde royale.

Ces planches, d'un dessin médiocre, se trouvent en noir ou en couleur, mais ces dernières, lorsqu'elles ne sont pas de coloris ancien, sont presque toujours coloriées à faux.

LALAISSE (HIPPOLYTE)

ALBUM DES UNIFORMES DE L'ARMÉE ET DE LA MARINE FRANÇAISES

Planches in-4° lithographiées, en hauteur et coloriées. Un ou plusieurs soldats, à pied ou à cheval, posés et fonds variés. En haut et au milieu, *Armée française*. En bas et au milieu, Nom du corps ou du Régiment, au dessous à *Paris, publié par Hautecœur Martinet, 15, rue du Coq-St Honoré* et au dessous n° d'ordre, tantôt à droite et tantôt à gauche, *Lith. de Villain, rue de Sèvres, 19*, ou *Lith. de Villain* (cette indication ne figure pas sur toutes les planches.)

Dimensions des planches 0,242 sur 0,320.

Frontispice représentant des enfants costumés en militaires. L'un d'eux écrit sur un mur le titre de l'ouvrage.

Liste des Planches

1 Lanciers, Régiment.
2 Zouaves.
3 Chasseurs Lanciers d'Alger, Régiment.
4 Chasseurs d'Alger, Officiers, Régiment.
5 Hussards, Régiment *(le soldat est à cheval)*.
6 Hussards, Régiment *(le soldat est à pied.)*
7 Garde Nationale à cheval.
8 Chasseur d'Afrique, Régiment.
9 Infanterie légère d'Afrique.
10 Lanciers, Officiers, petite tenue, Régiment.
11 Lanciers, Régiment.
12 Infanterie de ligne Voltigeur *(à la main)*.
13 Garde Municipale, Grande et petite tenues.
14 Garde Municipale à cheval, Petite tenue.
15 Lanciers, Officiers, Grande tenue, Régiment.

16 Hussards, Officiers, Grande et petite tenues, Régiment.
17 Infanterie légère, Carabinier.
18 Garde municipale à cheval, Officier, Grande tenue.
19 Sapeurs-Pompiers, Grande tenue.
20 Infanterie de ligne, Fusiliers, Grande et petite tenues.
21 Carabiniers, Grande tenue, Régiment.
22 Carabiniers, Petite tenue, Régiment.
23 Chasseurs à pied.
24 Chasseurs à pied, Officier.
25 Gendarmerie à cheval du département de la Seine.
26 Artillerie, Officier, Grande tenue.
27 Capitaine de Vaisseau, Grande tenue d'été.
28 Capitaine de Vaisseau, tenue de bord d'hiver. Capitaine de corvette, tenue de bord d'été.
29 Élèves de 1re et 2e classes, tenue d'hiver. Élève de 2e classe, tenue d'été.
30 Cuirassiers, Officier, Régiment.
31 Cuirassiers, Régiment.
32 Dragon, Régiment.
33 Spahis, Officier.
34 Infanterie légère, Voltigeur.
35 Sapeurs Pompiers, Tenue d'incendie.
36 Dragons, Officier, Régiment.
37 Garde Nationale, Grenadier, Grande tenue.
38 Garde Nationale, Chasseur, Grande tenue.
39 Garde Nationale, Chasseurs, Capitaine, Grande tenue, Sous-lieutenant, Petite tenue.
40 Garde Nationale à cheval, Capitaine et Lieutenant, Grande tenue.
41 Élèves de l'École Polytechnique, Grande et Petite tenues.
42 Infanterie de ligne, Sapeur.
43 Chasseurs à cheval, Officier, Régiment.
44 Chasseurs à cheval, Régiment.
45 Garde Nationale, Voltigeur, Grande tenue.
46 Infanterie de ligne, Tambour.
47 Sapeur du Génie.
48 Garde du Génie.
49 Artillerie à cheval.
50 Artillerie à pied.
51 Artillerie, Conducteur.

52 Infanterie légère, Clairon.
53 Infanterie de ligne, Colonel.
54 Infanterie légère, Tambour Major.
55 Infanterie légère, Chasseur.
56 Corps-royal d'Etat Major, Capitaine.
57 Voltigeur Corse.
58 Maréchal de France, Tenue devant les troupes.
59 Elève de l'Ecole Militaire de Saint-Cyr.
60 Maréchal de France, Tenue de grande cérémonie.
61 Infanterie légère, Colonel.
62 Train des équipages, Capitaine.
63 Infanterie de ligne, Musicien.
64 Hussards, Trompette, Régiment.
65 Intendant et Sous-Intendant militaire.
66 Invalide.
67 Cantinière.
68 Chirurgien et Aide-Major.
69 Sapeurs conducteurs du Génie, Officier.
70 Médecin et Pharmacien.
71 Capitaine de Vaisseau, Grande tenue.
72 Elèves de 1re et de 2e classes, Petites tenues de bord.
73 Commandant et adjudant de place.
74 Etat-Major du Génie, Capitaine.
75 Officiers d'administration.
76 Ecole de cavalerie de Saumur.
77 Sapeurs Pompiers, Officiers, Grande tenue.
78 Maréchal de camp, Grande tenue.
79 Ecole d'application de Metz.
80 Matelot.
81 Légion étrangère.
82 Carabiniers, Officiers, Régiment.
83 Gendarmerie à pied.
84 Lieutenant Général, Grande tenue.
85 Douanier.
86 Cuirassiers, Régiment.
87 Dragons, Régiment.
88 Garde municipale à cheval.
89 Garde municipale à pied, Officier.
90 Hussards, Porte-étendard, Régiment.
91 Vétéran
92 Ecole royale d'Etat-Major.
93 Officiers d'Infanterie.
94 Ouvriers d'Administration, Infirmier.

95 Chasseurs à cheval, Régiment *(avec schako et avec colbak)*.
96 Artillerie de Marine.
97 Train des Equipages.
98 Porte-drapeau.
99 Hussards, Régiment.
100 Hussards, Officiers, Grande et petite tenues, Régiment.
101 Chasseur à cheval, Régiment *(avec schako et avec colbak)*.
102 Chasseurs à pied, Officiers.
103 Tirailleurs de Constantine, Officier.
104 Garde municipale.
105 Hussards, Officier, Régiment.
106 Elèves de l'Ecole Polytechnique, Grande et petite tenues.
107 Chasseurs à pied.
108 Lanciers, Régiment.
109 17e Léger, Tenue de Guerre.
110 Chasseurs à cheval d'Afrique, Officier, Tenue de guerre.
111 Chasseurs à cheval d'Afrique, Tenue de guerre.
112 Dragons, Régiment.
113 Cuirassiers, Officier supérieur, Régiment.
114 Cuirassiers, Régiment.
115 Infanterie légère, Colonel et Lieutenant.
116 Infanterie de ligne, Chef de bataillon et Capitaine.
117 Infanterie de ligne, Fusilier.
118 Infanterie de ligne, Carabinier.
119 Dragons, Officiers, Régiment.
120 Chasseurs à cheval, Régiment.
121 Chasseurs à cheval, Officier.
122 Garde Nationale, Porte-drapeau.
123 Hussards, Régiment.
124 Officiers de Spahis et de Zouaves.

Cette série, l'une des plus importantes de Lalaisse, est extrêmement intéressante pour les costumes militaires de la fin du règne de Louis-Philippe (1840 à 1848). On trouve de nombreuses variantes de coloris et nombre de planches ont été transformées à la main : Cuirassiers transformés en Carabiniers, Officier d'Infanterie de ligne transformé en Officier du génie, etc. etc. Nous n'avons pas indiqué ces variantes, sauf lorsque la gravure a été modifiée comme pour les Chasseurs à cheval.

LALAISSE (HIPPOLYTE)

COSTUMES DE TOUS LES CORPS DE L'ARMEE ET DE LA MARINE FRANÇAISES (SOUS LOUIS PHILIPPE I.)

Par M. Lalaisse, Maitre de dessin à l'Ecole royale polytechnique.

Paris Maison Martinet Hautecœur, frères, rue du Coq, N° 15. Imprimerie Villain.

Titre et trente-six planches, in folio, en largeur, lithographiées et coloriées.

Plusieurs soldats à pied ou à cheval sur chaque feuille ; fonds variés.

Pas d'encadrement. En bas, à droite N° et Lith. de Villain Titre au milieu; à gauche, Paris (Maison Martinet) Hautecœur frères, rue du Coq, 15.

Dimensions des planches 0,49 sur 0,320.

1. Infanterie de ligne et Inf. légère : Tambour, Grande tenue, Inf. légère. Clairon, P^{te} tenue, Inf. de ligne. Sapeur, Grande tenue, Inf. lég. Tambour-Major, Grande tenue, Inf. de Ligne. Chef de musique, P^{te} tenue, Inf. Légère. Musicien, Grande tenue, Inf. de ligne.
2. Infanterie de ligne et inf. légère : Cie du centre, Porte drapeau, Inf. de ligne. Officier, Inf. légère, P^{te} tenue. Colonel, Inf. Légère. Sergent de Grenadiers, Inf. de ligne.
3. Corps royal du Génie : Sergent-fourrier, Tenue de ville. Sapeur conducteur. Sapeur et Mineur. Chef d'État-Major. Capitaine Garde de 1re Classe et chef ouvrier d'État.
4. Garde municipale à cheval : Tenue de service à pied. Brigadier, Petite tenue. Grande tenue. Officier, Grande tenue. Trompette, Grande tenue. Tenue de ville.
5. Chasseurs à cheval : Chasseur, Petite tenue, Rég. Adjudant-Major, Petite tenue, Rég. Capitaine, Grande tenue, Rég. Chasseur, Grande tenue, Rég. Trompette, Grande tenue, Rég.
6. Chasseurs d'Afrique : Chasseur, Tenue de guerre

Capitaine Grande tenue. Sous-Lieutenant, Tenue de guerre. Chasseur, Grande tenue.

7 Sapeurs Pompiers : Capitaine, Grande tenue d'été. Sous-lieutenant, Tenue d'incendie. Pompier, Grande tenue d'hiver. Sergent fourrier, Tenue de ville, Tambour Grande tenue d'hiver. Pompier, Tenue d'incendie.

8 Carabiniers : Capitaine, Tenue de ville, Trompette, 2ᵉ Rég. Colonel, 1ᵉʳ Rég. Carabinier 2ᵉ Rég. Maréchal-des-logis-chef, 1ᵉʳ Rég.

9 Hussards : Maréchal-des-logis-chef. Rég. Hussard, Rég. Maréchal-des-logis, Rég. Brigadier-fourrier, Rég. Hussard, Rég. Brigadier, Rég. Maréchal-des-logis-Fourrier, Rég.

10 Gendarmerie : Capitaine, Petite Tenue. Gendarmerie Départementale, Pᵗᵉ tenue. Sous-Lieutenant Légion de la Seine, gᵈᵉ tenue. Gendarme Départemental, Grande tenue. Légion de la Seine, Brigadier à cheval, Petite tenue. Gendarme à pied, Grande tenue d'été.

11 Dragons : Dragon, Grande Tenue, Rég. Officier, Petite tenue. Porte-Etendart, Grande tenue Rég, Trompette, Grande tenue, Rég. Dragon, Petite tenue, Rég.

12 Garde municipale à pied : Tambour, Tenue d'hiver. Maréchal-des-logis, Petite tenue d'été. Garde municipal, Grande tenue d'été. Tambour Major, Grande tenue d'hiver. Chef de bataillon, Petite tenue d'hiver. Capitaine, Grande tenue.

13 Lanciers : Trompette, Grande tenue, Rég. Sous-lieutenant, petite tenue, Rég. Brigadier, Grande tenue, Rég. Lieutenant Colonel, Grande tenue, Rég. Lancier, Petite tenue, Rég.

14 Intendance Militaire et Etat-Major des Places : Major de Place, Petite tenue. Officier d'Administration comptable, Grande tenue. Sous Intendant, Grande tenue. Commandant de Place, Grande tenue. Intendant, Grand uniforme. Portier consigne, Grande tenue.

15 Marine : Elève de 1ʳᵉ classe, Grande tenue d'été. Elève de 2. classe, Petite tenue d'hiver. Capitaine de Vaisseau, Grande tenue. Amiral, Tenue de cérémonies. Enseigne de Vaisseau, Grande tenue. Capitaine de Corvette, Petite tenue de bord. Lieutenant de Vaisseau, Petite tenue de bord.

16 Infanterie de Marine : Compagnie du Centre, Grande tenue. Capitaine, Grande tenue. Sapeur, Grande tenue. Sergent de Voltigeurs, Tenue des colonies. Sous-Lieutenant, Petite tenue. Chef de Bataillon, Tenue des colonies.

17 Chasseurs à pied : Capitaine de Carabiniers, Petite tenue. Lieutenant, Tenue ordinaire. Carabinier. Chef de Bataillon, Grande tenue. Clairon. Sapeur, Tenue de sortie.

18 Spahis. Officier indigène. Officier Français, Chef d'escadron, Tenue de guerre. Spahis. Spahis indigènes, Trompette. Officier français, Capitaine.

19 Cuirassiers : Trompette, Rég. Sous Lieutenant, Tenue de ville, Rég. Cuirassier. Rég. Capitaine. Rég. Cuirassier, Rég.

20 Garde Nationale : Caporal de Voltigeurs. Chef de Bataillon. Sous Lieutenant de Chasseurs. Capitaine de Grenadiers. Chasseur. Grenadier.

21 Garde Nationale à cheval : Trompette. Garde à cheval. Adjudant Major, Petite tenue. Lieutenant. Garde à cheval.

22 Vétérans de l'Armée : Vétéran du Génie. Fusilier Vétéran. Canonnier Vétéran. Capitaine. Sous Officier Vétéran, Sous Lieutenant, Gendarme Vétéran. Cavalier Vétéran.

23 Artillerie : Trompette. Canonnier à cheval. Adjudant Sous Officier. Canonnier à pied. Capitaine.

24 Service de Santé : Pharmacien Aide-Major. Membre du Conseil de Santé des Armées. Vétérinaire en premier. Médecin Aide-Major, Petite tenue. Chirurgien-Major. Infirmier.

25 Hussards : Trompette, Rég. Lieutenant Colonel, Rég. Capitaine, Rég. Lieutenant, Rég. Chef d'escadrons Rég. Petite tenue. Colonel, Rég.

26 Gendarmerie Départementale : Gendarme à pied, Grande tenue d'été. Gendarme à pied, Petite tenue d'hiver, Compagnie de la Seine. Capitaine, Grande tenue. Gendarme à cheval, Petite tenue. Maréchal-des-logis, Grande tenue, Compagnie de la Seine. Gendarme à cheval, Tenue de résidence.

27 Zouaves : Lieutenant, Tenue de guerre. Capitaine, Grande tenue. Sergent. Zouave. Clairon. Zouave.

28 Écoles militaires : École de cavalerie, Officier Élève

(Saumur). Ecole d'application d'Etat-Major (Paris) Ecole de cavalerie (Saumur). Ecole spéciale Militaire (St-Cyr).Ecole d'application du Génie et d'Artillerie (Metz). Ecole polytechnique (Paris).

29 Equipages militaires : Train des équipages. Ouvrier d'Administration. Train des Parcs d'Artillerie. Train des Equipages. Lieutenant. Etat-Major des Parcs, Capitaine. Train des Parcs d'Artillerie, Sous-Lieutenant.

30 Etat-Major de l'Armée : Maréchal de camp, Petite tenue. Capitaine d'Etat-Major. Lieutenant-Général, Grande tenue. Maréchal de France, Tenue de cérémonie. Lieutenant Colonel d'Etat-Major, Aide-de-Camp de Maréchal de France.

31 Invalides et Cantinières : Capitaine, commandant une division. Invalide. Grande tenue. Enfant de troupe. Invalide, Petite tenue. Cantinières de Hussards et d'Infanterie.

32 Garde Nationale : Tambour major. Tambour. Chirurgien. Lieutenant Général, Commandant supérieur. Chef d'escadron d'Etat-Major. Musicien.

33 Corps Divers : Voltigeur Corse. Gendarmerie d'Afrique, Brigadier. Tirailleur indigène. Infanterie légère d'Afrique, Capitaine. Légion Etrangère, Grenadier. Douanier. Garde côtes, Brigadier.

34 Marine : Commissaire de Marine. Artillerie de Marine. Lieutenant. Equipage de ligne. Matelot, Quartier-Maître. Ecole navale. Gendarmerie coloniale.

35 Garde Nationale : Sergent. Lieutenant. Capitaine d'Etat-Major. Colonel. Tambour. Soldat.

36 Garde républicaine : Capitaine d'Infanterie, Grande tenue. Lieutenant de cavalerie, Petite tenue. Trompette, Petite tenue. Garde à cheval. Grande tenue. Tambour. Garde à pied, Grande Tenue.

Cette Collection fort intéressante donne les uniformes de la fin du règne de Louis-Philippe et du commencement de la 2ᵉ République, d'une manière très complète.

Le titre et quelques-unes des planches sont rares.

LALAISSE (HIPPOLYTE)

LA JEUNE ARMÉE

Costumes militaires, dessinés d'après nature et lithographiés par Hippolyte Lalaisse, maître de dessin à l'Ecole royale polytechnique, Paris, publié par Hautecœur Martinet Editeur, 15, rue du Coq St Honoré.

12 Planches in-folio, coloriées ; plusieurs personnages à pied ou à cheval ; scènes et fonds variés, double trait carré ; signature au bas où à gauche, *Paris, Hautecœur Martinet, 15, rue du Coq* ; au milieu *Hippolyte Lalaisse*, à droite *Lith. de Villain*, au dessous titre. N° et en haut à droite.

1 Artillerie.
2 Sapeurs-Pompiers.
3 Lanciers, Régiment.
4 Chasseurs d'Orléans.
5 Dragons, Régiment.
6 Sapeurs du Génie.
7 Ecole royale Polytechnique.
8 Chasseurs d'Afrique, Officier.
9 Garde municipal.
10 Cuirassiers, Régiment.
11 Infanterie.
12 Hussards, Régiment.

Publié dans une couverture brun jaune.
Série intéressante devenue très rare.

LALAISSE (HIPPOLYTE)

UNIFORMES DE L'ARMÉE ET DE LA MARINE FRANÇAISES (1848 1852)

Quarante planches lithographiées en hauteur et coloriées, format in-4°, un ou deux soldats à pied ou à che val sur chaque feuille, poses et fonds variés, pas d'encadrement. Au haut de la planche: *République Française*. En bas, au milieu, nom du Corps ou du Régiment, à droite, *N° d'ordre et Lith. de Villain*, à gauche, *Paris, maison Martinet Hauteceeur frères, rue du Coq N° 15*, signature de *Lalaisse* dans le terrain.

Dimensions des planches 0,258 sur 0,348

1 Garde Nationale, Artillerie, Colonel, Capitaine.
2 Garde Nationale Artillerie *(Soldats)*.
3 Garde Nationale, Communes rurales, Caporal, Capitaine.
4 Garde Nationale mobile, Chef de bataillon, Grande tenue, Lieutenant, Grande tenue.
5 Garde Nationale. *(Soldats)*.
6 Garde-Marine.
7 Garde National à cheval *(de Paris, pantalon chabraque et schapska bleus et plumet rouge.)*
7bis Garde Nationale à cheval *(de la banlieue, pantalon chabraque et schapska cramoisis, plumet noir.)*
8 Garde républicaine sous le Gouvernement provisoire.
9 Garde Nationale, Chirurgien-Major, petite tenue. Chirurgien Aide-Major, grande tenue.
10 Garde mobile à cheval, Brigadier, grande tenue, Capitaine, petite tenue.
11 Garde Nationale. Capitaine, grande tenue d'été, Soldat, grande tenue d'hiver.
12 Guides d'État-Major.
13 Infanterie de ligne, petite tenue. Infanterie légère, Caporal, grande tenue.
14 Infanterie légère, Capitaine, petite tenue. Infanterie de ligne, Colonel, grande tenue.
15 Train des Équipages.
16 Cuirassiers. Régiment.
17 Cantinières.
18 Carabiniers, Régiment.
19 Artillerie.
20 Dragons. Régiment.
21 Lanciers. Régiment.
22 Garde républicaine à cheval (1848-1849), Grande tenue, Petite tenue.

23 Garde républicaine, Tenue de ville, Grande Tenue.
24 Chasseurs à cheval. Régiment *(avec le colback et avec le schako.)*
25 Garde de l'Hôtel-de-Ville, Montagnard, Garde républicaine (sous le Gouvernement provisoire) 1848.
26 Capitaine de frégate, Petite tenue. Capitaine de Vaisseau, Grande tenue.
27 Capitaine de Vaisseau en caban. Lieutenant de Vaisseau, Petite tenue d'été.
28 Aspirants, Grande tenue, Petite Tenue d'Eté.
29 Gendarmerie mobile, Grande tenue, Petite Tenue.
30 Hussards, Régiment.
31 Chasseurs à pied,
32 Garde républicaine : Capitaine d'Infanterie, Petite tenue. Lieutenant de Cavalerie, Grande Tenue.
33 Garde républicaine : Garde à pied, Garde à cheval.
34 Spahis.
35 Sapeurs-Pompiers : Sous-Officier, Petite tenue. Soldat, Grande Tenue.
36 Chasseurs d'Afrique *(Soldats)*.
37 Sapeurs du génie : Soldat, Grande Tenue. Sous-Officier, Petite tenue.
38 Zouaves *(Soldats)*.
39 Garde Nationale 1852 *(ne porte plus les mots République Française)*.
40 Garde Nationale à cheval (1852) *(ne porte plus les mots République Française)*.

Les planches du 1er tirage portent, sauf les deux dernières, les mots : République Française. Elles ont été réimprimées ensuite sans ces mots et un certain nombre ont été réimprimées avec les mots : Empire Français, et ont trouvé place dans la série de l'Empire.

L'ARMÉE ET LA GARDE IMPÉRIALE 1853-1866

Planches lithographiées en hauteur et coloriées, in-4°; un ou deux soldats, à pied ou à cheval, sur chaque feuille, poses et fonds variés. Dans les tirages sur papier teinté pas de titre dans le haut ; dans les tirages sur papier teinté avec encadrement en blanc, au milieu et en haut : Empire Français. En bas, au milieu, nom du corps ou du régiment et quelquefois la date ; à gauche : Paris (Maison Martinet) Hautecœur frères, rue Vivienne, 41, et rue de Rivoli,146. A droite,Lith. Godard,Quai des Augustins, 55, à Paris, ou Imp. Villain, rue de Sèvres, 19, ou Imp. Becquet, à Paris ; à droite N° d'ordre.

Dimensions des planches 0,258 sur 0,348.

Titre. Dans un encadrement formé d'attributs militaires les mots : Empire Français, l'Armée et la Garde Impériale par Lalaisse. A gauche, Paris (Maison Martinet) Hautecœur frères, rue Vivienne, 41, et rue de Rivoli, 146. A droite, Lith. Villain, rue de Sèvres, 19, Paris.

1 Garde Impériale. (Gendarme d'élite.Tambour petite tenue; Gendarme grande tenue).
1 *bis* Garde Impériale.Régiment de Gendarmerie 1854.
2 Garde Impériale, Régiment des Guides.
3 Garde de Paris (Infanterie et Cavalerie) 1853.
4 Chasseurs d'Afrique 1853.
5 Chasseurs à pied 1853.
6 Cuirassiers, Régiment 1853.
7 Douanes,Capitaine, Officier en caban, Préposé, 1853.
8 Lanciers, Régiment 1853.
8 *bis* Garde Impériale. Régiment de Grenadiers, Officiers.
9 Garde nationale, Sapeurs-Pompiers, 1853.
9 *bis* Garde Impériale. Régiment de Grenadiers.
9 *bis* Garde nationale. Chirurgien major, petite tenue. Chirurgien aide-major, grande tenue.
10 Spahis, 1853.
11 Corps Impérial du Génie,Soldat,Grande tenue.Sous-Officier, petite tenue, 1853.
12 Chasseurs à cheval, 1853 (*avec un encadrement*).
13 Garde Nationale à cheval 1853.
14 Equipages de ligne, Quartier-maître, Matelot.
14 *bis* Chasseurs à pied, Capitaine en petite tenue. Lieutenant en grande tenue.
15 Train des Équipages militaires, 1853 (*avec un encadrement*).
16 Hussards, Régiment 1853.
17 Garde de Paris,Officiers d'Infanterie et de Cavalerie.
18 Carabiniers, Régiment 1853.
19 Corps Impérial de l'Artillerie 1853.
20 Dragons, Régiment 1853.
21 Zouaves, 1853.
22 Sapeurs Pompiers,Sous-Officier, petite tenue, Soldat, grande tenue, 1853.

23 Lanciers, Colonel, 4e Régiment (Novembre 1853).
24 Train des Parcs d'Artillerie, Lieutenant colonel, Lieutenant 1853.
24 *bis* Cantinières.
25 Gendarmerie de la Seine 1853.
26 Capitaine de frégate, petite tenue. Capitaine de Vaisseau, grande tenue, 1853.
27 Capitaine de Vaisseau en caban. Lieutenant de Vaisseau, Tenue des colonies.
28 Aspirants, Grande tenue, Petite tenue d'été, 1853.
29 Chasseurs d'Afrique, Maréchal-des-logis-chef, Capitaine, 1853.
30 Invalide. 1853.
31 Infanterie de ligne, Sergent du Centre, Grenadier 1853
32 Infanterie de ligne, Chasseur, Petite tenue. Caporal de Grenadiers, Grande tenue 1853.
33 Infanterie légère, Capitaine, petite tenue. Infanterie de ligne, Colonel, Grande tenue.
34 Garde Nationale 1852.
34 *bis* Garde nationale, 1853. (*Planche différente de la précédente*).
35 Général de division, (1853).
36 Hussards, 6e Régt., juillet 1853 à (Fontainebleau).
37 Carabiniers, Officiers, Tenue de ville, Grande tenue 1er Mai 1853.
38 Officier d'Artillerie, 1853.
39 Chasseurs à cheval, 4e Régiment Octobre 1853.
39 *bis* Carabiniers.
40 Chasseurs à pieds (Porte-drapeau), novembre 1853.
41 Cuirassiers. Porte-Étendard, 2e Régt., Novembre 1853
41 *bis* Cuirassier. Ligne (Soldat).
42 Garde Impériale. Rég. des Guides (Trompette). 1854.
43 Garde Impériale. Rég. des Guides (Officier).
44 Infanterie légère, Tambour. Infanterie de ligne, Tambour-Major (Novembre 1853).
45 École Impériale Polytechnique, Novembre 1853.
46 Infanterie de ligne, Clairon petite tenue. Sapeur, grande tenue.
47 Infanterie de ligne, Chef de bataillon, Décembre 1853,
48 Officier d'ordonnance de l'Empereur, Novembre 1853.
49 Gendarmerie Impériale (Légions départementales) Janvier 1854.
50 Médecin-Major. Infirmier. 1854.

51 Garde impériale, Régiments de Grenadiers, 1854.
52 Carabiniers.
53 Garde-Impériale, Régiments de Voltigeurs, 1854. Trois variantes 1re tenue (pantalon bleu, épaulettes et plumet jaunes). 2e tenue (pantalon bleu, épaulettes rouges à tournantes jaunes, plumet rouge et jaune). 3e tenue (pantalon garance).
54 Garde Impériale, Bataillon de Chasseurs à pied, 1854 Deux variantes avec jambières longues et avec jambières courtes.
54 bis Garde de Paris, Petite tenue.
55 Garde Impériale, Officiers de Grenadiers et de Voltigeurs, 1854.
56 Garde Impériale, Compagnie du Génie, 1854.
57 Garde Impériale, Régiment d'Artillerie à cheval, 1854
58 Infanterie de Marine, 1854.
59 Garde Impériale, Régiment de Cuirassiers, 1854.
60 Escadron des Cent-Gardes, 1854.
61 Garde Impériale, Officier d'Artillerie, 1854.
62 Escadron des Cent-Gardes (Tenue d'escorte) 1854.
63 Hussards, Officier, Régiment, 1854.
64 Garde Impériale, Officier de Cuirassiers.
65 Dragons Officier, 1er Régiment.
66 Infanterie de ligne (Décision du 30 janvier 1855) Lieutenant de Voltigeurs, Lieutenant Colonel.
67 Infanterie de ligne (Décision du 30 janvier 1855), Fusilier (grande tenue), Caporal de Grenadiers (petite tenue).
68 Lanciers, Régiment, 1855.
69 Garde Impériale, Chasseurs à pied, 1855.
70 Garde Impériale, Train des équipages militaires *(avec pantalon gris de fer et pantalon garance)*.
71 Garde Impériale, Officiers de Gendarmerie.
72 Garde Impériale, Zouaves.
73 Dragons, 8e Régiment.
74 Garde Impériale, Gendarmerie à cheval.
75 Maréchal de France.
76 Garde Impériale, Grenadiers à pied.
77 Garde Impériale, Cuirassiers.
78 Hussards, Régiment.
79 Cuirassiers, Régiment.
80 Garde Impériale, Artillerie à pied.
81 Artillerie à cheval.

82 Garde Impériale, Train des équipages.
83 Sapeurs-Pompiers.
84 Corps de la Remonte.
85 Garde Impériale, Chasseurs à cheval.
86 Garde Impériale, Dragons.
87 Garde Impériale, Lanciers.
88 Dragons de l'Impératrice.
89 Garde Impériale, Officier de Chasseurs à cheval.
90 Garde Impériale, Officier de Lanciers.
91 Capitaine d'Etat-Major.
92 Garde Impériale, Guides.
93 Vivandières de Zouaves et d'Artillerie (Garde Impériale).
94 Vivandières d'Infanterie de ligne et de Chasseurs à pied.
95 Infanterie de ligne.
96 Tirailleurs indigènes (Turcos).
97 Officier de Hussards, Régiment.
97 *bis* Cuirassier (Ligne).
98 Hussards Rég^t. 1860.
99 Carabiniers.
100
101 Garde Impériale, Régiments des Voltigeurs, 1860.
102 Garde Impériale, Régiment des Grenadiers 1860.
103 Garde Impériale, Rég^t de Voltigeurs, Officiers.
104 Garde Impériale, Rég^t de Grenadiers, Officiers (*avec tunique sans brandebourgs*).
105 Garde Impériale, Bataillon de Chasseurs.
105 *bis* Hussards, Officier, Régiment.
106 Infanterie de ligne (1860).

Cette série comprend une partie des planches de la série précédente ou l'on a simplement remplacé les mots : République Française, par les mots: Empire Français.

LALAISSE (HIPPOLYTE)

L'ARMÉE ET LA GARDE IMPÉRIALE (1860-1870)

Planches du même type que les précédentes, mais le n° est au bas de la planche, au dessous du titre ; elles portent en général à gauche l'inscription, Paris, Hautecœur frères, rue de Rivoli, 172, et à droite, Imp. Becquet, à Paris.

Elles sont postérieures aux planches de la série précédente.

1 S. M. l'Empereur Napoléon III (*signature de Moraine*).
2 Maréchal de France.
3 Capitaine d'Etat-Major.
4 Officier d'ordonnance de l'Empereur.
5 Escadron des Cent-Gardes, Tenue d'escorte.
6 Escadron des Cent-Gardes.
7 Garde Impériale, Officier de Gendarmerie.
7 *bis* Douanes, Capitaine, Officier en caban.
8 Garde Impériale, Officiers de Grenadiers et de Voltigeurs.
9 Garde Impériale, Régiment des Grenadiers.
10 Garde Impériale, Voltigeurs.
11 Garde Impériale, Régiments de Voltigeurs, *sans brandebourgs et avec brandebourgs*.
12 Garde Impériale, Bataillon de Chasseurs.
13 Garde Impériale, Zouaves.
14 Garde Impériale, Gendarmerie à cheval.
15 Garde Impériale, Officier de Cuirassiers.
16 Garde Impériale, Cuirassiers.
17 Garde Impériale, Officier de Dragons.
18 Garde Impériale, Dragons.
19 Garde Impériale, Trompette des Guides.
20 Garde Impériale, Lanciers.
20 *bis* Régiment des Guides, Officier.
21 Garde Impériale, Guides.
22 Garde Impériale, (Officier de Lanciers).
23 Garde Impériale, Lanciers.
24 Garde Impériale, Officier de Chasseurs à cheval.
25 Garde Impériale, Chasseurs à cheval.
26 Garde Impériale, Officier d'Artillerie à cheval.
27 Garde Impériale, Régiment d'Artillerie à cheval.
28 Garde Impériale, (Artillerie à pied).
29 Garde Impériale, Génie.
30 Train des Equipages, Garde Impériale.
31 Vivandières de Zouaves et d'Artillerie. (Garde Impériale).
32 Infanterie de ligne, Clairon en petite tenue, Sapeur, grande tenue.

33 Infanterie de ligne, Tambour-Major.
33 *bis* Infanterie de ligne, Tambour et Tambour-Major.
34 Infanterie de ligne, Chef de bataillon.
35 Infanterie de ligne.
36 Chasseurs à pied, Porte-drapeau.
37 Tirailleurs Indigènes, Turcos.
38 Vivandières d'Infanterie de ligne et de Chasseurs à pied.
39 Carabiniers.
40 Cuirassiers, Porte-étendard, 2ᵉ Régiment.
41
42 Dragons, Officier, 1ᵉʳ Régiment.
43 Dragons, Régiment.
44
45 Lanciers.
46
47
48
49 Corps de la Remonte.
50
51 Sapeurs-Pompiers.
52
53 Médecin-Major. Infirmier.
54 Infanterie de Marine.
55
56 Zouaves.
57 Général de Division.
58 Officier d'Artillerie.
59 Spahis.
60 Douaniers.
61 Chasseurs d'Afrique.
62 Génie.
63 Garde Impériale, Artillerie à cheval.
64 Chasseurs à cheval.
65 Garde Nationale.
66 Garde Nationale mobile, Infanterie.
67 Garde Nationale mobile, Artillerie.
68 Garde Nationale mobile, Officiers.
69 École de Sᵗ-Cyr.

Cette série comprend des planches de la série précédente, avec changement dans le nᵒ et en outre des planches nouvelles, la plupart lith. chez Godard.

LALAISSE (HIPPOLYTE)

COSTUMES MILITAIRES SOUS NAPOLÉON III

Planches in-folio, en largeur, sur papier teinté, plusieurs personnages à pied ou à cheval de la même arme, poses et fonds variés.

1 Ligne, Lanciers.
2 Garde Impériale, Grenadiers.
3 Garde Impériale, Cuirassiers.
   Régiment des Guides.
4 Garde Impériale, Voltigeurs.
5 Infanterie, Retour de Crimée.
5 *bis* id. (Variante) id.
5 Infanterie de ligne.
6 Infanterie légère.
7 Ligne, Carabiniers.
8 Garde Impériale, Gendarmerie.
9 Garde Impériale, Zouaves.
10 Garde Nationale.
11 Garde Impériale, Artillerie.
12 Garde Impériale, Lanciers.
13 Garde Impériale, Dragons de l'Impératrice.
14 Garde Impériale, Chasseurs à cheval.
15 Garde Impériale, Chasseurs à pied.
16 Garde Impériale, Cent-Gardes.

LALAISSE (HIPPOLYTE)

TYPES MILITAIRES

Planches in-folio en hauteur, lithographiées et coloriées sur papier teinté. En bas, au milieu de la planche, *Types militaires*, et nom du Corps, au dessus n° d'ordre, à gauche, *Paris, Morier, édit., rue St-André-des-Arts, 52*, à droite, *Lith. Becquet frères, rue des Noyers, 32, Paris*. Un ou plusieurs soldats à pied ou à cheval sur chaque feuille, poses et fonds variés. Pas d'encadrement.

Dimensions des planches 0,380 sur 0,465.
 1 Chasseurs à pied.
 2 Zouaves.
 3 Génie.
 4 Artillerie.
 5 Chasseur d'Afrique.
 6 Spahis.
 7 Garde Impériale, Voltigeurs.
 8 Garde Impériale, Grenadiers.
 9 Garde Impériale, Gendarmes.
 10 Garde Impériale. Artillerie.
 11 Garde Impériale, Guides.
 12 Garde Impériale, Cuirassiers.
 13 Lanciers.
 14 Sapeurs de la ligne.
 15 Tirailleurs indigènes (Algérie).
 16 Dragons.
 17 Hussard.
 18 Infanterie de ligne.
 19 Cuirassiers.
 20 Carabinier.
 21 Train des équipages.
 22 Chasseur.
 23 Gendarmerie Départementale.
 24 Marine (Equipages de ligne).
 25 Officiers Français en Crimée, costume d'hiver.
 26 Soldats Français en Crimée, costume d'hiver.
 27 Chasseur à pied (Garde Impériale).
 28 Zouave (Garde Impériale).
 29 Génie (Garde Impériale).
 30 Cent-Gardes.
 31 Train des Equipages, Garde Impériale.
 32 Garde de Paris.
 33 Sapeurs-Pompiers (Ville de Paris).
 34 Cantinières des Zouaves, des Chasseurs à cheval et de l'Infanterie de ligne.
 35 Garde Impériale, Lancier.
 36 Garde Impériale, Dragons.
 37 Garde Impériale, Chasseur à cheval.
 38 Lieutenant-Général.
 39 Trompette de Dragons.
 40 Clairons de Chasseurs à pied.
 41 Officier de Lanciers et de Cuirassiers.

42 Porte-drapeau d'Infanterie de ligne.
43 Tambour d'Infanterie de ligne.
44 Ecole Impériale polytechnique.
45 Ecole Impériale de Cavalerie de Saumur.
46 Ecole Impériale Militaire de St-Cyr.
47 Infanterie de Marine.
48 Invalides.
49 Ecole d'application de Metz.
50 L'Empereur Napoléon III
51 Garde Impériale, Grenadiers (Nouvelle tenue), *(Tunique à brandebourgs).*
52 Garde Impériale, Voltigeurs (Nouvelle tenue), *(Tunique à brandebourgs).*
53 Infanterie de ligne (Nouvelle tenue), *(Pantalon à la Zouave et guêtres).*
54 (Garde Impériale) Chasseur à pied, (Nouvelle tenue), *(Veste à brandebourgs).*
55 Chasseur à pied (*Pantalon à la zouave et guêtres*).
56 Infanterie de ligne (Nouvelle tenue), *(Pantalon long et schako rouge).*
57 Chasseur d'Afrique (Nouvelle tenue), *(Veste à brandebourgs).*
58 Garde Nationale mobile, Infanterie et Artillerie. Costume officiel).
59 Garde Nationale de Paris (Compagnie de marche).

Cet ouvrage, un des meilleurs de Lalaisse, donne d'une manière très complète les uniformes de l'Empire de 1857 à 1870.

LALAISSE (HIPPOLYTE)

L'ARMÉE FRANÇAISE

32 planches lithographiées en hauteur et coloriées. Plusieurs personnages à pied ou à cheval, scènes et fonds variés, signés dans le terrain : *H. Lalaisse ;* au bas et à gauche : *L'armée française* et au-dessous, *Paris, ancienne Maison Martinet, rue de Rivoli 172,* au milieu Numéro, titre et date ; à droite par *M. Lalaisse* et au-dessous, *Imp. Becquet, à Paris,* pv.

Dimensions des planches : 0,358 sur 0,460.
1 Officier d'artillerie, 1875.
2 Chasseur à pied, 1875.
3 Cuirassier, 1875.
4 Infanterie de ligne, 1875.
5 Armée Territoriale, Officier et soldat, 1875.
6 Chasseur à cheval, 1875,
7 Officier de Hussards, 1875.
8 Génie, 1875.
9 Chasseur d'Afrique, 1875.
10 Hussard.
11 Dragon, 1875.
12 Chasseurs à pied, Officier, Clairon, 1875.
13 Zouaves, 1875.
14 Artillerie à pied et à cheval, 1875.
15 Train des Équipages, 1875.
16 Turcos, Officier et soldats, 1875.
17 Ecole Polytechnique, 1875.
18 Officier de Dragons, 1876.
19 Capitaine de Vaisseau et Capitaine de frégate, 1876.
20 Matelot et Artillerie de Marine, 1876.
21 Spahis, 1876.
22 Officier de Spahis, 1876.
23 Officier d'Etat-Major, 1876.
24 Elèves de St-Cyr, 1876.
25 Garde Républicaine, 1876.
26 Infanterie de Marine, 1876.
27 Gendarmerie, 1876.
28 Sapeur-Pompier, 1876.
29 Ecole de cavalerie de Saumur, 1877
30 Maréchal de Mac-Mahon, 1876.
31 Général de brigade, 1877.
32 Médecin chirurgien major 1877.

Il existe de cette collection des tirages sur papier teinté et des tirages sur papier blanc; c'est le dernier des ouvrages de Lalaisse.

LAMI (EUG.) ET VERNET (HORACE)

COLLECTION DES UNIFORMES DES ARMÉES FRANÇAISES DE 1789 A 1814

Dessinés par H. Vernet et Eug. Lami. Paris, Gide fils, Libraire, rue Saint-Marc, n° 20, 1822. Texte et Planches.
Planches in-4° lith. et coloriées. Titre en bas, au milieu; à droite, *Imp. lith. de Delpech*, sauf pour quelques planches qui ne portent pas d'indication. Quelques planches sont signées en toutes lettres *Carle Vernet*, celles d'Eug. Lami portent la signature *E.*, le plus souvent à gauche.
Dimensions des planches : 0,175 sur 0,270
Maréchal, Tenue de Guerre, 1812, E.
Général de Brigade, 1798.
Aide-de-camp d'un Maréchal et du Major Général, 1810, E.
Aide-de-camp d'un Général de brigade, 1812.
Officier d'ordonnance, 1812 (Carle Vernet).
Chirurgien, 2ᵉ classe, 1803-1814, E.
Gardes Françaises, 1792, E.
Infanterie Française, 1789-1795, E.
Infanterie de Ligne, Fusilier, 1808.
Infanterie légère, Officier, 1795, E.
Infanterie légère, Voltigeur, 1808.
Garde Nationale, Grenadier, 1793, E.
Gendarmerie Nationale, 1800, E.
Vétéran, 1796, E.
Garde de Paris, 1ᵉʳ Régiment, 1806, E.
Infirmier 1812, E.
Douanier de 1800 à 1814, E.
Gardes suisses, Caporal, 1791, E.

Troupes étrangères, Régiments suisses, Grenadier, 1ᵉʳ Rég., 1812, E.
Troupes étrangères, Légion Irlandaise, Officier de Grenadiers, 1810, E.
Troupes étrangères, Légion Italique, Grenadier, 1800, E.
Troupes étrangères, Légion portugaise, 1811, E.
Troupes étrangères, Régiment de la Vistule, Sapeurs de 1808 à 1814, E.
Carabinier, 1805, E.
Carabinier, 1812.
Cavalier, 1790, H.V.
Cuirassier, 1812, E.
Couleurs distinctives des 14 Régiments de Cuirassiers.
Dragon, 1791, E.
Dragon, Cⁱᵉ d'élite, 1812, E.
Couleurs distinctives des 30 Régiments de Dragons.
Chasseurs à cheval, 1792, E.
Chasseurs à cheval, Cⁱᵉ d'élite, E.
Hussard, 1795, Carle Vernet.
Hussard, 1807, E.
Couleurs distinctives des onze Régiments de Hussards.
Chevau-légers Français, Cⁱᵉ d'élite, de 1812 à 1814, E.
Chevau-légers polonais de 1812 à 1814, E.
Guide-Hussard, Guide de l'Armée d'Allemagne, 1798, E.
Gendarme d'ordonnance, 1806, E.
Garde de Paris, Dragon, 1806-1814, E.
Légion de Gendarmerie (Armée d'Espagne), 1810, E.
Lancier, Gendarme, 1810-1814, E.
Garde d'honneur, 1ᵉʳ Régiment, 1813-1814.
Hussards volontaires de la Mort, 1793, E.
Hussards volontaires, 1800, E.
Artillerie à pied, 1808, E.
Artillerie à cheval, 1792 à 1813, E.
Canonnier Garde-côtes, 1810, E.
Train d'Artillerie de 1806 à 1814, E.
Ingénieur Géographe, 1810, E.
Sapeurs à la tranchée, de 1800 à 1814, E.
Garde constitutionnelle du Roi, Cavalier, E.
Garde de la Convention, 1793-1795, E.
Garde du Directoire, 1797, Carle Vernet.
Grenadier à pied, ex-Garde, 1804-1814, H.V.
Grenadier à pied, ex-Garde (3ᵉ Régiment) 1810-1813, E.

Chasseur à pied, ex-Garde, 1084-1814, E.
Fusilier-Chasseur et Fusilier-Grenadier, 1810.
Tirailleur, ex-Garde, 1809-1814, E.
Garde Nationale, ex-Garde de 1810 à 1813, E.
Voltigeur de la Garde, 1812, E.
Flanqueur Grenadier, ex-Garde de 1812 à 1814, E.
Pupille de la Garde, 1813, E.
Vétéran, ex-Garde, 1808, E.
Gendarme d'élite, ex-Garde, 1808, E.
Grenadier à cheval, ex-Garde, 1812, E.
Dragon, ex-Garde de 1806 à 1814, E.
Chasseurs à cheval, Officier, ex-Garde, de 1804 à 1814, E.
Mameluck, ex-Garde de 1806 à 1814, Carle Vernet.
Tartare Lithuanien, ex-Garde de 1812 à 1814, E.
Chevau-légers lanciers, 1er Régiment, ex-Garde de 1807 à 1814, E.
Chevau-légers lanciers, 2e Régiment, ex-Garde, E.
Eclaireurs, ex-Garde, 1er Régiment, de 1812 à 1814, E.
Artillerie à pied, ex-Garde, Officier supérieur, 1810, E.
Artillerie à cheval, ex-Garde, de 1804 à 1814, E.
Train d'Artillerie, ex-Garde, de 1806 à 1814, E.
Sapeur du Génie, ex-Garde, 1812, E.
Invalide de 1792 à 1814, E.
Elève de Mars, Centurion, 1793, E.
Ecole Politechnique (sic) de 1803 à 1814, E.
Elève de St-Cyr, de 1809 à 1814, E.
Ecole militaire de St-Germain, Cie d'élite, de 1809 à 1814, E
Armée d'Orient, Régiment de dromadaires, 1748, E.
Syrien (Carle Vernet).
Armée d'Orient, Légion cophte, 1797, E.
Armée d'Orient, Légion grecque, 1798, E.
Capitaine de Vaisseau de 1791 à 1814.
Marin, ex-Garde, 1812, E.
Marine, Matelot de 1791 à 1814, E.
Marine, Ouvrier militaire de 1812 à 1814, E.
Chef Vendéen, E.
Soldat Vendéen, 1796, E.
Armée de Condé, Infanterie noble, de 1792 à 1796, E.
Armée de Condé, Dragons Nobles, Officier, 1798, E.
Armée de Condé, Dragons de Fargues, 1795, E.
Armée de Condé, Légion de Mirabeau, Hussard Tolpalk, 1796, E.

Trompette de Dragons, ex-Garde, Trompette de Lanciers Rouges, ex-Garde, E.

Sapeur d'Infanterie légère, Tambour d'Inf¹⁰ de ligne, E.

Deuxième Partie

Titre

Collection des Uniformes de l'Armée Française de 1814 à 1824.

2ᵉ Partie de la Collection Générale

A Paris, de l'Imprimerie de S. Cordier, rue des Mathurins-St-Jacques, N° 10, 1824.

Planches lithographiées et coloriées, semblables à celles de la 1ʳᵉ Partie mais lith. chez Villain, titre en bas, au milieu, signature à droite ou à gauche.

Maréchal de Camp, Garde royale, 1815 à 1824.

Corps royal d'Etat-Major, Capitaine, 1816 à 1824.

Aide-de-camp, 1816-1824.

Intendants militaires, de 1817 à 1824.

Légions, Cies du Centre, 1816-1820.

Infanterie de ligne, Voltigeur, 1820-1822.

Infanterie de ligne, Capitaine de Grenadiers, 1822 à 1824.

Infanterie légère, Clairon, 1824.

Légions, Bataillons de Chasseurs, Caporal de 1818-1820.

Légion Corse, 1816-1820.

Bataillons coloniaux, de 1817 à 1820.

Troupes coloniales, Spahis, 1814 à 1824.

Compagnies de discipline. Prisonnier, Fusilier, de 1820 à 1824.

Régiments Suisses, Officiers de 1816 à 1824.

Régiment d'Hohenlohe, de 1816 à 1824.

Sapeurs-Pompiers de la Ville de Paris, de 1814 à 1824.

Gendarmerie royale de la Ville de Paris, de 1816 à 1824.

Carabiniers, 1815 à 1824.

Cuirassiers, Régiment du Roi, 1814.

Cuirassiers, 1816 à 1824, E.

Dragons, Régiment du Roi, 1814.

Dragons, Sous-Lieutenant, 1824.

Chasseurs à cheval, Régiment du Roi, 1814.

Chasseurs à cheval, Escadron de Lanciers, 1816 à 1823.

Chasseurs à cheval, Chef d'Escadron, 1823-1824.

Hussard, Régiment du roi, 1824.

Hussards, 1824.

Artillerie à pied, de 1814 à 1824.
Artillerie à cheval, de 1823 à 1824.
Train, de 1815 à 1824.
Régiments du Génie, 1814 à 1824, n° 102.
Garde royale, Compagnies sédentaires, de 1821 à 1824.
Garde royale, Régiments Français, Grenadier, 1815 à 1824.
Garde royale, Régiments Suisses, Voltigeur, 1815 à 1824.
Garde royale, Gendarmerie d'élite, de 1820 à 1824, E.
Garde royale, Grenadier à cheval, 2° Régiment, 1815 à 1824.
Garde royale, Cuirassiers, Officier supérieur, de 1815 à 1824, n° 39.
Garde royale, Dragons, 1816, n° 38.
Garde royale, Dragons, Officier, 1824, n° 39.
Garde royale, Chasseurs à cheval, de 1816 à 1818.
Chasseur à cheval, Garde royale, 1824.
Garde royale, Lanciers, Maréchal-des-logis, de 1816 à 1824.
Garde royale, Hussards, Officier, de 1816 à 1824, n° 25.
Garde royale, Artillerie à pied, de 1815 à 1824, n° 106.
Garde royale, Artillerie à cheval, de 1815 à 1824.
Garde royale, Train, 1824, n° 50.
Ecole royale de S¹-Cyr, 1824, n° 47.
Garde royale : Tambour-Major, Trompette des Chasseurs à cheval, n° 83.

L'ouvrage de Lami et Vernet est sans contredit l'un des plus beaux qui aient été faits sur l'Armée française. Il est documentaire pour la seconde partie et même pour les costumes du 1ᵉʳ Empire il peut être consulté en toute confiance.

LAMI (EUGÈNE)

SOUVENIRS DU CAMP DE LUNÉVILLE

Six planches en largeur, trait carré, scènes coloriées. En bas à droite, *lith. de Delpech*, à gauche, *Eugène Lami* (quelquefois) 1828. Sous le titre, Camp de Lunéville.

La messe.
Suspension d'Armes.
Une alerte.
Bivouac sur la lisière d'un bois.
Colonne de Carabiniers passant un gué.
Conversions par escadron.

L'éloge des Souvenirs du Camp de Lunéville n'est plus à faire, car il y a longtemps que cette suite est classée parmi les œuvres de tout premier ordre du peintre et du dessinateur remarquables qu'était E. Lami.

LAMI (EUGÈNE)

Collection des Armes de la Cavalerie Française en 1831 par Eugène Lami. A Paris, chez Neuhaus, rue St-Honoré, n° 123, Hotel d'Aligre. Osterwald ainé, quai des Augustins n° 37, Imp. lith. de Villain.

Planches lithographiées, in-folio, en largeur et coloriées. Plusieurs scènes militaires par feuille. En haut, au milieu, Nom de l'arme. En bas, au milieu, Collection des armes de la Cavalerie française, en 1831 par Eugène Lami; à gauche, Eugène Lami del. et à Paris, chez Neuhaus, rue St-Honoré, n° 123, à droite, Imp. lith. de Villain.

Dimensions des planches 0,594 sur 0,424.

1 Cavalerie de Réserve, Carabiniers, 1831.
2 Cavalerie de Réserve, Cuirassiers, 1831.
3 Cavalerie de ligne, Dragons, 1831.
4 Cavalerie de ligne, Lanciers, 1831.
5 Cavalerie de ligne, Lanciers d'Orléans, 1831.
6 Cavalerie légère, Chasseurs, 1831.
7 Cavalerie légère, Hussards, 1831.
8 Garde Nationale, Cavalerie, 1832.
9 Régiments d'Artillerie, 1833.
10 Chasseurs d'Afrique, 1834.

La Collection des Armes de la Cavalerie Française est une œuvre tout à fait remarquable, aussi intéressante pour les collectionneurs de costumes militaires que pour les amateurs de belles lithographies. Les types de l'armée du début du règne de Louis-Philippe n'ont jamais été rendus avec plus de vérité que par E. Lami (1).

(1) Les sujets principaux des dix planches formant la collection de la cavalerie française ont été reproduits dans une série contenant

20 planches, chacune des planches de la grande série ayant fourni deux sujets. Cette petite série comprend par suite deux carabiniers, deux cuirassiers, deux dragons et ainsi de suite. Ces planches portent en haut, au milieu : Cavalerie Française en 1834, par Eugène Lami. En bas, au milieu, titre particulier, à gauche, Paris, Neuhaus, rue St-Honoré, n° 123, et à droite, Imp. lith. de Neuhaus.

Dimensions des planches 0,275 sur 0,362.

LATTRÉ

UNIFORMES DE L'INFANTERIE FRANÇAISE SUIVANT LE RÈGLEMENT ARRÊTÉ PAR LE ROY LE 25 AVRIL 1767

A Paris, chez Lattré, graveur ordinaire de Monseigneur le Dauphin, rue St-Jacques, près la Fontaine St-Séverin, à la Ville de Bordeaux.

Planches gravées, un personnage par planche, pas de fond. Double trait carré. Dimensions du cadre 0,07 sur 0,129.

Fontispice. Dans un cadre colorié et orné des armes royales, le titre indiqué plus haut.

1. Picardie.
2. Champagne.
3. Navarre.
4. Piémont.
5. Normandie.
6. La Marine.
7. Bourbonnois.
8. Béarn.
9. Auvergne.
10. Flandre.
11. Guienne.
12. Le Roi.
13. Royal.
14. Poitou.
15. Lionnois.
16. Dauphin.
17. Aunis.
18. Touraine.
19. Aquitaine.
20. d'Eu.
21. Dauphiné.
22. Isle de France.
23. Soissonnois.
24. La Reine.
25. Limousin.
26. Royal-Vaisseaux.
27. Orléans.
28. La Couronne.
29. Bretagne.
30. Lorraine.
31. Artois.
32. Berry.
33. Hainault.
34. La Sarre.
35. La Fère.
36. Alsace, Allemand.
37. Royal Roussillon.
38. Condé.

39 Bourbon.
40 Grenadier de France.
41 Beauvoisis.
42 Rouergue.
43 Bourgogne.
44 Royal Marine.
45 Vermandois.
46 Anhalt.
47 Royal Artillerie.
48 Royal Italien.
49 d'Herlach, Suisse.
50 Boccard, Suisse.
51 Peyffer, Suisse.
52 Castella, Suisse.
53 Languedoc.
54 Beauce.
55 Waldner, Suisse.
56 Médoc.
57 Vivarais.
58 Vexin.
59 Royal Comtois.
60 Beaujolais.
61 Provence.
62 Jenner, Suisse.
63 Lamarck, Allemand.
64 Penthièvre.
65 Boulonnois.
66 Angoumois.
67 Périgord.
68 Saintonge.
69 Forez.
70 Cambrésis.
71 Tournaisis.
72 Foix.
73 Quercy.
74 Lamarche Prince.
75 Diesbach, Suisse.
76 Courten, Suisse.
77 Bulkeley, Irlandois.
78 Clare.
79 Dillon.
80 Royal-Suédois, Allemand.
81 Chartres.
82 Conti.
83 Roscomon.
84 Berwick, Irlandois.
85 Enghien.
86 Royal-Bavière, Allemand.
87 Salis Grison.
88 Royal Corse.
89 Nassau, Allemand.
90 Lochmann, Suisse.
91 Bouillon, Allemand.
92 Royal Deux Ponts, Allemand.
93 Eptingen, Suisse.
94 Légion Royale.
95 Légion de Flandre.
96 Légion de Lorraine.
97 Légion de Conflans.
98 Légion de Condé.
99 Légion de Soubise.

Série fort intéressante remarquablement gravée. Très supérieure au point de vue de l'exécution à la série de Montigny.

LECOMTE (HIPPOLYTE)

COSTUMES CIVILS ET MILITAIRES DE LA MONARCHIE FRANÇAISE DE 1200 A 1820

380 Planches lithographiées et coloriées, format in-4°. Trait carré. Signature Lecomte, dans le terrain.
Dimensions des Planches 0,248 sur 0,335, dimensions du cadre, 0,134 sur 0,190. Nous donnons ci-après les N⁰ˢ des planches qui représentent des costumes militaires.

Frontispice.
5 Chevalier croisé, 1249.
9 Chevalier de l'ordre des Templiers en costume civil, 1250.
10 Habit des soldats pendant les XII⁰ et XIII⁰ siècles.
13 Sergent d'armes, 1280.
17 Chevalier revêtu de son armure (de 1310 à 1328).
24 Soldat français au XIV⁰ siècle.
58 Capitaine des Archers de la ville de Paris, 1470.
69 Officier des Gardes du Palais. Règne de Louis XII, 1510
83 Garde du Corps du Roi (1520).
84 Garde du palais du Roi (1530).
95 Officiers des Gardes Suisses. Règne de François I⁰ʳ (1560)
96 Soldat français. Règne de François I⁰ʳ.
120 Garde du palais sous le règne de François II (1560).
136 Soldat sous le règne de Charles IX (1572).
166 Costume d'un ligueur, pendant le siège de Paris.
180 Officier d'Infanterie sous le règne de Henry IV.
183 Soldat sous le règne de Henry IV.
188 Officier de la maison civile du Roi, règne de Henry IV.
189 Soldat des Gardes Suisses, règne de Henry IV.
212 Officier d'Infanterie, sous le règne de Louis XIII.
228 Costume militaire, commencement du règne de Louis XIV.

234 Officier supérieur de la maison militaire du Roi, Règne de Louis XIV.
255 Sous-Officier d'Infanterie pendant la régence.
259 Colonel d'Infanterie. Règne de Louis XV.
275 Garde du corps du Roi (1786).
277 Grenadier aux Gardes Françaises (1786).
278 Chevau-léger de la Garde du Roi. Règne de Louis XVI.
287 Officier au Régiment de Béarn.
289 Officier de Grenadiers de la Garde Nationale, (1792).
296 Élève du Camp de Mars, 1793.
298 Officier d'État-Major, en petit uniforme (1794).
300 Général de Division (1795).
302 Hussard de Chamboran (1795).
305 Grenadier d'Infanterie de ligne, (1795).
319 Colonel des Guides.
326 Costume de Maréchal (1808).
333 Gendarme d'élite.
334 Grenadier à pied, ex-Garde.
335 Officier de Mamelucks, ex-Garde.
340 Lanciers, 1er Régiment, ex-Garde.
342 Chasseur à cheval, ex-Garde.
343 Officier de Dragons, ex-Garde.
346 Sapeur-Mineur, en grande tenue, ex-Garde.
348 Carabinier, 1er Régiment, 1812.
349 Soldat d'infanterie de ligne, Voltigeur.
350 Artillerie légère, Canonnier en grande tenue, ex-Garde.
351 Marin, ex-Garde.
360 Garde du corps du Roi (de 1815 à 1820).
366 Garde royale, Gendarme des chasses.
368 Garde royale, Grenadier.
371 Garde royale, Grenadier à cheval.
373 Capitaine de Vaisseau.
374 Garde royale, Cuirassier.
375 Garde à pied ordinaire du Roi en petit uniforme.
376 Garde royale, Grenadier Suisse.

LEMIÈRE (Chez)

COSTUMES MILITAIRES FRANÇAIS, 1860

Planches lithographiées, en largeur et coloriées, représentant chacune plusieurs soldats à pied ou à cheval, poses et fonds variés. Tirages sur papier teinté, avec cadre blanc. Titre en bas et au milieu sur la dernière planche ; à gauche, *Paris, Lemière, éditeur, Galerie d'Orléans, 17. Palais Royal et rue Castiglione, 14* ; celle du Train du Parc porte : *Lith. de Becquet frères, rue des Noyers, 37, à Paris.*

Dimensions des planches 0,200 sur 0,143 et du cadre 0,166 sur 0,132.

S. M. l'Empereur et son État-Major.
Les Cent-Gardes.
Carabiniers et Hussards.
Guides, Garde Impériale.
Génie et Artillerie à cheval, Garde Impériale.
Train du Parc et des Équipages, Artillerie, Génie.
Gendarmes, Garde Impériale.
Voltigeurs, Garde Impériale.
Chasseurs à pied, Garde Impériale.
Grenadiers, Garde Impériale.
Gendarmes et Cuirassiers.
Hussards.
Lanciers et Dragons.
Marine, Officiers, Matelots, Infanterie, etc.
Pompier, Cantinière, Chasseurs à pied, Ligne.
Chasseur d'Afrique et Chasseurs.
Spahis Irréguliers et Réguliers, Bataillons Indigènes.

Petite collection publiée en Albums pour les enfants, finement exécutée et intéressante.

LEO (AUGUSTE)

DESCRIPTION DE QUELQUES CORPS COMPOSANT LES ARMÉES FRANÇAISES PAR UN TÉMOIN OCULAIRE

Abbildung und Beschreibung verschiedener Truppen der französichen Armee, mit illuminirten Kupfern. *Leipzig, bei Friedrich August Leo. 1794.*

Dix pages de texte allemand et français à 2 colonnes, in-4° oblong.

Trois Planches coloriées, in-4° oblong, plusieurs personnages à pied ou à cheval, poses variées, encadrement. Titre en bas, sans numéro, signature ou adresse.

1 Dragoner, Officier, Officier des Chasseurs à cheval.
2 National Garde, Officier.
2 Soldat vom 1ten Bataillon der Pariser National Garde, Grenadier Linien Truppen, Grenadier à cheval.
3 Chasseur à cheval du 8° Régiment, Dragoner. Husar.

LIENHARDT ET HUMBERT

LES UNIFORMES DE L'ARMÉE FRANÇAISE DEPUIS 1690 JUSQU'A NOS JOURS

Texte et dessins par le Docteur Lienhart, Professeur aux Facultés catholiques de Lille et René Humbert, Membre de la Société d'Historiographie militaire. Leipzig, M. Ruhl, Editeur.

Ouvrage en cours de publication, publié par Livraisons, Au 1 avril 1900 il avait paru 54 Livraisons.

Chaque livraison contient 5 planches, donnant de nombreux types de soldats des diverses époques et des tableaux schématiques des couleurs distinctives.

Le texte reproduit les principales ordonnances ou décisions relatives à l'uniforme.

MALLET

GARDE ROYALE

Planches grand in-folio, lithographiées et coloriées. Un ou plusieurs soldats par planche. Trait carré, N° en haut, à droite (manque quelquefois). En bas, nom du corps, du Régiment et indications relatives à l'uniforme.

Au-dessous: *Lithographié par ordre de son Excellence le Ministre de la guerre, d'après le travail de la Commission des Uniformes.* A gauche, *Dépôt général de la Guerre 1818*; à droite, *Dessiné par le chef d'escadron Mallet.*

Dimensions des planches 0,460 sur 0,614. Dimensions du cadre 0,295 sur 0,355.

1 Régiment de la Garde Royale, Sergent-Major de Grenadiers en petite tenue, Sergent de Grenadiers, Guide général de droite.

2 Régiment de la Garde royale, Tambour de Grenadiers en gilet, Tambour de fusiliers, en uniforme.

3 Régiment de la Garde royale, Fusilier en capote, Fusilier en gilet, bonnet de police.

4 Régiment de la Garde, Fourrier de Grenadiers en petite tenue, Caporal de Grenadiers en grande tenue.

5 Régiment de la Garde Royale, Caporal de Voltigeurs en capote, Voltigeur en gilet.

6 Régiment de la Garde royale, Grenadier en grande tenue, Grenadier en grande tenue *(vu de dos)*.

7 Régiment de la Garde royale, Cornet de Voltigeurs en gilet.

8 Régiment de la Garde royale, Sapeur en gilet, Sapeur en grand uniforme.

9 Régiment de la Garde royale, Musiciens en petite tenue.

10 **Régiment de la Garde royale, Maître de Musique en grande tenue, Musicien en grande tenue.**
11 **Régiment de la Garde royale, Tambour-Major en petite tenue.**
12 **Régiment de la Garde royale, Tambour-Major en grande tenue.**

Ces douze planches, remarquablement dessinées, donnent avec le plus grand détail et à très grande échelle les différents uniformes (grandes et petites tenues) des Régiments d'Infanterie de la Garde royale.

MARBOT (DE)

COSTUMES MILITAIRES FRANÇAIS, DEPUIS L'ORGANISATION DES PREMIÈRES TROUPES RÉGULIÈRES EN 1439, JUSQU'EN 1789, PAR DUNOYER DE NOIRMONT ET ALFRED DE MARBOT

Texte et Planches lithographiées et coloriées, format in-folio. Plusieurs personnages à pied ou à cheval, poses et fonds variés. Au haut de la feuille et au milieu, l'année ; à droite, N° d'ordre ; en bas, au milieu, titre de la planche ; à gauche, *Alfred de Marbot del.* et au-dessous, *Paris, Clément, 3, quai Voltaire* ; à droite, *Gustave David del.* et au-dessous, *Imprimerie Lemercier à Paris*.

    1 Volume.
1. Cies d'ordonnance. Hommes d'armes, Archer, Coustillier, 1439 à 1445.
2. Francs-Archers, Arbalétriers, 1448.
3. Grand'Garde du Roi, Homme d'armes, Crénequinier, 1448.
4. Artillerie, 1450.
5. Héraut d'armes, Page du Roi, Trompette, 1450.
6. Francs-Archers, 1470.
7. Infanterie, Piquenier, Voulgier, Coulevrinier à main, 1480.
8. Cies d'ordonnance, Homme d'armes, Archer, Trompette, 1480.
9. Coulevriniers à cheval et à pied, 1488.
10. Cies d'ordonnance, Hommes d'armes, Archers, 1494.
11. Infanterie, 1494.
12. Garde ordinaire du Roi, Corps des 200 Gentilshommes, 1507.

13 Archer et Cent-Suisse de la Garde. 1507.
14 Infanterie, 1507.
15 Infanterie, Arbalétrier, Hacquebutier, 1507.
16 Estradiots, 1507.
17 Artillerie, 1507.
18 Infanterie étrangère, Lansquenets, 1512.
19 Crénequinier de la Garde, Gentilhomme à bec de corbin, 1520.
20 Cent-Suisses de la Garde, Cent-Suisse, Capitaine, 1520.
21 Archers de la Garde, Archer Français, Archer Ecossais du Corps, 1520.
22 Artillerie, 1520.
23 Artillerie, Pièce attelée, 1520-1525.
24 Héraut d'armes, Trompette, 1525.
25 Infanterie étrangère, Capitaine de Lansquenets, Capitaine et Enseigne Suisses, 1525.
26 Aventuriers, 1525.
27 Cies d'ordonnances, Page, Archers, 1525.
28 Cies d'ordonnances, Hommes d'armes, 1525.
29 Légionnaires, Tambour, Hallebardier, Piquier, Arquebusier, 1534.
30 Milice du ban et arrière ban, Milice de Paris, 1547.
31 Infanterie, Capitaine, Piquier ordinaire, Arquebusier morionné, 1548.
32 Chevau-légers, 1548.
33 Arquebusiers à cheval, Estradiot, 1548.
34 Cies d'ordonnance, Gendarme, Archer, 1549.
35 Cies d'ordonnance, Page, Trompette, 1549.
36 Infanterie étrangère, Capitaine Suisse, Lansquenets, 1550.
37 Cent Suisse, Archers écossais de la Garde, 1559.
38 Artillerie, 1559.
39 Guidon de Gendarmes, Chevaux-légers, 1561.
40 Argoulet, Reîtres, 1561.
41 Infanterie étrangère, Lansquenets, 1568.
42 Garde du Roi et des Princes, Cent-Suisses du Roi, Garde des ducs d'Anjou et d'Alençon, 1571.
43 Infanterie Française, Capitaine et son valet, Fifre, Tambour, 1571.
44 Infanterie Française, Mousquetaire, Piquier, Arquebusier, 1572.
45 Archers français et écossais de la Garde, Cent-Suisse, 1580.

46 Général d'armée. Trompette, 1580.
47 Infanterie française, Capitaines. Arquebusier, 1580.
48 Infanterie française, Mousquetaire, Tambour, Fifre, 1580.
49 Gendarme, Reître, 1587.
50 Infanterie étrangère, Enseigne et Tambour Suisses, 1588.
51 Carabin, Archer de la Garde, 1595.
52 Cies d'ordonnance, Trompette, Gendarme, 1600.
53 Infanterie française, Officiers, Sergent, 1608.
54 Infanterie française, Piquier, Arquebusier, Mousquetaire, 1608.
55 Cent-Suisses, Chevau-léger de la Garde, 1610.
56 Carabin, Dragon. 1616.
57 Régiment des Gardes Suisses, Officier, Mousquetaire, Archer de la garde, 1618.
58 Cent-Suisses, Archer de la Garde, 1625.
59 Gardes du cardinal de Richelieu. 1629.
60 Régiment des Gardes Françaises, Enseigne, Fifre, Tambour 1630.
61 Régiment des Gardes Françaises, Sergent, Mousquetaire, Piquier, 1630.
62 Général d'armée, Garde du duc d'Epernon, 1630.
63 Infanterie Française, Officiers, Sergent, 1630.
64 Infanterie française, Mousquetaire, Piquiers, 1630.
65 Gendarme, Cuirassier, 1630.
66 Cavalerie légère, Officiers, 1630.
67 Cavalerie légère, Cavaliers, 1630.
68 Artillerie, 1630.
69 Mousquetaires du Roi, Guidons, Tambour, 1647.
70 Régiment des Gardes Françaises, Mousquetaires, Piquier, 1647.
71 Infanterie Française, Officiers, Piquiers, 1647.
72 Gardes du corps du Roi, Fusilier à cheval, 1649.
73 Cavalerie étrangère, Cravate Polaque, 1649.
74 Cavalerie légère, Cornette, Trompette, 1649.
75 Cavalerie légère, Cavaliers, 1649.
76 Maison du Roi, Gentilhomme à bec de corbin, Garde du Corps, Archer du Prévôt de l'hôtel, 1660.
77 Maison du Roi, Gendarmes et Chevau-léger de la Garde, 1660.
78 Troupes de la Ville de Paris, Archer de la Ville, Garde du Gouverneur, Archer du Guet, 1660.

79 Troupes de la Police, Archer du lieutenant criminel de robe courte, Archer du prévôt de l'Ile de France, 1660.
80 Officiers Généraux, 1660.
81 Infanterie Française, Officiers, Soldat, 1660.
82 Maison du Roi, Mousquetaires, 1re Cie, 2me Cie, 1663.
83 Régiment des Gardes Françaises, Officier, Piquier, Mousquetaire, 1664.
84 Régiment des Gardes Françaises, Pertuisanier, Tambour, 1664.
85 Maison du Roi, Garde de la Manche, Cent-Suisse, 1667.
86 Maison du Roi, Gardes du corps, 1667.
87 Régiment des Gardes Françaises et Suisses, Piquier, Mousquetaire, Sergent, 1667.
88 Infanterie Française, Piquiers, Mousquetaire 1667.
89 Cavalerie légère, Officiers, 1667.
90 Artillerie: Fusiliers du Roi, Commissaire ordinaire, 1672.
91 Garde du corps, Officier du Régiment du Roi, 1676.
92 Cavalerie légère, Régiment du Maine, Timbalier, Régiment de Condé, Trompette, 1676.
93 Cavalerie légère, Cavaliers, 1676.
94 Cornette de cavalerie, Dragon, 1676.
95 Page du Roi, Garde du Maréchal de Luxembourg, 1685.
96 Officier aux Gardes, Dragon, 1685.
97 Infanterie Française, Officiers, 1685.
98 Maison du Roi, Garde de la Porte, Garde du corps, 1688.
99 Maison du Roi, Mousquetaires, 1re Cie, 2me Cie, 1688.
100 Marine royale, Officier Général, Capitaine de vaisseau, Matelot, 1688.
101 Officier de Milice, Invalide, 1689.
102 Cavalerie légère, Régiment royal de Carabiniers, Officier et Carabinier, 1692.
103 Cavalerie légère, Hussards royaux, 1692.
104 Officiers Généraux, 1694.
105 Maison du Roi, Gendarme de la Garde, Capitaine. Chevau-légers, 1694.
106 Infanterie Française, Régiment de Provence, Sergent et Grenadier, Régt de Sovyac, Tambour, 1696.
107 Régiment des Gardes Françaises, Enseigne, Capitaine, 1697.

108 Régiment des Gardes Françaises, Mousquetaire, Piquier, 1697.
109 Régiment des Gardes suisses, Piquier, Mousquetaire, 1697.
110 Maison du Roi, Grenadier à cheval, Gendarme Bourguignon, 1698.
111 Cavalerie légère, Régiments de Rohan, de Cossé et de Furstemberg, 1698.
112 Dragons, Régiment de Hautefort, Régiment du Dauphin, Régiment de la Reine, 1698.
113 Infanterie Française, Régiment de Champagne, Régiment de Chabrillan, Régiment de Royal-Italien 1700.
114 Artillerie des côtes, Canonnier, Enseigne, Bombardier, 1705.
115 Troupes de la Ville de Paris, Guet à pied, Archers de la Ville, 1724.
116 Maison du Roi, Gardes du corps, Trompette, Timbalier, 1724.
117 Maison du Roi, Gardes du corps, Capitaine de la Cie écossaise, Garde de la Cie d'Harcourt, 1724.
118 Maison du Roi, Garde de la Manche, Garde Écossais, 1724.
119 Maison du Roi, Cent-Suisses de la Garde, Capitaine tenue de cérémonie, Officier et Garde, 1724.
120 Maison du Roi, Gardes de la Porte, 1724.
121 Maison du Roi, Gardes de la Prévôté de l'Hôtel, Officier, Garde, 1724.
122 Maison du Roi, Gendarmes de la Garde, Sous-brigadier, Officier, 1724.
123 Maison du Roi, Gendarmes de la Garde, Gendarme, Timbalier, 1724.
124 Maison du Roi, Chevau-légers de la Garde, Brigadier, Chevau-légers, 1724.
125 Maison du Roi, Mousquetaires, Hautbois 2e Cie, Tambour 1re Cie, 1724.
126 Maison du Roi, Mousquetaires, Capitaine, Brigadier, 1724.
127 Maison du Roi, Mousquetaires, 1re Cie, 2me Cie, 1724.
128 Maison du Roi, Grenadiers à cheval, Tambour, Brigadier, 1724.
129 Maison du Roi, Grenadiers à cheval, Grenadier, Capitaine, Lieutenant, 1724.

130 Régiment des Gardes suisses, Fifre, Régiment des Gardes Françaises, Tambour, 1724.
131 Régiment des Gardes françaises, Soldat, Officier, 1724.
132 Régiment des Gardes suisses. Officiers, Anspessade, Sergent, 1724.
133 Gendarmerie de France, Chevau-légers d'Orléans, Trompette. Gendarmes bourguignons, Timbalier, 1724.
134 Gendarmerie de France, Guidon des Gendarmes Anglais, Enseigne des Gendarmes Ecossais, 1724.
135 Maréchaussée de France, Gardes de la Connétablie, Officier et Garde, 1724.
136 Maréchaussée de France, Prévôt Général, Garde de la Prévoté Générale des Monnaies 1725.
137 Maréchaussée de France, Garde de la Prévoté Générale de l'Isle de France, Garde de la Maréchaussée, 1724.
138 Officier supérieur d'Infanterie, Maréchal de France 1724.
139 Infanterie Française, Régiment de Piémont, Lieutenant Enseigne, 1724.
140 Infanterie Française, Régiment du Roi, Officier, Soldat, 1724.
141 Infanterie Française, Régiment du Dauphin, Sergent de Grenadiers. Régiment de Lyonnais. Soldat et Tambour, 1724.
142 Infanterie Etrangère, Régiment de Linck (Allemand), Lieutenant de Grenadiers, Tambour-Major, 1724.
143 Infanterie Etrangère, Régiment de Courten (Suisse). Régiment de Dillon (Irlandais), 1724.
144 Marine royale, Garde Marine et Officier des Gardes Marines, Officier et Soldat du Rég^t des Galères. 1724.
145 Cavalerie. Régiment de Colonel-Général, Officiers, Maréchal des-logis, 1724.
146 Cavalerie, Régiment de Villeroy, Officier, Cavalier, 1724.
147 Cavalerie, Régiment royal des Carabiniers, Colonel Général, Carabinier, 1725.
148 Cavalerie, Timbaliers, Rég^t de Colonel Général, Rég^t de Villeroy, 1724.
149 Cavalerie, Hussards de Rattky, Maréchal des-logis, Officier, 1724.
150 Cavalerie, Hussards de Berchiny, 1724.

151 Dragons, Régiment de Bauffremont, Tambour. Régiment d'Orléans, Hautbois, 1724
152 Dragons, Régiment Royal, Régiment Colonel-Général, 1724.
153 Dragons, Régiment d'Orléans, Officier. Dragon, 1724.
154 Dragons, Régiment de Guébriant. Régiment d'Epinay, 1724.
155 Dragons, Régiment de Languedoc, Dragon, Régiment de Bauffremont, Officier, 1724.
156 Maison du Roi, Grenadier à cheval, Garde du Corps, 1745.
157 Maison du Roi, Gendarme de la Garde, Chevau-léger de la Garde, 1745.
158 Maison du Roi, Mousquetaires, 1re Compagnie, 2me compagnie, 1745.
159 Infanterie Française, Rouergue, Sergent. Royal des Vaisseaux, Grenadier du Roi, Soldat, 1745.
160 Infanterie étrangère, La Cour au Chantre. Saxe, Royal Italien, 1745.
161 Ingénieurs Officiers du Corps royal d'Artillerie, 1745.
162 Corps royal d'Artillerie, Matériel, 1745.
163 Cavalerie, Régiment de Chabrillan, Trompette. Régiment de Chabot, Trompette, 1745.
164 Cavalier, Régiment de Royal Allemand, Officier. Régiment de Rozen. Cavalier. Cavalier en pokalem, 1745.
165 Cavalerie, Uhlan volontaire de Saxe, Hussard de David, 1745.
166 Dragon, Régiment du Roi, Officier. Régiment de Septimanie. Dragon, 1745.
167 Régiment des Arquebusiers de Grassin, 1745.
168 Troupes légères, Régiment de la Morlière. Dragon, Fusilier, 1745.
169 Troupes légères, Chasseurs de Fischer, 1745.
170 Troupes légères, Volontaire Cantabre, Fusilier de Montagnes, 1745.
171 Volontaires du Maréchal de Saxe, Dragon, Uhlan, 1745.
172 Troupes légères, Croates, Volontaires Bretons, 1746.
173 Troupes légères, Chasseurs à pied, 1747.
174 Régiments des Gardes Françaises, Officier, Soldat, 1757.
175 Régiment des Gardes Suisses, Officier, Soldat, 1757.

176 Régiments des Gardes Françaises et Suisses, Officiers en petite tenue, 1757.
177 Infanterie Française, Auvergne, Vermandois, Tambour et Fifre, 1757.
178 Infanterie Française, Grenadiers de France, Penthièvre, Cambis, 1757.
179 Corps royal d'Artillerie, Ouvrier, Artilleur, Mineur, 1757.
180 Infanterie Française, Royal-Lorraine, Gardes Lorraines, 1757.
181 Infanterie Etrangère, Willemer, Royal-Ecossais Dillon, 1757.
182 Infanterie Etrangère, Royal-Pologne, Alsace, Royal-Suédois, 1757.
183 Infanterie Etrangère, Royal-Italien, Royal-Corse, 1757.
184 Infanterie Française, Grenadiers royaux, Milice, 1757.
185 Cavalerie, Régiment de Mestre de Camp Général, Régiment de Chabrillan, 1758.
186 Cavalerie, Régiment de Commissaire général, Régiment de Fitz-James, 1758.
187 Cavalerie, Régiment du Roi, Hussards de Berchiny et de Turpin, 1758.
188 Cavalerie, Cuirassiers du Roi, 1758.
189 Dragons, Régiment de Thianges, Caporal. Régi- du Roi, Soldat, 1758.
190 Troupes légères, Fusiliers Guides, Fusilier de montagnes, Soumettan, 1758.
191 Volontaires du Dauphiné, 1758.
192 Volontaires étrangers de Clermont-Prince, 1758.
193 Volontaires étrangers, Volontaire de Nassau-Saarbrück, Volontaire de Beyerlé, 1758.
194 Volontaires étrangers, Volontaire Liégeois, Volontaire de Schomberg, 1758.
195 Compagnies franches de la Marine, Soldat, Officier, 1758.
196 Elève de l'Ecole militaire, Officier et Soldat Invalides, 1758.
197 Chasseurs à pied attachés aux Hussards, Chasseurs de Turpin, Chasseurs de Berchiny, 1760.
198 Compagnie franche de Monet. Hussards, Chasseurs à pied et à cheval, 1761.
199 Régiment étranger de Wurmser, 1762.

200 Garde du Corps du Roi de Pologne, Officier en surtout. Gardes, en grand uniforme, en tenue d'appartements, 1763.
201 Troupes légères, Légion de Hainaut, Légion de Soubise, Légion de Flandre, 1763.
202 Troupes de la Marine, Régiment de Karrer (Suisse), Compagnie de la Compagnie des Indes, 1763.
203 Hussard, Régiment d'Esterhazy, Officier, Soldat, 1764.
204 Etat-Major Général, Maréchal de camp, Aide-de-Camp, 1767.
205 Gendarmerie de France, Compagnie de Bourgogne, Appointé. Compagnie de la Reine, Officier supérieur, 1767.
206 Grenadier de France, grande tenue. Cent-Suisse de la Garde du Roi, tenue de campagne, 1772.
207 Infanterie Française : Eu, Musicien. La Marine, Tambour. Vexin, Tambour Major, 1772.
208 Infanterie Française. Rouergue, Bourbon, La Couronne, 1772.
209 Infanterie Française, Officiers porte-drapeaux, Dauphin, Royal-Roussillon, 1772.
210 Infanterie Française, Flandre, Provence, Hainaut, 1772.
211 Corps royal d'Artillerie. Rég^t de Metz, Officier porte-drapeau. Canonnier, Tambour, 1772.
212 Infanterie étrangère, Clare (Irlandais), Diesbach (Suisse), 1772.
213 Infanterie étrangère, Officiers porte-drapeaux, Bulkeley, Eptingen, 1772.
214 Infanterie étrangère, Royal-Deux-Ponts (Allemand) Royal-Suédois (Allemand), 1772.
215 Régiments provinciaux : Régiments Français, Régiment Corse, 1772.
216 Milice Gardes-côtes, Soldat, Canonnier, Dragon, 1772.
217 Troupes légères, Légion corse, Légion de Conflans, 1772.
218 Cavalerie, Régiment de Nassau, Trompette de Hussards. Royal-Pologne, Trompette, 1772.
219 Cavalerie, Cuirassiers du Roi, Mestre de camp général, 1772.
220 Cavalerie, Penthièvre, Officier porte-étendard. Berry-Cavalier, 1772.

221 Hussards, Régiment d'Esterhazy, Régiment de Berchiny, 1772.
222 Dragons, Régiment de Damas, Capitaine. Régiment de Lanan, Guidon, 1772.
223 Dragons, Régiment du Dauphin, Tambour. Jarnac Dragon, 1772.
224 Soldats en pokalems et Gilet de travail, 1772.
225 Corps royal de la Marine, Capitaine de Vaisseau, Officier et soldat de marine, 1772.
226 Régiments coloniaux, Officier et soldats, 1772.
227 Maison du Roi, Mousquetaires, 1re et 2e Compagnies.
228 Grenadier à cheval, Gendarmerie de France, 1779. 2me Compagnie, 1776.
229 Cavalerie légère, Chasseurs à cheval, Chevau-légers 1779.
230 Corps étranger de Nassau-Siégen, Cadet-Gentilhomme de l'Ile de Rhé, 1779.
231 Hussards, Chamborant, Lauzun, 1783.
232 Maison du Roi, Gardes du Corps, Officier, Trompette, 1786.
233 Maison du Roi, Gardes du corps, Grand uniforme. Petit uniforme, 1786.
234 Maison du Roi, Héraut d'armes, Garde de la Manche, 1786.
235 Maison du Roi, Colonel des Cent-Suisses de la Garde en costume de cérémonie, 1786.
236 Maison du Roi, Cent-Suisses, 1786.
237 Maison du Roi, Cent-Suisses, grand uniforme, 1786.
238 Maison du Roi, Gardes de la porte, Officiers, grand et petit uniforme, 1786.
239 Maison du Roi, Gardes de la Porte, Tambour, Brigadier, Garde, 1786.
240 Maison du Roi, Gardes de la Prévôté de l'hôtel, Trompette, Garde, 2e Compagnie, 1786.
241 Maison du Roi, Gardes de la Prévôté de l'hôtel, Officier, Garde, petite tenue, 1786.
242 Maison du Roi, Gendarmes de la Garde, Timbalier, Trompette, 1786.
243 Maison du Roi, Gendarmes de la Garde, Officier, Gendarme, 1786.
244 Maison du Roi, Chevau-légers de la Garde, Trompette, Chevau-léger, 1786.

245 Maison du Roi, Gendarme et Chevau-léger, petite tenue, 1786.
246 Page du Roi, Petit uniforme, Page du Roi, Grande, livrée, Page de la chambre, 1786.
247 Maison des Princes, Garde du corps de Monsieur, Garde du corps du comte d'Artois, 1786.
248 Maison des Princes, Garde suisse de Monsieur, Garde suisse du comte d'Artois, 1786
249 Maison des Princes, Garde de la porte de Monsieur, Garde de la porte du Comte d'Artois, 1786.
250 Maison des Princes, Page de Monsieur, Page du Comte d'Artois, 1786.
251 Régiment des Gardes Françaises, Ouvrier Sapeur, Canonnier, 1786.
252 Régiment des Gardes Françaises, Tambour-Major, Tambour, 1786.
253 Régiment des Gardes Françaises, Cimbaliers, Grande tenue, Tenue ordinaire, 1786.
254 Régiment des Gardes Françaises, Musiciens, 1786.
255 Régiment des Gardes Françaises, Colonel, Officier en petit uniforme, Caporal, 1786.
256 Régiment des Gardes Françaises, Adjudant, Sergent d'ordre, 1786.
257 Régiment des Gardes Françaises, Officier, Sergent de Grenadiers, Grenadiers, 1786.
258 Régiment des Gardes Françaises, Officier en petit uniforme, Soldat du dépôt, 1786.
259 Régiment des Gardes suisses, Tambour-Major, Tambour, 1786.
260 Régiment des Gardes Suisses, Sapeur, Musicien, 1786.
261 Régiment des Gardes Suisses, Officier porte-drapeau, Colonel, 1786.
262 Régiment des Gardes Suisses, Officier et Sergent de Grenadiers, Caporal, 1786.
263 Régiment des Gardes Suisses, Officier et soldat, petit uniforme, 1786.
264 Maréchaussée de France, Garde de la Connétablie, Cavalier de Maréchaussée, 1786.
265 Gardes de la Ville de Paris, Garde à pied, Garde à cheval, Officier du Guet, Garde-pompes, 1786.
266 Garde de l'Hôtel-de-Ville de Paris, Cavalerie et Infanterie, 1786.
267 Gardes spéciales, Garde du Palais en robe courte,

Garde du Gouverneur de Paris, Garde de la Monnaie, Compagnie de l'étoile, 1786.
268 Etat-Major Général, Lieutenant-Général, Grande tenue. Maréchal de Camp, Petite tenue, 1786.
269 Etat-Major Général, Officier de l'Etat-Major des places. Gouverneur, Commissaire ordonnateur, Intendant, 1786.
270 Etat-Major Général, Aide-Major Général, Aide-Major général des logis des Armées, 1786.
271 Etat-Major Général, Officier du Corps royal du Génie, Officier des Ingénieurs géographes, 1786.
272 Etat-Major Général, Médecin-Inspecteur, Inspecteur des casernes, Chirurgien inspecteur, 1786.
273 Infanterie française, Régiment de Colonel Général, Grenadier, Officier, Tambour, 1786.
274 Infanterie française, Régiment du Roi, Grenadier, Colonel, 1786.
275 Infanterie française, Forez, Penthièvre, Royal-Comtois, 1786.
276 Infanterie française, Normandie, Turenne, Lyonnais, 1786.
277 Corps-Royal d'Artillerie, Sergent, Canonnier, Capitaine, 1786.
278 Corps Royal d'Artillerie, Mineur, Ouvriers, Garde magasin, Artificier, 1786.
279 Infanterie étrangère, Berwick, Ernest, Salis Samade, 1786.
280 Infanterie étrangère, Fusilier, Hesse Darmstadt, Grenadiers, Royal-Italien, Allemand-Bouillon, 1786.
281 Régiments Provinciaux, Régiment de Lorraine, Grenadiers Royaux, Régiments des Provinces, Régiment de Paris, 1786.
282 Régiment provincial Corse, Officier, Soldat, 1786.
283 Garde Côtes, Officier et Soldat, 1786.
284 Cavalerie, Régiment de Commissaire Général, Régiment de Colonel Général, Royal-Pologne, 1786.
285 Cavalerie, Cuirassiers du Roi, Colonel, Régiment des Carabiniers de Monsieur, 1786.
286 Cavalerie, Nassau-Saarbruck, Royal-Allemand, 1786.
287 Cavalerie, Artois, Royal-Cravates, 1786.
288 Dragons, Artois, Colonel-Général, 1786.
289 Dragons, Chartres, Colonel. Penthièvre, Soldat, 1786.

290 Hussards, Colonel-Général, Berchiny, 1786.
291 Hussards, Conflans, Chamborant, 1786.
292 Hussards, Esterhazy, Lauzun, 1786.
293 Chasseurs à cheval, Régiment des Vosges, Régiment du Gévaudan, 1786.
294 Chasseurs à pied, 1er Bataillon, 2e Bataillon, 1786.
295 Invalides. Compagnies ordinaires. Compagnies détachés, Officier, 1786.
296 Officiers Réformés. Elève de l'Ecole royale militaire. Officiers réformés de l'Infanterie française, de l'Infanterie Allemande, de Cavalerie et des Chasseurs à cheval, 1786.
297 Soldats réformés. Suisse, Dragon, Artilleur, Hussard, 1786.
298 Marine royale. Matelot. Vice-Amiral, petit uniforme, Amiral, grand uniforme, 1786.
299 Marine royale. Garde du Pavillon. Garde de la Marine. Chirurgien de Marine, 1786.
300 Troupes de la Marine royale. Régiment de Brest Officier, soldat, 1786.

COSTUMES MILITAIRES FRANÇAIS DE 1789 A 1815

58 Pages de Texte.
1 Garde Nationale de Paris, ci-devant Régiment des Gardes Françaises, Tambour-Major, Sapeur, Tambour, Musicien, 1789.
2 Garde Nationale soldée de Paris, ci-devant Régiment des Gardes Françaises, Vétéran, Colonel, Fusilier, Grenadier, 1789.
3 Garde Nationale: Avignon, Pont-St-Esprit, Maintenon, Chartres, Brest, Paris, 1790.
4 Garde Nationale de Paris, Colonel, Grenadier, Chasseur, Fusilier, 1790.
5 Garde Nationale à cheval de Paris, Garde, Officier, 1790.
6 Garde Nationale de Paris, Tambour, Officier, Grenadier, Chasseur, Fusilier, 1791.
7 Garde Nationale, Vétéran, Artillerie, 1791.
8 Garde à pied du Roi, Tambour-Major, Tambour, Musicien, 1791.

9 Garde à pied du Roi, Officier, grande tenue, Gardes, petite et grande tenues, 1791.
10 Garde à cheval du Roi, Garde, Officier, Trompette, 1791.
11 Etat-Major Général, Officiers Généraux, petite et grande tenues, Aide-de-camp, petite et grande tenues, 1791.
12 Commissaires des Guerres : Commissaire auditeur, Commissaire ordonnateur. Garde de l'Assemblée Nationale, Garde, 1791.
13 Infanterie, Capitaine au Rég^t de Colonel-Général, 1er ; Sergent de Grenadiers, 104e ; Fusilier, 103e ; Chasseur, 13e Bataillon ; Tambour, 102e, 1791.
14 Infanterie de ligne et légère, Régiment du Dauphin, 38e ; Chasseurs Bretons, 6e Bataillon ; Régiment de Monsieur, Major, 75e ; Chasseurs de Gévaudan, Capitaine, 10e Bataillon ; 1791.
15 Corps royal d'Artillerie, Mineur, Artilleur, Officier, d'Artillerie, Officier des Cies d'ouvriers, Officier des gardes magasins, 1791.
16 Carabiniers, Officier, 1er Régiment, Soldat, 2e Régiment, 1791.
17 Régiments de Cavalerie, 1er Régiment, ci-devant Colonel-Général, 12e Régiment, ci-devant Dauphin, 1791.
18 Régiments de Cavalerie, 8e, 24e, 1791.
19 Dragons, 1er Régiment, 16e Régiment, 1791.
20 Chasseurs à cheval, Chasseurs, Rég^t d'Alsace, 1er Officier, Régiment de Franche-Comté, 1791.
21 Hussards, 1er, 5me, 2me, 5me, 1791.
22 Artilleur de la Garde Nationale, Vétéran, Volontaire, Garde Nationale à cheval, 1792.
23 Légion du Midi, Légion des Allobroges, 1792.
24 Volontaires de Santerre, Volontaires de Paris, Légion de Westermann, 1792.
25 Adjudant de Place, Gendarmes, Grenadiers près la Convention Nationale, 1792.
26 Artillerie légère, 1792.
27 Hussards, 7e Régiment bis, 1792.
28 Hussards de la Liberté, 1792.
29 Marine, Lieutenant de Vaisseau, Matelot, 1792.
30 Infanterie de ligne, Tambour, Tambour Major, Sapeur, 1793.

31 Infanterie de ligne, Officier supérieur, Compagnie du Centre, Sergent de Grenadiers, Officier, 1793.
32 Infanterie de ligne, 1793.
33 Infanterie légère, 1re, 2e Légion des Volontaires de Paris, 3e Chasseurs de Byron, 1793.
34 Accusateur militaire, Officier de police militaire, Commissaire des Guerres, Gendarme, 1793.
35 Hussards, 11e Régiment. 9e Régt Officier. 8e Régiment, 1793.
36 Bataillons de Sapeurs, Hussards de la Mort, 1793.
37 Hussards, 13e Régiment. 12e Régiment, Officier, 1793.
38 Armée Vendéenne, 1793.
39 Armée de Condé, Régt du Dauphin, Hussards de Rohan, Chevaliers de la Couronne, Dragons Nobles, Dragons de Fargues, 1793.
40 Armée de Condé, Infanterie et Cavalerie noble, Régiment de Roquefeuille, Régiment de Hohenlohe Silingfurth, Hussards Tolpach, Royal Liégeois, Légion de Mirabeau, 1793.
41 Armée royale de l'Ouest, Périgord, Lachâtre, Royal Marine, Damas, Salm, d'Hervilly, du Dromay, 1793.
42 Elèves du Champ de Mars, Tambours, Tambour-Major. Commissaire des Guerres, 1794.
43 Elèves du Champ de Mars, Instructeur, Porte-drapeau, Fusiliers, Piquiers, 1794.
44 Elèves du Champ de Mars, Cavalerie, 1794.
45 Garde de la Convention Nationale, 1795.
46 Légion de Police Générale, 1795.
47 Officier des Dragons, Volontaires Nationaux, Garde du Directoire, Grenadier à cheval, Grenadier à pied, 1795.
48 Officiers Généraux, Général de Division, Aide de camp, Général de brigade, Chirurgien-Major, 1796.
49 Artillerie légère, 1796.
50 Marine, Chef de Division, Amiral, Maître Canonnier, 1796.
51 Guides Hussards de l'Armée d'Allemagne, Légion Noire, 1797.
52 Armée d'Irlande, Soldat d'Infanterie de Marine, Officier Irlandais, Officier d'Infanterie de Marine, 1797.

53 Commandant de Place, Officier du Génie, Commissaire ordonnateur, Adjudant Général, tenue de guerre, Préposé des Douanes, 1797.
54 Infanterie légère, 1797.
55 Légion Italique, Légion Polonaise, Légion des Francs du Nord, Chasseurs de Paris, 1799,
56 Armée d'Orient, Syrien, Légion Grecque, Légion Cophte, Régt des Dromadaires, 1799.
57 Armée d'Orient, 9e, 69e, 61e demi-brigades d'Inf^{ie} de bataille, demi-brigade d'Inf^{ie} légère, Guidon du Général en chef, Dragon, 1800.
58 Hussards à pied 1er Bataillon, 2e Bataillon, Tirailleurs du Pô, Chasseurs à cheval, 4e et 1er Régiments, 1800.
59 Volontaires Bonaparte, Hussards, Infanterie, 1800.
60 Guides du Premier Consul, 1801.
61 Garde des Consuls, Compagnie du train d'Artillerie, 1800.
62 Guides Interprètes de l'Armée d'Angleterre, 1804.
63 Colonels Généraux, (Sacre de l'Empereur) Colonel Général des Hussards, Colonel Général des Chasseurs, Colonel Général des Dragons, Colonel Général des Cuirassiers, 1804.
64 Officiers Généraux : Général en Chef, Grand Uniforme, Général de division, Petit Uniforme, Général de Brigade, Grand Uniforme, 1804.
65 Administration Militaire et Service de Santé, Commissaire des Guerres, Ordonnateur en chef, Inspecteur aux Revues, Chirurgien en chef, Pharmacien, 2e Classe, Médecin, 1re classe, 1804.
66 Aide-de-Camp d'un Général de Division, Commandant de Place de 1re classe, Officier du Génie, Portier consigne, Garde du Génie, 1804.
67 Chasseurs à cheval, Officier, 1er Régt. Chasseur, 6e Régiment, 1804.
68 Garde Impériale, Régiments des Grenadiers à pied : Tambour, Musiciens, Tambour-Major, Sapeurs (Grande tenue d'hiver).
69 Garde Impériale, Grenadiers à pied, Grande tenue, 1804.
70 Garde Impériale, Grenadiers à pied, Tenue de ville, Vélite, 1804.
71 Garde Impériale, Régiment des Chasseurs à pied :

Officier Supérieur, Tambour, Tambour-Major, Sapeur, 1804.
72 Garde Impériale, Régiment des Chasseurs à pied : Tenue de route, Grande tenue d'hiver ; Officier, Grande tenue, 1804.
73 Garde Impériale, Bataillon de Marine, 1804.
74 Garde Impériale, Artillerie légère, 1804.
75 Garde Impériale, Régiment d'Artillerie légère, Petite tenue, 1804.
76 Garde Impériale, Gendarmes à pied, 1804.
77 Garde Impériale, Escadron de Gendarmes d'élite, Trompette et Timbalier, 1804.
78 Garde Impériale, Escadrons de Gendarmes d'élite, 1804.
79 Garde Impériale, Régiment de Grenadiers à cheval, Grenadier en grande tenue, Timbalier, 1804.
80 Garde Impériale, Régiment des Grenadiers à cheval (en grande tenue), Trompette, Colonel, 1804.
81 Garde Impériale, Régiment des Chasseurs à cheval, Timbalier et Trompettes en grande tenue, 1804.
82 Garde Impériale, Chasseurs à cheval, Officier porte-étendard, Maréchal-des-logis, 1804.
83 Garde Impériale, Régiment des Chasseurs à cheval, Tenue de campagne, Escadron des Mamelucks, 1804.
84 Garde Impériale, Régiment des Chasseurs à cheval, Petites tenues et tenues de Ville.
85 Infanterie de ligne, 1805.
86 Gendarmes d'Ordonnance, Cavalerie, Infanterie, 1806.
87 Garde Impériale, Fusiliers Grenadiers, Fusiliers Chasseurs, 1806.
88 Garde Impériale, Train d'Artillerie, 1806.
89 Garde Impériale, Régiment de Dragons, Grande tenue, 1806.
90 Garde Impériale, Régiment de Dragons, Dragons en petite tenue à pied et tenue de Ville, Trompettes en tenue de Ville et en grande tenue, 1806.
91 Gendarmerie Impériale, Gendarmes à pied, petite et grande tenues, Gendarmes à Cheval, grande et petite tenues, 1806.
92 Infanterie de ligne : Sapeur, Tambour-Major, Tambour, 1806.

93 Infanterie de ligne, 1806.
94 Infanterie légère : Colonel, Sapeur, Tambour-Major. Clairon, Tambour, 1806.
95 Infanterie légère, 1806.
96 Infanterie de ligne, 25e, 33e, 14e, 3e, 1806.
97 Garde de Paris, Infanterie, 1er et 2e Régts, Dragons, Cavalier, Trompette, 1806.
98 Compagnies de Réserve, Invalide, Vétéran, 1806.
99 Troupes Étrangères, Régiments Suisses, Grenadiers. Régiment d'Isembourg, Chasseur. Bataillon de Neufchatel, Fusiliers, 1806.
100 Légion Hanovrienne, 1806.
101 Corps Impérial du Génie, Soldat du Train, Sapeurs-Officier de Mineurs, Officier de l'État-Major, Ingénieur Géographe, 1806.
102 Artillerie à pied, 1806.
103 Artillerie à cheval, Train d'Artillerie, 1806.
104 Train des Équipages, Pontonniers, 1806.
105 Chasseurs à cheval, Compagnie d'élite, 9e Régiment. Chasseurs, 19e Régt. Officier, 16e Régt., 1806.
106 Hussards, 2e Régt., Officier, 5me Régt., Soldat, 9e Régt., Cie d'élite, 1806.
107 Garde Impériale, Chevau-légers Lanciers, 1er Régiment, 1807.
108 Garde Impériale, Artillerie à pied, 1808.
109 Garde de Paris, Pompiers, 1er et 2me Régiments, 1808.
110 Marine, Ouvrier militaire, Capitaine de Vaisseau, Matelot, Canonnier garde-côtes, 1808.
111 Troupes Étrangères, Chevau-légers polonais, Légion de la Vistule, 1808.
112 Ecoles Militaires, Ecole spéciale de Cavalerie de St-Germain, Ecole spéciale militaire de Fontainebleau, 1809.
113 Garde Impériale, Capitaine adjoint à l'Etat-Major, Aide-de-camp et Officier d'ordonnance de l'Empereur, 1808.
114 Garde Impériale, Conscrits Grenadiers, Conscrits Chasseurs, 1809.
115 Garde Impériale, Tirailleur Grenadier, Garde Nationale, Tirailleur Chasseur, 1809.
116 Compagnies de Sbires, Compagnie des Gardes du Prince Borghèse, Légion Piémontaise, 1809.

117 Infanterie de ligne : Colonel, Officier et Sergent porte-aigles, 1809.
118 Troupes Étrangères, Régiment des Lanciers de Berg, Bataillon de Westphalie, 1809.
119 Garde Impériale, 3e Régiment des Grenadiers à pied, 1810.
120 Garde Impériale, Grenadiers à pied (3e Régt), 1810.
121 Garde Impériale, Sapeurs du Génie, 1810.
122 Garde Impériale, Régiment de Voltigeurs, 1810.
123 Garde Impériale, Chevau-légers Lanciers, 2e Régiment, 1810.
124 Régiments Etrangers, Régiment de Catalogne, Légion Irlandaise, Régiment Joseph-Napoléon, Régiment d'Illyrie, 1810.
125 Légion Portugaise, Chasseur à cheval, Voltigeur, Grenadier, 1810.
126 Etat-Major Général, Maréchaux de l'Empire et leurs Aides-de-camp, Grande tenue et tenue de Campagne, 1806.
127 Carabiniers, 1810.
128 Cuirassiers, Trompette et Cuirassier, 1er Régt., Trompette, 6e Régt., Cuirassiers, 5e et 8e Régiments, 1810.
129 Dragons 20e, 9e, 1er, 14e, 30e, 1810.
130 Petite Gendarmerie d'Espagne, Gendarme à cheval, Lancier Gendarme, 1810.
131 Garde royale Italienne, Général de Division, Officier des Hussards de la Garde, Grenadiers et Vélites Grenadiers. Officier du 1er Régt. de Hussards, Chasseur et Vélite Chasseur, 1810.
132 Armée du royaume d'Italie, Grenadier et Fusilier d'Infanterie de ligne, Carabinier et Chasseur d'Infanterie légère, Dragons de la Reine, Gendarme d'élite, Régiment Dalmate, Artillerie à pied et à cheval, Soldat du train, Chasseur à cheval, 1810.
133 Garde Impériale, Pupille, Flanqueur, Grenadier, Ouvrier d'Administration, Vétéran, Train des Équipages, 1812.
134 Garde Nationale, 1er Ban ; Gardes d'honneur à cheval, Paris, Groningue, Utrecht, La Haye, 1812.
135 Etat-Major Général, Aide-de-camp, Général de Division (Tenue de campagne), Officier d'ordonnance de l'Empereur, 1812.
136 Infanterie de ligne, 1812.

137 Infanterie légère, 1812.
138 Artillerie légère, 1812.
139 Cuirassiers, 7⁰ Régiment, 1812.
140 Dragons, 15ᵉ Régt., 25ᵉ Régt., 19ᵉ Régt., 3ᵉ Régt. 1812.
141 Chevau-légers français, 1ᵉʳ Régt., 2ᵉ Régt., 5ᵉ Régt., 1812.
142 Chasseurs à cheval, 16ᵉ Régiment, 23ᵉ Régiment, 4ᵉ Régiment, 1812.
143 Hussards, 1ᵉʳ Régt., 11ᵉ Régt., 7ᵉ Régt., 1812.
144 Garde Impériale, Grenadier à cheval, tenue de campagne, (Vieille Garde) Eclaireur, 1ᵉʳ Régiment (Jeune Garde), 1813.
145 Garde Impériale, Eclaireur, 2ᵉ Régiment. Dragon, Tenue de campagne, 1813.
146 Garde Impériale, 3ᵉ Régiment d'Eclaireurs, Escadron de Tartares Lithuaniens, Escadron de Lanciers Polonais, 1813.
147 Garde Impériale, Gardes d'Honneur, 1ᵉʳ Régiment, Garde en grande tenue, 4ᵐᵉ Régiment, Officier en tenue de campagne, 1813.
148 Douanes Impériales, Brigadier à pied et à cheval, 1813.
149 Garde Nationale de Paris, Chirurgien Major, Ecole polytechnique, Infirmier militaire.
150 Garde Impériale, Partisan volontaire à cheval, Vétérinaire de Cavalerie légère, 2ᵐᵉ Régiment de Chasseurs à cheval, Compagnies Départementales, 1815.

MARBOT (DE)

TABLEAUX SYNOPTIQUES DE L'INFANTERIE ET DE LA CAVALERIE FRANÇAISES ET DES RÉGIMENTS ÉTRANGERS AU SERVICE DE LA FRANCE DE 1720 A 1788

Dressés par Alfred de Marbot.
Paris, 1854, *Clément, éditeur, rue des Saints-Pères, 3.*
Douze planches in-folio en couleur. Titre en haut au milieu. Adresses et signatures au bas de la feuille.

1 Tableau de l'Infanterie Française et Étrangère, de 1720 à 1734.
2 Tableau de la Cavalerie Française et Étrangère, de 1724 à 1734.
3 Tableau de l'Infanterie Française et Étrangère, de 1734 à 1757.
4 Tableau de la Cavalerie Française et Étrangère, de 1734 à 1749.
5 Tableau de l'Infanterie Française et Étrangère, de 1757 à 1765.
6 Tableau de la Cavalerie Française et Étrangère, de 1749 à 1761.
7 Tableau de l'Infanterie Française et Étrangère, de 1765 à 1775.
8 Tableau de la Cavalerie Française et Étrangère, de 1761 à 1776.
9 Tableau de l'Infanterie Française et Étrangère, de 1776 à 1779.
10 Tableau de la Cavalerie Française et Étrangère, de 1776 à 1779.
11 Tableau de l'Infanterie Française et Étrangère, de 1779 à 1788.
12 Tableau de la Cavalerie Française et Étrangère, de 1784 à 1788.

MARCO DE SAINT-HILAIRE

HISTOIRE ANECDOTIQUE, POLITIQUE ET MILITAIRE DE LA GARDE IMPÉRIALE

Par Émile Marco de Saint-Hilaire. Illustrée par H. Bellangé, E. Lami, de Moraine, Ch. Vernier. — *Paris, Eugène Penaud, Éditeur, 10, rue du Faubourg-Montmartre, 1847.*

Un volume in-4º de 712 pages, illustré de 3 planches en noir et de 39 planches en couleur, à un ou plusieurs personnages, à pied ou à cheval, scènes, poses et fonds variés, sans encadrement, numéro ni adresse; titre au bas et signatures diverses.

Officier de la Garde de la Convention et Soldat de la Garde du Directoire (à cheval), Garde Impériale.
Bonaparte, Premier Consul, à Marengo.
Grenadier à pied et Trompette des Grenadiers à cheval de la Garde des Consuls, Garde Impériale.
Napoléon, Empereur, Garde Impériale.
Chasseurs à pied, grande tenue d'hiver et Officier des Grenadiers à pied en petite tenue, Garde Impériale.
Grenadiers à pied (Sous-Officier) petite tenue d'été.
Musiciens des Grenadiers à pied, grande tenue, Garde Impériale.
Grenadier à cheval, Soldat, grande tenue et Officier, petite tenue, Garde Impériale.
Gendarme d'élite et Sapeur des Grenadiers à pied, Garde Impériale.
Officier Porte-étendard des Mamelucks et Trompette des Chasseurs à cheval, Garde Impériale.
Canonnier à pied et Officier d'Artillerie légère, Garde Impériale.

Davoust, Maréchal de l'Empire, Colonel-Général, Commandant les Grenadiers à pied, Garde Impériale.

Le Prince Eugène, Colonel Général, Commandant en Chef les Chasseurs à cheval (les guides), Garde Impériale.

Officier d'ordonnance de l'Empereur, Garde Impériale.

Fusilier Grenadier et Tirailleur Grenadier (premier régiment), Garde Impériale.

Soult, Maréchal de l'Empire, Colonel Général, Commandant les Chasseurs à pied, Garde Impériale.

Officier des Chevau-légers Lanciers (premier régiment) Grande tenue et Dragon de l'Impératrice, Grande tenue, Garde Impériale.

Officier et Soldat des Marins, Grande tenue, Garde Impériale.

Officiers supérieurs du Génie et de l'Artillerie et Soldat du Train d'Artillerie, Garde Impériale.

Tirailleur Chasseur et Flanqueur Chasseur, Garde Impériale.

Officier de Chasseurs à pied, Grande tenue.

Fusilier Chasseur, Tenue de route et Conscrit, Grande tenue, Garde Impériale.

Officier de Voltigeurs et Garde National, Grande tenue,

Sapeur du Génie, Grande tenue, Garde Impériale.

Bessières, Maréchal de l'Empire, Colonel-Général, Commandant la Cavalerie, Garde Impériale.

Grenadiers Hollandais et Pupilles (Grande tenue) Garde Impériale.

Voltigeur et Flanqueur Grenadier, Garde Impériale.

Vivandière, Soldat du Train des Equipages et Ouvrier d'Administration, Garde Impériale.

Chevau-légers lanciers (2e régiment) et Tartares Lithuaniens, attachés comme éclaireurs au régiment de Chevau-légers lanciers, Garde Impériale.

Garde d'honneur (tenue de campagne) et Eclaireur, Garde Impériale.

Mortier, Maréchal de l'Empire, Colonel-Général, Commandant l'Artillerie et les Marins, Garde Impériale.

Soldat d'Artillerie légère et Vétéran, Garde Impériale.

Trompette des Dragons de l'Impératrice et Timballiers des Chevau-légers lanciers, Garde Impériale

Le Prince S. Poniatowski, Commandant en chef les troupes polonaises, Garde Impériale.

Chirurgien en chef et Inspecteur aux Revues, Garde Impériale.

Le Grenadier de l'île d'Elbe, Garde Impériale.

Aide-de-camp attaché à l'Etat-Major Général et Gendarme d'ordonnance, Garde Impériale.

Timballier des Chasseurs à cheval (vieille Garde) et Chasseur à cheval (jeune Garde), Garde Impériale.

Nous n'avons catalogué que les planches d'uniformes. L'ouvrage contient en outre des planches en noir, représentant divers faits d'armes. La Garde Impériale de Marco St-Hilaire est un ouvrage intéressant comme texte; les uniformes sont sujets à caution.

Tambour des Cent-Suisses

MARTINET (Chez)

TROUPES FRANÇAISES (1ᵉʳ EMPIRE) (1807-1814)

Planches gravées, en hauteur et coloriées, représentant un et rarement plusieurs soldats à pied ou à cheval, poses et fonds variés. Trait carré. En haut, au milieu : *Troupes Françaises*; à droite, année de la publication (sur une partie des planches seulement) à gauche N° gravé ou écrit à la main, en bas, au milieu : nom du corps ou du régiment; à gauche, *chez Martinet, Editeur, rue du Coq, n° 13*; à droite, *Déposé à la Bibliothèque Impériale*.

Les indications que nous venons de donner ne sont pas absolues ; le N° de la planche est souvent à droite au lieu d'être à gauche ; l'indication, chez Martinet, Editeur, rue du Coq, n° 13, est quelquefois à droite et quelquefois au-dessous du titre, enfin l'adresse de l'éditeur ne figure pas sur toutes les planches.

Parmi les planches de cette collection, les unes n'ont servi qu'à représenter un type unique ; elles portent le plus souvent un N° gravé : les autres, comme celles de la Cavalerie, p. ex., ont servi à représenter les différents régiments de la même arme et elles portent des Nᵒˢ manuscrits, qui varient avec le n° du régiment. Enfin, ce qui contribue à rendre encore le classement des planches plus difficile, c'est qu'il existe fréquemment, pour la même arme, plusieurs types qui ont servi, suivant les époques, à représenter les différents régiments de cette arme. Ainsi les Hussards sont représentés par trois types différents et le n° 11, p. ex., qui est affecté au 5ᵉ Régt. de Hussards, a été placé indifféremment sur les planches des trois types qui représentent les Hussards. Il en est de même pour les Cuirassiers, les Dragons et les Chasseurs à cheval.

Dimensions des planches (Edition en grand papier) 0,22 sur 0,296. (Edition ordinaire), 0,178 sur 0,252. Dimensions du cadre, variables.

1 Infanterie de ligne, Grenadier, Régt. Garde de Paris (1807), (*vu de face, a le bonnet à poil*).
2 Infanterie de ligne, Grenadier, 2ᵉ Régt. Garde de Paris (1807), (*Type du n° 1*).
3 Infanterie de ligne, Chasseurs (1807), Régiment. (*vu de face, porte l'arme, il a le schako*).
4 Infanterie de Ligne, Régt. (*vu de face, porte l'arme et a le schako; diffère du type précédent en ce qu'il n'a qu'un baudrier sur l'épaule gauche*).
5 Infanterie de ligne, Grenadier. 32ᵉ Régiment. (*Type du n° 1*).
6 Hussard, 1ᵉʳ Régiment (1).
7 Hussard, 2ᵉ Régiment.
8 Hussard, 3ᵉ Régiment.
9 Invalide (1807) (*assis, fait faire l'exercice a son chien*).
10 Hussard, 4ᵉ Régiment.
11 Hussard, 5ᵉ Régiment.
12 Hussard, 6ᵉ Régiment.
13 Infanterie de ligne, 2ᵉ Régiment, Garde de Paris (*Type du n° 3*).
14 Infanterie de ligne, Chasseur, 2ᵉ Régiment, Garde de Paris (*Type du n° 3*).
15 Infanterie de ligne, 32ᵉ Régiment, 1807, (*Type. du n° 4*).
id. Cavalerie légère, Dragon, Cⁱᵉ d'élite, 25ᵉ Régᵗ (*a le bonnet à poil, galope vers la gauche*).
16 Infanterie de ligne, Grenadier, 58ᵉ Régiment (1807) (*Type du n° 1*).
id. Infanterie de ligne, Fourrier (*Type du n° 258, mais avec revers carrés*).
17 Garde Départementale de Paris en 1808 (*vu de face, porte l'arme, a le chapeau*),
18 Vétéran (1807) (*Type du n° 17*).
19 Garde National (1807) (*Type du n° 17*).

(1) Il existe trois planches différentes de Hussards, sur l'une le hussard galope vers la gauche le sabre à la main, sur la 2ᵉ, il galope également vers la gauche, en tenant un pistolet de la main droite, sur la troisième il est au repos, regardant vers la gauche.

19 Régt. d'Infanterie du Grand Duché de Berg, Chasseur, (*vu de face, porte l'arme, a le schako et des revers carrés*).
20 Infanterie de ligne, 1ᵉʳ Régiment, Garde de Paris en 1810 (*Type du n° 3*).
id. Infanterie légère du Grand Duché de Berg, Carabinier, (*Type du n° 19*).
21 Gendarme (1807) (*à cheval, marche vers la droite*).
22 Infanterie légère, Chasseur, 25ᵉ Régiment, Voltigeur (*porte l'arme, a un schako avec plumet*).
23 Infanterie légère, Chasseur, 4ᵉ Rég. (*Type du n° 22*).
24 Infanterie légère, Carabinier, 1ᵉʳ Régt, 1807 (*porte l'arme, a le bonnet à poil cordon et gants blancs*).
id. Infanterie légère, Carabinier, 2ᵉ Régiment (*cordon et gland du bonnet rouges*).
25 Cavalerie légère, Dragon, 1ᵉʳ Régiment (1).
26 Cavalerie légère, Dragon, 12ᵉ Régiment.
27 Cavalerie légère, Dragon, 13ᵉ Régiment.
28 Cavalerie légère, Dragon, 21ᵉ Régiment.
29 Cavalerie légère, Dragon, 2ᵉ Régiment.
30 Hussard, 7ᵉ Régiment.
31 Hussard, 8ᵉ Régiment.
32 Hussard, 9ᵉ Régiment.
33 Hussard, 10ᵉ Régiment.
34 Infanterie de ligne, 15ᵉ Régiment (*Type du n° 4*).
35 Infanterie de ligne, Chasseur, 15ᵉ Régt. (*Type du n° 3*).
id. Suisse, 2ᵉ Régiment, Grenadier (*bonnet à poil, porte le fusil sur l'épaule gauche*).
36 Infanterie de ligne, Grenadier, 15ᵉ Régt. (*Type du n° 1*).
id. Canonnier à cheval de la Garde, en petit uniforme (*en chapeau*).
37 Cavalerie légère, Dragon, 29ᵉ Régiment.
38 Cavalerie légère, Dragon, 3ᵉ Régiment.
39 Cavalerie légère, Dragon, 28ᵉ Régiment.
40 Chasseurs à cheval, 1ᵉʳ Régiment (2).
41 Cuirassiers, 1ᵉʳ Régiment.

(1) Il existe 4 types de Dragons, l'un à pied, près de son cheval, met son gant, le 2ᵉ galope en tenant un drapeau anglais, le 3ᵉ est à cheval regardant vers la droite, a des pattes d'épaules, le 4ᵉ est semblable au 3ᵉ mais a des épaulettes.

(2) Il existe 2 Types de Chasseurs à cheval l'un qui est à cheval et allume sa pipe, tête du cheval à gauche ; l'autre à cheval, tête du cheval à droite.

42 Chasseurs à cheval, 4ᵉ Régiment.
43 Chasseurs à cheval, 7ᵉ Régiment.
44 Cavalerie légère, Dragon, 14ᵉ Régiment.
45 Cuirassiers 7ᵉ Régiment.
46 Chasseurs à cheval, 10ᵉ Régiment.
47 Chasseurs à cheval, 19ᵉ Régiment.
48 Chasseurs à cheval, 22ᵉ Régiment.
49 Cuirassiers, 9ᵉ Régiment.
50 Chasseurs à cheval, 13ᵉ Régiment.
51 Chasseurs à cheval, 16ᵉ Régiment.
52 Garde Impériale, Grenadier, 1808 (*le bras droit appuyé sur le fusil*).
53 Garde Impériale, Chasseur à cheval (*avec gants à la crispin*).
54 Garde Impériale, Chasseur (1808) (*tient le fusil de la main droite*).
55 Dragon, Brigadier, 5ᵉ Régiment, Départ du cantonnement (*donne la main à une jeune fille qui est à une fenêtre.*)
id. Dragon, Brigadier, 9ᵉ Régiment, Départ du cantonnement (*Type précédent*).
56 Garde Impériale, Gendarme d'élite, 1808 (*à cheval, tête du cheval à gauche*).
57 Garde Impériale, Dragon (*à cheval, tête du cheval a droite*).
58 Garde Impériale, Grenadier à cheval (*avec grenade sur la chabraque*).
id. Garde Impériale, Grenadier à cheval (*avec couronne sur la chabraque et nœud à la queue du cheval*).
59 Canonnier (1808) (*appuyé sur un canon*).
60 Canonnier à cheval, 1808 (*avec schako*).
id. Canonnier à cheval, 1808 (*avec colback*).
61 Garde Impériale, Marin (*appuyé sur un canon fiché dans le sol*).
62 Garde Impériale, Fusilier (*avec pompon, cordon de schako et pattes d'épaules*).
id. Garde Impériale, Fusilier (*avec plumet, cordon de schako et épaulettes*).
63 Cavalerie légère, Dragon, 30ᵉ Régiment.
64 Chasseurs à cheval, 8ᵉ Régiment, 1808.
65 Chasseurs à cheval, 5ᵉ Régiment, 1808.
66 Chasseurs à cheval, 24ᵉ Régiment.
67 Cuirassiers, 2ᵉ Régiment.

68 Cavalerie légère, Dragon, 5ᵉ Régiment.
69 Cavalerie légère, Dragon, 6ᵉ Régiment.
70 Cavalerie légère, Dragon, 7ᵉ Régiment.
71 Cavalerie légère, Dragon, 8ᵉ Régiment.
72 Cavalerie légère, Dragon, 16ᵉ Régiment.
73 Chasseurs à cheval, 3ᵉ Régiment.
74 Cavalerie légère, Dragon, 23ᵉ Régiment.
75 Cuirassiers, 12ᵉ Régiment.
76 Chasseurs à cheval, 19ᵉ Régiment.
77 Cavalerie légère, Dragon, 27ᵉ Régiment.
78 Chasseurs à cheval, 12ᵉ Régiment.
79 Cavalerie légère, Dragon, 27ᵉ Régiment.
80 Chasseurs à cheval, 17ᵉ Régiment.
81 Cavalerie légère, Dragon, 26ᵉ Régiment.
82 Chasseurs à cheval, 9ᵉ Régiment.
83 Cuirassiers, 11ᵉ Régiment.
84 Chasseurs à cheval, 2ᵉ Régiment.
85 Cavalerie légère, Dragon, 17ᵉ Régiment.
86 Infanterie de ligne, 58ᵉ Régiment *(Type du n° 3)*.
id. Cuirassiers, 5ᵉ Régiment.
87 Cuirassiers, 6ᵉ Régiment.
88 Infanterie de ligne, Tambour-Major *(tient la canne de la main droite)*.
89 Dragons, Brigadier, 4ᵉ Régiment, Départ du cantonnement *(Type du n° 55)*.
90 Chasseurs à cheval, 23ᵉ Régiment.
91 Chasseurs à cheval, 21ᵉ Régiment.
92 Cavalerie légère, Dragon, 24ᵉ Régiment,
93 Chasseurs à cheval, 20ᵉ Régiment.
94 Chasseurs à cheval, 18ᵉ Régiment.
95 Chasseurs à cheval, 11ᵉ Régiment.
96 Chasseurs à cheval, 6ᵉ Régiment.
97 Cavalerie légère, Dragon, 22ᵉ Régiment.
98 Cavalerie légère, Dragon, 10ᵉ Régiment.
99 Cavalerie légère, Dragon, 15ᵉ Régiment.
100 Garde impériale, Chevau-légers polonais *(prêt à monter à cheval)*.
id. Infanterie de ligne, 58ᵉ Régᵗ Voltigeur *(Type du n° 3)*.
101 Garde Impériale, Train, *(Le soldat est debout à côté de son cheval)* (1).

(1) La plaque du schako est en cuivre sur certaines planches en étain sur d'autres.

102 Chasseurs à cheval, 27⁰ Régiment.
103 Cavalerie légère, Dragon, 18ᵉ Régiment.
104 Carabinier à cheval, Premier Régiment (*bonnet à poil et habit bleu à revers et retroussis rouges*).
105 Cuirassiers, 8ᵉ Régiment.
106 Cavalerie légère, Dragon, Garde de Paris, 1809 (*à cheval, tête du cheval à droite*).
107 Officier de Chasseurs de la Garde Impériale (*tient son épée sous le bras gauche*).
108 Cavalerie légère, Dragon, 11ᵉ Régiment.
109 Cavalerie légère, Dragon, 20ᵉ Régiment.
110 Cuirassiers, 3ᵉ Régiment.
111 Infanterie de ligne, Sergent Major plantant son aigle sur une redoute enlevée de vive force.
112 Cavalerie légère, Dragon, 19ᵉ Régiment.
113 Cuirassiers, 4ᵉ Régiment.
114 Chasseurs à cheval, 14ᵉ Régiment.
115 Chasseurs à cheval, 26ᵉ Régiment.
116 Cuirassiers, 10ᵉ Régiment.
117 Grenadier de la Garde Impériale et Marchande d'eau-de-vie suivant l'armée (*le grenadier est vu de dos*)
118 Garde Impériale, Tirailleur (*charge vers la droite*).
119 Chasseurs à cheval, 25ᵉ Régiment.
120 Garde Impériale, Sapeur des Grenadiers (*la hache sur l'épaule droite*).
121 Garde Impériale, Tirailleurs *Grenadiers* (*à la main*) (*Type du n⁰ 118*).
id. Garde Impériale, Tirailleurs *Voltigeurs* (*à la main*) (*Type du n⁰ 118*).
122 Officier de Hussards, 10ᵉ Régiment (*à cheval, marchant vers la gauche, a le colback*).
123 Officier de Hussards, 2ᵉ Régiment (*Type du n⁰ 122*).
124 Officier de Hussards, 4ᵉ Régiment (*Type du n⁰ 122*).
id. Garde Impériale, Fusilier (*avec plumet, sans cordon de schako et épaulettes*).
125 Officier de Hussards, 8ᵉ Régiment (*Type du n⁰ 122*).
126 Infanterie de ligne, Garde Départementale de Paris, en 1810, 1ʳᵉ Compagnie (*appuyé sur son fusil*).

127 Officier de Chasseurs à cheval, 13ᵉ Régiment *(en colback, à cheval, tête du cheval à droite).*
id. Bataillon de Chasseurs, résidant à Flessingue *(vu de face, au port d'armes, pas d'inscription, Troupes Françaises).*
128 Officier de Hussards, 1ᵉʳ Régiment *(Type du n° 122).*
129 Officier de Hussards, 6ᵉ Régiment *(Type du n° 122).*
130 Officier de Hussards, 7ᵉ Régiment *(Type du n° 122).*
131 Infanterie de ligne, Premier Bataillon colonial *(Type du n° 3).*
132 Infanterie de ligne, Voltigeur du Premier Bataillon colonial *(Type du n° 3).*
133 Infanterie de ligne, 75ᵉ Régiment *(tient son fusil sur le bras gauche).*
134 Officier de Hussards, 5ᵉ Régiment *(Type du n° 122).*
135 Officier de Dragons, 2ᵉ Régiment (1).
136 Officier de Dragons, 23ᵉ Régiment.
137 Officier de Dragons, 16ᵉ Régiment.
138 Officier de Dragons, Colonel, 25ᵉ Régiment.
139 Officier de Dragons, 3ᵉ Régiment.
140 Officier de Dragons, 1ᵉʳ Régiment.
141 Officier de Dragons, 22ᵉ Régiment.
142 Officier de Dragons, Colonel, 24ᵉ Régiment.
id Officier de Dragons, 24ᵉ Régiment.
143 Officier de Dragons, 13ᵉ Régiment.
144 Officier de Dragons, Colonel, 28ᵉ Régiment.
145 Officier de Dragons, 15ᵉ Régiment.
146 Officier de Dragons, 10ᵉ Régiment.
147 Officier de Hussards, 9ᵉ Régiment.
148 Infanterie légère, Chasseur, Régiment d'Isembourg *(Type du n° 3).*
149 Officier de Dragons, 20ᵉ Régiment.
150 Officier de Hussards, 3ᵉ Régiment *(Type du n° 122) (avec bottes, baudrier, plumet et sabretache rouges).*
id. Officier de Hussards, 2ᵉ Régiment *(avec bottes, baudrier, plumet et chabraque noires).*
151 Officier de Dragons, 18ᵉ Régiment.
152 Officier de Dragons, 30ᵉ Régiment.
153 Cuirassiers, 13ᵉ Régiment.
154 Officier de Dragons, 27ᵉ Régiment.

(1) Il existe deux types d'Officiers de Dragons. L'un d'eux représente un colonel et l'autre un officier.

155 Officier de Dragons, 4ᵉ Régiment.
156 Officier de Dragons, 11ᵉ Régiment.
157 Officier de Dragons, 12ᵉ Régiment.
id.   id.   id.   Colonel.
158 Garde Impériale Mameluck (*Tête du cheval à gauche*).
159 Chasseur à cheval, 28ᵉ Régiment.
160 Infanterie de ligne, Chasseurs, 1ᵉʳ Régiment, Garde de Paris (*Type du nº 3*).
161 Infanterie de ligne, Tambour battant la diane (*dans le fond des soldats sortent de leurs tentes*).
162 Officier de Dragons, 5ᵉ Régiment.
163 Officier de Dragons, 6ᵉ Régiment.
164 Officier de Dragons, Colonel, 8ᵉ Régiment.
165 Officier de Dragons, 7ᵉ Régiment.
166 Officier de Dragons, Colonel, 19ᵉ Régiment.
167 Garde Impériale, Chasseur à cheval, Maréchal-des-logis-chef (*avec gants courts*).
168 Pompier.
169 Infanterie de ligne, 100ᵉ Régiment (*appuyé sur son fusil*).
id. Infanterie de ligne, 100ᵉ Régiment (*avec revers carrés au lieu de revers en pointe*).
170 Infanterie de ligne, Voltigeur, 1ᵉʳ Régiment, Garde de Paris en 1810 (*Type du nº 1 avec plaque du bonnet à poil effacée*).
171 Officier de Dragons, Colonel, 17ᵉ Régiment.
id. Officier de Dragons, 17ᵉ Régiment.
172 Garde Impériale, Fusilier Grenadier (*tient son fusil sur le bras gauche*).
173 Officier de Dragons, 26ᵉ Régiment.
174 Officier de Dragons, 21ᵉ Régiment.
175 Officier de Dragons, 29ᵉ Régiment.
176 Garde Impériale, Tambour-Major (*avec baudrier sur l'épaule droite*).
id. Garde Impériale, Tambour-Major (*avec baudrier sur l'épaule gauche*).
177 Élève du lycée impérial, en 1811, (petit uniforme) (*nu tête, appuyé sur une borne*).
178 Officier de Dragons, 14ᵉ Régiment.
179 Officier de Dragons, 9ᵉ Régiment.
180 Napoléon 1ᵉʳ Empereur et Roi (*entouré de son État-Major*).

id. Napoléon 1er, sans inscription (sous la Restauration l'inscription a été enlevée).
181 Officier de Chasseurs à cheval, 1er Régiment.
id. Cavalerie légère, Dragons, Cie d'élite, 21e Régt.
182 Cavalerie légère, Dragons, Cie d'élite, 1er Régiment.
id. Cavalerie légère, Dragons, Cie d'élite, 5e Régiment.
183 Cavalerie légère, Dragons, Cie d'élite, 28e Régiment.
184 Garde Impériale, Officier des Grenadiers à cheval (*galope vers la gauche*)
185 Garde Impériale, Chasseur à cheval en petit uniforme (*Type du n° 36*).
186 Cavalerie légère, Dragons, Cie d'élite, 13e Régiment.
187 Douanes Impériales, Brigade à pied (*charge son fusil*) (1).
188 Douanes Impériales, Brigade à cheval (*à cheval devant un rocher*) (1).
189 Officier de Chasseurs à cheval, 1er Régiment.
190 Officier de Chasseurs à cheval, 28e Régiment.
191 Officier de Chasseurs à cheval, 4e Régiment.
192 Commissaire des Guerres (*debout près d'un arbre*).
193 Infanterie de ligne, Tambour-Major. 2e Régt. de la Garde de Paris (*Type du n° 81*).
194 Officier de Chasseurs à cheval, 16e Régiment.
id. Officier de Chasseurs à cheval, 17e Régiment.
195 Officier de Chasseurs à cheval, 19e Régiment.
id. Officier de Chasseurs à cheval, 20e Régiment.
196 Officier de Chasseurs à cheval, 9e Régiment.
id. Officier de Chasseurs à cheval, 8e Régiment.
197 Général de brigade (*à pied; donne des ordres à un hussard*).
198 Garde Impériale ; Canonnier à cheval (*galope en tenant un boute-feu*).
199 Officier de Chasseurs à cheval, 12e Régiment.
200 Officier de Chasseurs à cheval, 22e Régiment.
id. Officier de Chasseurs à cheval, 23e Régiment.
201 Officier d'Infanterie de ligne (*tient son épée la pointe tournée vers le sol*).
202 Cuirassiers. Officier supérieur, 4e Régiment.
id.   id.   id.   3e Régiment.
id.   id.   id.   7er Régiment.

(1) Les deux planches sont signées « Par un employé des douanes ».

203 Officier de Chasseurs à cheval, 26e Régiment.
id. Officier de Chasseurs à cheval, 25e Régiment.
204 Trompette de Cuirassiers, 4e Régiment *(tête du cheval à gauche)*.
205 Garde Impériale, Lancier polonais *(les mots « Troupes Françaises » sont en haut à droite) (est à cheval)*.
206 Garde Impériale, Timbalier des lanciers polonais *(tête du cheval à gauche)*.
207 Officier d'Infanterie légère, Régiment *(tient son épée des deux mains)*.
208 Officier de Chasseurs à cheval, 18e Régiment.
id. Chevau-légers français, 1er Régiment *(charge, la lance à la main)*.
209 Cuirassiers, Officier supérieur, 7e Régiment.
id. — — — 9e Régiment.
210 Sous-Inspecteur aux Revues *(avec plumet blanc, ceinture longue, poignée d'épée dorée)*.
id. Sous-Inspecteur aux Revues *(sans plumet, ceinture courte, poignée d'épée en argent)*.
211 Cuirassiers, Officier supérieur, 8e Régiment.
id. Cuirassiers, Officier supérieur, 11e Régiment.
212 Cuirassiers, Officier supérieur, 2e Régiment.
id. — — — 5e Régiment.
213 Garde Impériale, Canonnier *(avec guêtres noires)*.
id. Garde Impériale, Canonnier *(avec guêtres blanches)*.
214 Garde royale hollandaise, réunie à la Garde Impériale en août 1810 *(avec boutonnières aurore sur les revers)*.
id. Garde Impériale, Grenadier, 3e Régiment *(sans boutonnières et sans les mots « réunie à la Garde Impériale »)*.
215 Elève de l'Ecole polytechnique *(appuyé sur son fusil)*.
216 Trompette de Cuirassiers, 1er Régiment *(Type du n° 204)*.
217 Officier des Lanciers polonais *(tête du cheval à droite, franchit un gué)*.
218 Officier de Chasseurs à cheval, 10e Régiment.
219 Elève du Lycée Napoléon *(jouant à la balle)*.
220 Aide-de-camp de Général de Division *(de Général de Division à la main) (galope en tenant son chapeau)*.
221 Officier de Chasseurs à cheval, 21e Régiment.

222 Officier de Chasseurs à cheval, 24ᵉ Régiment.
223 Officier de Chasseurs à cheval, 7ᵉ Régiment.
id. Chevau-légers français, 3ᵉ Régiment *(Type du n° 208)*.
224 Infanterie de ligne en campagne, Sentinelle *(appuyée contre un arbre, paysage de neige)*.
225 Dragons de la Garde Impériale. Officier *(galope vers la droite)*.
226 Légion portugaise, Grenadier *(appuyé contre une balustrade)*.
227 Légion portugaise, Chasseur *(Type du n° 226)*.
228 Officier de Chasseurs à cheval, 27ᵉ Régiment.
id. Officier des Chevau-légers français, 1ᵉʳ Régiment *(tête du cheval à gauche)*.
229 Légion portugaise, Cavalerie *(tête du cheval à droite)*.
230 Dragons de la Garde Impériale, Trompettes, Grand et petit uniforme *(l'un à cheval, l'autre à pied)*.
231 Garde Impériale, Officier des Guides, Petit uniforme *(tête du cheval à gauche)*.
232 Ecole préparatoire polytechnique *(appuyé sur son fusil)*.
233 Scène militaire. Soldats à la prise d'une forteresse *(des sapeurs enfoncent une porte)*.
234 Capitaine adjoint aux Etats-Majors des Armées *(tête du cheval à droite)*.
235 Elève de l'Ecole de Cavalerie de St-Germain *(avec contre-épaulettes)*. Variante *(avec épaulettes blanches, Cⁱᵉ d'élite)*.
236 L'empereur, vu de dos *(la planche ne porte pas de titre). (passe en revue des troupes portugaises)*.
237 Infanterie de ligne, Caporal *(avec revers en pointes)*.
id. Infanterie de ligne, Caporal *(avec revers carrés et sans cordon de schako ni plaque)*.
238 Garde Impériale, Train *(soldat passant sur un pont qui s'effondre)*.
239 Officier de Dragons, Colonel, 1ᵉʳ Régiment.
id. Officier des Chevau-légers Français, 3ᵉ Régiment *(Type du n° 228)*.
240 Trompette de Cuirassiers, 7ᵐᵉ Régiment *(Type du n° 204)*.
241 Infanterie de ligne, Carabinier, 2ᵐᵉ Régiment, Garde de Paris *(avec bonnet à poil) Type du n° 1, mais plaque de bonnet recouverte par le coloris)*.
id. Chevau-légers français, 4ᵉ Régiment *Type du n° 208)*.

242 Officier d'Infanterie de ligne, 2ᵉ Régiment, Garde de Paris (*Type du n° 201*),
243 Officier d'infanterie de ligne, 1ᵉʳ Régiment, Garde de Paris (*Type du n° 201*).
244 Garde Impériale, Musicien des Grenadiers à pied (*appuyé sur une balustrade*).
245 Scène militaire (*Soldats se chauffant à un feu de bivouac*).
246 Infanterie légère, Caporal (*monte à l'assaut*).
247 Cuirassiers, Officier supérieur, 13ᵉ Régt.
id. Cuirassiers, Officier supérieur, 14ᵉ Régt.
248 Maréchal de l'Empire, signé Godissart 1811 (*tête du cheval à gauche*).
249 Infanterie de ligne, Sergent (*appuyé sur son fusil*).
id. Infanterie de ligne, Sergent (*type précédent mais avec revers carrés et sans cordon de schako*).
250 Chirurgien de 1ʳᵉ classe (*marche vers la gauche*).
251 Garde Impériale, Lanciers, 2ᵉ Régiment (*Les mots Troupes Françaises sont en haut à droite*) (*Type du n° 205*).
252 Officier des Lanciers, 2ᵐᵉ Régiment de la Garde Impériale (*Type du n° 217*).
253 Garde Impériale, Sapeur du Génie (*appuyé sur son fusil*).
254 Cuirassiers, 14ᵉ Régiment.
255 Hussards, 11ᵉ Régiment.
256 Officier de Hussards, 11ᵉ Régiment.
id. Chevau-légers français, 1ᵉʳ Régt. (*double emploi avec le n° 208*).
257 Dragon (*Gilet et pantalon d'écurie. Pansement du matin*).
258 Infʲᵉ de ligne, Fourier (*dans la cour du quartier*).
id. Infanterie de ligne, Fourier (*avec revers carrés et sans cordon de schako*).
259 Garde Impériale, Dragon en petit uniforme (*monte un escalier*) (*1*).
260 Dragons, Brigadier, 1ᵉʳ Régiment. Départ du Cantonnement.
id. Chevau-légers français, Officier, 4ᵐᵉ Régt. (*Type du n° 228*).

(1) On trouve cette planche avec la culotte en nankin et la culotte verte.

261 Gendarme à pied *(monte la garde)*.
262 Officier des Chasseurs de la Garde Impériale *(tête du cheval à gauche)*.
263 Infanterie de ligne, Maîtres d'armes *(2 soldats en gilet)*.
264 Élève du lycée Charlemagne *(Type du n° 219)*.
265 Infanterie légère, Carabinier *en campagne (ou sans ces mots, s'appuie sur une barrière.)*
266 Garde Impériale, Officier des Grenadiers à pied *(auprès d'une tente)*.
267 Garde Impériale, Officier des Sapeurs du Génie *(devant une grille)*.
268 Infanterie légère, Chasseur, 3ᵉ Régiment étranger *(Type du n° 3)*.
269 Garde Impériale, Officier des Grenadiers, 3ᵉ Régiment *(3ᵉ à la main)(les mains derrière le dos)*.
270 Garde Impériale, Officier d'artillerie à cheval *(tête du cheval à gauche)*.
271 Suisse, 2ᵐᵉ Régiment Grenadier *(double emploi avec le n° 35)*.
272 Aide-de-camp de Général de brigade *(de Général de brigade, à la main) (Type du n° 220)*.
273 Élève de l'École de Marine *(Type du n° 117)*.
274 Aide-de-camp de Général en chef *(de Général en chef, à la main) (Type du n° 220)*.
275 Lancier, Gendarme *(tête du cheval à droite)*.
276 Garde-Champêtre du département de Seine-et-Oise.
277 Chasseur à cheval, 29ᵉ Régiment.
278 Chasseur à cheval, 30ᵉ Régiment.
279 Chasseur à cheval, 31ᵉ Régiment.
280 Infanterie de ligne, *(Guêtres blanches)*.
   Vétéran, 1ᵉʳ Ban de la Garde Nationale.
   Garde Nationale, 1ᵉʳ Ban *(Guêtres noires)*.
281 Officier de Chasseurs à cheval, 31ᵉ Régiment *(Type du n° 189)*.
282 Chevau-légers Français, 5ᵉ Régiment *(Type du n° 208)*.
283 Chevau-légers Français, 6ᵉ Régiment *(Type du n° 208)*.
284 Officier des Chevau-légers Français, 6ᵉ Régiment *(Type du n° 228)*.
285 Sapeur-Pompier, Sergent-major *(de face, le fusil à gauche)*.

286 Officier de Sapeurs-Pompiers dans l'incendie (*tient une hache de la main gauche*).

287 Capitaine adjoint à l'État M-ajor Général de la Garde Impériale, en campagne (*dans le fond un défilé d'Artillerie*).

288 Général, Chef d'État-Major Général de la Garde Impériale en campagne (*galope, à ses pieds un Turc mort*).

289 Flanqueur de la Garde (*tient son fusil de la main droite, le bras tendu*).

290 Trompette des Chasseurs de la Garde (*à cheval descend un talus*).

291 Officier des Gendarmes d'élite (*tête du cheval, vers la gauche*).

292 Garde d'honneur, 1ᵉʳ Régiment.
— 2ᵐᵉ Régiment.
— 3ᵐᵉ Régiment.
— 4ᵐᵉ Régiment.

293 Officier de Sapeurs-Pompiers en grande tenue (*dans le fond, exercice de pompes*).

294 Carabinier à cheval, 1ᵉʳ Régiment, signature Maleuvre (*uniforme blanc et casque*).

295 Officier de Carabiniers à cheval (*uniforme blanc et casque*).

296 Hussard, 12ᵉ Régiment.

Cette collection, la plus importante de celles qui ont été publiées en France sur les troupes de Napoléon, comprend, comme nous l'avons dit plus haut, des planches dont le numéro est gravé et d'autres dont le numéro a été mis à la main. Les planches types sont *en chiffres italiques* dans notre catalogue. Le même numéro (quand il s'agit du numéro mis à la main) est d'ailleurs quelquefois attribué à des planches différentes.

La Bibliothèque Nationale possède deux exemplaires de cet ouvrage dont l'un a pour titre :

Collection de tous les uniformes de l'armée de Bonaparte.

Un autre exemplaire, appartenant également à la Bibliothèque et tiré sur grand papier, y figure sous le titre de Galerie des Enfants de Mars.

Il ne comprend que la Garde Impériale.

Notre catalogue a été dressé en relevant les nᵒˢ des deux collections de la Bibliothèque Nationale, de celle de MM. Cottreau, Millot et Vanson, et de deux exemplaires que nous possédons et dont l'un a été relié vers 1812 ou 1813, car il ne contient pas les planches postérieures à 1812 et dont l'autre l'a été au commencement de la Restauration et qui comprend tous les régiments qui existaient en 1812.

Nous n'avons pas fait mention des différences de coloris qui existent parfois sur les planches des diverses collections que nous venons de citer et qui portent surtout sur la couleur des plumets, mais nous avons noté les différences qui existent dans la gravure des planches.

La collection des Troupes Françaises de Martinet est la source à laquelle il faut toujours puiser, lorsqu'on veut avoir des renseignements exacts sur les tenues du 1er Empire, de 1807 a 1815. Par la précision du dessin, la perfection du coloris, le soin du détail, cette collection constitue un document des plus précieux pour l'Histoire du Costume Militaire.

MARTINET (Chez)

TROUPES FRANÇAISES (RESTAURATION) (1814-1816)

Planches gravées et coloriées du même format que celles de la série précédente, mais généralement sans N° ; quelques types seulement sont nouveaux, les autres planches provenant de transformations de planches de la série précédente.

1 Garde du Génie (1817), *(debout auprès d'une fascine sur laquelle est développé un plan ; avec revers, collet noir et pattes de parements).*

2 Garde du Génie (1817), *(Type du précédent mais sans revers, sans pattes de parements et avec collet bleu de ciel).*

3 Gendarmerie royale de Paris *(à cheval, tête du cheval à gauche, avec brandebourgs sur les revers)*

4 Gendarmerie royale de Paris *(même type que le précédent, mais sans brandebourgs sur les revers).*

5 Légions Départementales *(soldat en faction sous une voûte).*

6 Légions Départementales (*soldat appuyé sur son fusil, dans le fond une charrette*) (1).

7 Légions Départementales, Officier (*Type du n° 201 de la collection de l'Empire, modifié par la suppression du plumet; en place de l'aigle, plaque aux armes royales, pas de cordon de schako, revers carrés, bottes courtes*).

8 Légions Départementales, Fourrier (*Type du n° 16, modifié comme le précédent*).

9 Légions Départementales, Sergent (*Type du n° 249, modifié comme les précédents*).

10 Légions Départementales, Caporal (*Type du n° 237, modifié comme les précédents*).

11 Légions Départementales (*Type du n° 126, modifié comme les précédents*).

12 Légions Départementales, Chasseur (*Type du n° 3, modifié comme les précédents, avec fond représentant le Château Trompette de Bordeaux*).

13 Légions Départementales (*Type du n° 133, modifié comme les précédents*).

14 Légions Départementales, Officier de Grenadiers (*Type du n° 269, modifié comme les précédents; un arbre a été ajouté sur la droite*).

15 Légions Départementales, Grenadier (*Type du n° 214, modifié comme les précédents : un arbre a été ajouté sur la gauche*).

16 Sapeur des Légions Départementales (*Type du n° 120, modifié par le coloris, suppression du cordon et du gland du bonnet à poil, ainsi que du ceinturon*).

17 Officier de Chasseurs de la Garde Nationale parisienne (*Type du n° 107, modifié par la suppression du cordon et du gland du bonnet à poil*).

18 Légions Départementales, Maîtres d'armes (*Type du n° 263, modification du coloris*).

(1) Cette planche a servi à représenter soit des Grenadiers ou Voltigeurs des Légions, avec l'uniforme blanc, soit des Chasseurs avec l'uniforme vert.

MARTINET (Chez)

TROUPES FRANÇAISES. MAISON DU ROI (1814)

Planches gravées en hauteur et coloriées, représentant un soldat à pied ou à cheval, poses et fonds variés. Trait carré. En haut et au milieu : *Troupes Françaises*, à droite, 1814. En bas et au milieu, nom du corps et au-dessous *à Paris, chez Martinet, rue du Coq, n° 11*, ou *à Paris rue Dauphine, 35* (1).

Dimensions des planches 0,175 sur 0,264. Dimensions du cadre 0,105 sur 0,164.

S. A. R. Mgr le duc de Berry, Colonel-Général des Chevau-Légers lanciers (1815).
S. A. S. Mgr le duc d'Orléans, Colonel-Général des Hussards (1817).
Mousquetaire (*noir*) (*à cheval au pas*).
Mousquetaire (*noir*) (*le cheval se cabre*).
Gendarme du Roi.
Garde du corps (*en chapeau*).
Garde du corps (*en casque et sans revers*).
Garde du corps, Petit uniforme.
Garde du corps de Monsieur (*en chapeau*).
Garde du corps de Monsieur (*en casque et sans revers*).
Cent-Suisses (*avec bottes jusqu'aux genoux*).
Cent-Suisses (*avec brodequins*).
Cent-Suisses (*avec pantalon et sans revers*).
Tambour des Cent-Suisses.

Très belle série, fort intérressante et rare.

MARTINET (Chez)

MAISON DU ROI (1814)

Planches in-folio, gravées en hauteur et coloriées. Plu

(Cette inscription est quelquefois remplacée par celle-ci *à Paris, chez Mme Chazal, rue Dauphine, n° 35.*

sieurs soldats à pied ou à cheval sur chaque feuille. Poses et fonds variés. Double trait carré.

En bas, au milieu, *Maison du Roi* ; au-dessous, nom du corps ; à gauche, *à Paris, chez Martinet, Libraire, rue du Coq, n° 15* ; à droite, *Déposé à la Direction*.

1 MM. les Gardes du Corps du Roi, en uniforme et en surtout.
2 MM. les Mousquetaires Noirs, en Grand et en Petit uniforme.
3 MM. les Chevau-légers du Roi, en Grand et en Petit uniforme.
4 MM. les Gendarmes du Roi, en Grand et en Petit uniforme.

Ces belles planches donnent avec grand détail les uniformes des Gardes du corps et de la Maison Rouge du Roi.

MARTINET (Chez)

TROUPES FRANÇAISES. 1816-1822 (GARDE ROYALE)

Planches gravées, en hauteur et coloriées, représentant un soldat à pied ou à cheval, poses et fonds variés. Trait carré. En haut et au milieu : *Troupes Françaises*, à droite, *1816*, et rarement *1817* ; à gauche, N° gravé, En bas, et au milieu, nom du corps ou du Régiment ; à gauche, *chez Martinet, Editeur, rue du Coq, n° 13*, à droite *Déposé*.

Dimensions des planches 0,184 sur 0,575. Dimensions du cadre (variables)

Frontispice représentant un trophée d'armes portant le titre : Galerie militaire.

1 Garde royale, Infanterie, Grenadier, Régiment (*avec guêtres noires*).
id. Garde royale, Infanterie, Grenadier, Régiment (*avec pantalon*).
2 Garde royale, Chasseur à cheval.
3 Garde royale, Infanterie (Chasseur, *à la main*), Régiment (*avec guêtres noires*).

id. Garde royale, Infanterie (Chasseur, *à la main*), Régiment (*avec pantalon*).
4 Garde royale, Grenadier à cheval, Régiment (en petite tenue, *à la main*).
5 Garde royale, Lanciers (*avec plumet droit*).
id. Garde royale, Lanciers (*avec panache retombant*).
6 Garde royale, Cuirassiers, Régiment.
7 Garde royale, Dragons.
8 Garde royale, Hussards.
9 Garde royale, Tambour-Major, Régiment.
10 Garde royale, Canonniers à cheval.
11 Garde royale, Sapeurs, Régiment.
12 Garde royale, Canonnier à pied.
13 Garde royale, Infanterie, Petite tenue.
14 Garde royale, Train d'Artillerie.
15 Garde royale, Officier au Régiment d'Artillerie à pied.
16 Garde royale, Suisses, Régiment (*avec revers bleus et brandebourgs*).
id. Garde royale, Suisses, Régiment (*avec brandebourgs et sans revers*).
17 Garde royale, Fusilier (en pantalon), 1822 (1).
Sans N°, Gendarmerie des Chasses royales, Voyages et Résidences du Roi.

MARTINET (Chez)

GARDE NATIONALE EN 1830

Planches lithographiées, en hauteur et coloriées. Un soldat par planche, poses et fonds variés. Titre en bas et au milieu ; à gauche, *Paris, chez l'Éditeur, rue du Coq-St-Honoré, n° 4* ; à droite, *Lith de Fonrouge*, et au-dessous *Hautecœur et Martinet*, même rue.

Garde Nationale, Chasseur en grande tenue, nouvel uniforme.
Garde Nationale, Canonnier en grande tenue.

(1) Cette planche porte en bas les inscriptions suivantes, à gauche, *chez Martinet*, à droite, *Maleuvre sculpsit*.

MARTINET (Maison)

UNIFORMES DE L'ARMÉE FRANÇAISE SOUS NAPOLÉON III (1854)

Planches lithographiées, en hauteur et coloriées. Titre au bas de la feuille et au milieu: à gauche, tantôt, *Lith. de Villain*, tantôt *Paris, Hautecœur frères, rue Vivienne, 41, rue de Rivoli, 116* ; à droite, tantôt, *Lith. de Godard, Quai des Augustins, 55, Paris*, tantôt, *Paris, Maison Martinet, rue Vivienne, 41, et rue du Coq, 11*.(Les planches qui portent cette dernière inscription sont les plus anciennes).

Garde Impériale, Escadron des Cent-Gardes.
Garde Impériale, Chasseur, Grenadier et Voltigeur (*Tenue de 1854*).
Garde Impériale, Génie, Gendarme et Artillerie.
Infanterie.
Chasseur à pied, Bataillon.
Régiment du Génie.
Régiment de Carabiniers.
Régiment de Dragons.
Régiment de Lanciers.
Régiment de Chasseurs.
Régiment de Hussards.
Régiment d'Artillerie, Batterie à pied.
Régiment d'Artillerie, Batterie à cheval.
Train des Équipages.

Fort jolie collection devenue rare, paraît être de Lalaisse, dont les initiales Hy. L. figurent sur quelques planches.

MARTINET (Maison)

COSTUMES DE L'ARMÉE FRANÇAISE (1851)

Planches lithographiées sur papier teinté, cadre extérieur blanc, à gauche quelquefois : *Paris, Maison Martinet*, à droite quelquefois, *Lith. de Godard*.

Dimensions des planches 0,106 sur 0,158.
Officier d'ordonnance de S. M. l'Empereur.
Maréchal de France.
Voltigeur, Grenadier (Garde Impériale).
Génie, Gendarmerie (Garde Impériale).
Zouave, Chasseur à pied (Garde Impériale).
Escadron des Cent-Gardes.
Guides (Garde Impériale).
Officier de Cuirassiers (Garde Impériale).
Gendarme (Garde Impériale).
Artillerie à cheval (Garde Impériale).
Infanterie de ligne (Officier et Soldat).
Chasseur à pied, Zouave.
Artillerie, Génie.
Carabinier.
Cuirassier.
Officier de Chasseurs à cheval, Officier de Dragons.
Lancier.
Hussard.
Chasseur d'Afrique.
Spahis.
Petite collection à l'usage des enfants, bien dessinée et coloriée à la main. Présente un certain intérêt. A été tirée sur 2 feuilles contenant chacune dix sujets.

MARTINET (Maison)

GARDE IMPÉRIALE ET ARMÉE FRANÇAISE
(vers 1860)

Grandes planches lithographiées et coloriées contenant 24 sujets, que l'on découpait pour en former des Albums pour les enfants.

Paris, Maison Martinet, Imp. Godard, Paris.
L'Empereur.
Maréchal de France.
Cent-Gardes.
Guide (Garde Impériale).
Cuirassier (Garde Impériale).
Lancier (Garde Impériale).
Chasseur (Garde Impériale).
Artilleur (Garde Impériale),
Cuirassier.

S¹·Cyr, Ecole de Metz, Ecole Polytechnique.
Dragon, Hussard.
Carabinier.
Gendarmerie à cheval (Garde Impériale).
Dragon (Garde Impériale).
Chasseur d'Afrique, Spahis.
Chasseur, Lancier.
Cantinière, Voltigeur de la Garde (Garde Impériale).
    Zouaves (Garde Impériale).
Voltigeur (Garde Impériale), Grenadier (Garde Impériale).
Génie (Garde Impériale), Gendarme (Garde Impériale).
Chasseur à pied (Garde Impériale), Zouave (Garde Impériale).
Chasseur à pied, Infanterie de ligne.
Turcos, Zouaves.
Artillerie, Génie.
Infanterie de Marine.

Petite collection à l'usage des enfants, bien dessinée et coloriée à la main. Présente un certain intérêt.

MARTINET (Maison)

COSTUMES DES FRANCS-TIREURS ET DES VOLONTAIRES DE 1870

Publiés par la Maison Martinet, 12, boulevard des Capucines (Grand hôtel).
Eclaireur (Garde National), Officier.
Eclaireur (Garde National), Soldat.
Carabinier Parisien.
Franc-Tireur, Ile de France.
Eclaireur Mocquart.
Guérillas de la Seine.
Franc-Tireur de la Presse.
Amis de la France.
Eclaireur de la Seine.
Eclaireur Franchetti.
Médecin Eclaireur.
Aronsohn.

Franc-Tireur de la Garde Nationale.
Franc-Tireur des Ternes.
Franc-Tireur de Neuilly.
Canotier de la Seine.
Ambulance.
Franc-Tireur des Vosges.
Employé des Chemins de fer.
Mobile.
Gardien de la paix.
Guérillas de l'Ile-de-France.
Eclaireur à cheval de la Seine.
Garde Nationale.
Estafette *(signature Albert)*.

MOLTZHEIM (DE)

L'ARTILLERIE FRANÇAISE

Costumes — Uniformes — Matériel.
Titre, Texte, Frontispice et 63 Planches lith. et coloriées.

TITRE

A. de Moltzheim, Capitaine en 1er au train d'Artillerie.
L'Artillerie Française
Costumes — Uniformes — Matériel
Depuis le moyen-âge jusqu'à nos jours

Ouvrage orné de 64 planches en couleur, reproduites d'après les originaux, appartenant à Sa Majesté l'Empereur, et publié sous ses auspices. Paris, J. Rothschild, éditeur, 43, rue St-André-des-Arts, MDCCCLXX. Tous droits réservés.

Le texte comprend 47 pages in-folio, des Tableaux de la composition des Troupes de l'Artillerie, depuis leur organisation militaire sous Louis XIV, une Table des Chapitres et une Table des Planches.

1. Frontispice.
2. Batterie de siège au Moyen-âge.
3. Guerre de siège aux XIV et XVe siècles.
4. Artillerie du XIVe et du XVe siècles.
5. Louis XII, Artillerie, 1507 (Artilleurs, Lansquenets chargés de la garde de l'Artillerie).
6. Louis XII, Artillerie de 1500 à 1550. (Haquebutier, Artillerie, Pièce attelée).
7. François Ier 1540, Artillerie en marche.
8. Henri II, Artillerie en 1550 (Artilleurs, Suisses chargés de la garde de l'artillerie).
9. Henry IV, 1600, Batterie de siège.
10. Louis XIII, Artillerie en 1640.

11 Louis XIV, Artillerie en 1671 (Régiment des Fusiliers du Roi et Commissaire ordinaire d'Artillerie).
12 Louis XIV, 1680, Régiment des Fusiliers du Roi (Officier, enseigne). 1674, Compagnies de Canonniers.
13 Louis XIV, 1680, Artillerie en marche.
14 Louis XV, 1720, Régiment Royal-Artillerie (Officiers, Sergent, Bombardiers).
15 Louis XV, 1745, Régiment Royal-Artillerie (Batterie de siège).
16 Louis XV, 1757, Corps royal de l'Artillerie (Ouvrier, Canonnier, Mineur).
17 Louis XV, 1760, Corps royal de l'Artillerie (Officier, Mineur, Ouvrier, Canonnier).
18 Louis XV, 1765, Corps royal de l'Artillerie (Canonnier, Artillerie des Gardes Françaises, Fourrier d'Ouvriers, Ouvrier d'Etat).
19 Louis XV, 1772, Corps royal de l'Artillerie (Canonnier appointé, ancien Canonnier, Sergent, Capitaine, Garde-Magasin d'Artillerie, Tambour).
20 Louis XV, 1772, Milices garde-côtes (Compagnies de Canonniers).
21 Louis XVI, 1774, Corps royal de l'Artillerie (Charretier, Conducteur de charroi, Officier porte-Drapeau, Canonnier).
22 Louis XVI, 1775, Corps royal de l'Artillerie (Batterie de place).
23 Louis XVI, 1786, Corps royal de l'Artillerie (Canonnier, Officier, Sergent).
24 Louis XVI, 1786, Corps royal de l'Artillerie (Régiments provinciaux d'Artillerie, Mineur, Artificier, Officier d'Ouvriers).
25 Louis XVI, 1786, Canonniers garde-côtes.
26 République, 1792, Artillerie à pied et à cheval, Charretiers.
27 Napoléon Ier, 1809, Garde Impériale, Artillerie à pied, (Officier supérieur).
28 Napoléon Ier, 1808-1815, Garde Impériale, Artillerie à pied et Train d'Artillerie.
29 Napoléon Ier, 1804-1815, Garde Impériale, Artillerie à cheval et Train d'Artillerie.
30 Napoléon Ier, 1804-1815, Garde Impériale, Artillerie à cheval (Tenue de campagne).

31 Napoléon Ier, 1806-1812, Artillerie à pied et Train d'Artillerie (Ligne).
32 Napoléon Ier, 1806 à 1812, Artillerie à cheval et Train d'Artillerie (Ligne).
33 Restauration, 1815 à 1820, Garde royale, Artillerie à pied.
34 Restauration, 1820-1829, Garde royale, Artillerie à cheval.
35 Restauration, 1823-1829, Garde royale, Train d'Artillerie.
36 Restauration, 1820-1829, Artillerie à pied, Ligne.
37 Restauration, 1823-1829, Artillerie à cheval, Ligne.
38 Restauration, 1823, Train d'Artillerie, Ligne.
39 Restauration, 1829, Régiment d'Artillerie de la Garde royale (Batterie à pied montée).
40 Restauration, 1829, Régiment d'Artillerie de la Ligne (Batterie à cheval).
41 Louis-Philippe Ier, 1830-1836, Régiments d'Artillerie (Batterie montée).
42 Louis-Philippe Ier, 1836 à 1845, Régiments d'Artillerie (Batterie de siège).
43 Louis-Philippe Ier, 1836 à 1840, Train des parcs d'Artillerie.
44 Louis-Philippe Ier, 1840 à 1846, Train des parcs d'Artillerie (Tenue de route).
45 Louis-Philippe Ier, République et Napoléon III, 1845 à 1854, Régiments d'Artillerie (Batterie montée et batterie à cheval).
46 Louis-Philippe Ier, 1846, Artillerie de montagne en marche (Tenue de campagne en Algérie).
47 République et Napoléon III, 1848-1854, Train des parcs d'Artillerie.
48 Napoléon III, 1854 à 1860, Régiments d'Artillerie à pied (Batterie à pied, petite tenue).
49 Napoléon III, 1854 à 1860, Régiments d'Artillerie à pied (Batterie de parc).
50 Napoléon III, 1854 à 1860, Régiments d'Artillerie montés.
51 Napoléon III, 1854 à 1860, Régiments d'Artillerie à cheval.
52 Napoléon III, 1855, Artillerie de montagne en batterie (Tenue de campagne en Algérie).

53 Napoléon III, Août 1855, Siège de Sébastopol (Attaque de droite, batterie n° 33).
54 Napoléon III, 1855, Garde Impériale, Régiment d'Artillerie à pied.
55 Napoléon III, 1855, Garde Impériale, Régiment d'Artillerie à pied (Petite tenue).
56 Napoléon III, 1855, Garde Impériale, Régiment d'Artillerie à cheval.
57 Napoléon III, 1855, Garde Impériale, Régiment d'Artillerie à cheval (Tenue de campagne).
58 Napoléon III, 1860, Etat-Major de l'Artillerie (Général de division).
59 Napoléon III, 1860, Garde Impériale, Artillerie et train d'artillerie, Canons rayés.
60 Napoléon III, 1860, Régiments d'Artillerie, (Régiments montés, Ligne).
61 Napoléon III, 1860, Train d'Artillerie, Ligne.
62 Napoléon III, 1860, Artillerie de montagne attelée par le Train (Grande tenue en Algérie, batterie mixte).
63 Napoléon III, 1860, Canonniers vétérans.
64 Napoléon III, 1860, Invalides et Ecoles : Ecole polytechnique, Ecole d'application de Metz, Canonnier invalide).

MOLTZHEIM (DE)

LA NOUVELLE ARMÉE FRANÇAISE
1875

Titre : La Nouvelle Armée Française, par A. de Moltzheim, Capitaine en retraite, Ex-Colonel d'Artillerie mobilisée. Publication autorisée par M. le Ministre de la Guerre.

Paris, Dusacq et Cie, Editeurs d'Estampes, 14, boulevard Poissonnière.

Planches lithographiées et coloriées, à un ou plusieurs personnages, poses et fonds variés, N° au haut de la planche, à droite ; en haut, au milieu : *Armée Française* ; en bas, au milieu de la planche, titre particulier; à droite, en bas, *Imprimerie Becquet, à Paris* ; à gauche, *de Moltzheim inv. et del.* Au-dessous, à gauche, *Dusacq et Cie, éditeurs ;* à droite, *14. Boulevard Poissonnière, Paris.*

Titre des Planches :

1 Maréchal de France, Officiers d'Etat-Major.
2 Général de Division, Officiers d'Etat-Major (tenue de campagne).
3 Général de Brigade, Officier d'Ordonnance.
4 Intendance Militaire, Officier d'Administration, Sous-Intendant, Commis aux écritures, Elève d'Administration.
5 Gendarmerie Départementale (à cheval).
6 Gendarmerie Départementale (à pied).
7 Garde républicaine de Paris.
8 Garde républicaine de Paris (Cavalier).
9 Infanterie de ligne (Colonel et Chef de bataillon).
10 Inf^{ie} de ligne (Tenue de campagne, Tambour et soldat).
11 Chasseurs à pied.
12 Sapeurs-Pompiers de Paris.
13 Zouaves.
14 Tirailleurs algériens (Turcos).
15 Cavalerie de réserve, Cuirassiers.
16 Cavalerie de ligne, Dragons.
17 Cavalerie légère, Chasseurs.
18 Cavalerie légère, Hussards.
19 Cavalerie légère, Chasseurs d'Afrique.
20 Spahis.
21 Artillerie, Batterie montée.
22 Artillerie, Batterie de siège.
23 Artillerie, Batterie à cheval.
24 Artillerie, Batterie de campagne, Tenue de campagne en Algérie.
25 Génie.
26 Troupes de l'Administration, Infirmier, Train des Equipages, Ouvrier d'Administration.
27 Marine, Aspirant, Capitaine de frégate, Capitaine de Vaisseau, Enseigne, Lieutenant de Vaisseau.
28 Marine, Matelots, Infanterie, Artillerie.
29 Ecole Spéciale militaire de St-Cyr.
30 Ecole de Cavalerie de Saumur.
31 Ecole Polytechnique.
32 Service de santé, Vétérinaire, Médecin.

MONTEN (DE)

LES ARMÉES D'EUROPE REPRÉSENTÉES EN GROUPES CARACTÉRISTIQUES, COMPOSÉS ET DESSINÉS D'APRÈS NATURE PAR DIETRICH DE MONTEN, PEINTRE DE BATAILLES, A MUNICH

Se trouve chez Christian Weiss, à Wurzbourg, en Bavière.
Planches lithographiées en hauteur et coloriées, coupées au trait carré et montées sur des feuilles, sur lesquelles le nom du corps ou du régiment est inscrit en français et en allemand.
Dimensions des feuilles, 0,255 sur 0,360, de la partie montée, 0,196 sur 0,247.

Royaume de France, Etat-Major de l'Armée, Lieutenant-Général en capote et Maréchal de Camp en petite tenue.

Royaume de France, Officiers Généraux, Maréchal de camp et Aide-de-camp (Capitaine d'Etat-Major).

Royaume de France, Colonel d'Etat-Major et Aide-de-camp du Roi (Lieutenant-Général).

Royaume de France, Etat-Major de l'Armée, Auditeur de 1re classe, Intendant militaire et Sous-Intendant.

Royaume de France, (Armée d'Afrique). Gendarmes Maures, Officier et soldat.

Royaume de France (Armée d'Afrique), Spahis réguliers, Officier en grande tenue.

Royaume de France (Armée d'Afrique), Spahis réguliers, Officier français en petite tenue. Sous-Officier et Soldat en grande tenue.

Royaume de France (Armée d'Afrique), Chasseurs d'A-

frique, Officier supérieur et Maréchal-des-logis en grande tenue.

Royaume de France (Armée d'Afrique), Chasseur d'Afrique, Officier et soldat en campagne.

Royaume de France, Armée d'Afrique, Tirailleurs indigènes, Officiers et Soldats.

Royaume de France, Infanterie de ligne, Caporal Sapeur, Sapeurs, Chef de bataillon.

Royaume de France, Infanterie de ligne, Lieutenant-Colonel, Colonel, Capitaine de Voltigeurs et premier Lieutenant du centre.

Royaume de France, Infanterie de ligne, Soldat de compagnies du centre, Grenadier et Voltigeur.

Royaume de France, Corps royal du Génie, Sapeurs Mineurs, Officier en petite tenue, Soldat en capote, Soldats en grande tenue, Soldat en tenue de tranchée et Soldat en veste.

Royaume de France, Gardes du Génie.

Royaume de France, 12e Régiment de Chasseurs à cheval. Officier et Soldat en petite tenue.

Royaume de France, 5e Régiment de Chasseurs à cheval, Colonel, Trompette et Soldat en grande tenue.

Royaume de France, 5e Régiment de Chasseurs à cheval, Colonel, Trompette et Soldat en grande tenue (*L'Officier galope vers la droite*).

Aperçu de l'Armée Française. Cavalerie de réserve. *(Schémas des Carabiniers et des Cuirassiers).*

Troupes hors ligne. *(Schémas des Vétérans, Invalides et des Ecoles militaires).*

Troupes hors ligne, *(Schémas de la Garde municipale, Gendarmerie, Ouvriers d'Administration, Infirmiers et du Train des Equipages).*

Cet ouvrage, qui fait partie d'une collection qui devait comprendre toutes les armées d'Europe, est resté inachevé. La Suède, l'Autriche, la Prusse et la Confédération Germanique ont seules été terminées. La Russie, la Suisse et la France ont été interrompues en cours de publication.

Les planches sont coloriées avec le plus grand soin.

MONTIGNY (DE)

Uniformes Militaires où se trouvent gravés en taille-douce les uniformes de la Maison du Roy, de tous les Régiments de France, les drapeaux, étendards et guidons, avec la date de leur création et les différentes figures de l'exercice, tant de la Cavalerie que de l'Infanterie.

Dessiné et gravé par le sieur de Montigny. Se vend à Paris, chez l'auteur, enclos du Temple, cour du Lion, MDCCLXXII.

Avertissement.

74 Planches in-12 coloriées, en hauteur; un personnage à pied ou à cheval, poses variées. Trait carré. En haut, au milieu, nom du corps; à droite, N° de la page, au bas, description de l'uniforme. Drapeaux à chaque corps.

Le Roy et les Princes, quatre planches sans numéros, non portées à la table.

MAISON DU ROY

1. Garde du Corps du Roy.
2. Etendards.
3. Garde de la Manche.
4. Garde Cent-Suisse du Roy.
5. Garde de la Porte.
6. Garde de la Prévôté.
7. Gendarme de la Garde.
8. Chevau-Léger.
9. Mousquetaires de la 1re Compagnie.
10. Mousquetaires de la 2me Compagnie.
11. Grenadier à cheval.
12. Garde Française.
13. Garde Suisse.
14. Gendarmerie de France.
15. Etendards de la Gendarmerie.

16 Etendards de la Gendarmerie.

INFANTERIE

17 Picardie.
18 Champagne.
19 Navarre.
20 Piémont.
21 Normandie.
22 La Marine.
23 Bourbonnois.
24 Béarn.
25 Auvergne.
26 Flandre.
27 Guienne.
28 du Roy.
29 Royal.
30 Poitou.
31 Lyonnois.
32 Dauphin.
33 Aunis.
34 Touraine.
35 Aquitaine.
36 d'Eu.
37 Dauphin.
38 Isle de France.
39 Soissonnois.
40 La Reine.
41 Limousin.
42 Royal-Vaisseau.
43 Orléans.
44 La Couronne.
45 Bretagne.
46 Lorraine.
47 Artois.
48 Berry.
49 Hainault.
50 La Sarre.
51 La Fère.
52 Alsace, Allemand.
53 Royal-Roussillon.
54 Condé.
55 Bourbon.
56 Régiment Provincial.
57 Beauvoisis.
58 Rouergue.
59 Bourgogne.
60 Royal-Marine.
61 Vermandois.
62 Anhalt, Allemand.
63 Corps royal d'Artillerie.
64 Drapeaux.
65 Royal-Italien.
66 d'Erlach, Suisse.
67 Boccard, Suisse.
68 Sonnenberg, Suisse.
69 Castella, Suisse.
70 Languedoc.
71 Beauce.
72 Waldner, Suisse.
73 Médoc.
74 Vivarais.
75 Vexin.
76 Royal Comtois.
77 Beaujollais.
78 Provence.
79 Jenner, Suisse.
80 La Marck, Allemand.
81 Penthièvre.
82 Boulonnois.
83 Angoumois.
84 Périgord.
85 Saintonge.
86 Forez.
87 Cambrésis.
88 Tournaisis.
89 Foix.
90 Quercy.
91 La Marche.
92 Diesbach, Suisse.
93 Courten, Suisse.
94 Bulkeley, Irlandais.
95 Clare, Irlandais.
96 Dillon, Irlandais.

97 Royal-Suédois, Allemand.
98 Chartres.
99 Conty.
100 Walsh, Irlandais.
101 Berwick, Irlandais.
102 Enghien.
103 Royal-Bavière, Allemand.
104 Salis Grisons.
105 Royal-Corse.
106 Nassau, Allemand.
107 Lockmann, Suisse.
108 Bouillon.
109 Royal-Deux-Ponts, Allemand.
110 Eptingen, Suisse.
111 Bralafoco, Corse.

TROUPES LÉGÈRES

112 Légion Royale.
113 Légion de Flandre.
114 Légion de Lorraine.
115 Légion de Conflans.
116 Légion de Condé.
117 Légion de Soubise.
118 Légion Corse.

CAVALERIE

119 Colonel-Général.
120 Mestre de Camp Général.
121 Commissaire Général.
122 Royal.
123 du Roy.
124 Royal-Étranger.
125 Cuirassiers du Roy.
126 Royal-Cravatte.
127 Royal-Roussillon.
128 Royal-Piémont.
129 Royal-Allemand.
130 Royal-Pologne.
131 Royal-Lorraine.
132 Royal-Picardie.
133 Royal-Champagne.
134 Royal-Navarre.
135 Royal-Normandie.
136 La Reine.
137 Dauphin.
138 Bourgogne.
139 Berry.
140 Carabiniers du Roy.
141 Orléans.
142 Chartres.
143 Condé.
144 Bourbon.
145 Clermont-Prince.
146 Conti.
147 Penthièvre.
148 Noailles.
149 Berchiny.
150 Chamborant.
151 Royal-Nassau.
152 Esterhazy.

DRAGONS

153 Colonel Général.
154 Mestre de Camp Général.
155 Royal.
156 du Roy.
157 La Reine.
158 Dauphin.
159 Orléans.
160 Bauffremont.
161 Custine.
162 La Rochefoucauld.
163 Jarnac.
164 Damas.
165 Lanan.
166 Belsunce.
167 Montecler.
168 Languedoc.
169 Schomberg.

Noms des Couleurs et Métaux.
Table.

MORAINE (DE)

NAPOLÉON III ET SON ARMÉE VERS 1859

Planches lithograhiées et coloriées, in-4° en hauteur sur papier teinté, cadre blanc, représentant un ou plusieur soldats à pied ou à cheval. Au haut de la planche et au milieu, *l'Armée Française*, en bas et au milieu, N° d'ordre, au-dessous, titre ; à gauche, *Paris, Didot, Imp.-Editeur, rue de Rivoli, 168, G^d-Hôtel du Louvre* ; à droite *Imp. Godard, quai des Augustins, 55, Paris*.

Dimensions des planches 0,376 sur 0,357, du cadre 0,186 sur 0,237.

1 S. M. l'Empereur Napoléon.
2 S. M. l'Impératrice Eugénie.
3 Escadron des Cent-Gardes (Grande tenue).
4 Garde de Paris à pied (Grande tenue).
5 Grenadiers (Garde Impériale).
6 Sapeurs Pompiers de la Ville de Paris (Grande tenue).
7 Hussards de la Ligne, 1er Régt (Grande tenue).
8 Grenadier d'Infanterie de ligne.
9 Dragons de l'Impératrice, Grande tenue (Garde Impériale).
10 Garde de Paris, Cavalier, Grande tenue, Cavalier, tenue de théâtre.
11 Zouaves de la Garde Impériale (Grande tenue).
12 Voltigeurs, Grande tenue (Garde Impériale).
13 Dragon de la Ligne, 5e Régt (Grande tenue).
14 Lancier de la Garde Impériale.
15 Chasseur à pied, Grande tenue, Garde Impériale.
16 Gendarmerie à pied, Grande tenue, Garde Impériale.
17 Chasseur d'Afrique, Grande tenue.

MORAINE (DE)

NAPOLÉON III ET SON ARMÉE VERS 1859

Planches lithograhiées et coloriées, in-4° en hauteur sur papier teinté, cadre blanc, représentant un ou plusieur soldats à pied ou à cheval. Au haut de la planche et au milieu, *l'Armée Française*, en bas et au milieu, N° d'ordre, au-dessous, titre ; à gauche, *Paris, Didot, Imp.-Editeur, rue de Rivoli, 168, G^d-Hôtel du Louvre* ; à droite *Imp. Godard, quai des Augustins, 55, Paris*.

Dimensions des planches 0,376 sur 0,357, du cadre 0,186 sur 0,237.

1. S. M. l'Empereur Napoléon.
2. S. M. l'Impératrice Eugénie.
3. Escadron des Cent-Gardes (Grande tenue).
4. Garde de Paris à pied (Grande tenue).
5. Grenadiers (Garde Impériale).
6. Sapeurs Pompiers de la Ville de Paris (Grande tenue).
7. Hussards de la Ligne, 1er Régt (Grande tenue).
8. Grenadier d'Infanterie de ligne.
9. Dragons de l'Impératrice, Grande tenue (Garde Impériale).
10. Garde de Paris, Cavalier, Grande tenue, Cavalier, tenue de théâtre.
11. Zouaves de la Garde Impériale (Grande tenue).
12. Voltigeurs, Grande tenue (Garde Impériale).
13. Dragon de la Ligne, 5e Régt (Grande tenue).
14. Lancier de la Garde Impériale.
15. Chasseur à pied, Grande tenue, Garde Impériale.
16. Gendarmerie à pied, Grande tenue, Garde Impériale.
17. Chasseur d'Afrique, Grande tenue.

18 Général de Division, Grande tenue.
19 Chasseur à pied de la Ligne, Grande tenue.
20 Cantinière des Zouaves (Garde Impériale) de la Ligne, d'Artillerie à pied (Garde Impériale).

Cette jolie collection est rare.

MORAINE (DE)

ALBUM MILITAIRE DE L'ARMÉE FRANÇAISE EN ACTION

150 sujets lithographiés par de Moraine. *Paris, J. Vermot, Libraire-Editeur, Successeur de M. Duesserts, 33, quai des Augustins et Passage des Panoramas, 38.*

3 ou 4 sujets par feuille.

Dîner offert par le Prince Impérial aux enfants de troupe du 1er régiment des Grenadiers de la Garde.
Le nouveau petit caporal.
Le premier Equipage du Prince Impérial.
L'Empereur Napoléon III passant une revue.
Officier d'ordonnance de l'Empereur.
Général Aide-de-camp de l'Empereur.
Maréchal de France.
Général de Division.
Capitaine d'Etat-Major.
Général de Division (Tenue de guerre).
Cent-Garde (Tenue de Palais).
Cent-Garde (en faction).
Cent-Garde (tenue de ville).
Cent-Garde, Porte-Etendard.
Garde Impériale, Grenadier (Grande tenue).
Garde Impériale, Grenadier (tenue de campagne).
Officier de Zouaves (Garde Impériale).
Zouave (Garde Impériale).
Voltigeurs (Garde Impériale).
Chasseur à pied (Garde Impériale) Tenue de campagne).
Chasseur à pied (Garde Impériale).
Cantinière.
Sapeur.

Vétéran.
Invalide.
Marche d'Infanterie.
Grenadier *(défendant une sœur)*.
Infanterie, Tenue d'hiver (en Crimée).
Garde Impériale, Génie (Grande tenue).
Garde Impériale, Génie (Tenue de tranchée).
Garde Impériale, Génie (Petite tenue).
Garde Impériale, Officier du Génie (Grande tenue).
Artillerie à pied (Garde Impériale).
Artillerie à cheval (Garde Impériale).
Train des Équipages (Garde Impériale).
Officier d'Artilerie (Garde Impériale)
Chirurgien-Major.
Infirmier.
Pharmacien.
Vétérinaire.
Tambour-Major.
Tambour.
Porte-drapeau.
Colonel.
Douanier, petite tenue.
Officier des Domaines *(sic)* (*il faut Douanier*).
Douanier, Grande tenue.
Douanier Garde-côtes.
Voltigeur corse.
Légion étrangère.
Gendarmerie d'Afrique.
Commandant de Place.
Officier d'Administration.
Intendant Militaire.
Sous-Intendant Militaire.
Train des Parcs.
Corps de la Remonte.
Ouvrier d'Administration.
Cavalier Vétéran.
Génie.
Soldat du Génie (Grande tenue).
Soldat du Génie (Tenue de tranchée).
École Polytechnique.
École d'État-Major.
École de St-Cyr.
École de Saumur.

Chasseur à cheval.
Chasseur à cheval de la Garde Impériale.
Chasseur au bivouac.
Artillerie à pied et à cheval.
Train d'Artillerie.
Artillerie en campagne.
Cuirassier, Garde Impériale.
Trompette de Cuirassiers, Garde Impériale.
Carabinier.
Cuirassier.
Avant-garde des Dragons de l'Impératrice (Garde Impériale).
Dragon.
Dragon de la Garde Impériale.
Marche des Lanciers de la Garde Impériale.
Lanciers de la Garde Impériale.
Lancier.
Hussards en campagne.
Officier de Hussards.
Guide ou Hussard de la Garde Impériale.
Sapeur Pompier (Garde Nationale).
Garde Nationale en faction.
Artillerie de la Garde Nationale.
Garde Nationale à cheval.
Gendarmerie Départementale (en correspondance).
Gendarmerie de la Seine, à pied.
Gendarmerie de la Seine, à cheval.
Sapeur Pompier de la Ville de Paris.
Garde de Paris, à pied.
Garde de Paris, à cheval.
Gendarmerie à cheval de la Garde (pour le service de résidences impériales).
Gendarmerie à pied (Garde Impériale) petite tenue.
Gendarmerie à pied (Garde Impériale) grande tenue.
Chasseurs à pied en Tirailleurs.
Chasseur à pied.
Officier de Chasseurs à pied.
Zouave.
Chasseur d'Afrique.
Turco.
Spahis.
Amiral.
Capitaine de Vaisseau.

Capitaine de Corvette.
Enseigne de Vaisseau.
Élève de 2ᵉ classe.
Matelot.
Matelot (tenue d'abordage).
Infanterie de marine.

Cet album, qui a été fait pour les enfants, offre un certain intérêt d'une part parce qu'il est très complet, d'autre part parce que les types qu'il représente sont bien reproduits.

MORAINE (DE)

COSTUMES DE L'ARMÉE FRANÇAISE

Album Militaire (Cantinières et Musiciens).

Planches lithographiées sur papier teinté, cadre extérieur blanc, à droite (sur l'une des planches seulement) *Lemercier, Imp. Paris,* à gauche (sur l'une des planches seulement) *Maison Martinet.*

Dimensions des planches 0,110 sur 0,154.

Grenadiers, Garde Impériale (Cantinière et Musiciens).
Voltigeurs, Garde Impériale (Cantinière et Tambour-Major).
Génie, Garde Impériale (Cantinière et Tambour).
Gendarmerie, Garde Impériale (Cantinière et Sapeur).
Chasseurs à pied, Garde Impériale (Cantinière et Clairon.
Zouaves, Garde Impériale. (Cantinière et Tambour Maître).
Cuirassiers, Garde Impériale (Cantinière et Trompette).
Lanciers, Garde Impériale (Cantinière et Trompette).
Chasseurs à cheval, Garde Impériale (Cantinière et Soldat).
Dragons, Garde Impériale (Cantinière et Trompette).
Infanterie de ligne (Cantinière et Sapeur), *Signature de Moraine.*
Infanterie de ligne (Cantinière et Soldat).
Turcos (Cantinière et Tambour).
Invalides (Cantinière et Invalide).

Chasseurs à pied (Cantinière). Chirurgien.
Carabiniers (Cantinière et soldat).
Cuirassiers (Cantinière et soldat).
Chasseurs à cheval (Cantinière et soldat).
Hussards (Cantinière et soldat).
Chasseurs d'Afrique (Cantinière et soldat).

Ces vingt sujets etaient tirés sur deux feuilles, que l'on découpait en bandes pour en former des albums pour enfants.

MOUILLARD

LES RÉGIMENTS SOUS LOUIS XV

Constitution de tous les Corps de Troupes à la solde de France, pendant les guerres de Succession à l'Empire et de Sept Ans. Ouvrage illustré par 49 planches en lithochromie, reproduisant les Drapeaux, Etendards et Costumes des Régiments de 1737 à 1784. Augmenté de six reproductions en couleurs de tableaux de Maîtres du XVIIIe siècle, par Lucien Mouillard. *Paris, Librairie Militaire de J. Dumaine, Libraire-éditeur, L. Baudoin et Cie, Successeurs, 3o, rue et passage Dauphine, 1882.* 118 Pages de Texte.

PLANCHES

Garde de la Manche, d'après Eisen.
Le Régiment Royal-Comtois.
Le Corps royal de l'Artillerie.

TABLEAUX DE L'INFANTERIE FRANÇAISE

1 Picardie, Champagne, Navarre, Piémont, Normandie.
2 La Marine, Béarn, Bourbonnais, Auvergne, Flandres.
3 Guyenne, du Roi, Royal, Poitou, Lyonnais.
4 Dauphin, Aunis, Touraine, Anjou, Eu.
5 Dauphiné, Isle de France, Soissonnais, La Reine, Limousin.
6 Royal des Vaisseaux, Orléans, La Couronne, Bretagne, Gardes de Lorraine.
7 Artois, Berry, Haynaut, la Sarre, la Fère.
8 Royal-Roussillon, Condé, Bourbon, Grenadiers de France, Beauvoisis.

9 Rouergue, Bourgogne, Royal la Marine, Vermandois, Languedoc.
10 Royal-Artillerie, Beauce, Médoc, Vivarais.
11 Vexin, Royal-Comtois, Beaujollais, Provence, Penthièvres.
12 Boulonnais, Angoumois, Périgord, Saintonge, Forez.
13 Cambrésis, Tournaisis, Foix, Quercy, Nivernais.
14 Chartres, Conti, Enghien, Mortemart, St-Mauris, Nice.
15 Guyenne, Lorraine, Flandres, Berry, Béarn, Haynaut, Bigorre, Bresse, La Marche, Brie.
16 Soissonnais, Isle de France, Vexin, Aunis, Beauce, Dauphiné, Vivarais, Luxembourg, Bassigny, Beaujollais.
17 Ponthieu, d'Escars, de Fleury, de la Tour d'Auvergne, Blaisois, Gâtinais, Auxerrois, Agénois, Santerre, des Landes.
18 Milices de France, Grenadiers Royaux, Royal-Lorraine, Royal-Barois, Régiments de recrues.
Halte d'une Compagnie du Régiment des Gardes Suisses.

TABLEAUX DE L'INFANTERIE ETRANGÈRE

1 Infanterie Suisse, 49°, 50°, 51°, 52°, 55°.
2 Infanterie Suisse, 63°, 77°, 78°, 87°, 90°.
3 Infanterie Allemande, 36°, 46°, 66°, Royal-Suédois, Royal-Bavière.
4 Infanterie Allemande et Italienne, Nassau, Deux-Ponts, des Ardennes, Royal-Italien, Eptingen.
5 Infanterie Irlandaise, Bulkeley, Clare, Dillon, Rooth, Fitz-James.
6 Régiments Allemands, levés depuis 1740 et supprimés avant 1763.
7 Régiments Irlandais, Italiens, Belges, levés depuis 1740 et supprimés avant 1763.
Détachement de cavalerie.
Cavalier au Régiment Royal-Normandie, en 1766.
Tabliers de timbale ; Banderolle de Trompette en 1766.

TABLEAUX DE LA CAVALERIE FRANÇAISE ET ETRANGÈRE

1 Colonel Général, Mestre-de-camp Général, Commissaire Général, Royal, du Roi.

2 Royal-Etranger, Cuirassiers du Roi, Royal-Cravates, Royal-Roussillon, Royal-Piémont.

3 Royal-Allemand, Royal de Carabiniers, Royal-Pologne, La Reine, Dauphin.

4 Bretagne, Anjou, Berry, Orléans, Chartres.

5 Condé, Bourbon, Clermont, Conti, Penthièvre.

6 Royal-Lorraine, Royal-Picardie, Royal-Champagne, Royal-Navarre, Royal-Normandie.

7 Rosen, Noailles, Fitz-James, Liégeois, Nassau-Sarrebruck.

TABLEAUX DES DRAGONS, HUSSARDS ET TROUPES LÉGÈRES

1 Dragons, Colonel-Général, Mestre de Camp Général, Royal, du Roi, La Reine.

2 Dragons, Dauphin, Orléans, Beauffremont, 9e, 10e.

3 Dragons, 11e, 12e, 13e, 14e, 15e.

4 Dragons, Languedoc, Volontaires de Saxe, Armement des Dragons.

5 Hussards, Linden, Bercheny, Chamborant, Nassau, Esterhazy.

6 Troupes Légères, Volontaires Royaux de Flandres.

7 Troupes Légères, Volontaires de Hainaut, Chasseurs de Fischer.

8 Troupes Légères, Volontaires de Clermont, de Soubise.

9 Troupes Légères, Volontaires du Dauphiné, d'Austrasie, de Geschraye, Fusiliers de Montagne, Croates, Cantabres volontaires, Chasseurs de Monet.

Gendarme de la Garde du Roi.

Gardes Françaises en 1739.

Tablier de Timbale, Banderolles de Trompette pour la Compagnie de la maison du Roi.

SIX TABLEAUX DE LA GENDARMERIE DE FRANCE ET DE LA MAISON DU ROI

1 Gendarmes Ecossais, Anglais, Bourguignons, de Flandre.

2 Gendarmes de la Reine, Dauphin, Bretagne, Anjou.

3 Gendarmes de Berry, d'Orléans, Chevau-légers.

4 Gardes du Corps, Quatre Compagnies.

5 Gendarmes de la Garde, Chevau-légers, Mousquetaires.

6 Grenadiers à cheval, Gardes Françaises, Gardes Suisses, Cent-Suisses.

Cet intéressant ouvrage reproduit de nombreux documents originaux qu'il serait difficile de se procurer.

NOEL (Chez)

TROUPES AUXILIAIRES ET TROUPES FRANÇAISES

Planches gravées et coloriées du format in-8°. En haut, au milieu : *Troupes auxiliaires*, ou *Troupes Françaises* ; en bas, au milieu, titre ; à gauche, *à Paris, chez Noël, graveur, rue St-Jacques, n° 16, au Pont-des-Arts* ; à droite, *Déposé à la Bibliothèque Impériale, 1810*.

Suisse, Fusilier — Régiment (Troupes auxiliaires).
Suisse, Voltigeur — Régiment (id).
Garde d'honneur à pied de la Ville de Marseille (Troupes Françaises).
Garde d'honneur de la Ville de Lyon (Troupes Françaises).
Garde d'honneur de la Ville de Lyon (Troupes Françaises).

Ces cinq planches fort intéressantes se trouvent au cabinet des Estampes de la Bibliothèque Nationale.

NOGUES

GARDE MUNICIPALE ET GARDE NATIONALE

Planches lithographiées et coloriées, en hauteur. Titre en bas et au milieu, au-dessous du titre, *S. Noguès*, à droite, *Imp. lith. de Genty*.
1 Garde municipale à cheval.
2 Garde municipale à pied.
3 Chasseur de la Garde Nationale.
4 Voltigeur de la Garde Nationale
5 Garde Nationale à cheval.

PAJOL

ARMÉE FRANÇAISE

Planches lithographiées, en largeur et coloriées. Plusieurs soldats par planche, poses et fonds variés. En haut, au milieu de la planche : *Armée Française*, à droite, N° d'ordre. En bas, au milieu, nom du Corps et du Régiment ; à droite, *Paris (Maison Martinet)*, Hautecœur frères, rue du Coq, 15, et sous le titre *Imp. lith. de Godard, quai des Augustins, 55, à Paris*.

Dimensions des planches 0,507 sur 0,354.

N° 1   1ᵉʳ Régt de Lanciers (Timbalier), Quartier de l'École Militaire, Mars 1852.

N° 2   Guides d'Etat-Major (Ordonnance du 21 janvier 1852) à gauche, *Paris, Maison Martinet, rue Vivienne, 41, et rue du Coq, 11*.

Sans N°   8ᵉ Régt de Hussards (Ordonnance de création du 29 sept. 1840) Timbalier, 11 avril 1852, à Fontainebleau.

N° 3   7ᵉ Régt de Lanciers (Timbalier), Quartier du quai d'Orsay, Paris, 1852.

Sans N°   Guides d'Etat-Major, Nouvelle tenue (Ordonnance Ministérielle du 21 janvier 1852). (2 Escadrons). Paris, Quartier Panthémont, rue Bellechasse.

N° 8   Régiment des Guides, Escadrons (Décret Impérial du 23 octobre 1852). Cette planche est entourée d'un double trait carré et porte comme titre au haut de la planche : Empire.

Sans n°   Gendarmerie d'élite.

Il existe du même auteur plusieurs planches in-4° représentant soit des Gendarmes de la Garde soit des Guides (un soldat par planche). Nous ne les cataloguerons pas parce qu'elles ne forment pas une suite.

PASCAL (ADRIEN)

HISTOIRE DE L'ARMÉE ET DE TOUS LES RÉGIMENTS

Depuis les premiers temps de la Monarchie française jusqu'à nos jours, par M. Adrien Pascal, l'un des auteurs de l'Histoire des Régiments, publiée sous la direction de feu Mgr le duc d'Orléans, avec des Tableaux synoptiques, représentant l'organisation des Armes aux diverses époques et le résumé des Campagnes de chaque corps, par M. Brahaut, Colonel d'État-Major, chef de la Section Historique au Ministère de la Guerre et des Tableaux chronologiques des combats, sièges et batailles, par M. le Capitaine Sicard, auteur de l'*Histoire des Institutions militaires des Français*, illustrée par MM. Philippoteaux, E. Charpentier, H. Bellangé, de Moraine, Morel Fatio et de Sorrieu, etc. *Paris, Dutertre, Libraire-Éditeur, Passage Bourg-l'Abbé, 10.*

FRONTISPICE

Chef et Guerriers Francs (Ve siècle).
Bataille de Tours (732).
Comte suivi de ses vassaux (du VIII au IXe siècle).
Guerrier armé de la brigantine (Xe siècle).
Cavalier normand (1066).
Homme d'armes (XIIe siècle).
Milice des Communes, Arbalétrier (XIIe siècle).
Chevalier banneret à la deuxième croisade (1146).
Homme d'armes portant l'oriflamme (1350).
Chevalier servi par son écuyer et ses pages (fin du XIIIe siècle).
Sergent d'armes du roi et ribauds (1290 à 1330).
Combat des Trente.

Chevalier (1300 à 1350).
Gens de trait (1350 à 1380).
Courtillier ou guisarmier de la suite d'un homme d'armes (fin du XIV° siècles).
Duc armé en guerre, suivi de ses hommes d'armes (1380 à 1420).
Connétable (1450).
Homme d'armes des Compagnies d'ordonnance (1445).
Franc-Archer de la Garde (1461).
Voulgier-crennequinier (1400).
Trompette du Roi. — Héraut d'armes (commencement du XV° siècle).
Gendarmerie (1495 à 1545).
Garde du Roi. — Crennequinier (XV° siècle).
Suisses et Lansquenets. — Infanterie (1500 à 1530).
Capitaine des six-vingts archers de la Ville de Paris (XV° siècle).
Haquebutier, — Artilleur (1500 à 1540).
Lansquenet (1562).
Mousquetaire (1572).
Page montant le destrier et portant la lance d'un homme d'armes (XV° siècle).
Bataille d'Aignadel (1509).
Arbalétrier et hallebardier bourguignons (fin du XV° siècle).
Fantassin (1500).
Archer Ecossais de la Garde (1559).
Argoulet (XVI° siècle).
Corps des 200 gentilshommes de la Garde (1570).
Stradiots. — Cavalerie Allemande auxiliaire (XVI° siècle).
Chabanne de la Palice sous les murs de Ruva.
Maréchal de France (1500).
Colonel mestre de camp (1558).
Cornette des chevaux légers du Roi (1592).
Cuirassiers de l'armée de la ligue (1580 à 1600).
Carabin et pistolier (1560 à 1640).
Dragon, Gendarme (1610 à 1640).
Archer du prévôt général. — Officier des Gardes (1574 à 1589).
Arquebusier à pied, Capitaine de Gendarmes (1590 à 1610).
Reitre (1560 à 1600).

Chevau-légers (1560 à 1600).

2ᵉ VOLUME

Cavalerie légère (1610 à 1640).
Enseigne au Régiment de Normandie (1600).
Garde du cardinal de Richelieu. — Trompette (1628).
Mousquetaire et Piquier des Gardes françaises (1630).
Les Dragons à Rocroi (1643).
Gentilhomme au bec de corbin (vers 1660).
Maison du Roi. — Gardes du corps, Compagnie de Tresmes (1667).
Officier Général (1672).
Soldat et Sergent d'Infanterie (1675).
Officier de la maison du Roi (1677).
Officier d'Infanterie (1680).
Régiment Royal-Artillerie (1720), Régiment de fusilier du Roi, Officier (1671 à 1693).
Régiment de Champagne, Sergent (1696).
Carabinier (1700).
La maison du Roi à Fontenoi (1745).
Sous-brigadier des Mousquetaires, 1ʳᵉ Compagnie (1726).
Maison du Roi. — Gendarmes de la Garde, Garde du corps, Compagnie d'Harcourt (1730).
Hussards de Ratky (1692).
Garde de la Prévôté de l'Hôtel du Roi (1720 à 1780).
Maison du Roi. — Garde de la porte (1724).
Fusilier de la Morlière, Troupes légères (1745)
Fusilier au régiment de Provence, Grenadier de France (1750).
Garde française (1756).
Garde de Paris dite du guet à cheval (1785).
Dragons, Régiment de Saxe, Régiment Colonel-Général (1725 à 1762).
Ingénieur Géographe militaire, Officier (1785).
Régiment des Gardes Suisses, Grenadier (1787 à 1792).
Officier aux Cuirassiers du roi, 7ᵐᵉ Régiment de Cavalerie (1786).
Régiment Colonel-Général, Régiment Suisse de Salis-Samade (1786).
Carabinier (1787).
Hussards de Lauzun (1787).
Lieutenant au régiment de la Fère, Artillerie, Régiment de Bassigny.

Infanterie, bataillon de Chasseurs (1791).
Chasseur à cheval (1791).
Cavalerie noble, Armée de Condé (1792).
Elève de l'Ecole de Mars. Grenadier de la Garde nationale (1794). Région de Mirabeau. Chasseur. Armée de Condé (1792).
Hussard de Chamborand (1793).
Les Carabiniers à Arlon.
Infanterie noble, Officier, Armée de Condé (1792 à 1796).
Prise de la flotte Hollandaise par les hussards.
Représentant du peuple en mission aux armées (1794).
Chasseur volontaire, Officier porte-drapeau (1794).
8e Régiment de Cavalerie (1795).
Artillerie à cheval (1795).
Général de division et son aide-de-camp (1796).
Infanterie légère, Carabinier (1796).
Combat des 400 braves à Loubé.
Dragon, Armée d'Egypte (1799).

3e VOLUME

Passage de la Linth (1799).
Commandant des Guides (1800).
Garde Impériale à pied (1806).
Défense de Constantinople.
Grenadiers d'Infanterie de ligne, Voltigeur d'Infanterie légère (1809).
Marin, Garde impériale (1810).
Dragon, Garde Impériale, Officier (1810).
Tambour, Infanterie de ligne, Sapeur de Grenadiers Garde impériale (1810).
Chevau-légers Lanciers, Chasseur à cheval, Garde impériale (1811).
Aide-de-camp, Maréchal de France, tenue de campagne (1812).
Les enfants de Paris à Witepsk.
Grenadier à cheval, Garde impériale (1812).
Régiment de la Garde Nationale, Régiment des fusiliers grenadiers, Garde impérial (1812).
1er de Carabiniers (1812).
Cuirassiers (1812).
Le 48e à Krasnoé.
Chasseur à cheval, 5e Régiment, Compagnie d'élite (1812).

Train d'artillerie, Canonnier à pied, Garde impériale (1806 à 1814).
Gendarme de la garde, Maison du Roi, Porte-étendard (1814).
Garde d'honneur, 3° Régiment (1814).
Les lanciers à Waterloo.
Chevau-légers français, Compagnie d'élite, Sous-officier (1812 à 1815).
Légions départementales, Grenadier, Chasseur, Légion du Nord (1818).

4ᵉ VOLUME

Garde du corps (1822).
Garde royale, Grenadier à cheval, 2ᵉ Régiment (1825).
Chasseur à cheval, Escadron de lanciers (1825).
Hussards, 5ᵉ Régiment (1825).
Grenadiers Suisses, Soldat du centre, Garde royale (1825).
Lanciers de Nemours, 1ᵉʳ Régiment (1832).
Défense des lignes de Doel (1832).
Mort de Sidi-Embarrek (1843).
Brigadier de Dragons (1835).
Combat de Muley Ismael.
Artillerie, Canonnier conducteur.
Lieutenant aux Chasseurs d'Afrique, 1ᵉʳ régiment (1835).
Train des Equipages Militaires, maréchal-des-logis-chef (1845).
Carabiniers, Infanterie légère (1842) Voltigeur, Infanterie légère (1846).
Prise de la Smalah.
Capitaine de Hussards, 7ᵉ Régiment (1846).
Grenadier de la Garde Nationale (1846).
Sergent de Zouaves (1846).
Lieutenant aux Spahis d'Alger.
Sapeurs mineurs du Génie, Sergent fourrier (1847).
Brigadier de la Garde municipale.
Ecole Polytechnique (1848).
Cantinière, Infanterie, Chasseur de Vincennes, Carabinier (1884).
Chef d'escadron de Cuirassiers, 2ᵉ Régiment (1848).
Ecole de Saumur, école d'application d'Etat-Major (1848).
Chasseur à cheval, Trompette (1848).
Garde Nationale mobile (1848).
Garde mobile à cheval (1848).

Gardien de Paris (1848).
École de St-Cyr (1848).
Infanterie de marine, Sergent de Voltigeurs (1848).
Garde républicaine à pied, sous le gouvernement provisoire (1848).
Garde républicaine à cheval (1848).
Manifestation du 15 Mai.
Guide d'État-Major (1848).
Mort du capitaine Dupont-Delporte.
Capitaine d'artillerie (1849).
Garde républicaine à pied (1849).
Gendarmerie mobile (1849.)
Invalide (1850),
Chirurgien-Major, service de santé (1850).
Gendarmerie de la Seine (1850).
Siège de Rome (1849).
Lanciers, 4me Régiment (1850).
Infanterie légère, Tambour-Major (1850).
Porte-étendard de Carabiniers (1848).
Infanterie légère, Sous-Lieutenant (1848).
Sapeurs Pompiers, tenue d'incendie (1850).
Escadron des Guides, tenue nouvelle (1852).
Garde Nationale à pied et à cheval (1854).

5º VOLUME

Maréchal de France, 1855.
Chasseur d'Afrique, 1854.
Chasseurs à cheval, porte-étendard, 1854.
Artilleur (ligne), 1854.
Génie (1854).
Garde Impériale. Grenadiers (1854).
    id.   Voltigeur, 1854.
    id.   Cuirassiers, Sous-Lieutenant, 1854.
    id.   Chasseurs à pied, 1854.
    id.   Gendarmerie, 1854.
    id.   Zouaves, Caporal, 1854.
Général et Officier de Zouaves, tenue de guerre, 1854.
Garde Impériale, Artillerie à cheval, 1854.
    id.   Artilleur à pied, 1854.
Infanterie, tenue de guerre, 1855.
Officier d'Infanterie et Clairon, tenue de guerre, 1855.
Garde Impériale, Génie, grande tenue et tenue de tranchée, 1855.
Garde Impériale, Train des équipages, 1855,

Officier d'ordonnance, 1855.
Tirailleurs indigènes (Armée d'Afrique), 1855.
Infirmier 1855.
Légion étrangère, 1855.
Garde Impériale, Lieutenant-Général commandant une division, 1856.
Dragon, tenue de guerre, 1856.
Garde Impériale, Lancier, 1856.
   id.   Dragon, 1856.
Cent-Gardes, tenue d'escorte, 1856.
Vivandière des Zouaves, 1856.
Amiral, 1857.
Matelots, 1857.
Carte Générale de la Crimée.

PETIT (Chez)

GARDE NATIONALE EN 1830

Planches lithographiées, en hauteur et coloriées, représentant chacune un soldat, poses et fonds variés. Double trait carré. Titre au bas de la planche et au milieu ; au-dessous du titre, *se trouve chez M. Petit, rue St-Denis, n° 135, chargé par ordre du général en chef Lafayette de tous dessins lithographiques, relatifs aux glorieux événements de la Révolution de 1830* ; à gauche, *Blanc. del.* ; à droite, *Lith. de Gobert et Cⁱᵉ, St-Martin, 79.*
Dimensions des planches 0,276 sur 0,363. Dimensions du cadre 0,171 sur 0,273.

1 Garde Nationale, Officier de Grenadiers en grande tenue.
2 Garde Nationale, Grenadier en grande tenue, dessiné à l'Etat-Major de l'Hôtel-de-ville, par MM. B. B. et H.
3 Garde Nationale, Officier de Chasseurs en grande tenue.
4 Grenadier et Chasseur de la Garde Nationale Parisienne, au tombeau des Braves, morts pour la défense de la liberté les 27, 28 et 29 juillet 1830.
5 Garde Nationale, Voltigeur en grande tenue.
6 Garde Nationale à cheval, Officier en grande tenue. Approuvé par le prince de la Moskowa, Lieutenant-Colonel de la Garde Nationale à cheval.
7 Garde Nationale, Artillerie, Officier et Artilleur en grande tenue. Les Artilleurs seront armés d'une carabine de Cavalerie et d'un sabre-poignard. Pantalon avec 2 bandes rouges et liseré au milieu.
8 Le Général Lafayette, Commandant en Chef la Garde

Nationale, dessiné à l'Etat-Major de l'Hôtel-de-Ville, par MM. B. B. et H. chargés par ordre du Général en chef Lafayette, de tous dessins lithographiques relatifs aux glorieux événements de la Révolution de 1830.

9 Garde Nationale Polonaise, Grenadier, Uniforme que portait la députation présentant l'adresse de la Garde Nationale de Varsovie à celle de France, le 12 mars 1831, composée de MM. Albert Gazymiala, un des martyrs de la Liberté, Théodore Morawsky, membre de la Légation et Léonard Chozko, ancien aide-de-camp du Général Lafayette. Au haut de la planche : *Vendu au profit des Polonais.*

POTRELLE

GARDE DES CONSULS

Quatorze planches gravées. Un personnage à pied. Poses et fonds variés. Trait carré. Numéro en haut et à droite. En bas, *Garde des Consuls* et désignation du grade, *à Paris, chez Potrelle, rue St-Honoré et chez Niodot, rue de Thionville, n° 26.*
Déposé à la Bibliothèque.
Dimensions des planches 0,202 sur 0,266. Dimensions du cadre 0,124 sur 0,161.

  1 Sapeur des Grenadiers.
  2 Tambour-Major des Grenadiers.
  3 Tambour,
  4 Fifre.
  5 Musicien.
  6 Officier supérieur.
  7 Colonel.
  8 Chef de Bataillon.
  9 Officier des Grenadiers.
10 Adjudant-major des Grenadiers.
11 Porte-Drapeau.
12 Sergent.
13 Caporal.
14 Grenadier.

Cette suite fort rare donne avec beaucoup de précision les détails du costume de la Garde des Consuls. Elle constitue un document de valeur.

RAFFET

COSTUMES MILITAIRES 1825-1826

Quinze planches lithographiées et coloriées. Trait carré. N° d'ordre en haut et à droite. En bas, à gauche, *chez Frérot, éditeur;* à droite, *Lith. de Villain.* Au milieu, nom du Corps ou du Régiment.

Dimensions des planches 0,232 sur 0,302. Dimensions du cadre, pour l'Infanterie, 0,149 sur 0,173, pour la Cavalerie, 0,203 sur 0,167.

Frontispice sans encadrement sur couverture de couleur.

1 Garde royale, Régiment, Guide.
2 Infanterie de ligne, Régiment. Centre.
3 Infanterie de ligne, 47° de ligne, Tambour Grenadier.
4 Infanterie de ligne, 47° de ligne, Lieutenant Voltigeur.
5 Infanterie de ligne, 47° de ligne, Grenadier.
6 Infanterie, 47° de ligne, Voltigeur.
7 Capitaine de Grenadiers à pied, Garde royale, Grande tenue d'été.
8 Houzard du Nord, 4° Régiment.
9 Dragons de la Loire, 6° Régiment, Capitaine.
10 Chasseur à pied, Garde royale, Grande tenue d'été.
11 Fusilier, Garde royale, Grande tenue d'été.
12 Artillerie à pied, Garde royale, Grande tenue d'hiver.
13 Garde royale, Hussard, Tenue de guerre.
14 Dragon, Garde royale, Grande tenue d'hiver.
16 Infanterie, 47° de ligne, Sapeur.

Plusieurs des planches de cette série sont fort rares.

Au point de vue artistique elle est inférieure aux séries suivantes.

RAFFET

UNIFORMES DES TROUPES DE LIGNE
(1829-1830)

Lithographies in-4°. Trait carré, signature de *Raffet* à droite, dans le terrain ; à gauche, *chez Frérot-Rigny, rue Notre-Dame-des-Champs, 53, et chez Rittner, boulevard Montmartre, n° 12* ; à droite, *Lith. de Villain, rue de Sèvres, n° 23*, ou *Lith. de Villain*.

Cette collection n'a pas été achevée, à cause de la Révolution de 1830 ; elle comprend les planches suivantes, qui ont servi la plupart, après quelques modifications, pour la série des Costumes Militaires depuis août 1830.

  1 Infanterie de ligne, Régiment, Clairon.
  2 Infanterie de ligne, Régiment, Tambour.
  3 Infanterie de ligne, Régiment, Sapeur.
  5 Infanterie de ligne, Régiment, Grenadier.
  6 Infanterie de ligne, Régiment, Voltigeur.
  7 Infanterie de ligne, Régiment, Sous-Lieutenant.
10 Corps royal du Génie, Sapeur.
14 Infanterie de ligne, Régiment, Centre.
20 Infanterie de ligne, Régiment, Tambour-Major.

Sans N°s :
Cavalerie légère, Hussard, 1er Régiment.
Carabiniers, Régiment, Trompette.
Carabiniers, Régiment.
Carabiniers, Régiment, Capitaine.

RAFFET

GARDE ROYALE (1828)

Planches lithographiées en hauteur et coloriées représentant un soldat à pied ou à cheval. Trait carré. N° d'ordre en haut à droite, en bas, au milieu, Nom du corps ou du Régiment ; à gauche, *à Paris, chez Frérot, Editeur, rue des Petits-Champs, n° 3 ;* à droite, *et chez Rittner, boulevard Montmartre, n° 12.* Signature et quelquefois date dans le terrain.

Dimensions des planches 0,232 sur 0,304. Dimensions du cadre 0,144 sur 0,186.

1 Garde royale, Hussard, Trompette.
2 Garde royale, Hussard.
3 Garde royale, Artillerie à pied.
4 Garde royale, Lancier, Trompette.
5 Garde royale, Lancier, Sous-Lieutenant.
6 Garde royale, Lancier.
7 Garde royale, Dragon, Maréchal-des-logis.
8 Garde royale, Régiment, Fusilier.
9 Garde royale, Artillerie à cheval, Trompette.
10 Garde royale, Artillerie à cheval.
11 Garde royale, Hussard, Officier.
12 Garde royale, Régiment, Tambour.
13 Garde royale, Dragons, Trompette.
14
15 Garde royale, Artillerie à cheval, Maréchal-des-logis.
16 Garde royale, Régiment, Capitaine.
17
18 Garde royale, Régiment, Grenadier.
19 Garde royale, Dragons.
   Garde royale, Cuirassier.
   Garde royale, Chasseur à cheval, Trompette (1).

Il existe un autre tirage où la dimension des planches est de 0,252 sur 0,349.

RAFFET

COLLECTION DES COSTUMES MILITAIRES DE L'ARMÉE ET DE LA MARINE FRANÇAISES DEPUIS AOUT 1830, PAR RAFFET

L'ouvrage publié par livraisons, devait être accompagné

(1) Nous ne connaissons qu'une épreuve de cette planche. Elle appartient à la collection de M. Balsan.

d'un texte dont il n'a paru que six pages. Chaque livraison était renfermée dans une couverture brun-jaune, représentant un écusson, entouré d'armes et de drapeaux. Dans l'écusson figurait le titre que nous venons de transcrire et au-dessous du trophée les inscriptions suivantes : Cette collection sera terminée par un volume in-8° de texte, relatif à la constitution spéciale de chaque arme et aux fonctions attribuées à chaque grade, par le Capitaine B., Chevalier de la Légion d'Honneur, Auteur de plusieurs ouvrages sur la Tactique militaire.

Chaque livraison contiendra quatre costumes, coloriés avec le plus grand soin.

Prix de chaque livraison, pour les souscripteurs : 6 fr. avec le texte, chaque costume détaché : 1 fr. 50.

Frérot, éditeur, professeur de Dessin, rue Saint-Honoré, n° 288.

On souscrit, sans rien payer d'avance, à Paris, chez : MM. Hautecœur-Martinet, libraires, rue du Coq-Saint-Honoré, n°ˢ 13 et 15 ; Chaillou-Potrelle, marchand d'Estampes, rue Saint-Honoré, n° 140 ; Gihaut, frères, marchands d'estampes, boulevard des Italiens, n° 5 ; Levrault, libraire, rue de la Harpe, n° 81 ; Anselin, libraire, rue Dauphine, n° 9 ; au Dépôt général de la Lithographie, quai Voltaire, n° 7 ; et chez tous les principaux libraires et marchands d'estampes.

Planches lithographiées, en hauteur et coloriées, coupées au trait carré et montées sur une feuille à quadruple trait carré portant au haut de la feuille comme titre général :

Uniformes Français ; à droite, N° d'ordre ; en bas, au milieu, nom du Corps ou du Régiment ; au-dessous, à gauche, *chez Frérot, Éditeur, Professeur de dessin, rue St-Honoré, n° 188;* au milieu, *Lith. Villain* ; à droite, *Et chez Hautecœur-Martinet, rue du Coq-St-Honoré, n°ˢ 13 et 15.* On trouve aussi des planches sur lesquelles les trois dernières indications sont remplacées par les suivantes, à gauche, immédiatement au-dessous du cadre, *Imprimerie Lith. de Villain* et à droite, *chez Hautecœur-Martinet, rue du Coq, n° 15*, signature de Raffet dans le terrain.

Dimensions des feuilles 0,283 sur 0,382. Dimensions du cadre : 0,142 sur 0,187.

1 Infanterie de ligne, Régiment, Clairon *(avec plumet)*.
   id.   id.   id.   id. *(avec pompon)*.
2 Infanterie de ligne, Régiment, Voltigeur *(avec plumet)*.

2 Infanterie de ligne, Régiment, Voltigeur *(avec pompon et plumet)*.
3 Infanterie de ligne, Régiment, Sapeur.
4 Infanterie de ligne, Régiment, Compagnie du Centre.
5 Infanterie de ligne, Régiment, Tambour (ou Tambour des Grenadiers).
6 Infanterie de ligne, Régiment, Grenadier.
7 Infanterie de ligne, Régiment, Sous-Lieutenant.
8 Infanterie de ligne, Régiment, Tambour-Major.
9 Garde Nationale, Légion, Capitaine des Grenadiers.
10 Marine royale, Marin des Equipages de Ligne, Sergent.
11 Corps royal du Génie, Lieutenant.
12 Corps royal du Génie, Sapeur.
13 Etat-Major de l'Armée, Lieutenant-Général.
14 Cavalerie légère, Trompette de Hussards, 4e Régiment.
15 Cavalerie légère, Hussards de Chartres, 1er Régiment.
16 Cavalerie de réserve, Cuirassier, 5e Régiment *(avec pantalon basané)*.
id. Cavalerie de réserve, Cuirassier, 5e Régiment *(avec fausses bottes)*.
17 Artillerie à cheval, Maréchal-des-logis, Régiment.
18 Cavalerie de réserve, Carabiniers, 2me Régiment.
19 Cavalerie de réserve, Trompette de Carabiniers, Régiment.
20 Cavalerie de ligne, Dragons, Régiment.
21 Infanterie légère, Carabinier, Régiment.
22 Garde Nationale, Légion, Chasseur.
23 Cavalerie légère, Hussard, Brigadier, 6e Régiment.
24 Garde Municipale de Paris, Garde à cheval, Maréchal-des-Logis-chef.
25 Cavalerie de ligne, Lanciers, 2e Régiment.
26 Artillerie à pied, Artillerie, Régiment.
27 Garde Nationale, Légion, Tambour.
28 Infanterie légère, Régiment, Porte-drapeau.
29 Cavalerie légère, Chasseurs d'Afrique, Régiment, Sapeur.
30 Marine royale, Marin des Equipages de Ligne, Sous-Lieutenant.
31 Garde nationale, Légion, Grenadier.
32 Cavalerie légère, Chasseurs, 1er Régiment.

Les planches de cet ouvrage se trouvent aussi en noir, tirées sur papier de 0,359 sur 0,274, sans lettres, numéros, ni titres.

RAFFET

NAPOLÉON ET LA GARDE IMPÉRIALE

Texte par Eugène Fieffé, des Archives de la Guerre.
Dessiné par Raffet.
Paris, Furne fils, Editeur, rue de Seine, 57, 1859.
Texte de 170 pages. Planches in-4° gravées et coloriées. Double trait carré. Titre en bas, au milieu; à gauche, *Raffet del.*; à droite, *chez Colin;* en bas, *Imp. Lemercier, rue de Seine, 57, Paris.*

LISTE DES PLANCHES

Napoléon Ier.
Porte-drapeau des Grenadiers à pied.
Grenadier à pied, Chasseur à pied.
Tambour-Major des Grenadiers à pied,
Musicien, Sapeur des Grenadiers à pied.
Fusilier Grenadier, Fusilier Chasseur.
Tirailleur, Voltigeur.
Sapeur du Génie, Canonnier à pied.
Marin.
Pupille, Grenadier, 3e Régiment.
Grenadier à cheval, Porte-Étendard.
Dragon de l'Impératrice.
Chasseur à cheval.
Mameluck.
Chevau-léger Lancier Polonais.
Lancier Rouge.
Garde d'Honneur.
Artillerie à cheval, Maréchal des logis.
Gendarme d'élite.
Vétéran.

RASPE

Recueil de toutes les troupes qui forment les Armées Françaises, dessiné et enluminé d'après nature, à *Nuremberg, chez Gabriel-Nicol Raspe*, 1761.

Planches gravées et coloriées, entourées d'un trait carré.

MAISON DU ROI

1 Garde du Roy.
2 Garde de la Manche.
3 Cent-Suisse.
4 Garde de la Porte.
5 Garde de la Prévôté
6 Grenadier à cheval.
7 Gendarme de la Garde.
8 Chevau-Légers.
9 Mousquetaire de la 1re Cie.
10 Mousquetaire de la 2e Cie.
11 Gendarmerie.
12 Garde Française.
13 Garde Suisse.

INFANTERIE

14 Piccardie (*sic*).
15 Champagne.
16 Navarre.
17 Piémont.
18 Normandie.
19 La Marine.
20 La Tour du Pin.
21 Bourbonnois.
22 Régiment d'Infanterie Auvergne.
23 — Belsunce.
24 — Talaru.
25 — du Roi.
26 — Royal.

27 Régiment d'Infanterie Poitou.
28 — Lyonnois.
29 — Dauphin.
30 — Vaubercourt.
31 — Touraine.
32 — Aquitaine.
33 — d'Eu
34 — St-Chamond.
35 — Montmorin.
36 — Briqueville.
37 — La Reine.
38 — Limosin.
39 — Royal-Vaisseaux.
40 — Orléans.
41 — La Couronne.
42 — Bretagne.
43 — Gardes Lorraines.
44 — Artois.
45 — Montrevel.
46 — La Roche-Aymond.
47 — La Sarre.
48 — La Fère.
49 Régiment Allemand, Alsace.
50 Régiment d'Infanterie Royal Roussillon.
51 — Condé.
52 — Bourbon.
53 — Grenadiers de France.
54 — Beauvoisis.
55 — Rouergue.
56 — Bourgogne.
57 — Royal-Marine.
58 — Vermandois.
59 Régiment Allemand, Anhalt, ci-devant Bentheim.
60 Corps royal de l'Artillerie.
61 Régiment d'Infanterie Royal-Italien.
62 Régiment d'Infanterie Jenner, Suisse.
63 Régiment d'Infanterie Baccard, Suisse.
64 Régiment d'Infanterie Redding, Suisse.
65 — Castella, Suisse.
66 Régiment d'Infanterie Languedoc.
67 — Aumont.
68 Régiment d'Infanterie Waldner, Suisse.
69 Régiment d'Infanterie Médoc.

70 Régiment d'Infanterie Lemps.
71 — Vastau.
72 — Royal-Comtois.
73 — Durfort.
74 — Provence.
75 — Cambis.
76 — Darbonnier, Suisse.
77 — Rohan-Rochefort.
78 — Nice.
79 Régiment Allemand La Mark.
80 Régiment d'Infanterie Penthièvre.
81 — Guyenne.
82 — Lorraine.
83 — Flandres.
84 — Berry.
85 — Béarn.
86 — Haynault.
87 — Boulonnois.
88 — Angoumois.
89 — Périgord.
90 — Saintonge.
91 — Bigorre.
92 — Forez.
93 — Cambrésis.
94 — Tournaisis.
95 — Foix.
96 — Bresse.
97 — La Marche.
98 — Quercy.
99 — La Marche Prince.
100 — Brie.
101 — Soissonnois.
102 — Isle-de-France.
103 — Diesbach, Suisse.
104 — Courten, Suisse.
105 — Bulkeley, Irlandais.
106 Régiment d'Infanterie Clare, Irlandais.
107 — Dillon, Irlandais.
108 Régiment Allemand Royal Suédois.
109 Régiment d'Infanterie Chartres.
110 — Conty.
111 Régiment d'Infanterie Rooth, Irlandais.
112 — Berwick, Irlandais

113 Régiment d'Infanterie Enghien.
114 Régiment Allemand   Royal-Bavière.
115 Régiment d'Infanterie Salis-Grison.
116 Régiment d'Infanterie Royal-Ecossais.
117   —   Royal-Ecossais.
118   —   Royal-Lorraine.
119   —   Royal-Barrois.
120   —   Lally, Irlandais.
121   —   Nassau, Allemand.
122   —   Royal-Cantabres.
123   —   Ogilby, Écossois.
124   —   Lochmann, Suisse.
125   —   Bouillon.
126   —   Deux-Ponts, Allemand.
127   —   Vierzel, Liégois.
128   —   Horion, Liégeois.
129   —   Eptingen, Suisse.
130 Troupes légères Volontaires de Flandres.
131   —   —   du Haynault.
132   —   —   Légion-Royale.
133   —   —   Volont. du Dauphiné.
134   —   —   Corps des Chasseurs de Fischer.
135   —   —   Volontaires d'Austrasie.
136   —   —   Fischer.
137   —   —   Fusiliers de Montagne.
138   —   —   Fusiliers Guides.
139 Troupes légères, Cie franche de Volont. de Cambefort.

CAVALERIE

140 Régiment de Cavalerie, Colonel Général.
141   —   Mestre-de-Camp Général.
142   —   Commissaire Général.
143   —   Royal.
144   —   du Roy.
145   —   Royal-Etrangers.
146   —   Cuirassiers du Roy.
147   —   Royal-Cravates.
148   —   Royal-Roussillon.
149   —   Royal-Piémont.
150   —   Royal-Allemand.
151   —   Royal-Pologne.
152   —   La Reine.

153 Régiment de Cavalerie		Dauphin.
154	—	Dauphin-Étranger.
155	—	Bourgogne.
156	—	Aquitaine.
157	—	Berry.
158	—	Carabiniers de M. le comte de Provence.
159	—	Orléans.
160	—	Chartres.
161	—	Condé.
162	—	Bourbon.
163	—	Clermont.
164	—	Conty.
165	—	Penthièvre.
166	—	Archiac.
167	—	Poly.
168	—	Lusignem.
169	—	Marcien.
170	—	Des Salles.
171	—	Talleyrand.
172	—	Noe.
173	—	Chabrillan.
174	—	Charost.
175	—	Beauvillier.
176	—	Balincourt.
177	—	Bourbon-Bussel.
178	—	Sainte-Aldegonde
179	—	Trasegnies.
180	—	Charost.
180 bis	—	Vogué.
181	—	Fumel.
182	—	La Rochefoucau
183	—	Ray.
184	—	Damas.
185	—	Crussol.
186	—	Fleury.
187	—	Toustain
188	—	Espinchal.
189	—	Escouloubre.
190	—	Moustier.
191	—	Seyssel.
192	—	Wirtemberg.
193	—	Noailles.

194 Régiment de Cavalerie Preissac.
195 — Fitz-James, Irlandais.
196 — Descars.
197 Régiment de Hussards Bercheny.
197 *bis* Corps de Chasseurs de Bercheny.
198 Régiment de Hussards Turpin.
198 *bis* Corps de Chasseurs de Turpin.
199 Régiment de Cavalerie, Volontaires de Schomberg.
200 Régiment de Cavalerie, Raugrave, Liégeois.
201 — Nassau-Ousingue.
202 — Moncalm.
203 — Vaussieux-Hericy.
204 Régiment de Hussards, Royal-Nassau.
205 Régiment de Dragons, Colonel-Général.
206 — Mestre-de-Camp Général.
207 — Royal.
208 — du Roi.
209 — La Reine.
210 — Dauphin.
211 — Orléans.
212 — Beauffremont.
213 — d'Aubigné.
214 — Caramen.
215 — La Ferronays.
216 — Flamarens.
217 — Apchier.
218 — Thianges.
219 — Marbeuf.
220 — Languedoc.

Les planches de la Maison du Roi sont la reproduction à petite échelle de celles d'Eisen.

Les planches d'Infanterie, de Cavalerie et de Dragons représentent chacune un soldat et un officier; au bas de la planche sont indiqués, pour l'Infanterie le nom du Colonel, et pour la Cavalerie celui du Mestre-de-Camp, le rang du régiment, sa date de création, le nombre de Bataillons ou d'Escadrons, celui des Cies, le nombre d'hommes des diverses Cies et le nombre total par régiment.

RASPE

UNIFORMES DES ARMÉES FRANÇAISES SUIVANT LES RÈGLEMENTS DU ROI

A Nuremberg, chez Raspe, libraire, 1775.

Texte (11 pages) et Table Alphabétique.

Planches gravées et coloriées, entourées d'un double trait carré.

Dimensions du cadre extérieur 0,071 sur 0,141, dimensions de la planche dans les ouvrages reliés, 0,105 sur 0,169.

    Gardes Françaises.   26 Royal-Vaisseaux.
    Garde Suisse   27 Orléans.
    Gendarmerie.   28 La Couronne.
    Gardes du Roi.   29 Bretagne.
1 Picardie.   30 Lorraine.
2 Champagne.   31 Artois.
3 Navarre.   32 Berri.
4 Piémont.   33 Haynault.
5 Normandie.   34 La Sarre.
6 La Marine.   35 La Fère.
7 Bourbonnois.   36 Alsace.
8 Béarn.   37 Royal-Roussillon.
9 Auvergne.   38 Condé.
10 Flandre.   39 Bourbon.
11 Guyenne.   40 Beauvoisis.
12 du Roi.   41 Rouergue.
13 Royal.   42 Bourgogne.
14 Poitou.   43 Royal-Marine.
15 Lionnois.   44 Vermandois.
16 Dauphin.   45 Anhalt.
17 Aunis.   46 Corps royal d'Artillerie.
18 Soissonnois.   47 Royal-Italien.
19 Aquitaine.   48 d'Erlach, Suisse.
20 d'Eu.   49 Boccard, Suisse.
21 Dauphiné.   50 Sonnenberg, Suisse.
22 Isle-de-France.   51 Castella Suisse.
23 Touraine.   52 Languedoc.
24 La Reine.   24 Beace.
25 Limosin.   54 Waldner, Suisse.

55 Médoc.
56 Vivarais.
57 Vexin.
58 Royal-Comtois.
59 Beaujolois.
60 Comte de Provence.
61 Jenner, Suisse.
62 La Marck.
63 Penthièvre.
64 Boulonnois.
65 Angoumois.
66 Périgord.
67 Saintonge.
68 Forez.
69 Cambresis.
70 Tournaisis.
71 Foix.
72 Quercy.
73 La Marche Prince.
74 Diesbach, Suisse.
75 Courten, Suisse.
76 Bulkeley.
77 Clare.
78 Dillon.
79 Royal-Suédois.
80 Chartres.
81 Conty.
82 Walsh.
83 Berwick.
84 Enghien.
85 Bavière.
86 Salis.
87 Corse.
88 Nassau.
89 Lochmann.
90 Bouillon.
91 Royal-Deux-Ponts.
92 Eptingen.

Grenadiers royaux et Régiments provinciaux Milice Garde-côtes.

1 Légion Royale.
2 Légion de Flandre.
3 Légion de Lorraine.
4 Légion de Conflans.
5 Légion de Condé.
6 Légion de Soubise.
7 Légion Corse.

CAVALERIE

1 Colonel Général.
2 Mestre-de-Camp Gén^{al}.
3 Commissaire Général.
4 Royal.
5 du Roi.
6 Royal-Etranger.
7 Cuirassiers du Roi.
8 Royal-Cravates.
9 Royal-Roussillon.
10 Royal-Piémont.
11 Royal-Allemand.
12 Royal-Pologne.
13 Royal-Lorraine.
14 Royal-Picardie.
15 Royal-Champagne.
16 Royal-Navarre.
17 Royal-Normandie.
18 La Reine.
19 Dauphin.
20 Bourgogne.
21 Berri.
22 Carabiniers de Monsieur
23 Comte d'Artois.
24 Orléans.
25 Chartres.
26 Condé.
27 Bourbon.
28 Comte de la Marche.
29 Conti.
30 Penthièvre.
31 Noailles.

HUSSARDS

32 Berchcny.
33 Chamborant.
34 Royal-Nassau.

35 Esterhazy.

DRAGONS

1 Colonel Général.
2 Mestre-de-Camp Général.
3 Royal.
4 du Roi.
5 La Reine.
6 Dauphin.
7 Dragons de Monsieur.
8 d'Artois.
9 Orléans.
10 Lorraine.
11 Custine.
12 Rochefoucauld.
13 Jarnac.
14 Lanan.
15 Belsunce.
16 Languedoc.
17 Schomberg.
Maréchaussée.

Les planches d'Infanterie sont une imitation de celles de Lattré, mais le type est toujours le même. Pour la Cavalerie, les Hussards et les Dragons, un type unique a servi pour chaque arme et le coloris seul diffère. Toutes les inscriptions sont faites à la main.

RICHARD ET BERRIEUX (Chez)

TROUPES FRANÇAISES

Planches gravées et coloriées, en hauteur. Trait carré. Titre général : *Troupes Françaises* en haut et au milieu ; à gauche, N° d'ordre; à droite, *1832* ; nom du Corps ou du Régiment, en bas et au milieu ; à gauche, *à Paris, chez Richard et Berrieux Jeune* ou bien *successeurs de M. Genty*, *rue St-Jacques, n°33*; à droite, *Déposé à la Direction*, ou *Déposé*.

Dimensions des planches 0,226 sur 0,304. Dimensions du cadre 0,120 sur 0,169.

Nous connaissons les planches suivantes:

Infanterie de ligne, Régiment, Sapeur (Transformation du Sapeur des Légions Départementales de Genty).

Infanterie de ligne, Régiment, Grenadier (Transformation du Grenadier des Légions Départementales de Genty, N° 18).

Infanterie de ligne, Fusilier (Transformation des Légions Départementales).

Infanterie légère, Régiment (Transformation des Légions Départementales).

Cavalerie de réserve, Régiment, Carabinier. N° 11.

Cavalerie de ligne, Dragons, Régiment, N° 13 (Transformation du N° 13 de la série de Genty, 1816).

Cavalerie de ligne, Lancier, Régiment (Lancier d'Orléans, N° 17) (Transformation du Lancier de la Garde royale).

Cavalerie légère 6e régiment, Hussard, N° 10.

Cavalerie de ligne, Hussard, Régiment, Escadron.

Canonnier à pied.

Canonnier, Régiment (à cheval).

Sapeur-Mineur (Transformation du Sapeur du corps royal du Génie de Genty).

Garde Nationale à cheval de Paris, N° 19 (Transformation du N° 19 de la série de Genty, 1816).

Garde Nationale de Paris, Légion.

La plupart de ces planches sont des transformations de planches de la collection des Troupes Françaises de Genty, de 1816.

RIGO

CAVALERIE FRANÇAISE EN 1846

Planches lithographiées, en largeur. Triple trait carré. Titre au bas de la feuille, au milieu. A gauche, *à Paris, chez Bouvenne, rue Ribouté, 1* ; à droite, *Imprimerie J. Rigo et C*[ie]. Plusieurs Cavaliers sur chaque planche.
    Carabiniers, Régiment.
    Cuirassiers, Régiment.
    Dragons, Régiment.
    Lanciers, Régiment.
    Chasseurs, Régiment.
    Hussards, Régiment.
Cette petite collection est d'une exécution médiocre : on la trouve le plus souvent en noir ; elle est d'ailleurs assez rare.

SEELE, VOLZ, ETC.

REPRÉSENTATION CARACTÉRISTIQUE DES PRINCIPAUX MILITAIRES EUROPÉENS
Publiée par la Librairie d'Art Académique Impériale et Royale privilégiée d'Augsbourg

Charackteristiche Darstellung der vorzüglichsten Europæischen Militairs. Herausgegeben von der K. K. privil. Academischen Kunsthandlung in Augsburg.

Ouvrage publié par livraisons de 5 planches, de 1800 à 1810.

Planches gravées, en hauteur ou en largeur et coloriées, entourées d'un trait carré. Titre en allemand, au bas de la planche et au milieu ; à gauche, nom du dessinateur ; à droite, nom du graveur (ces indications ne figurent pas sur toutes les planches). Au-dessous du titre, *se trouve à la Librairie d'Art académique.*

Dimensions des planches (Variables avec les éditions). Dimensions du cadre 0,114 sur 0,147.

Frontispice gravé. Dans un cadre avec haches de licteurs et attributs militaires se trouve en allemand l'inscription relatée plus haut : *Représentation caractéristique,* etc. Le N° de la livraison et le nom du pays auquel elle se rapporte sont inscrits le plus souvent à la main. Chaque livraison était publiée dans une couverture grise.

Ire LIVRAISON (ARMÉE AUTRICHIENNE).

Infanterie Impériale et Royale (Infanterie de ligne).
  Seele del., Ebner fecit.
Infanterie Impériale et Royale (Rothmantel) (*id.*).
Cavalerie lourde Impériale et royale (*id.*).
Cavalerie Impériale et Royale (*id.*).
Artillerie Impériale et Royale (*id.*).

2ᵐᵉ LIVRAISON (ARMÉE PRUSSIENNE)

Infanterie du Royaume de Prusse *(Seele del., Ebner sc.)*.
Infanterie légère du Royaume de Prusse *(id.)*.
Cavalerie lourde du Royaume de Prusse *(id.)*.
Cavalerie légère de Royaume de Prusse *(id.)*.
Artillerie du Royaume de Prusse *(id.)*.

3ᵐᵉ LIVRAISON (ARMÉE FRANÇAISE).

Infanterie Française *(Seele del,. Ebner sc.)*.
Infanterie Française *(id.)*.
Cavalerie Française *(id.)*.
Cavalerie Française *(id.)*.
Artillerie Française *(id.)*.

4ᵐᵉ LIVRAISON (ARMÉE RUSSE)

Cosaques Impériaux Russes *(Ebner del. et sc.)*.
Infanterie Impériale Russe. *(id.)*.
Cosaques Tartares et du Don, Impériaux Russes *(id.)*.
Cavalerie Impériale Russe *(id.)*.
Artillerie et Train des Equipages, Impériaux Russes *(id.)*.

5ᵐᵉ LIVRAISON (ARMÉE ANGLAISE)

Infanterie du Royaume Britannique *(Mettenleither del., Kauffmann sc.)*.
Infanterie du Royaume Britannique, Ecossais, Cipayes et Soldats des Indes *(id.)*.
Cavalerie du Royaume Britannique *(id.)*.
Cavalerie du Royaume Britannique *(id.)*.
Artillerie du Royaume Britannique *(id.)*.

6ᵐᵉ LIVRAISON (ARMÉE TURQUE)

Infanterie Turque *(Seele del., Kauffmann sc.)*.
Mamelucks Arabes *(id.)*.
Cavalerie Turque, Asiatique *(id.)*.
Cavalerie Turque, Européenne *(id.)*.
Artillerie Impériale Turque *(id.)*.

7ᵐᵉ LIVRAISON (ARMÉE DE BAVIÈRE)

Infanterie de l'Electorat de Bavière *(Chasseurs) sans nom de dessinateur ou de graveur.*
Infanterie de l'Electorat de Bavière *(id.)*.
Cavalerie de l'Electorat de Bavière *(id.)*.
Cavalerie de l'Electorat de Bavière *(id.)*.
Artillerie de l'Electorat de Bavière *(id.)*.

8ᵐᵉ LIVRAISON (ARMÉE DE L'ELECTORAT DE SAXE)

Infanterie de l'Electorat de Saxe (*sans nom de dessinateur ou de graveur*).
Infanterie de l'Electorat de Saxe (*id.*).
Cavalerie lourde de l'Electorat de Saxe (*id.*).
Cavalerie légère de l'Electorat de Saxe (*id.*).
Artillerie de l'Electorat de Saxe (*id.*).

9ᵐᵉ LIVRAISON (ARMÉE SUÉDOISE)

Infanterie du Royaume de Suède (*sans nom de dessinateur ou de graveur*).
Infanterie du Royaume de Suède (*id.*).
Cavalerie du Royaume de Suède (*id.*).
Cavalerie du Royaume de Suède (*id.*).
Artillerie du Royaume de Suède (*id.*).

10ᵐᵉ LIVRAISON (ARMÉE WURTEMBERGEOISE)

Infanterie du Royaume de Wurtemberg (*sans nom de dessinateur ou de graveur*).
Infanterie du Royaume de Wurtemberg (Chasseurs) (*id.*).
Officiers de l'Armée du Royaume de Wurtemberg (*id.*).
Cavalerie du Royaume de Wurtemberg (*id.*).
Artillerie du Royaume de Wurtemberg (*id.*).

11ᵐᵉ LIVRAISON (ARMÉE FRANÇAISE)

Garde Impériale et Royale Française (*sans nom de dessinateur ou de graveur*).
Infanterie Impériale Française (*Joh. Volz del. et sc.*).
Garde Impériale et Royale Française, Cavalerie (*sans nom de dessinateur ou de graveur*).
Garde Impériale et Royale Française, Cavalerie (*id.*).
Artillerie Impériale Française (*Joh. Volz del. et sc.*).

12ᵐᵉ LIVRAISON (ARMÉE DANOISE)

Infanterie du Royaume de Danemarck (*Volz del., Nilson sc.*).
Infanterie du Royaume de Danemarck (*id.*).
Cavalerie du Royaume de Danemarck (*id.*).
Cavalerie du Royaume de Daenmarck (*id.*).
Artillerie du Royaume de Danemarck (*id.*).

13ᵐᵉ LIVRAISON (ARMÉE BADOISE).

Infanterie du Grand Duché de Bade (*sans nom de dessinateur ou de graveur*).
Infanterie du Grand Duché de Bade (*id.*).
Cavalerie du Grand Duché de Bade (*id.*).
Cavalerie du Grand Duché de Bade (*id.*).
Artillerie du Grand Duché de Bade (*id.*).

14ᵐᵉ LIVRAISON (ARMÉE DU ROYAUME DE BAVIÈRE)

Infanterie du Royaume de Bavière (*Joh. Volz del. et sc.*).
Infanterie du Royaume de Bavière (*id.*).
Cavalerie du Royaume de Bavière (*id.*).
Cavalerie du Royaume de Bavière (*id.*).
Artillerie du Royaume de Bavière (*id.*).

15ᵐᵉ LIVRAISON (ARMÉE DU ROYAUME DE SAXE)

Infanterie du Royaume de Saxe (*sans nom de dessinateur ou de graveur*).
Infanterie légère du Royaume de Saxe (*id.*).
Cavalerie du Royaume de Saxe (*id.*).
Cavalerie du Royaume de Saxe (*Rugendas del., W. Nilson sc.*).
Artillerie du Royaume de Saxe (*sans nom de dessinateur ou de graveur*).

16ᵐᵉ LIVRAISON (ARMÉE ESPAGNOLE)

Infanterie du Royaume d'Espagne (*Volz del., et sc.*).
Infanterie du Royaume d'Espagne (*id.*).
Cavalerie du Royaume d'Espagne (*id.*).
Cavalerie du Royaume d'Espagne (*id.*).
Artillerie du Royaume d'Espagne (*id.*).

17ᵐᵉ LIVRAISON (ARMÉE HOLLANDAISE)

Infanterie du Royaume de Hollande (*Volz del. Nilson sc.*).
Infanterie du Royaume de Hollande (*id.*).
Cavalerie légère du Royaume de Hollande (*id.*).
Cavalerie lourde du Royaume de Hollande (*id.*).
Artillerie du Royaume de Hollande (*id.*).

18ᵐᵉ LIVRAISON (TROUPES ALLIÉES DE LA FRANCE)

Militaires du Grand Duché de Francfort (*sans nom de dessinateur ou de graveur*).

Militaires des Principautés de Schwarzbourg et de
 Reuss (*id.*).
Militaires du Grand Duché de Wurzbourg (*id.*).
Militaires du Grand Duché de Darmstadt (*id.*).
Militaires Portugais au service de l'Empire Français
 (*Volz del., Nilson sc.*).

Nous avons tenu à donner en détail le catalogue de cette fort belle série, la plus belle qui ait été publiée en Allemagne pendant la période Napoléonienne. Chacune des planches forme un petit tableau de genre, dont plusieurs sont tout à fait remarquables, au point de vue de la composition, du dessin et de la finesse du coloris. La publication, commencée vers 1800, a dû se continuer jusque vers 1810 ou 1812. Les premières séries sont seules de Seele, l'excellent peintre militaire Allemand.

Les dernières séries portent au lieu de « Librairie académique d'Augsbourg » les mots « Librairie d'art académique de Herzberg ».

SINNETT

ARMÉE FRANÇAISE (1844-1846)

Seize planches in-8°. *Sinnett, éditeur, rotonde Colbert, Paris. Imprimerie lithographique Lemercier.*
1. Maréchal de France, 1844.
2. Lieutenant Général, Général de Division, 1844.
3. Maréchal de camp, Général de brigade, 1844.
4. Colonel, Infanterie de ligne, 1845.
5. Chef de bataillon, Infanterie de ligne, 1845.
6. Capitaine, Infanterie de ligne, 1845.
7. Tambour-Major, Infanterie de ligne, 1845.
8. Sergent-Major, Compagnies du centre, Infanterie de ligne, 1845.
9. Intendant Militaire, 1re classe, 1845.
10. Garde principal, Régiments du Génie, 1846.
11. Lanciers, Régiment, Cavalerie de ligne, 1846.
12. Officier d'Administration, Hopitaux, Subsistance et Campement, 1846.
13. Clairon de Voltigeurs, Infanterie de ligne, 1846.
14. Lieutenant Porte-étendard, Régiments de Chasseurs à cheval, Cavalerie légère, 1846.
15. Sapeur, Infanterie de ligne, 1846.
16. Grenadier, Infanterie de ligne, 1846.

Petite série intéressante et rare. La Bibliothèque Nationale en possède un exemplaire.

SINNETT (Chez)
(1857 à 1870)

Feuilles lithographiées, contenant chacune vingt-cinq sujets, représentant un soldat à pied ou à cheval, tirées sur papier teinté, entourées d'un cadre blanc. Ces feuilles étaient destinées à être découpées en bandes, pour former des albums pour enfants.

Titre au haut de la planche ; au milieu, nom du dessinateur ou lithographe (*C. Maurice* ou *Montaut* et *de Moraine*) *à Paris, chez Sinnett, éditeur, rue d'Argenteuil, 17.*

Dimensions de chaque sujet, 0,092 sur 0,136.

Parmi ces feuilles, très nombreuses, qui représentent non seulement des costumes militaires français ou étrangers, mais aussi des costumes civils, nous avons catalogué les suivantes qui offrent un certain intérêt au point de vue qui nous occupe :

LES CANTINIÈRES FRANÇAISES

Infanterie de ligne. Chasseurs à pied. Zouaves. Artillerie. Cuirassiers. Dragons. Lanciers. Chasseurs à cheval. Hussards. Spahis. Grenadiers de la Garde. Voltigeurs de la Garde. Chasseurs à pied de la Garde. Zouaves de la Garde. Gendarmes de la Garde. Artillerie de la Garde. Génie de la Garde. Carabiniers. Cuirassiers de la Garde. Guides. Dragons de la Garde. Lanciers de la Garde. Chasseurs de la Garde à cheval. Train des Equipages.

LA MUSIQUE DE L'ARMÉE FRANÇAISE

Infanterie de ligne, Grosse caisse. Chasseurs de Vincennes, Clairon. Zouave, Clairon. Artillerie, Tambour. Cuirassiers, Ophicléide. Dragons, Cor à cylindres. Lanciers, Clairon chromatique. Chasseurs à cheval, Baryton. Hussards, Cor. Chasseurs d'Afrique, Cor à cylindre. Spahis, Trompette. Garde de Paris à cheval, Contrebasse monstre. Garde de Paris à pied, Cimballes. Marine, Clarinette basse. Infanterie de Marine, Clarinette alto. Grenadiers de la Garde, Chef de musique. Voltigeurs de la Garde, Caisse roulante. Chasseurs de la Garde, Clairon. Zouaves de la Garde, Petit bugle. Gendarmes de la Garde, Clarinette. Carabiniers, Cornet à piston. Cuirassiers de la Garde, Trompette à cylindre. Cent-Gardes, Trompette. Guides de la Garde, Chef de musique. Artillerie de la Garde, Trompette.

LA FRANCE MILITAIRE

Maréchal de France. Etat-Major. Sapeur d'Infanterie

de ligne. Tambour-Major, Cantinière. Colonel d'Infanterie. Infanterie de ligne. Chasseur à pied. Zouave. Régiment étranger. Artillerie à cheval. Sapeur du Génie. Génie (tenue de tranchée). Garde de Paris. Sapeur-Pompier. Carabinier. Cuirassier. Cuirassier (en manteau). Dragon. Lancier. Hussard. Chasseur d'Afrique. Spahis. Gendarmerie à cheval. Garde de Paris. (cavalerie).

LA GARDE IMPÉRIALE (PAR DE MONTAUT ET DE MORAINE)

Aide-de-camp de S. M. Officier d'ordonnance de S. M. Sapeur. Tambour Major. (*Grenadiers de la Garde*) Grenadier de la Garde. Tambour des Voltigeurs. Voltigeur de la Garde. Officier de Chasseurs à pied. Chasseur à pied. Zouave. Gendarme de la Garde. Génie. Officier. Officier des Cent-Gardes. Cent-Gardes. Trompette des Guides. Guides. Guide. Dragon. Chasseur à cheval. Lancier. Train des Equipages. Artillerie, grande tenue. Artillerie, petite tenue. Artillerie, Soldat. Artillerie à pied.

LA FRANCE MARITIME

Vice-Amiral, petite tenue. Capitaine, grande tenue. Capitaine, tenue d'été. Lieutenant, tenue d'hiver. Lieutenant, grande tenue. Lieutenant, Etat-Major. Enseigne, petite tenue de bord. Enseigne, tenue de Garde. Aspirant, petite tenue. Aspirant, grande tenue. Second Maître, Tenue de bord. Quartier-Maître, grande tenue. Matelot, tenue de combat. Matelot, tenue de travail. Mousse. Infanterie de Marine, grande tenue. Infanterie de Marine, petite tenue. Infanterie de Marine. Aumônier. Préfet Maritime. Officier du Génie. Commissaire Général. Officier de Santé. Matelot du Commerce.

SORRIEU ET FORTUNÉ
(*D'après Lalaisse*)

L'ARMÉE FRANÇAISE ET SES CANTINIÈRES
(vers 1857)

Planches lithographiées, en hauteur et coloriées, représentant chacune une cantinière et un ou plusieurs soldats. Tirage sur papier teinté. Au bas de chaque feuille: *L'Armée Française et ses Cantinières*, et au-dessous nom du corps; à gauche, *Sorrieu, d'après Lalaisse* ou *Fortuné, d'après Lalaisse*; au bas de la feuille, *G. Orengo, Éditeur-Propriétaire*; à droite, *Lith. et Dépôt : Chambeau et Matthés, 11, rue de la Vieille-Monnaie, Paris*.

N° d'ordre au-dessous du titre.

Dimensions des planches 0,392 sur 0,422.

Frontispice. Scènes militaires par V. Adam. Titre au milieu du frontispice, en lettres d'or.

1 Grenadiers, Garde Impériale.
2 Artillerie, Garde Impériale.
3 Voltigeurs, Garde Impériale.
4 Dragons, Garde Impériale.
5 Zouaves, Garde Impériale.
6 Chasseurs à cheval, Garde Impériale.
7 Gendarmerie, Garde Impériale.
8 Guides, Garde Impériale.
9 Chasseurs à pied, Garde Impériale.
10 Lanciers, Garde Impériale.
11 Génie, Garde Impériale.
12 Cuirassiers, Garde Impériale.
13 Trains des Équipages, Garde Impériale.
14 Infanterie. Troupes de ligne.
15 Artillerie. Troupes de ligne.
16 Hussards. Troupes de ligne.

17 Chasseurs à pied. Troupes de Ligne.
18 Lanciers. Troupes de Ligne.
19 Dragons. Troupes de Ligne.
20 Génie. Troupes de Ligne.
21 Chasseurs d'Afrique. Troupes de Ligne.
22 Cuirassiers. Troupes de Ligne.
23 Tirailleurs Indigènes. Troupes de Ligne.
24 Chasseurs à cheval. Troupes de Ligne.
25 Zouaves. Troupes de Ligne.
26 Carabiniers. Troupes de Ligne.
27 Spahis. Troupes de Ligne.
28 Train des équipages. Troupes de Ligne.

SUSANE (LOUIS)

HISTOIRE DE L'ANCIENNE INFANTERIE FRANÇAISE

Paris, Librairie Militaire de S. Correard, 1, rue Christine.

Huit volumes in-8º et un atlas de 151 planches gravées sur bois et coloriées, dessinées par Philippoteaux.

Frontispice.
1 Hommes de pied, sous les deux premières races.
2 Milices des Communes, sous Philippe-Auguste.
3 Francs-Archers, sous Louis XI.
4 Aventuriers, sous Charles VIII.
5 Lansquenets, sous Louis XII.
6 Enseigne des Bandes et Légionnaire, sous François Ier.
7 Officier et Tambour, sous Charles IX.
8 Piquier et Arquebusier, sous Henri IV.
9 Mousquetaire et Officier, sous Louis XIII.
10 Grenadiers, sous Louis XIV.
11 Arquebusiers de montagnes en 1715.
12 Chasseur de Fischer et Grenadier de France, sous Louis XV.
13 Troupes provinciales et Troupes légères en 1785.
14 Troupes de ligne et Volontaires Nationaux en 1791.
15 Gardes Françaises, Mousquetaire en 1610, Enseigne en 1580.
16 Gardes Françaises, Officier et Soldat en 1672.
17 Gardes Françaises, Officier en 1700, Fusilier en 1745.
18 Gardes Françaises, Fusilier en 1763, Grenadier en 1789.
19 Gardes Suisses, Fusilier en 1660, Enseigne en 1616.
20 Gardes Suisses, Sergent en 1750, Fusilier en 1790, Officier en 1710.

21 Picardie, Fusilier en 1680, Enseigne en 1600.
22 Picardie, Soldat en 1710, Soldat en 1777.
23 Colonel Général, Officier en 1789, Picardie, Grenadier en 1789.
24 Piémont, Enseigne en 1580, Sergent en 1680.
25 Piémont, Officier en 1715, Soldat en 1760.
26 Piémont, Grenadier en 1789, Provence, Grenadier et Enseigne en 1789.
27 Navarre, Soldat en 1573, Enseigne en 1675.
28 Navarre, Tambour et Soldat en 1720.
29 Navarre, Grenadier en 1789. Armagnac, Fusilier en 1789.
30 Champagne, Enseigne en 1600, Sergent en 1675.
31 Champagne, Officier en 1710, Soldat en 1740.
32 Champagne, Officier en 1789. Austrasie, Grenadier et Drapeau en 1789.
33 Normandie, Soldat en 1745, Enseigne en 1616.
34 Neustrie, Porte-Drapeau en 1789. Normandie, Fusilier en 1789.
35 La Marine, Enseigne en 1635, Soldat en 1720.
36 La Marine, Officier en 1789. Auxerrois, Porte-Drapeau et Grenadier en 1789.
37 Bourbonnais, Enseigne en 1600, Soldat en 1730.
38 Bourbonnais, Grenadier en 1789. Forez, Porte-Drapeau en 1789.
39 Béarn, Soldat en 1720, Enseigne en 1610.
40 Béarn, Sergent en 1789. Agénois, Grenadier et Drapeau en 1789.
41 Auvergne, Enseigne en 1600, Soldat en 1730.
42 Auvergne, Tambour en 1789. Royal Auvergne, Chasseur et Drapeau en 1785.
43 Flandre, Sergent en 1680, Fusilier en 1750.
44 Flandre, Cambrésis en 1789.
45 Guyenne, Enseigne en 1700, Grenadier en 1776.
46 Viennois, Fusilier en 1789. Guyenne, Grenadier en 1789.
47 Régiment du Roi, Enseigne en 1670, Anspessade en 1720.
48 Régiment du Roi, Porte-Drapeau en 1776, Grenadier en 1789.
49 Royal, Enseigne en 1700, Soldat en 1745.
50 Brie, Royal en 1789.
51 Poitou, Soldat en 1750, Enseigne en 1690.

52 Poitou, Grenadier en 1789. Bresse, Grenadier en 1789.
53 Lyonnais, Enseigne en 1710, Soldat en 1750.
54 Lyonnais, Grenadier en 1789. Maine, Grenadier et Drapeau en 1789.
55 Dauphin, Sergent en 1750. Enseigne en 1700.
56 Dauphin, Fusilier en 1789. Perche, Porte-Drapeau en 1789.
57 Aunis, Enseigne en 1710, Soldat en 1765.
58 Bassigny, Porte-drapeau en 1789. Aunis, Grenadier en 1789.
59 Touraine, Enseigne en 1650, Soldat en 1750.
60 Touraine, Tambour en 1789. Angoulême, Sergent en 1789.
61 Aquitaine, Chasseur en 1776, Enseigne en 1720.
62 Anjou, Porte-drapeau en 1789. Aquitaine, Grenadier en 1789.
63 Maréchal de Turenne, Enseigne en 1715, Officier en 1789.
64 Dauphiné, Enseigne en 1680, Soldat charpentier en 1789.
65 Isle-de-France, Enseigne en 1685, Tambour Major en 1789.
66 Soissonnais, Enseigne en 1690, Musicien en 1789.
67 La Reine, Enseigne en 1695, Colonel en 1789.
68 Limousin, Enseigne en 1700, Lieutenant-Colonel en 1789.
69 Royal-Vaisseaux, Enseigne en 1705, Major en 1789.
70 Orléans, Enseigne en 1710, Tambour en 1789.
71 La Couronne, Enseigne, en 1715, Capitaine en 1789.
72 Bretagne, Enseigne en 1715, Grenadier en 1789. Enseigne Colonel en 1750.
73 Lorraine, Sergent et Drapeau en 1715, Porte-Drapeau en 1789, Garde Lorraine en 1750,
74 Artois, Sergent-Major en 1789, Enseigne en 1715.
75 Vintimille, Soldat en 1715, Fourrier en 1789.
76 Hainaut, Enseigne en 1720, Sergent en 1789.
77 La Sarre, Enseigne en 1720, Caporal en 1789.
78 La Fère, Enseigne en 1720, Fusilier, en 1789.
79 Alsace, Enseigne en 1720, Lieutenant en 1789.
80 Royal-Roussillon, Soldat appointé en 1789, Enseigne en 1720.
81 Condé, Enseigne en 1725, Soldat Gentilhomme en 1789
82 Bourbon, Enseigne en 1725, Chasseur en 1789.

83 Beauvoisis, Enseigne en 1725, Sergent de Grenadiers en 1789.
84 Rouergue, Enseigne en 1725, Officier en 1789.
85 Bourgogne, Grenadier en 1789, Enseigne en 1725.
86 Royal-Marine, Enseigne eu 1730, Adjudant en 1789.
87 Vermandois, Grenadier en 1789, Enseigne en 1730.
88 Salm-Salm, Enseigne en 1730, Grenadier en 1789, Drapeau Colonel en 1760.
89 Royal-Artillerie, Enseigne en 1680, Sergent en 1715.
90 Royal-Artillerie, Mineur, Ouvrier et Canonnier en 1763.
91 Royal-Artillerie, Canonnier Garde-Côtes, Conducteur de charrois.
92 Royal-Artillerie, Officier en 1789, Canonnier en 1775.
93 Royal-Italien, Enseigne en 1720, Grenadier en 1788. Sergent en 1760.
94 Ernest, Enseigne en 1730, Grenadier en 1789.
95 Salis Samade, Enseigne en 1730, Grenadier en 1789.
96 Sonnenberg, Enseigne en 1730 Capitaine en 1789.
97 Castella, Enseigne en 1730, Sergent en 1789.
98 Languedoc, Enseigne en 1730, Chasseur en 1789.
99 Beauce, Enseigne en 1730, Sous-Lieutenant en 1789.
100 Vigier, Enseigne en 1730, Grenadier en 1789.
101 Médoc, Grenadier en 1789, Soldat en 1735.
102 Vivarais, Sergent en 1789, Enseigne en 1689.
103 Vexin, Grenadiers de 1776 à 1791, Soldat en 1750, Enseigne en 1700
104 Royal-Comtois, Enseigne en 1730, Fusilier en 1789.
105 Beaujolais, Soldat en 1750, Officier en 1776 et 1789.
106 Monsieur, Officier en 1725, Enseigne en 1775, Officier en 1789.
107 Châteauvieux, Enseigne en 1750, Grenadier en 1789.
108 Lamarck, Grenadier en 1789, Enseigne en 1720.
109 Penthièvre, Officier en 1789, Porte-Drapeau en 1776.
110 Boulonnais, Enseignes en 1720. Angoumois, Soldat en 1789.
111 Saintonge, Officier en 1789, Enseigne en 1715, Conti, Chasseur en 1789.
112 Rohan, Grenadier en 1789. Foix, Enseigne en 1725, Chasseur en 1789.
113 Diesbach, Chasseur en 1789, Enseigne en 1730.
114 Comtois, Sergent en 1789, Enseigne en 1725.
115 Dillon, Soldat en 1789, Enseigne en 1740.

116 Berwick, Officier en 1789, Enseignes en 1745.
117 Royal-Suédois, Porte-Drapeau en 1789, Sergent en 1715.
118 Chartres, Fusilier en 1789, Enseigne en 1720. Barrois, Enseigne en 1720, Officier en 1789.
119 Walsh, Enseigne en 1715, Soldat en 1776 et 1789.
120 Enghien, Caporal en 1789, Enseigne en 1706, Caporal en 1776.
121 Royal-Hesse-Darmstadt, Enseigne en 1720, Grenadier en 1789.
122 Troupes Provinciales, Grenadiers Royaux en 1789.
123 Salis Marschlins, Tambour en 1765, Enseigne en 1734, Fusilier en 1789.
124 Royal-Corse, Soldat en 1739, Porte-Drapeau en 1788.
125 Nassau, Chasseur en 1789, Enseigne en 1745.
126 Steiner, Officier en 1789, Enseigne en 1752.
127 Bouillon, Officier en 1757, Porte-Drapeau en 1789.
128 Royal-Deux-Ponts, Grenadier et Drapeau en 1789 Sergent en 1757.
129 Reinach, Fusilier en 1789, Enseigne en 1758.
130 Mont-Réal, Soldat en 1789. Royal-Liégeois, Porte-Drapeau en 1789.
131 Troupes Légères, Chasseurs des Alpes, des Cévennes, des Ardennes, en 1787.
132 Troupes Coloniales en 1789, Pondichéry, La Martinique, Le Cap.
133 Nice, Berry, Cambis en 1760.
134 La Marche en 1760, Hainaut, Forez en 1770.
135 Beauce 1748, Nivernaisen 1770, Isle-de-France 1760.
136 Luxembourg, Beaujolais, Fleury en 1748.
137 La Tour d'Auvergne, Gâtinais, Blésois en 1748.
138 Auxerrois, Landes, Agenois en 1748.
139 Arquebusier de Grassin, 1748, Lowendhal, 1760. Hallweyll, 1760.
140 Royal-Lorraine 1750, Royal-Wallon 1745, Royal-Ecossais 1755.
141 Lally 1755, Fusilier de la Morlière 1748, Royal-Cantabre, 1748.
142 Royal-Pologne en 1755, Saint-Germain en 1755, Volontaires bretons en 1748.
143 Vierzet 1760, Volontaire de Wurmser 1762, Volontaire du Dauphiné 1762.

144 Légion de Hainaut en 1763, Légion Corse en 1769, Légion de Flandre en 1763.
145 Légion royale en 1775, Légion de Condé en 1775, Infanterie de Marine en 1772.
146 Légion de Soubise en 1775, Légion de Dauphiné en 1775, Provincial Corse en 1786.
147 Invalide, Canonnier pensionné, Officier français pensionné, en 1789.
148 Soldats pensionnés en 1789, Suisse, Allemand, Irlandais.
149 Maréchal-de-camp, petite tenue, Lieutenant-Général, grande tenue, Aide-de-Camp, en 1789.
150 Ingénieur Géographe, Officier du Génie, Lieutenant du Roi, en 1789.
151 Médecin des Armées, Chirurgien-Major, Commissaire des Guerres, en 1789.

SWEBACH (E.)

ARMÉE FRANÇAISE 1831

Planches in-folio oblong, plusieurs personnages à pied ou à cheval du même corps, poses et fonds variés. Double trait carré. En haut, *Armée Française, 1831*. En bas, à gauche, *E. Swebach, del.*; à droite, *Lithographie de Engelmann*.

Dimensions des feuilles 0,335 sur 0,357, du cadre 0,288 sur 0,228.

Etat Major.
Gendarmerie du Département de la Seine.
Artillerie à cheval.
Compagnie du Train des Equipages.
Garde Nationale.
Garde Municipale.
Cuirassiers.
Chasseurs.
Carabiniers.
Lanciers.
Dragons.
Hussards.

TARDIEU

GALERIE DES UNIFORMES DES GARDES NATIONALES DE FRANCE

Publiée avec l'approbation de S. A. R. Monsieur, Comte d'Artois, Colonel Général des Gardes Nationales de France et dédiée à son Altesse Royale, par Ambroise Tardieu, Garde nationale de la 11ᵉ légion, graveur du Comité de la Garde Nationale de Paris.

A Paris, chez Ambroise Tardieu, graveur, rue du Jardinet, n° 16, Mᵐᵉ Vᵛᵉ Courcier, imprimeur libraire, quai des Augustins, n° 57, Magimel, Anselin et Pochard, libraires, rue Dauphine, n° 9, Delaunay, libraire, au Palais-Royal, 1817.

Frontispice. Planche in-8° coloriée, en hauteur, à plusieurs personnages à pied ou à cheval.

Trait carré, sans numéro ni signature.

En bas, S. A. R. Monsieur, Comte d'Artois, Colonel Général des Gardes Nationales du Royaume, causant familièrement avec les Gardes Nationaux de garde, près la statue d'Henry IV.

A Paris, chez Ambroise Tardieu, graveur, rue du Jardinet, n° 16.

En haut : Galerie des Costumes des Gardes Nationaux de France, Frontispice.

Titre : Galerie des Uniformes des Gardes Nationales de France contenant :

1° Les Ordonnances, Règlements et Instructions sur les dits uniformes.

2° Une légende détaillée des planches.

3° 28 planches gravées et coloriées des Uniformes et de leurs détails, dessinés d'après les modèles déposés au Comité des Gardes Nationales.

4° Le tarif des prix de tous les objets d'équipement des Gardes à pied et à cheval, avec les soumissions et les adresses des fournisseurs publics.

Publiée avec l'approbation de Monsieur, Colonel-Général des Gardes Nationales.

Texte de 32 pages.

1 Grenadier avec bonnet à poil. Grand et petit uniforme.
2 Grenadier avec schako-casque. Grand et petit uniforme
3 Grenadier avec schako à visière et couvre-nuque. Grand et petit uniforme.
4 Grenadier avec habit veste et chapeau rond retroussé avec et sans chenille, costume autorisé dans les Landes et les pays de montagnes.
5 Garde National, en costume de nuit.
6 Chasseur avec bonnet à poil. Grand et petit uniforme.
7 Sous-Officier. Grand et petit uniforme.
8 Officier. Grand et petit uniforme.
9 1 Chef de légion. 2 Lieutenant-Colonel. 3 Chef de Bataillon. 4 Major. 5 Adjudant-Major. 6 Adjudant. Sous-Officier. 7 Chirurgien.
10 Tambour-Major. Musicien.
11 1 Tambour-Maître. 2 Sapeur. 3 Tambours. 4 Fifres.
12 Garde à cheval de Paris. Grand et petit uniforme.
13 Garde à cheval des Départements.
14 Trompette.
15 Canonnier volontaire. Grand et petit uniforme.
16 Sapeur-Pompier Volontaire. Grand et petit uniforme.
17 Aide-de-Camp.
18 Colonel chef d'Etat-Major ou Commandant d'arrondissement. Grand et petit uniforme.
19 Inspecteur. Grand et petit uniforme.
20 Détails d'objets d'équipement de la garde à pied et Epaulettes de tous les grades.
21 Boutons de toutes les Armes.
22 Détails des objets d'Equipement de la Garde à cheval.
24 Broderies.
25 Tableaux des rubans liserés, accordés aux Gardes Nationales de France par des ordonnances royales et destinés spécialement à chaque département, pour suspendre la Décoration du Lys.

26 Modèles de Timbre, Cachet et griffe.
27 Modèle des Drapeaux.
Cette suite très finement gravée et coloriée est fort intéressante pour les uniformes de la Garde Nationale.

TITEUX (EUGÈNE)

HISTOIRE DE LA MAISON MILITAIRE DU ROI DE 1814 A 1830

Avec un Résumé de son Organisation et de ses Campagnes sous l'ancienne Monarchie et 84 Dessins en couleurs hors texte.

Par Eugène Titeux, Officier de l'ancien corps d'Etat Major, Lieutenant-Colonel du Génie, Professeur à l'Ecole de Guerre. Officier de la Légion d'Honneur.

*Paris, Baudry et C*ie*, Editeurs, 15, rue des S*ts*-Pères, 1890.*

Ier VOLUME

Préface, Introduction, VIII Pages. Texte, 331 pages.

Planches

N° d'ordre en haut à droite ; en bas et au milieu, titre et date ; à gauche, *Baudry et C*ie*, éditeurs* ; à droite, *Imp. Lemercier et C*ie.

1 Frontispice. Dans un trophée d'armes et de drapeaux : Maison Militaire du Roi de 1814 à 1830.par Eugène Titeux, Lieutenant-Colonel du Génie de l'Ex-Corps d'Etat-Major,

GARDES DU CORPS DU ROI

2 Détails sur l'habillement, l'équipement, l'armement, etc.
3 Détails sur l'habillement, l'équipement, l'armement, etc.
4 Gardes du Corps du Roi, Capitaine (1816).
5 Gardes du Corps du Roi, Capitaine (1820).
6 Gardes du Corps du Roi, Garde de la Manche (1814 1830).
7 Gardes du Corps du Roi (1814).
8 Gardes du Corps du Roi, service du Château (1814).

9 Gardes du Corps du Roi, tenue de société (1814).
10 Gardes du Corps du Roi, Artillerie (1814-1815).
11 Gardes du Corps du Roi, Trompette (1814).
12 Gardes du Corps du Roi, Train d'Artillerie (1814-1815).
13 Gardes du Corps du Roi, Major Général, petite tenue (1815).
14 Gardes du Corps du Roi (1815).
15 Gardes du Corps du Roi, tenue de manège (1815).
16 Gardes du Corps du Roi, Trompette, petite tenue (1815).
17 Gardes du Corps du Roi, Porte-étendard (1820).
18 Gardes du Corps du Roi (1820-1830).
19 Gardes du Corps du Roi, Service du Château, grande tenue (1820-1830).
20 Gardes du Corps du Roi, tenue de quartier (1820-1830).
21 Gardes du Corps du Roi, Trompette (1820-1830).
22 Gardes du Corps du Roi, Campagne d'Espagne, (1823).
23 Gardes du Corps du Roi, Médecin Major, Maréchal vétérinaire, Piqueur (1820-1830).
24 Gardes du Corps du Roi, Musicien (1820-1830).
25 Gardes du Corps du Roi, Cavalier d'équipage, Campagne d'Espagne (1823).

CENT-SUISSES
GARDES A PIED ORDINAIRES DU CORPS DU ROI

26 Détails sur l'habillement, l'équipement, l'armement, etc.
27 Gardes à pied ordinaires du Corps du Roi, Capitaine Colonel (1817-1830).
28 Cent-Suisses, tenue de Cérémonie (1814-1817).
29 Cent-Suisses, Caporal grande tenue, Adjudant-major Lieutenant, petite tenue (1814-1817).
30 Cent-Suisses (1814-1817).
31 Cent-Suisses, Tambour (1814-1817).
32 Cent-Suisses, Fifre (1814-1817).
33 Voltigeurs Suisses (1815).
34 Gardes à pied ordinaires du Corps du Roi, petite et grande tenues (1817-1830).
35 Gardes à pied ordinaires du Corps du Roi, grande tenue, tenue de quartier, tenue de ville (1817-1830).

36 Gardes à pied ordinaires du Corps du Roi, Tambour (1822-1830).

GARDES DE LA PORTE

37 Banderole de drapeau, détails sur l'habillement.
38 Gardes de la Porte, Porte-drapeau (1814-1815).
39 Gardes de la Porte, Drapeau de campagne (1815).
40 Gardes de la Porte (1814-1815).
41 Gardes de la Porte, Tambour (1814-1815).

GARDES DE LA PRÉVÔTÉ DE L'HOTEL

42 Détails sur l'habillement, l'équipement, etc
43 Gardes de la Prévôté de l'Hôtel (1814-1816).
44 Gardes de la Prévôté de l'Hôtel, Trompette (1814-1816).

2me VOLUME

Texte. 335 Pages — Planches

GENDARMES DE LA GARDE

45 Détails sur l'habillement, l'équipement, l'armement, etc.
46 Détails sur l'habillement, l'équipement, l'armement, etc
47 Gendarmes de la Garde du Roi. Capitaine lieutenant (1814-1815).
48 Gendarmes de la Garde du Roi, Commandant d'escadron, petite tenue (1814-1815).
49 Gendarmes de la Garde du Roi (1814-1815).
50 Gendarmes de la Garde du Roi, petite tenue de société (1814-1815)
51 Gendarmes de la Garde du Roi, Trompette (1814-1815)

CHEVAU-LÉGERS DE LA GARDE

52 Détails sur l'habillement, l'équipement l'armement, etc.
53 Chevau-légers de la Garde du Roi, Maréchal des logis de 1re classe (1814-1815.)
54 Chevau-légers de la Garde du Roi (1814-1815).
55 Chevau-légers de la Garde du Roi, petite tenue (1814-1815).
56 Chevau-légers de la Garde du Roi, tenue de manège (1814-1815)
57 Chevau-légers de la Garde du Roi, tenue de société, petite tenue (1814-1815).
58 Chevau-légers de la Garde du Roi, Trompette (1814-1815).

MOUSQUETAIRES DE LA GARDE

59 Détails sur l'habillement, l'équipement, l'armement, etc.
60 Détails sur l'habillement, l'équipement, l'armement
61 Mousquetaires Gris (1814-1815).
62 Mousquetaires Gris, tenue de manège, tenue de société (1814-1815).
63 Mousquetaires Gris, Trompette (1814-1815).
64 Mousquetaires Noirs, Porte-étendard (1814-1815).
65 Mousquetaires Noirs (1814-1815).
66 Mousquetaires Noirs, petite tenue (1814-1815).
67 Mousquetaires Noirs, grande tenue, tenue de société (1814-1815).

GRENADIERS A CHEVAL DU ROI

68 Détails sur l'habillement, l'équipement, l'armement, etc.
69 Grenadiers à cheval du Roi, Capitaine Lieutenant, petite tenue (1814-1815).
70 Grenadiers à cheval du Roi, Lieutenant Commandant (1814-1815).
71 Grenadiers à cheval du Roi, Grande tenue (1814-1815).
72 Grenadiers à cheval du Roi (1814-1815).
73 Grenadiers à cheval du Roi, Trompette (1814-1815).
74 Grenadiers à cheval du Roi, Timbalier (1814-1815).

GARDES DU CORPS DE MONSIEUR

75 Détails sur l'habillement, l'équipement, l'armement, etc.
76 Gardes du Corps de Monsieur (1814).
77 Gardes du Corps de Monsieur, petite tenue (1815).
78 Gardes du Corps de Monsieur (1820).
79 Gardes du Corps de Monsieur, Trompette (1820).

CORPS DIVERS

80 Maréchal des logis du Roi (1814-1830).
81 Génie, Chef de Bataillon (1814-1830).
82 Sous-Inspecteur aux Revues (1814-1817).
83 Gendarmerie des Chasses, Officier (1815-1830).
84 Gendarme des Chasses (1815-1830).

La Maison du Roi de M. Titeux est un ouvrage fort intéressant, qui donne sur les tenues des renseignements très complets, que l'on ne trouverait dans aucun autre ouvrage.

VERNIER

COSTUMES DE L'ARMÉE FRANÇAISE

Planches lithographiées, en largeur et coloriées, représentant chacune six à sept soldats de la même arme et de difrentes époques. En haut, au milieu de la feuille *Costumes de l'Armée Française* et nom de l'arme ou du corps ; à droite, N° d'ordre. En bas, titre particulier ; à gauche, *chez Aubert et Cie, place de la Bourse, n° 9* ; à droite, *Imp. Lemercier et Cie, à Paris*, ou *Imp. d'Aubert et Cie*; signature Vernier dans le terrain.
Dimensions des planches 0,448 sur 0,319.

1 Maréchaux et Lieutenants Généraux
2 Etat-Major, Aides-de-camp.
3 Administration militaire.
4 Commandants de place.
5 Gardes du corps du Roi.
6 Maison du Roi, Infanterie.
7 Mousquetaires.
8 Chevau-légers.
9 Corps spéciaux.
10 Gardes spéciales.
11 Garde Nationale, Infanterie.
12 Garde Nationale, Infanterie.
13 Garde Nationale, Artillerie et Cavalerie.
14 Corps spéciaux de la Ville de Paris, Infanterie.
15 Corps spéciaux de la Ville de Paris, Cavalerie.
16 Gendarmerie à pied.
17 Gendarmes.
18 Sapeurs.
19 Tambours majors.

20 Tambours.
21 Musiciens.
22 Officiers porte-drapeaux.
23 Chasseurs et tirailleurs.
24 Infanterie de ligne, Chasseurs et voltigeurs.
25 Infanterie de ligne, Compagnies du centre.
26 Infanterie légère.
27 Chasseurs et tirailleurs.
28 Trompettes.
29 Timbaliers.
30 Porte-Étendards.
31 Grenadiers à cheval.
32 Carabiniers.
33 Cuirassiers.
34 Dragons.
35 Lanciers.
36 Chasseurs à cheval.
37 Hussards.
38 Guides et éclaireurs.
39 Artillerie à pied.
40 Artillerie légère.
41 Ingénieurs militaires.
42 Génie.
43 Train.
44 Chirurgiens et Infirmiers.
45 Ouvriers militaires.
46 Corps étrangers. Infanterie.
47 Troupes étrangères.
48 L'armée d'Orient et l'armée d'Afrique.
49 Troupes africaines et asiatiques au service de France.
50 Troupes corses.
51 Régiments étrangers au service de France
52 Volontaires, Cavalerie.
53 Invalides.
54 Vétérans.
55 Ecoles Polytechnique, d'Etat-Major et de Cavalerie.
56 Ecole militaire.
57 Compagnies de discipline.
58 Officiers de Marine.
59 Marine.
60 Troupes de Marine.
61 Représentants du peuple.
62 Garde Nationale (1848).

63 Garde Nationale mobile et Artillerie.
64 Garde républicaine (1848).
65 Costumes militaires (1849).
66 Garde républicaine (1850).
Cette collection n'est pas documentaire et l'on ne saurait y ajouter une confiance complète.

Officier des Chasseurs

WEILAND

REPRÉSENTATION DES UNIFORMES DE L'ARMÉE IMPÉRIALE ET ROYALE FRANÇAISE ET DE SES ALLIÉ EN L'AN 1812

Cent quarante-huit gravures sur cuivre, coloriées, dessinées et publiées,
            Par C.-F. Weiland,
Ancien capitaine au service du Roi de Wurtemberg.
            Weimar 1812.
Planches in-8°, entourées d'un trait carré.
Dimensions des feuilles, environ 0,165 sur 0,245.
Dimensions du cadre : 0,110 sur 0,167.

    Ces gravures sont coloriées avec grand soin à la gouache et rehaussées d'or et d'argent.

    Elles forment une série du plus haut intérêt, eu égard à la précision avec laquelle elles ont été dessinées et coloriées.

    Nous ne croyons pas qu'il existe en France une seule collection complète de cet ouvrage.

    Le catalogue que nous en donnons et que nous devons à l'obligeance de M. Ernest Jordens, de Bruxelles, a été relevé sur l'exemplaire que possède la Bibliothèque Royale de Bruxelles (Section des Estampes).

    Les titres des planches françaises sont en français, ceux des troupes alliées sont en allemand.

    Outre l'édition de 1812, il en existe une, qui date de 1807 ou 1808 et qui comprend également 148 planches, mais dont la plupart diffèrent des planches de l'édition de 1812. Il existe des planches isolées de cette collection à la Bibliothèque de Darmstadt et dans des collections particulières allemandes; nous en possédons également quelques-unes, mais nous ignorons s'il existe même dans les Bibliothèques allemandes, un exemplaire complet.

Une série de 125 planches de la collection de 1812 a figuré il y a dix ou douze ans dans le catalogue de la Librairie Weigel de Leipzick.

PLANCHES

Maréchal d'Empire.
Général de Division.
Officier d'Etat-Major.
Aide-de-camp.
Adjudant-Commandant.
Officier de santé.
Maréchal-des-logis des Mamelucks de la Garde.
Gendarme d'élite de la Garde Impériale.
Officier d'Artillerie à cheval.
Canonnier à cheval de la Garde.
Officier des Grenadiers de la Garde.
Sappeur (*sic*).
Grenadier de la Garde Impériale.
Officier des Tirailleurs-Grenadiers de la Garde.
Tambour-Major (Tirailleurs *au crayon*).
Fusilier (Chasseur, *au crayon*) de la Garde Impériale.
Voltigeur de la Garde Impériale.
Flanqueur de la Garde Impériale.
Matelot de la Garde Impériale (Marin de la garde, *au crayon*).
Officier des Chasseurs à cheval de la Garde.
Chasseur à cheval de la Garde.
Officier des Dragons de l'Impératrice.
Lancier de la Garde Impériale (*au crayon*, 1810, uniforme rouge, 2º Régiment).
Officier de la Garde de Paris (*au crayon*, 1ᵉʳ Régiment).
Grenadier de la Garde de Paris (*au crayon*, 2ᵉ Régiment).
Officier des Grenadiers à cheval.
Carabinier.
Officier des Cuirassiers.
Dragon.
Officier des Hussards (*au crayon*, 5ᵉ Régiment).
Hussard (*au crayon*, 1ᵉʳ Régiment, Cⁱᵉ d'élite).
Officier des Chasseurs à cheval.
Chasseur à cheval.
Chevau-légers-lanciers.
Officier de la Gendarmerie.

Grenadier de la Garde royale Westphalienne.
Officier de Cuirassiers du royaume de Westphalie.
Chasseur Carabinier du royaume de Westphalie.
Carabinier de l'Infanterie légère Westphalienne.
Gendarmerie.
Officier d'Infanterie de ligne.
Infanterie de ligne.
Officier des Chasseurs (*au crayon*, Infanterie légère).
Chasseur (*au crayon*, Infanterie légère).
Officier d'Artillerie à pied.
Canonnier à cheval.
Mineur.
Soldat du train.
Infanterie Suisse.

TROUPES ITALIENNES

Grenadier de la Garde Italienne.
Carabinier Italien.
Infanterie de ligne Italienne.
Officier des Chasseurs Italiens.
Officier des Chasseurs à cheval Italiens.
Canonnier à cheval Italien.

TROUPES POLONAISES

Général Polonais (*au crayon*, celui des Lanciers de la Garde Impériale, 1er Régiment).
Officier de la Garde Polonaise.
Officier des Grenadiers Polonais.
Officier des Lanciers Polonais (Lancier *est biffé au crayon et remplacé par* Chasseur).
Lancier Polonais.
Officier des Lanciers Polonais.
Hussard Polonais.
Officier de l'Artillerie à cheval polonaise.
Artillerie polonaise.
Infanterie polonaise.

TROUPES WESTPHALIENNES

Aide-de-camp Westphalien.
Officier des Gardes du corps royaux Westphaliens.
Garde du corps royal Westphalien.
Officier des Chasseurs de la Garde royale Westphalienne.
Chevau-légers de la Garde royale Westphalienne.

Infanterie de ligne du Royaume de Westphalie.
Officier de l'Artillerie à cheval du royaume de Westphalie.
Soldat du Train Westphalien.

TROUPES BAVAROISES

Etat-Major Général du Royaume de Bavière.
Grenadier du Royaume de Bavière.
Officier d'Infanterie du Royaume de Bavière.
Chasseur du Royaume de Bavière.
Officier de Chevau-légers du Royaume de Bavière.
Officier de l'Artillerie à cheval du Royaume de Bavière.

TROUPES SAXONNES

Général du Royaume de Saxe.
Garde du corps du Royaume de Saxe.
Leib-Grenadier de la Garde royale Saxonne.
Officier d'Infanterie du Royaume de Saxe.
Infanterie du Royaume de Saxe.
Officier d'Infanterie légère du Royaume de Saxe.
Officier de Cuirassiers du Royaume de Saxe.
Chevau-légers du Royaume de Saxe.
Officier de Hussards du Royaume de Saxe.
Uhlans du Royaume de Saxe.
Officier d'Artillerie du Royaume de Saxe.

TROUPES WURTEMBERGEOISES

Général du Royaume de Wurtemberg.
Etat-Major Général du Royaume de Wurtemberg.
Grenadier de la Garde royale Wurtembergeoise.
Officier de Fusiliers de la Garde royale Wurtembergeoise.
Garde du corps du Royaume de Wurtemberg.
Officier de Grenadiers à cheval du Royaume de Wurtemberg.
Officier des Leib-Chasseurs du Royaume de Wurtemberg.
Officier des Chevau-légers du Royaume de Wurtemberg.
Officier d'Infanterie du Royaume de Wurtemberg.
Infanterie du Royaume de Wurtemberg.
Officier de Chasseurs du Royaume de Wurtemberg.
Infanterie légère du Royaume de Wurtemberg.
Chevau-légers du Royaume de Wurtemberg.

Dragons du Royaume de Wurtemberg.
Chasseur à cheval du Royaume de Wurtemberg.
Officier d'Artillerie à cheval du Royaume de Wurtemberg.

TROUPES BADOISES

Grenadier de la Garde du Grand Duché de Bade.
Officier de Gardes du Corps Badois.
Officier d'Infanterie Badois.
Chasseur du Grand Duché de Bade.
Officier de Dragons Badois.
Dragon du Grand Duché de Bade.
Officier de Hussards Badois.
Artilleur à cheval Badois.

TROUPES DE HESSE-DARMSTADT

Officier d'Artillerie de Hesse-Darmstadt.
Infanterie du Grand Duché de Hesse-Darmstadt.
Officier de Chevau-légers de Hesse-Darmstadt.

TROUPES MECKLEMBOURGEOISES

Officier des Fusiliers du Grand Duché de Mecklembourg-Strelitz.
Fusilier de Mecklembourg-Strelitz.
Grenadier de Mecklembourg-Schwerin.
Officier d'Artillerie du Grand Duché de Mecklembourg-Schwerin.

TROUPES DE WURZBOURG

Officier d'Infanterie de Wurzbourg.
Grenadier du Grand Duché de Wurzbourg.
Dragon du Grand Duché de Wurzbourg.

TROUPES DE BERG

Officier d'Infanterie du Grand Duché de Berg.
Grenadier du Grand Duché de Berg.
Chasseur à cheval du Grand Duché de Berg.
Artillerie du Grand Duché de Berg.

TROUPES DE NASSAU-USINGEN

Officier de Chevau-légers de Nassau-Usingen.
Officier d'Infanterie de Nassau-Usingen.
Grenadier de Nassau-Usingen.

TROUPES DU PRINCE PRIMAT

Officier d'Infanterie du Prince Primat.
Chasseur du Prince Primat.

TROUPES DE WEIMAR

Officier de Chasseurs de Weimar.
Chasseur du Duché de Weimar.

TROUPES DES DUCHÉS ET PRINCIPAUTÉS

Officier d'Infanterie de Saxe-Cobourg.
Grenadier du Duché de Saxe-Cobourg.
Officier d'Infanterie de Saxe-Gotha.
Infanterie de Saxe-Gotha.
Officier d'Infanterie de la Principauté de Reuss.
Infanterie de la Principauté de Reuss.
Officier d'Infanterie du Duché d'Anhalt.
Infanterie du Duché d'Anhalt.
Officier d'Infanterie de Schwarzbourg.
Infanterie de la Principauté de Schwarzbourg.
Infanterie de la Principauté de Waldeck.
Infanterie de la Principauté de Lippe.

WOLF (F. K.)
A Prague

ARMÉES FRANÇAISES ET ÉTRANGÈRES
(DE 1800 A 1804)

Planches gravées et coloriées in-8°, sans titre ni numéro ; en bas, inscription, *Prag, bey F. K. Wolf*, publiées vers 1804.

Dimensions des feuilles 0,124 sur 0,096 (pas de cadre).

Armée Française, 2 Hussards et 1 Dragon.
— 2 Hussards et 1 Chasseur.
— Infanterie de ligne, Tambour, Officier et soldats.
— Infanterie de ligne, 3 soldats.
— Infanterie légère, 4 soldats.

Armée Anglaise, Ecossais et Cipaye de l'Inde.
— Officier et Grenadier.
— 3 cavaliers.

Armée Prussienne, Infanterie de ligne, 2 Officiers et 4 soldats.
— Cavalerie, 3 Officiers, Gardes du Corps, Cuirassiers et Dragons.
— Cavalerie, 3 Hussards.
— Infanterie légère, 1 Officier et 4 soldats.

Armée Autrichienne, 3 cavaliers.
— Troupes légères, 4 soldats.
— Infanterie de ligne, 1 Officier et 4 soldats
— 4 Artilleurs.
— Chasseurs, 1 Officier et 2 soldats.

Armée Bavaroise, Chevau-légers et 2 Dragons.
— Chasseur, Artilleur et Garde royale.

Armée Russe,   3 Cosaques.
—   Hussard, Garde du corps et Cosaque de la Garde.
—   Hussard, Dragon et Artilleur.
—   Grenadier, Mousquetaire et Chasseur.
—   Officier d'Infanterie et Chasseurs.
Armée Saxonne, Officier et soldat.

Les planches de cette série sont en partie la reproduction de celles de la collection de Seele (Réprésentation caractéristique, etc.). Quelques planches sont nouvelles. Nous ignorons s'il en existe d'autres que celles que nous avons cataloguées.

DEUXIÈME PARTIE

Catalogue des Suites Militaires Etrangères
publiées en France

BASSET (Chez)

Planches in-8° en hauteur ou en largeur, gravées et coloriées.

Titre au bas de la planche et au milieu ; à gauche, *à Paris, chez Basset, Marchand d'Estampes, rue St-Jacques, n° 64* ; à droite, *Déposé à la Direction Générale de l'Imprimerie et de la Librairie*.

Dimensions des planches 0,180 à 0,184 sur 0,264 à 0,273.

1 Calmouck Torgaute (entre le Wolga et le Jaïk) (1).
2 Tartare Tonguse.
3 Chef des Tartares d'Oczakow.
4 Baskir.
5 Officier des Cosaques du Don.
6 Tatar Nogaïs.
7 Cosaque de la Sibérie.
8 Kirguis.
9 Baskir.
10 Calmack Coschote de Tangut (jouant de la flûte).
11 Cosaques de la Mer Noire.
12 Grenadier de la Garde Impériale Russe.
13 Chasseur de la Garde Impériale Russe.
14 Cosaque d'Irkoutsk.
15 Cosaque de l'Oural.
16 Cosaque Régulier.
17 Général de Bashkirs.
18 Cavalier Bashkir.
19 Cavalier Kalmouck.
20 Officier des Cosaques du Don.
21 Grenadier, Officier de la Garde Russe.
22 Soldat Russe. Officier d'Infanterie Russe.
23 Kirguis.

(1) Les planches 1 à 26 se trouvent aussi avec un texte et avec l'inscription, *à Paris, chez Nepveu, passage des Panoramas, n° 26*.

24 Cosaque du Don. Kirguis.
25 Kalmouck. Turkoman.
26 Prince Tcherkesse armé. Paysan Tcherkesse.

Les planches 27 à 34 ne représentent pas des costumes militaires mais des scènes se rapportant à la vie civile : Traîneau de louage à Pétersbourg, Traîneau de Paysans Russes, etc., etc.

34 Kirguis tenant à la Horde d'or.
35 Prince Tcherkesse.
36 Cosaque de l'Oural et Courrier Tatar.
37
38
39 Calmouck Torgaute (entre le Wolga et le Jaïck).
40 Troupes Russes, Cosaque Arnaute du pays de Crimée.
41 Troupes Russes, Cosaque de l'Oural.
42 Troupes Russes, N° 1, Cosaque du pays de Doniche, N° 2, Cosaque du Don.
43 Troupes Russes, Kirguis.
44 Troupes Russes, Cosaque d'Irkoutsk.
45 Troupes Russes, Cosaque de la Sibérie.
46 Troupes Russes, Officier des Cosaques du Don.
47 Troupes Russes, Chef des Tartares d'Oczakow.
48 Troupes Russes, Tartare Tonguse.
49 Troupes Russes, Tartare Nogais.
50 Troupes Russes, 1. Cosaque de la Mer Noire. 2. Officier des Troupes Russes.
51 Troupes Russes, 1. Officier d'Infanterie Russe. 2. Soldat Russe.
52 Troupes Russes, 1. Grenadier Russe. 2. Officier des Cosaques du Don.
53 Troupes Russes, 1. Canonnier Russe. 2. Chasseurs de la Garde Impériale Russe.
54 Troupes Russes, 1. Kalmouck. 2. Turkoman.
55 Troupes Russes, Cavalier et Fantassin Russe de la nouvelle levée.
56 Troupes Russes, Cosaques Baskirs et Tartares de la nouvelle levée.
57
58
59
60
61 Troupes Étrangères, n° 1. Officier de Cuirassiers du

GrandDuc Constantin. Officier de Dragons Anglais (1).
62 Troupes Etrangères, N° 1. Officier de Hussards Russes N° 2. Officier d'Infanterie Russe.
63 Troupes Etrangères Soldats, N° 1. Ecossais blancs. N° 2. Ecossais rouges.
64 Lancier Prussien.
65 Dragon Russe
66 Dragon Hongrois.
67 Dragon Bavarois.
68 Soldat Anglais.
69 Grenadiers Prussiens.
70 Cuirassier Autrichien.
71
72 Dragon Anglais.
73 Hussard Hongrois.

M. Cottreau possède en outre quelques originaux qui ne paraissent pas avoir été gravés, à savoir :

Colonel Prussien.
Uhlan autrichien.
Uhlan Brunswickois.
Corps franc Westphalien-prussien.
Dragon espagnol.
Cavalerie de Nuremberg.
Artillerie belge.

Nous connaissons en outre trois planches portant au haut de la feuille le titre « Troupes Etrangères » et qui représentent le N° 10, le 1ᵉʳ Régiment Portugais, le N° 11, le 27ᵉ Régiment Autrichien de ligne et le N° 12, le 40ᵉ Régiment Autrichien de la Ligne. Au-dessous du titre, *à Paris, chez Basset, Mᵈ d'Estampes, rue Sᵗ-Jacques, n° 64* ; et à droite, *Déposé à la Bib. Impˡᵉ, 1810.*

(1) Les planches 61 et suivantes portent *Déposé au bureau des Estampes.*

CHEREAU (Mme Vve)

TROUPES ALLIÉES

2 Planches in-folio en largeur, gravées et coloriées. En haut, au milieu, *Troupes Alliées* ; en bas, nom du régiments ; en bas, à gauche, *à Paris, chez Mme Vve Chéreau, rue St-Jacques, n° 10 ;* à droite, *Déposé à la Direction Générale de l'Imprimerie et de la Librairie.*

Dimensions du cadre 0, 260 sur 0,175.

1 Grenadier hongrois. — Grenadier autrichien. — Cuirassier Prussien. — Fantassin Russe. — Cavalier anglais.

2 Anglais, 12me de Chasseurs. — Anglais, Chasseur à pied. — Ecossais. — Hussard Hanovrien. — Carabinier Belge.

DERO BECKER (Chez)

COLLECTION DES COSTUMES MILITAIRES DE TOUTES LES NATIONS
1832

Représentés dans des sujets de genre, lithographiés et coloriés. Publiés par *Déro Becker, rue Neuve-St-Augustin, n° 43, à Paris.*

Feuilles lithographiées, en largeur. Triple trait carré. En haut, au milieu, *Armées Etrangères*, à gauche, N° d'ordre, en bas, au milieu, titre particulier, quelquefois à gauche, *Finart*; à droite, *Lith. de Delaunois, rue du Bouloy, 13* ou *Lith. rue de la Verrerie, 4. Dero Becker, éditeur, rue Neuve-St-Augustin, n° 43.*

Dimensions des Planches 0,364 sur 0,274. Dimensions du cadre 0,181 sur 0,141.

1 Armée Anglaise. Infanterie.
2 Cosaques en maraude (Sans N°) *(D. Finart).*
id. Cosaques en déroute (Sans N°) *(D. Finart).*
3 Cavalerie Turque *(D. Finart).*
4 Officier de l'Armée persane *(D. Finart).*
5 Officiers d'Etat-Major Russes *(D. Finart).*
6 Cuirassiers Autrichiens *(D. Finart).*
7 Cosaque de la Garde Impériale Russe *(D. Finart).*
id. Cosaques *(planche différente de la précédente) (D. Finart).*
8 Cavalerie Chinoise *(D. Finart).*
9 Mameluck *(D. Finart).*
10 Infanterie hollandaise *(D. Finart).*
11 Officiers de Hussards Anglais *(D. Finart).*
12 Grecs *(D. Finart).*
13 Armée Prussienne. Gendarmes à pied et à cheval *(O. Roland).*

14 Armée Prussienne, Sous-Officier d'Infanterie, Hussards *(O. Roland)* (1).
15 Armée Anglaise, Garde royale (Bleus) Porte-Etendard *(F. Lehnert)*.
16 Armée Prussienne, Cuirassiers *(F. Lehnert)*.
17 Armée Hollandaise dans l'Inde occidentale, Lanciers du Bengale *(F. Lehnert)*.
18 Armée Anglaise, Lanciers, 9ᵉ Régiment *(F. Lehnert)*.
19 Armée Hollandaise, Officier et soldat de marine *(O. Roland)*.
20 Armée Anglaise, Officiers d'Infanterie *(O. Roland)*.
21 Armée Hanovrienne, Garde du corps et Grenadiers de la Garde du Roi *(F. Lehnert)*.
22 Armée Prussienne, Général d'Etat-Major *(F. Lehnert)*.
23 Armée Turque, Cavalerie, Officiers *(F. Lehnert)*.
24 Armée Turque, Infanterie, Officiers et soldat *(O. Roland)*.
25 Cosaques Irréguliers *(D. F.)*
26 Armée Anglaise, Gardes du corps *(non signée)*.
27 Armée Prussienne, Officier d'Artillerie, Bombardier, Chasseur *(Le Pan)*.
28 Armée Hollandaise, Hussards *(Le Pan)*.
29 Armée Belge, Corps des Guides *(Madou del.)*.
30 Armée Belge, Infanterie de ligne *(Madou del.)*.

Cette collection dont plusieurs planches sont reproduites dans la Galerie Militaire de Dero Becker est bien dessinée et joliment coloriée.

Elle a été publiée dans une Couverture qui reproduit les indications du titre, en partie au-dessus, en partie au-dessous d'un trophée.

(1) A partir du N° 14 et sauf pour le N° 25, les mots « Armées Etrangères » sont remplacés par le nom de l'Armée.

DRANER

TYPES MILITAIRES (1862-1868)

Publiés par Dusacq et Cie, Editeurs, boulevard Poissonnière, à Paris. Imp. Lemercier et Cie, à Paris.

Planches in-folio, lithographiées et coloriées, tirées sur papier teinté, avec encadrement blanc. En haut, au milieu, *Types Militaires*; à droite, N° d'ordre général. Titre en bas et au milieu et N° particulier à chaque pays ; au dessous du titre, *Paris, Dusacq et Cie, 14, boulevard Poissonnière* ; à gauche, *Dessiné et lith. par Draner* ; à droite, *Imp. Lemercier, rue de Seine, 57, Paris* ou *Imp. Becquet, Paris*. Signature dans le terrain.

Dimensions des planches 0,314 sur 0,447. Dimensions du cadre 0,200 sur 0,292.

Frontispice. Types militaires en charge. Un Sapeur montre le titre de l'ouvrage inscrit sur une tente.

1 France 1862, Zouave, tenue de ville.
2 Prusse 1862, Garde du Corps.
3 France 1863, Infanterie de ligne.
4 Prusse 1862, Officier d'Infanterie de ligne.
5 Suède 1862, Artillerie.
6 France 1862, Officier de Chasseurs à cheval.
7 Autriche 1862, Officier Supérieur d'Infanterie.
8 Angleterre 1863, Royal Rifle Brigade.
9 France 1864, Officier des Guides.
10 France 1863, Cuirassier.
11 France 1863, Infanterie de ligne, Sapeur.
12 Prusse 1862, Général.
13 Autriche 1862, Officier de Hussards, Petite tenue.
14 Angleterre 1862, Horse Guard, Petite tenue.
15 Prusse 1862, Officier de Cuirassiers.
16 France 1863, Officier de Lanciers de la Garde, Petite tenue.

17 Angleterre 1860, Général.
18 Bavière 1860, Infanterie de Ligne.
19 Etats-Unis 1862, 7th Reg. of New-York.
20 France 1863, Officier d'Infanterie de ligne, Tenue de campagne.
21 Prusse 1862, Gendarme.
22 France 1863, Officier des Lanciers de la Garde.
23 France 1864, Cent-Gardes, Petite tenue.
24 France 1862, Chasseur d'Afrique, Petite tenue.
25 Prusse 1863, Infanterie de ligne.
26 France 1863, Officier d'Etat-Major.
27 Hanovre 1860, Officier de la Garde royale.
28 France 1863, Officier de Pompiers, Garde Nationale.
29 Belgique 1863, Chasseur Carabinier.
30 France 1863, Garde de Paris.
31 Autriche 1863, Officier de Chasseurs à pied.
32 France 1863, Carabinier.
33 Etats-Unis 1863, Général.
34 Prusse 1863, Officier d'Infanterie, Petite tenue.
35 France 1863, Officier des Grenadiers de la Garde Impériale.
36 Angleterre, Highland, H^t Infantry, Officer.
37 France 1863, Officier d'Artillerie de la Garde.
38 Angleterre 1863, Rifle Volunteers, South Middlesex.
39 Etats-Unis d'Amérique, Chasseurs à pied.
40 France 1863, Ecole de St-Cyr.
41 Angleterre 1863, Officier d'Infanterie.
42 Hollande, Infanterie de ligne.
43 France 1863, Tirailleurs Indigènes.
44 Russie 1863, Infanterie de Ligne.
45 France 1863, Officier Supérieur de la Garde Nationale.
46 Italie 1863, Officier de Bersagliers.
47 Haïti, Infanterie de Ligne, Grande tenue.
48 France 1863, Officier de Chasseurs à pied de la Garde.
49 Espagne 1864, Hussard de Calatrava, Petite tenue.
50 Angleterre 1864, Officier d'Etat-Major.
51 France 1863, Pompier, Tenue de service.
52 Etats-Unis d'Amérique, Infanterie de ligne.
53 Prusse, Hussard de la Mort.
54 France 1864, Voltigeur de la Garde Impériale.
55 Chine, Infanterie, Réserve.
56 Angleterre 1864, Horse Guard.
57 France 1864, Officier des Dragons de la Garde.

58 Etats-Unis 1864, Pompier.
59 France 1864, Chevau-Légers-Lanciers, Officier.
60 Belgique 1864, Officier des Guides.
61 France 1864, Officier de Hussards, Petite tenue.
62 France 1864, Officier supérieur du Génie.
63 Angleterre 1864, Highlander.
64 France 1864, Officier de Spahis.
65 Prusse 1864, Dragons, Trompette.
66 France 1864, Officier de Gendarmerie de la Garde Impériale.
67 Angleterre, Rifle Volunteers, Glascow.
68 France 1864, Officier de Cuirassiers.
69 Italie, Lanciers de Victor-Emmanuel.
70 France 1864, Général.
71 Etats-Unis d'Amérique, Missouri National Guard.
72 France, Artillerie.
73 Autriche, Officier d'Artillerie.
74 Angleterre 1865, St-Georges Rifle-Volunteers.
75 France 1865, Officier de Dragons.
76 Etats-Unis 1865, New-York, Fire-Brigade, Zouaves.
77 France 1865, Garde Nationale, Chirurgien.
78 Autriche 1865, Infanterie Hongroise.
79 France 1865, Ecole Polytechnique.
80 Prusse 1865, Officier supérieur d'Artillerie.
81 France, Vivandière des Zouaves.
82 Belgique 1865, Garde civique.
83 France 1865, Cuirassiers de la Garde Impériale, Sapeur.
84 Autriche 1865, Général.
85 France 1865, Officier de Lanciers.
86 Angleterre, 2nd North-British Dragoons.
87 France, Ecole de St-Cyr, Officier et Elève.
88 Etats-Unis d'Amérique 1865, Officier de Dragons.
89 France, Infanterie de ligne, Sapeur.
90 Bavière, Officier d'Infanterie (tenue de route).
91 France, Ecole de Cavalerie de Saumur.
92 Angleterre, Royal-Horse-Artillery, Officier, Petite tenue.
93 France, Garde Nationale, Sapeur.
94 Russie, Officier des Gardes de l'Impératrice.
95 France 1806, Garde Impériale, Grenadier.
96 Turquie, Général.
97 France, Ecole d'application de Metz.

98 Etats-Unis, Missouri German Artillery.
99 Italie, Officier des Guides.
100 Angleterre, Oxford University, Rifle Volunteers.
101 France, Ecole de St-Cyr, Tenue de route.
102 Autriche, Général de Cavalerie.
103 France, Off. d'Ordonnance de S. M. l'Empereur, Tenue de gala.
104 Prusse, Infanterie de ligne, Tenue de campagne.
105 France, Chasseur à pied.
106 Angleterre, Inns of Court Volunteers.
107 France, Off. de Hussards, Petite tenue.
108 Etats-Unis d'Amérique, Off. de Marine.
109 France, Off. de Chasseurs à cheval de la Garde Impériale.
110 Belgique, Infanterie de ligne.
111 France, Zouaves de la Garde Imp^{le}, Tenue de campagne.
112 Angleterre, London-Scottish-Volunteers, Kilted-Company.
113 France, Off. de Carabiniers.
114 Prusse, Off. de Hussards, Off. de Cuirassiers.
115 France, Pompier de la Garde Nationale, Tenue d'incendie.
116 France 1868, Infanterie de ligne.
117 Les Zouaves Pontificaux, Mentana, 3 novembre 1867.
118 Les Zouaves Pontificaux, Mentana, 3 novembre 1867.
119 France 1868, Officiers de Marine, Petite tenue.
120 France 1868, Francs-Tireurs des Vosges.
121 Prusse, Infanterie de la Garde, Tambour, Retour de Sadowa.
122 Angleterre, Grenadier Guards, Colour-Serjeant, *Rule Britannia*.
123 Autriche, Off. Sup. du Génie.
124 France, Chirurgien Major, chargé de la santé du Régiment.
125 France, Train des Equipages, Officier, Victime des Préjugés.
126 Angleterre, Hihglanders, Musicien.
127 Italie, Cavalleria de Linea, Off. d'ordonnance.
128 France, Infanterie de ligne, Tambour-major.
129 France, Intendance.
130 Russie, Cosaque.
131 France, République 1795, Général.

132 France, République 1795, Infanterie et Régiment de Dromadaires en Égypte.
133 France, Empire 1810, Colonel-Général des Hussards.
134 France, Empire 1811, Mameluck, Timbalier des Chevau-Légers Polonais.
135 France, Empire 1812, Aide-de-Camp du Major-Général, Maréchal.
136 France, Restauration 1828, Garde du Corps.

Cette amusante série est en général très exacte au point de vue du costume : elle est fort spirituellement dessinée et les types qu'elle représente, bien que fortement chargés, ont bien le caractère de l'époque à laquelle ils se rapportent.

FINART

UNIFORMES DES ARMÉES ALLIÉES (1814)

Texte et Planches.
Planches gravées et coloriées. Titre en bas, au milieu de la planche.
Dimensions des Planches 0,260 sur 0,352. Dimensions du cadre 0,145 sur 0,155.

1re *Livraison*

TROUPES RUSSES, INFANTERIE ET CAVALERIE

Officier supérieur de la Grosse cavalerie de la Garde Impériale Russe.
Officier des Carabiniers de la Garde Impériale Russe, en grande tenue.
Cuirassier de la Garde Impériale Russe.
Officier des Uhlans de la Garde Impériale Russe.
Officier des Hussards de la Garde Impériale Russe.
Cosaque régulier de la Garde Impériale Russe, en uniforme d'été.
Cosaque de la Garde Impériale Russe, en uniforme d'hiver.
Cosaque du Don de la Garde Impériale Russe.
Officier des Grenadiers de la Garde Impériale Russe, en uniforme ordinaire.
Officier des Grenadiers de la Garde Impériale Russe, en négligé.
Grenadier de la vieille Garde Impériale Russe.
Chasseur à pied de la Garde Impériale Russe, en petite tenue d'hiver.

2me *Livraison*

TROUPES ANGLAISES, INFANTERIE ET CAVALERIE

Lieutenant-Général Anglais, en grande tenue.

Officier Général de Grosse Cavalerie Anglaise.
Colonel de Hussards Anglais.
Officier des Dragons Anglais de la Garde royale.
Officier de Dragons Anglais.
Enseigne d'Infanterie de Ligne Anglaise.
Tambour des Ecossais.
Musicien des Ecossais.
Soldat Montagnard Ecossais de l'Armée Anglaise.
Officier de Chasseurs Anglais, à pied, en négligé.
Canonnier Anglais.

3me Livraison

TROUPES PRUSSIENNES, INFANTERIE ET CAVALERIE

Maréchal commandant un corps d'Armée Prussien.
Colonel d'Infanterie Prussienne.
Officier de la cavalerie légère de la Garde Royale Prussienne.
Officier des Cuirassiers de la Garde royale Prussienne, en grande tenue.
Officier des Cuirassiers de la Garde royale Prussienne, en petite tenue.
Officier des Uhlans de la Garde royale Prussienne.
Officier de Hussards Prussiens.
Officier des Grenadiers de la Garde royale Prussienne, en grande tenue de service.
Grenadier de la Garde royale Prussienne, en grande tenue de parade.
Grenadier de la Garde royale Prussienne, en petite tenue.
Cavalier de la Landwehr Prussienne.
Soldat de la Landwehr Prussienne.

Cet intéressant ouvrage est resté inachevé. Nous avons vu des épreuves de quelques planches autrichiennes qui devaient sans doute constituer la quatrième livraison.

FINART

TROUPES RUSSES

Planches en hauteur, gravées et coloriées représentant chacune trois soldats. Trait carré. En haut, *Paris* ; à gauche,

N° d'ordre ; à droite ou encore au milieu, *Uniformes Etrangers*. Titre en bas et au milieu, à gauche, *Finart del.*; à droite, *Gatine, sculpsit*.

Dimensions des planches 0,284 sur 0,417. Dimensions du cadre 0,213 sur 0,290.

1 Officier de Hussards de la Garde Russe, Officier de Cuirassiers du Grand Duc Constantin, Officier d'Infanterie Russe (Paris, n° 28).
2 Dragon Russe, Hussard de la Garde Russe, Cuirassier de la Garde Russe (Uniformes Etrangers, n° 2).
3 Grenadier de la Garde Impériale Russe, Chasseur de la Garde, Grenadier de l'ancienne Garde (Régiment de Pavlovski) (Paris, n° 30).

Ces trois planches d'un dessin un peu naïf sont intéressantes au point de vue des costumes.

GENTY (Chez)

Première Suite

COSTUMES MILITAIRES

INFANTERIE RUSSE (1815)

Planches gravées en hauteur et coloriées. Trait carré. En haut au milieu : *Troupes Russes* ; à gauche, n° d'ordre ; à droite, *1815*. En bas, au milieu, nom du Corps ou du Régiment ; à gauche, *chez Genty, rue St-Jacques, n° 14* ; à droite, *Déposé* ou *Déposé au Bureau des Estampes*, ou *Déposé à la Direction des Estampes*.

Dimensions des planches 0,234 sur 0,310. Dimensions du cadre, 0,124 sur 0,157.

Frontispice. Dans un trophée d'armes, de drapeaux et de coiffures l'inscription. *Première suite, Costumes Militaires : Infanterie Russe* ; à droite, *Queverdo sculp.* et en bas, *à Paris, chez Genty, Md d'Estampes, rue St-Jacques, n° 14*.

1 Alexandre Ier Empereur Autocrate de toutes les Russies ; à gauche, *Samson del.* ; à droite, *Larcher, sculp.*
2 Garde Impériale, Grenadier d'élite.
3 Garde Impériale, Grenadier.
4 Garde Impériale, Sergent.
5 Garde Impériale, Officier des Grenadiers (Grande tenue).
6 Garde Impériale, Officier d'Infanterie (en campagne).
7 Garde Impériale, Grenadier du Bataillon Polonais.
8 Garde Impériale, Chasseur.
9 Garde Impériale, Fusilier.
10 Garde Impériale, Carabinier à pied.
11 Garde Impériale, Officier des Carabiniers à pied.
12 Garde Impériale. Grenadiers d'élite.

13 Troupes de ligne, Grenadier.
14 Troupes de ligne, Officiers d'Infanterie (Grand et Petit uniforme).
15 Troupes de ligne, Grenadier en campagne.
16 Infanterie de ligne, Canonnier à pied, Régiment.
17 Garde Impériale, Tambour.
18 Infanterie de ligne, Grenadier, Régiment.
19 Infanterie de ligne, Grenadier.
20 Infanterie de ligne, Officier de Grenadiers, Régiment.
21 Garde Impériale, Grenadiers de Semenovsky.
22 Dragon de ligne.

M. Cottreau possède en outre des originaux qui ne paraissent pas avoir été publiées et qui représentent :

Cavalerie de ligne, Cuirassiers.

Tartare de la Mer Noire, Troupe disciplinée.

Cosaque de Donische, Troupes Irrégulières.

GENTY (Chez)

Deuxième Suite

COSTUMES MILITAIRES

INFANTERIE PRUSSIENNE (1815)

Planches gravées, en hauteur et coloriées. Trait carré. En haut, au milieu, *Troupes Prussiennes* ; à gauche, N° d'ordre ; à droite, *1815*. En bas au milieu, Nom du Corps ou du Régiment ; à gauche, *chez Genty, rue St-Jacques, n° 14* ; à droite, *Déposé à la Direction des Estampes.*

Dimensions des planches 0,234 sur 0,310. Dimensions du cadre 0,124 sur 0,168.

Frontispice représentant un trophée d'armes, de drapeaux et de coiffures prussiennes et dans un médaillon l'inscription, *Deuxième Suite. Costumes Militaires, Infanterie Prussienne.*

1 Troupes de ligne, Grenadier.
2 Garde royale, Grenadiers, Grande tenue.
3 Garde royale, Tambour *(se trouve aussi avec le N° 6).*
4 Garde royale, Grenadier, Régiment d'Alexandre *(se trouve aussi avec le N° 2).*

5 Garde royale, Régiment de Frédéric III, Bataillon, Compagnie.
6 Grenadiers Saxons Réunis aux Gardes Royales Prussiennes, en 1814.
7 Garde du corps *(avec ou sans les mots Petite tenue).*
8 Garde royale, Officier des Grenadiers.
9 Garde royale, Officier des Chasseurs à pied.
10 Garde royale, Officier des Grenadiers du Régiment d'Alexandre.
11 Garde royale, Sergent de Grenadiers *(allant relever les sentinelles).*
12 Garde royale, Grenadier du Régiment de la Reine.
13 Garde Royale, Tambour-Major.
14 Troupes de Ligne, Grenadier.
15 Infanterie de Ligne, Grenadiers *(deux soldats, dont l'un est vu de dos).*
16 Infanterie, Régiment *(l'arme au pied, le soldat est appuyé contre un arbre).*
17 Infanterie, Régiment.
17 Garde royale, Chasseur *(vu de dos) (se trouve aussi avec le N° 29.)*
18 Landwehr, Régiment.
19 Landwehr de la Poméranie, Régiment.
20 Garde royale, Grenadier.
21 Infanterie de la Prusse occidentale. Sergent de la Landwehr Westphalienne, Régiment *(se trouve aussi avec le N° 29).*
22 Landwehr, Officier, Régiment, (Grand uniforme).
23 Garde royale, Chasseurs ou Chasseurs du Loup *(se trouve aussi avec le N° 28).*
24 Troupes Auxiliaires Prussiennes. Belges, Chasseur (du G. Duché de Berg) *(se trouve aussi avec le N° 10).*
id Troupes Prussiennes, Chasseur Brabançon, Régiment. *(même planche que la précédente).*
25 Garde royale, Sergent des Grenadiers.
26 Garde royale, Officier d'Infanterie, Grande tenue.
27 Landwehr des Provinces Prussiennes du Rhin *(se trouve aussi avec le N° 11).*
28 Bataillons Nationaux des nouvelles Provinces Prussiennes du Rhin *(se trouve aussi avec le N° 11).*
29 Grenadier au 3ᵉ Régiment d'Infanterie de la Pruse (sic) orientale.

30 Infanterie Silésienne, Régiment.
31 Troupes Légères, Officier d'Infanterie *(se trouve aussi avec le N° 9).*
32 Garde royale, Enseigne, Musique des Grenadiers *(se trouve aussi avec le N° 17).*
33 Cavalerie légère, Hulan, Régiment.
34 Cavalerie légère, Officier.

Cette série est extrêmement intéressante. Les détails des uniformes sont précisés avec beaucoup de soin; le dessin est bon et certains uniformes comme ceux des Landwehrs des Provinces du Rhin sont en général peu connus.

M. Cottreau possède outre les planches que nous venons de cataloguer, un certain nombre d'originaux, qui ne paraissent pas avoir été publiés et qui représentent:

Garde du corps (en petite tenue). Il porte une tunique bleue.
Garde royale, Chasseur (avec une poire à poudre en cuivre sur le baudrier).
Garde royale, Dragon.
Garde royale, Canonnier à pied.
Cavalerie de ligne, Dragon, 2e Régiment.
Cavalerie de Landwehr.

GENTY (Chez)

Troisième Suite
COSTUMES MILITAIRES
INFANTERIE ALLEMANDE

Planches gravées et coloriées, en hauteur, trait carré. En haut, au milieu *Troupes Allemandes* ou *Troupes Autrichiennes*, à gauche, n° d'ordre gravé ou écrit à la main; à droite, *1815.* En bas, au milieu, nom du Corps ou du Régiment; à gauche, *chez Genty, rue St-Jacques, n° 14,* ou *chez Genty, rue St-Jacques, n° 33* ; à droite, *Déposé,* ou *Déposé à la Direction des Estampes.*

Dimensions des planches 0,234 sur 0,310. Dimensions du cadre 0,124 sur 0,168.

Frontispice, Trophée d'armes, de coiffures et de drapeaux.

Sur un mortier, une banderole sur laquelle est inscrit : *Troisième suite, Costumes Militaires, Infanterie Allemande.*

1 Troupes Allemandes, Grenadier Autrichien.
2 Troupes Autrichiennes, Garde Impériale, Grenadier.
3 Troupes Autrichiennes, Canonnier à pied,
4 Troupes Autrichiennes, Garde Impériale, Tambour.
5 Troupes Autrichiennes, Garde noble hongroise.
6 Troupes Autrichiennes, Musiciens des Grenadiers.
7 Troupes Autrichiennes, Troupes de ligne, Officier des Grenadiers (1).
8 Troupes Allemandes, Infanterie de ligne, Officier (Autrichien) (2).
9 Troupes Autrichiennes, Garde Impériale, Grenadiers (Grand et Petit uniforme).
10 Troupes Allemandes, Tyrolien, Chasseur.
11 Troupes Allemandes, Grenadier hongrois, Premier Bataillon, Régiment.
12 Troupes Allemandes, Saxons, Officiers (grande et petite tenue).
13 Troupes Allemandes, Saxons, Soldats (grande et petite tenue).
14 Troupes Allemandes, Milicien hongrois, Grenadier.
15 Troupes Allemandes, Confédération du Rhin, Infanterie bavaroise.
16 Troupes Allemandes, Confédération du Rhin, Infanterie bavaroise en campagne.
17 Troupes Allemandes, Confédération du Rhin, Officier d'Infanterie bavaroise, Régiment.
18 Troupes Allemandes, Confédération du Rhin, Infanterie Wurtembergeoise.
19 Troupes Allemandes, Infanterie autrichienne, Grenadier hongrois, 9ᵉ Régiment, Wiedenfeld Carl.
20 Troupes Allemandes, Infanterie autrichienne, Sergent de Grenadiers hongrois, 9ᵉ Régiment, Wiedenfeld Carl.
21 Troupes Allemandes, Infanterie autrichienne, Officier de Grenadiers hongrois, Régiment Hiller Jean.
22 Troupes Allemandes, Musicien des Grenadiers hongrois.

(1) Cette planche se trouve aussi avec le n° 2.
(2) Cette planche se trouve aussi avec l'inscription: Troupes Autrichiennes, Infanterie de la ligne, Officier.

23 Troupes Allemandes, Infanterie autrichienne, 8ᵉ Régiment (Archiduc Louis-Joseph).
24 Troupes Allemandes, Infanterie Autrichienne, Régiment hongrois (Wiedenfeld Carl).
25 Troupes Allemandes, Infanterie Autrichienne, Garde Nationale des Frontières.
26 Troupes Allemandes, Infanterie Autrichienne, Officiers en grande et en petite tenue.
27 Troupes Allemandes, Infanterie Autrichienne, Sous-Officier et Soldats en petite tenue (1).
28 Troupes Allemandes, Musiciens d'Infanterie Autrichienne.
29 Troupes Allemandes, Tambour-major d'Infanterie Autrichienne.
30 Troupes Allemandes, Garde impériale et royale de Vienne, Officier de la Garde, Trabanten.
31
32 Troupes Allemandes, Infanterie Autrichienne, Corps des Pontonniers.
33 Troupes Allemandes, Infanterie Autrichienne, Corps de Chasseurs à pied.
34
35
36
37
38
39 Troupes Allemandes, Cavalerie Autrichienne, Uhlans, Régiment.
40 Troupes Allemandes, Cavalerie Autrichienne, Officier des Uhlans.
41 Troupes Allemandes, Cavalerie Autrichienne, Hussard, Régiment.
42 Troupes Allemandes, Cavalerie Autrichienne, Chasseurs à cheval.
43 Troupes Allemandes, Cavalerie Autrichienne, Chevau-légers, Régiment.
44 Troupes Allemandes, Cavalerie Autrichienne, Dragon, Régiment.
45 Troupes Allemandes, Cavalerie Autrichienne, Officier des Dragons de Riesch.
46 Troupes Allemandes, Cavalerie Autrichienne, Cuirassier, Régiment.

(1) Cette planche porte aussi le n° 22.

GENTY (CHEZ) 449

47 Troupes Allemandes, Cavalerie Autrichienne, Cuirassier, Tenue de campagne.
48 Troupes Allemandes, Cavalerie Autrichienne, Officier des Cuirassiers de l'Empereur.
49
50
51
52 Troupes Allemandes, Cavalerie Autrichienne, Hussard de Frédéric-Léopold.
53
54
55
56
57 Troupes Allemandes, Armée Autrichienne, Général de Division.

Cette collection fort intéressante est malheureusement restée inachevée. Sa numérotation laisse à désirer, car on trouve souvent la même planche avec deux n⁰ˢ différents. Outre les planches cataloguées, il existe dans la collection de M. Cottreau divers originaux de planches qui n'ont pas été publiées :

Un Frontispice pour la Cavalerie avec les mots, 6ᵉ suite de Costumes Militaires, Cavalerie Autrichienne.
Troupes Allemandes, Armée Autrichienne, Train des Equipages.
Troupes Allemandes, Infanterie Autrichienne, Tambour des Grenadiers hongrois, Hiller Jean.
Troupes Allemandes, Général et Feld-Maréchal.
Garde Impériale, Officier des Grenadiers, n° 35.

GENTY (Chez)

COSTUMES MILITAIRES. — INFANTERIE ANGLAISE (1815)

Planches gravées en hauteur et coloriées. En haut, au milieu : *Troupes Anglaises*; à gauche, N° d'ordre; à droite, *1815*. En bas, au milieu, nom du Corps ou du Régiment; à gauche, *chez Genty, rue St-Jacques, n° 14*; à droite, *Déposé*.

Mêmes dimensions que les planches des séries précédentes.

1 Troupe légère, Régiment de Chasseurs.
2 Officier du 52me Régiment d'Infanterie.
3 Infanterie, 5me Régiment.
4 Infanterie, 28e Régiment.
5 Ecossais, Rég. d'Infanterie.
6 Infanterie de ligne, Chasseur.
7 Sergent-Major au 1er Rég. d'Infanterie.
8 Troupes des Pays-Bas, Grenadier.
9 Infanterie, Bataillon hanovrien.

Comme les précédentes, cette série est fort intéressante, d'un dessin très précis et d'un coloris soigné. Nous ne connaissons pas de frontispice pour cette suite.

GENTY (Chez)

TABLEAUX COMPARATIFS DES PRINCIPAUX CORPS MILITAIRES EUROPÉENS EN 1815

Planches in-folio, en largeur, gravées et coloriées. Trait carré. En haut, au milieu, Titre : *Premier, Deuxième* et *Troisième Tableau comparatif*, etc.

En bas, au milieu, Désignation du Corps; au-dessous, *à Paris, chez Genty, Editeur, Marchand d'Estampes, rue St-Jacques, n° 14*, et au-dessous, *Déposé à la Direction des Estampes*.

Dimensions des planches 0,52 sur 0,354.

Dimensions du cadre 0,30 sur 0,202.

Premier Tableau Comparatif des principaux Corps Militaires Européens, en 1815.

Grenadiers : Français, Belge, Anglais, Bavarois, Autrichien, Prussien, Russe.

Deuxième Tableau Comparatif des principaux Corps Militaires Européens, en 1815.

Officiers d'Infanterie : Anglais, Belge, Français, Bavarois, Autrichien, Prussien, Russe.

Troisième Tableau Comparatif des principaux Corps Militaires Européens, en 1815.

Dragons : *Anglais, Français, Russe, Prussien, Allemand.*

Très intéressante suite, fort bien exécutée et d'un bon coloris.

GODEFROID (A.)

ARMÉES DES SOUVERAINS ALLIÉS
ANNÉES 1814 ET 1815

Planches in-folio, en largeur, gravées et coloriées. Plusieurs soldats sur chaque feuille; poses variées. Trait carré. En haut, au milieu, Titre Général et N°. En bas, au milieu, nom de l'Armée et sous chaque soldat, nom de l'Arme.

Au-dessous du titre à gauche, *à Paris, Martinet, Libraire, rue du Coq, n° 15*; à droite, *Déposé à la Direction de la Librairie*. Dans le terrain A. G. (Signature de Godefroid).

Dimensions des planches 0,428 sur 0,292, du cadre 0,277 sur 0,208.

1 Armée des Souverains Alliés, année 1814, N° 1. — Officiers de l'Armée Russe.

Chef d'escadron des Cosaques réglés de la Garde Impériale. — Général de brigade d'Infanterie.

Chef d'escadron des Dragons du Grand Duc Constantin. — Officiers d'Infanterie, grande tenue.

Officier d'Infanterie en négligé.

2 Armée des Souverains Alliés, année 1815, N° 2. — Soldats de l'Armée Russe. — Grenadier de la Garde Impériale en grande tenue. — Grenadier de la Garde Impériale. — Tambour de la Garde Impériale.

Grenadier Russe. Troupe d'élite. — Soldat Russe en négligé.

3 Armée des Souverains Alliés, année 1815, N° 3. — Officiers de l'Armée Prussienne.

Officier de Cavalerie du Régiment des Gardes du Corps de S. M. Prussienne. — Officiers des Cosaques réglés Prussiens. — Officier des Hussards noirs, dits Hussards de la Mort. — Officier des Chasseurs à pied de la Garde royale prussienne. — Officiers d'Infanterie de la ligne.

4 Armée des Souverains Alliés, année 1815, N° 4. — Officiers de l'Armée Anglaise.

Officier de Cavalerie, Dragons anglais. — Officier sup^r de l'Armée de terre, en négligé. — Officier sup^r des troupes de Marine, en négligé. — Officier de Cavalerie du Rég. Ecossais, en négligé. — Officier de troupes légères, Chasseurs à cheval.

5 Armée des Souverains Alliés, année 1815, N° 5. — Discipline Militaire du Nord.

6 Armée des Souverains Alliés, année 1815, N° 6. — Régiments Ecossais.

7 Armée des Souverains Alliés, année 1815, N° 7. — Officiers supérieurs de l'Armée Anglaise.

Colonel d'Infanterie. — Colonel de Hussards. — Général anglais. — Colonel de cavalerie légère. — Chef d'Etat-Major.

8 Armée des Souverains Alliés, année 1815, N° 8. — Officiers de l'Armée Autrichienne.

Officier de Cavalerie. — Hussard Autrichien. — Officier des Grenadiers hongrois. — Garde de la Porte de S. M. l'Empereur d'Autriche. — Officier des Hulans hongrois.

9 Armée des Souverains Alliés, année 1815, N° 9. — Troupes Autrichiennes.

Chasseur à cheval. — Hussard. — Cuirassier. — Hulan. — Grenadiers hongrois.

10 Armée des Souverains Alliés, année 1815. N° 10. — Militaires Russes.

Domestique Russe suivant l'armée. — Officier Russe au bivouac. — Officier des Hussards russes. — Prêtre Grec Aumônier. — Cosaque irrégulier, Maraudeur.

11 Armée des Souverains alliés, année 1815. N° 11. — Soldats Autrichiens.

Vivandière Allemande. — Grenadier hongrois. — Cuirassier autrichien. — Hulan. — Hussard Hongrois. — Grenadiers Autrichiens.

12 Armée des Souverains Alliés, année 1815, N° 12. — Soldats de l'Armée Prussienne.

Cuirassiers de la Garde royale. — Hussard Prussien. — Chasseur volontaire du Rég. d'Alexandre. — Grenadier de la Garde royale. — Chasseur de la Landwehr.

13 Armée des Souverains Alliés, année 1815, N° 13. — Soldats de l'Armée Anglaise.

Hussard Hanovrien. — Soldat du Train. — Vivandière anglaise. — Soldat d'Infanterie en négligé. — Tambour. — Chasseur.

14 Armée des Souverains de l'Europe, N° 14. — Soldats Français de la Garde royale.

Grenadier royal à cheval. — Chasseur royal à cheval. — Chasseur royal d'Infanterie. — Grenadier royal d'Infanterie. — Fusilier de la Garde royale.

Très intéressante suite, d'un dessin très précis et d'un coloris soigné. Les alliés sont représentés, comme dans la plupart des planches publiées en France en 1814 ou en 1815, sous un aspect légèrement ridicule.

MARTINET (Chez)

TROUPES ÉTRANGÈRES

Planches gravées, en hauteur et coloriées, in-8°, représentant un et rarement deux soldats, à pied ou à cheval. Double trait carré. Titre Général en haut et au milieu: *Troupes autrichiennes*, ou *Troupes étrangères*, ou *Troupes Russes*, etc. N° d'ordre à gauche, pour les premières planches et millésime. A partir de la planche n° 22, le n° est à droite et il n'y a plus de millésime. Titre particulier (*nom du corps ou du régiment*) au milieu et au bas de la planche. Au-dessous, *à Paris, chez Martinet, libraire, rue du Coq, n° 15*. Cette inscription est quelquefois à droite et quelquefois à gauche.

Dimensions des planches 0,175 sur 0,263. Dimensions du cadre 0,130, sur 0,172.

1 Troupes Autrichiennes, Hussard de Ferdinand, Brigadier, 1808.
2 Troupes Autrichiennes, Infanterie de ligne, 1808.
3 Troupes Étrangères, Bataillon de Neufchatel, Grenadier.
4 Troupes Étrangères, Bataillon de Neufchatel, Chasseur.
5 Troupes Étrangères, Soldat hongrois.
6 Troupes Étrangères, Cavalerie Polonaise du Grand Duc de Berg.
7 Troupes Autrichiennes, Kaizerlique, Grenadier.
8 Troupes Étrangères, Grenadier Russe.
9 Troupes Auxiliaires Russes, Tartare du pays de Nogais.
10 Troupes Étrangères, Chasseur de la Garde Impériale Russe (Preobazuisky).
11 Troupes Étrangères, Canonnier.

12 Troupes Étrangères, Tartare Kirgise.
13 Troupes Étrangères, Tartare Bachkir.
14 Troupes Russes, Cosaque du pays de Donische.
15 Troupes Russes, Tartare de Crimée.
16 Troupes Russes, Cosaque Arnaute du pays de Crimée.
17 Troupes Autrichiennes, Cuirassier.
18 Troupes Étrangères, Dragon Autrichien.
19 Troupes Autrichiennes, Chasseur à cheval.
20 Troupes Étrangères, Garde Impériale Russe, Grenadier.
21 Troupes Autrichiennes, Infanterie de ligne, Fusilier.
22 Troupes Etrangères, Chevau-légers Bavarois, Officier
23 Troupes Etrangères, Dragons Bavarois, Colonel.
24 Troupes Etrangères, Capitaine d'Artillerie Bavarois.
25 Troupes Etrangères, Général de Division Bavarois.
26 Troupes Turques, Harnahoute.
27 Troupes Etrangères, Officier Anglais.
28 Troupes Etrangères, Soldat anglais.
29 Troupes Etrangères, Grenadier anglais.
30 Troupes Russes, Calmouk.
31 Troupes Etrangères, Officier de Cosaques du pays de Crimée.
32 Troupes Turques, Soldat Albanais.
33 Troupes Etrangères, Grenadiers de la Garde royale Bavaroise.
34 Troupes Etrangères, Soldat bavarois.
35 Troupes Etrangères, Cuirassier prussien.
36 Troupes Etrangères, Autrichien, Dragon-de-la-Tour.
37 Troupes Etrangères, Soldat Wurtembergeois.
38 Troupes Etrangères, Soldat Suédois.
39 Troupes Etrangères, Cosaques de la Garde Impériale Russe.
40 Troupes Etrangères, Soldats Ecossois.
41 Troupes Etrangères, Officier supérieur de Cavalerie Russe.
42 Troupes Etrangères, Colonel Prussien.
43 Troupes Etrangères, Dragons de la Garde Impériale Russe.
44 Troupes Etrangères, Hussard Anglais-Autrichien au service de l'Angleterre.
45 Troupes Etrangères, Officier et Soldat de Cosaques Prussiens.

46 Troupes Étrangères, Soldat Irlandais.
47 Troupes Étrangères, Cavalerie Portugaise.
48 Troupes Étrangères, Infanterie Portugaise.
49 Troupes Étrangères, Grenadier Anglais.
50 Troupes Étrangères, Chasseur Bremois (Ville Anséatique).
51 Troupes Étrangères, Infanterie de ligne Espagnole, Volontaire du Royaume de Valence.
52 Troupes Étrangères, Cavalerie de ligne Espagnole, Lancier de la Manche, 1er Régiment.
53 Troupes Étrangères, Capitaine de Marine Portugaise.
54 Troupes Étrangères, Garde Royale Espagnole, Garde du Corps de la Compagnie Espagnole.
55 Troupes Étrangères, Cavalerie de ligne Espagnole, Dragons, 1er Régiment.

Fort intéressante suite, dessinée et coloriée avec beaucoup de soin.

MOLTZHEIM (DE)

ARTILLERIE EUROPÉENNE (1832)

Planches lithographiées, en hauteur et coloriées, représentant chacune plusieurs Artilleurs de la même nation, poses et fonds variés. Double trait carré. Titre en bas et au milieu ; à gauche, *Moltzheim, Officier du Train.*

Dimensions des planches 0,296 sur 0,428. Dimensions du cadre 0,196 sur 0,255.

Couverture en papier bleuté représentant des Artilleurs de diverses nations ; sur un caisson les mots : *Collection des Uniformes de l'Artillerie Européenne, 1832.*

En haut, *Artillerie Européenne*; en bas, *1832*; à gauche, *Moltzheim, Officier du Train.*

Artillerie Autrichienne.
Artillerie Badoise.
Artillerie Bavaroise *(les soldats ont des revers).*
Artillerie Bavaroise *(les soldats n'ont pas de revers).*
Artillerie Belge.
Artillerie Danoise.
Artillerie Espagnole.
Artillerie Française *(les servants ont de fausses bottes).*
Artillerie Française *(tous les Artilleurs portent le pantalon long).*
Artillerie Grecque.
Artillerie Hollandaise.
Artillerie Piémontaise.
Artilllerie Prussienne.
Artillerie Russe.
Artillerie Saxonne.
Artillerie Suédoise.
Artillerie Suisse.
Artillerie Turque.

Artillerie Wurtembergeoise.

La lithographie est grossièrement exécutée et le dessin est fort médiocre.

MOLTZHEIM (DE)

COLLECTION DES UNIFORMES ACTUELS DE L'ARTILLERIE EUROPÉENNE

Planches lithographiées, en hauteur et coloriées. Triple trai tcarré. Titre en bas et au milieu de la planche; à droite, *Moltzheim;* à gauche, *Lith. de Dupuy, à Metz.* Chaque planche représente l'artillerie d'un pays, plusieurs soldats à pied ou à cheval, poses et fonds variés.

Dimensions des planches 0,263 sur 0,350. Dimensions du cadre 0,188 sur 0,249.

Couverture en papier vert, représentant un trophée de canons et de drapeaux, au-dessus duquel se trouve le titre indiqué plus haut. En bas, *Dessinés par un officier de l'Armée Française.* Livraison.

A Metz, chez Dupuy, Editeur, rue Fournerue, n° 12.

A Paris, chez Gihaut frères, boulevard des Italiens, n° 5.

A droite et à gauche du trophée, liste des planches.

Artillerie Anglaise.
Artillerie Autrichienne.
Artillerie Badoise.
Artillerie Bavaroise.
Artillerie Belge.
Artillerie Danoise.
Artillerie Espagnole.
Artillerie Française.
Troupes Françaises.
Train d'Artillerie (Parcs de siège et de réserve).
Artillerie Grecque.
Artillerie Hollandaise.
Artillerie Hambourgeoise.
Artillerie Hanovrienne.
Artillerie Hessoise.
Artillerie des Duchés de Holstein et d'Oldenbourg.
Artillerie Napolitaine.

Artillerie Piémontaise.
Artillerie Portugaise.
Artillerie Prussienne.
Artillerie Russe.
Artillerie Saxonne.
Artillerie Suisse (Berne).
Artillerie Suédoise.
Artillerie Turque.
Artillerie Wurtembergeoise.
Artillerie du Grand Duché de Brunswick.
Artillerie Egyptienne.
Artillerie Persane.
Cette série est très supérieure comme dessin et comme exécution à la précédente.

MOTTE (Chez)

UNIFORMES DE L'ARMÉE TURQUE EN 1828 D'APRÈS DES DESSINS AUTHENTIQUES

Publié par Ch. Motte, Imprimeur-lithographe, Editeur. Collection de 22 Figures.
Se vend chez Gihaut frères, boulevard des Italiens, à Paris. Planches lithographiées, en hauteur et coloriées. Titre en bas et au milieu de la feuille; à droite, *Lith. de C. Motte.*
Le Sultan.
Colonel de Cavalerie, Troupes de l'intérieur (Garde Imp.).
Capitaine de Cavalerie, Troupes de l'intérieur (Garde Imp.).
Caporal, Cavalerie de la Garde.
Lancier de la Garde.
Guidon, Cavalerie de la Garde.
Tambour-Major, Infanterie de la Garde.
Tambour, Infanterie de la Garde.
Chef de bataillon, Infanterie de la Garde.
Soldat, Infanterie de la Garde.
Col-Agassi, Commandant d'aile, Artillerie légère.
Kara-Djéenem, Lieutenant-colonel d'Artillerie.
Bin-Bachi, Colonel des canonniers fusiliers.
Bin Bachi, Colonel des canonniers.
Porte-Etendard, Fusilier canonnier.
On-Bachi, Soldat canonnier fusilier.
Ynz-Bachi, Capitaine des fusiliers canonniers.
Col-Agassi, Commandant d'aile, Artillerie légère.
Simple Soldat, Artillerie légère.
Général-Major, Troupe de ligne.
Capitaine des Troupes de ligne.
On-Bachi, Simple Soldat, Troupe de ligne.
D'une exécution médiocre, cette série n'offre que peu d'intérêt.

PAJOL

ARMÉE RUSSE (1856)

Planches in-folio, lithographiées, en hauteur et coloriées, tirées sur papier teinté et cadre blanc. En haut, au milieu, *Armée Russe* ; à droite, N° d'ordre ; en bas, nom du corps et du régiment, à gauche ; monogramme de Pajol et quelquefois nom de la ville où le dessin a été fait ; à droite, *Imprimé par A. Godard.*

Dimensions des planches 0,355 sur 0,548.

Il existe en outre quelques exemplaires tirés sur grand papier 0,424 sur 0,600.

I. Titre. Armée Russe 1856, Imp. par Auguste Bry (Médaille d'or de S. M. l'Empereur de toutes les Russies), rue du Bac, 114, à Paris.

II. Dédicace : A Sa Majesté Nicolas Ier, Empereur de Toutes les Russies, hommage très respectueux du Lt-Colonel comte Pajol. Imp. Lemercier, rue de Seine, 51, à Paris.

III et IV. Organisation de l'Armée (en noir).

V et VI. Ordres Impériaux et Royaux. Médailles d'honneur (en couleur).

N° 1. Sa Majesté Nicolas Ier, Empereur de toutes les Russies.

N° 2. Son Altesse Impériale Alexandre Nicolajewisch, Prince héréditaire de toutes les Russies (en uniforme d'Hetman des cosaques).

N° 3. Son Altesse Impériale le Grand Duc Constantin Nicolajewisch, né le 21 août/2 septembre 1821, Grand Amiral, Chef du Corps des Cadets de la Marine, Aide-de-camp général commandant la 4e brigade d'Infanterie de la Garde, Chef du Régiment des Hussards de feu le Grand Duc Michel Paulowitsch, Membre du Conseil des Écoles Militaires et du Comité de Sibérie, Propriétaire du Régiment d'Infanterie Autrichien N° 18.

N° 4. Son Altesse Impériale le Grand Duc Nicolajewisch, né le 27 juillet/8 août 1830, Inspecteur Général du Génie, Aide de camp de S. M. l'Empereur, Colonel d'un Régt de Grenadiers, d'un Régt de Dragons, d'un Régt de Cuirassiers, Propriétaire du Régt de Hussards Autrichiens N° 2, Chef du 5e Régt de Cuirassiers Prussiens.

N° 5. Son Altesse Impériale le Grand Duc Michel Nicolajewisch, né le 25 septembre/2 octobre 1832, Quartier-Mestre Général et Commandant de la 2e brigade d'Artillerie, Aide de Camp de S. M. l'Empereur, Colonel d'un Régt de Chasseurs d'un Régt de Lanciers, d'un Régt de Dragons, Propriétaire du Régt d'Infanterie Autrichien N° 26, Chef du 4e Régt de Hussards Prussiens.

N° VII. Modèles des boutons de l'Armée.

N° 6. Escadron des Montagnards du Caucase de la Garde Impériale formant l'escorte habituelle de S. M. l'Empereur, Officier.

N° 7. Lesghins formant l'escorte habituelle de S. M. l'Empereur.

N° 8. Etat-Major Général. Aides de camp.

N° 9. Pages de S. M. l'Empereur. Cadets. Ecoles Militaires. Invalides.

N° 10. Porte-Drapeau. Porte-Étendard. Tambours. Clairons.

N° VIII. Pavillons, Guidons et Flammes de l'Empire de Russie.

N° IX, X et XI. Composition des Corps de la Garde Impériale, des Grenadiers et du 1er Corps d'Armée.

N° XII. 2me Corps d'Armée. Infanterie. Schemas des Uniformes.

N° XIII, XIV, XV. Composition des 3e, 4e et 5mes Corps d'Armée.

N° XVI. 6me Corps d'Armée, Infanterie. Schemas des Uniformes.

N° XVII. Composition du Corps Détaché du Caucase.

N° 11. Grenadiers de la Garde du Palais Impérial.

N° 12. Régiment de Preobrajinski. 1re Don de la Garde Impériale, 1er Rég. de la 1re brigade, Sous-Officier, tenue d'été.

N° 13. Régiment de Semenowski, 1er Rég. de la 2me brigade, 1re Don d'Infanterie de la Garde Impériale.

N° 14. Régiment des Chasseurs de la Garde Impériale, 2ᵐᵉ Rég. de la 2ᵐᵉ brigade, 1ʳᵉ Dᵒⁿ du 1ᵉʳ Corps de la Garde. Colonel, gᵈᵉ tenue. Ce rég. forme brigade avec le Régiment d'Ismailowski (*inexact*).

N° 15. Régiment d'Ismailowski, 2ᵐᵉ Dᵒⁿ d'Infanterie de la Garde Impériale, 1ᵉʳ Rég. de la 1ʳᵉ brigade.

N° 16. Régiment de Pawlowski, 1ᵉʳ Rég. de la 1ʳᵉ brigade de la 4ᵐᵉ Dᵒⁿ de la Garde Impériale (Corps de la garde).

N° 17. Régiment des Chasseurs de Finlande, 2ᵐᵉ Rég. de la 4ᵐᵉ Brigade, 1ʳᵉ Division du 1ᵉʳ Corps de la Garde Impériale (Ce Régiment forme brigade avec le régiment de Pawlowski).

N° 18. Régiment des Gardes de Moskowo et des Grenadiers de la Garde, 3ᵐᵉ brigade de la 2ᵐᵉ Division (Corps de la Garde Impériale) (formant brigade avec le Rég. des Gardes de Pawlowski et des Gardes de Finlande).

N° 19. Régiment des Gardes de Lithuanie et des Grenadiers de S. M. l'Empereur d'Autriche, 5ᵐᵉ brigade de la 3ᵉ Dᵒⁿ d'Infanterie (Corps de la Garde).

N° 20. Régiment de Chasseurs de Wolhynie. Régiment du Roi de Prusse (Attaché à la garde) 3ᵐᵉ Division d'Infanterie de la Garde Impériale, 6ᵐᵉ Brigade.

N° 21. Bataillon de Tirailleurs de Finlande. Bataillon détaché formant le 1ᵉʳ Corps de la Garde Impériale.

N° 22. Sapeurs de la Garde (Bataillon isolé) Corps d'Armée de la Garde Impériale.

N° 23. Marins de la Garde, Bataillon détaché formant le 1ᵉʳ Corps de la Garde Impériale.

N° 24. Infanterie de ligne. 1ᵉʳ Corps d'Armée. Tenue de campagne. Dans chaque Corps d'Armée le n° de la division sur la contre-épaulette.

N° 25. Infanterie de ligne. Rég. de Praga, 15ᵉ Division, 2ᵐᵉ Rég. de la 1ʳᵉ brigade.

N° XVIII. Fusils et sabres baïonnettes (*en noir*).

N° XIX. Etendards : Cosaques, Cuirassiers, Dragons (*en couleur*).

N° XX. Composition de la Cavalerie de la Garde.

N° XXI. Composition des 1ᵉʳ, 2ᵐᵉ et 3ᵐᵉ Corps de Cavalerie de Réserve.

N° XXII. Cosaques, Schemas des Uniformes.

N° 26. Cosaques de la Garde, 2ᵐᵉ Régt de la 2ᵐᵉ Brigade, 1ʳᵉ Dᵒⁿ de la Garde Impériale (Régiment formé de 7 Escadrons auquel est adjoint l'Escadron de la Garde des Cosaques de la Mer Noire sous le n° 7) Soldat, petite tenue. Sous-Officier, grande tenue (Corps de Cavalerie légère de la Garde).

N° 27. Cosaques de Son Altesse Impériale l'Attaman, 2me D^on de Cavalerie légère, 2me Régt de la 2me Brigade, Régiment annexé à la Garde Impériale.

N° 28. Cosaques de la ligne du Caucase, 1re Brigade de la 2me Division, 3me Brigade de la 3me Division, Cavalerie Irrégulière colonisée (Officier).

N° 29. Cosaques de la Mer Noire, 12 Régiments.

N° 30. Gendarmerie de la Garde Impériale et de la Ligne, 1/2 escadron attaché à chaque Corps d'Armée. Sous-Officier, Soldat.

N° XXIII. Cuirassiers, Schemas des Uniformes.

N° 31. Chevaliers Gardes de Sa Majesté l'Impératrice, Corps de Cavalerie de réserve de la Garde.

Division de Cuirassiers de la Garde Impériale, 1er Régt de la 1re Brigade (Tenue de cheval) (Tenue de parade).

N° 32. Régiment des Gardes à cheval, Division des Cuirassiers de la Garde Impériale, 2me Régt de la 1re Brigade, Sous-Officier, tenue de parade à pied, jour de fête, Soldat, tenue à cheval (Corps de Cavalerie de Réserve de la Garde Impériale).

N° 33. Régiment de Sa Majesté l'Empereur, Division de Cuirassiers. 1er Régt de la 2me Brigade, Réserve de la Garde. Tenue de route et de campagne.

N° 34. Régiment de Cuirassiers du Grand Duc Héritier (4me Régt attaché à la Garde Impériale) 2me Régt de la 2me Brigade de Cuirassiers du Corps de Cavalerie de la Garde (Réserve de la Garde Impériale).

N° 35. Régiment de S. A. S. la Grande Duchesse Marie Nicolaewna, Régiment de S. A. S. la Grande Duchesse Alexandra Josephna, 1er Corps de Cavalerie de Réserve 1re brigade de la 1re D^on de Cuirassiers).

N° 36. Régiment de Pskof, Régt d'Astrakan, 2me Corps de Cavalerie de Réserve, 2me D^on de Cuirassiers, 2me Brigade (ces deux régiments seuls portent des Cuirasses Françaises).

N° XXIV. Dragons, Schemas des Uniformes.

N° 37. Régt de Grenadiers à cheval de la Garde Impériale (1er Régt de la 1re Brigade, 1re D^on de Cavalerie légère).

N° 38. Trompettes des Dragons et Lanciers (2e Régt) Garde Impériale (Corps de Cavalerie de Réserve).

N° 39. Dragons de la Garde Impériale, 1er Régt de la 1re Brigade de la 2me Don de Cavalerie légère (Réserve de la Garde).

N° 40. Régiment de S. A. S. le Grand Duc Héritier Cezarewicz, 3me Corps de Cavalerie de Réserve, 1re Don de Dragons, 1er Régt de la 1re Brigade.

N° 41. 3me Régiment de Dragons du Grand Duc Constantin, avant Régt de Kargopol, 1er Régt de la 2me Brigade de la 1re Don de Dragons, 3me Corps de Cavalerie de Réserve (chaque Régiment dans ce Corps d'Armée est formé de 10 Escadrons).

N° 42. Régiment des Dragons de la Nouvelle Russie, 2me Régt de la 2me Brigade, 2me Don de Dragons, 3me Corps de Cavalerie de Réserve, Officiers (Grande et petite tenue).

N° 43. Dragons de Nijni-Novgorod, 9me Régiment à 10 Escadrons (Officier).

N° 44. Régt. de Dragons de Nijni-Novgorod, Tenue de campagne, Grande tenue.

N° XXV. Lanciers, Schemas des Uniformes.

N° 45. Lanciers, Garde Impériale, 1re Don de Cavalerie de la Garde, 2me Régt de la 1re Brigade (Grande tenue).

N° 46. 1er Régiment d'Olviopol, Régt de la 1re Brigade de la 4me Don de Cavalerie légère (4me Corps d'Armée).

N° 47. Régiments de Sibérie et d'Orenbourg, 1re Brigade de la 6me Don de Cavalerie légère (6me Corps d'Armée).

N° XXVI. Hussards, Schemas des Uniformes.

N° 48. Hussards de la Garde, 1er Régt de la 2me Brigade, 1re Don de Cavalerie légère de la Garde Impériale.

N° 49. Hussards de Grodno, 1er Régt de la 2me Brigade, 2me Don de Cavalerie légère (Réserve de la Garde Impériale).

N° 50. Régiment d'Izioum, 2me Régt de Hussards de la 2me Brigade, 4me Don de Cavalerie légère, 4e Corps d'Armée.

N° 51. Régiment de Hussards de S. M. le Roi de Hanovre. 2me Régt de la 2me Brigade, 2me Don de Cavalerie (2me Corps d'Armée).

N° 52. Hussards d'Alexandrie et d'Aktyr, 1re Don, 1er Régt de la 2me Brigade, 5me Don, 1er Régt de la 2me Brigade, Cavalerie légère.

N° 53. Artillerie à cheval de la Garde Impériale, Sous-Officier.

N° 54. Artillerie à pied de la Garde Impériale formant 3 brigades.

N° 55. Artillerie de Ligne.

N° 56. Train des Equipages, Garde Impériale et Ligne.

N° XXVII. Couleurs des Chevaux de Cavalerie.

N° XXVIII. Différents modèles des Armes de Cavalerie (*en noir*).

N° XXIX. Table.

SAINT-FAL

COSTUMES MILITAIRES (1815)

Planches gravées et coloriées, in-folio, en largeur. Trait carré. Plusieurs personnages à pied, poses et fonds variés.

En haut, au milieu : *Costumes Militaires* et nom de la nation; à droite, n° d'ordre; en bas, au milieu, désignation de la troupe représentée; à gauche, *Saint-Fal del.*; à droite, *Alix sculp.*; au-dessous, à gauche, *Paris, chez Noël, rue St-Jacques, n° 16*; à droite, *Déposé au bureau des Estampes*.

Dimensions des planches 0,465 sur 0,335 et du cadre 0,328 sur 0,209.

N° 1 Grande-Bretagne. Infanterie Anglaise.
   2 Grande-Bretagne. Infanterie Écossaise.
   3 Russie. Officiers Généraux Russes.
   4 Prusse. Officiers Généraux Prussiens.
   5 Autriche. Officiers Généraux Autrichiens.
   6 Bavière. Officiers et soldats Bavarois.
   7 Pologne. Officiers et soldats Polonais.
   8 Hollande. Officiers et soldats Hollandais.
   9 Suisse. Infanterie Suisse.
 10 Turquie.
 11 Espagne. Troupes Espagnoles.
 12 Suède. Officiers et Soldats Suédois.
 13 France. Garde royale.
 14 France. Infanterie et Cavalerie Françaises.

Cette collection fort intéressante et fort rare représente les costumes des troupes des diverses nations en 1814. Les personnages ont près de 0,20 de hauteur et les détails des uniformes sont représentés avec beaucoup de précision.

SAUERWEID

ARMÉE RUSSE (1814)

Planches gravées à la manière noire. Trait carré. Titre en bas et au milieu de la planche : à gauche, *Sauerweid del.*; à droite, *Jazet sculpsit;* au-dessous du titre, *à Paris, chez Nepveu, Libraire, passage des Panoramas, n° 26.*

Chaque planche représente un ou plusieurs cavaliers.

Dimensions des planches 0,240 sur 0,310. Dimensions du cadre variables, le plus souvent 0,118 sur 0,144.

Officier de l'Etat-Major Russe.
Cuirassier Russe.
Hussard Russe.
Officier des Uhlans Russes.
Cosaque régulier *(tête du cheval à gauche).*
Cosaque régulier *(tête du cheval à droite).*
Cosaque irrégulier vêtu de hardes d'hommes qu'il a pillées.
Cosaque irrégulier vêtu de hardes de femmes qu'il a pillées.
Kalmouck et Baskir.
Baskir.

Cette série finement gravée se trouve en noir. Nous avons vu également quelques pièces gravées en couleur.

SINNETT (Chez)

(VERS 1860)

Feuilles lithographiées, in-folio, coloriées, que l'on découpait pour en former des Albums. Chaque feuille comprend 25 sujets. Publiées chez Sinnett, éditeur, rue d'Argenteuil, à Paris.

Nous connaissons les séries suivantes :

Armée Anglaise. Armée Autrichienne. Armée Bavaroise. Armée Espagnole. Armée Napolitaine. Armée Prussienne. Armée Russe. Armée Sarde.

Ces albums offrent un certain intérêt au point de vue des uniformes. Nous ne croyons cependant pas devoir reproduire les titres des 25 sujets qui composent chaque série, d'une part parce que ces titres renferment de nombreuses erreurs, d'autre part parce que l'on trouve toujours soit la feuille, soit l'album, complets, et que par suite le catalogue n'est pas nécessaire aux amateurs pour compléter des séries.

TROISIÈME PARTIE

Catalogue de planches isolées ou de suites incomplètes représentant des Costumes Militaires Français, publiées soit en France soit à l'Etranger.

ASPECT DES NOUVEAUX FRANCS QUI ONT TRAVERSÉ LA SOUABE AU MOIS DE JUIN 1796.

Planche en largeur, gravée et coloriée, sans nom d'auteur ou d'éditeur, représentant quinze types d'Officiers ou de Soldats Français. Titre en Allemand. Trait carré.

Dimensions du cadre 0,344 sur 0,187.

Pièce curieuse au point de vue des costumes, bien qu'elle soit manifestement caricaturale.

Existe dans la Collection Dubois de l'Estang à la Bibliothèque des Beaux-Arts.

BANCE (Chez)

CAVALERIE IMPÉRIALE FRANÇAISE

Planche, in-folio, en largeur, gravée à la manière noire. Trait carré.

En bas, au milieu, CAVALERIE IMPÉRIALE FRANÇAISE, et au-dessous : Canonnier, Chevau-légers polonais, Grenadier, Dragon, Lancier 2ᵉ Rég, Chasseur, Mameluck, Cuirassier.

A gauche, sous le cadre, *se vend à Paris, chez Ch. Bance, rue J.-J. Rousseau, nº 10.*

A droite, *Déposé à la direction de l'imprimerie et de la librairie.*

Planche intéresssante, publiée immédiatement après la chute de l'empire.

Dimensions du cadre 0,443 sur 0,253.

BASTIN (F.)

COSTUMES ET MANŒUVRES DE L'ARMÉE FRANÇAISE (1842)

Planches in-folio, en largeur, lithographiées. En haut, au milieu, *Armée Française*; à gauche, *Ferdinand Bastin* et au-dessous, *Hautecœur-Martinet, rue du Coq St-Honoré, n°s 13 et 15*; à droite, *Lith. Paul Petit*.

Dimensions des planches 0,438 sur 0,307.

Frontispice représentant un groupe d'Officiers Généraux et d'Officiers, parmi lesquels on remarque le Duc d'Orléans, portant comme inscription : Costumes e Manœuvres de l'Armée Française, par Ferdinand Bastin, Paris. Publié par Hautecœur-Martinet, rue du Coq St-Honoré, n°s 13 et 15. Lithographie Paul Petit, rue Gît-le-Cœur, 4.

Carabiniers, 2e Régiment, Chasseurs, 10e Régiment, changeant de garnison.

Hussards, 1er Régiment, Appel pour la Garde.
Dragons, 1er et 5e Régiments.
Cuirassiers, 2e et 4e Régiments.
Lanciers, 1er, 4e, 5e et 8e Régiments, Réunion d'Officiers.
Hussards, 4e Régiment passé en revue par le Duc d'Orléans.

Suite fort rare et intéressante, existe au Cabinet des Estampes de la Bibliothèque Nationale.

BASTIN (F.)

ARMÉE FRANÇAISE (1848)

Planches in-4°, en hauteur, lithographiées. En haut, au milieu de la feuille, *Armée Française*; à droite, N°. En

bas, au milieu de la feuille, Nom du corps ; à gauche, *F.*
Bastin; à droite, *Lith. Lordereau, Editeur, rue St-Jacques,* n° 59.

Sur chaque feuille deux soldats.

Dimensions des planches 0,270 sur 0,353.

1 Carabiniers.
2 Cuirassiers.
3 Canonniers.
4 Chasseurs (*à cheval*).
5 Dragons.
6 Infanterie de ligne.

Cette collection que l'on trouve fort rarement a dû rester inachevée. Les six planches que nous avons cataloguées figurent seules au Dépôt légal de la Bibliothèque Nationale.

BASSET (Chez)

LANCIER DE LA GARDE ROYALE

Planche in-4°, en hauteur, gravée et coloriée. Trait carré. Titre au bas de la feuille et au milieu. A gauche, *à Paris, chez Basset, rue St-Jacques, n° 64*. A droite, *Déposé au bureau des Estampes*.

Dimensions du cadre 0,195 sur 0,260.

Cette planche représente un Lancier de la Garde royale en grande tenue et avec un brassard blanc, dansant avec une jeune femme vêtue d'une robe jaune avec schall bleu et chapeau à plumes.

BASSET (Chez)

OFFICIER DE LA GARDE ROYALE

Planche in-4°, en hauteur, gravée et coloriée. Trait carré. Au haut de la feuille et au milieu, *Troupes Françaises*. En bas, au milieu, *Officier de la Garde royale. Régiment d'Infanterie*. A gauche, *à Paris, chez Basset, rue St-Jacques, n° 64*; à droite, *Déposé au bureau des Estampes*.

Dimensions du cadre 0,198 sur 0,281.

Belle planche représentant un Officier de la Garde royale, donnant le bras à une jeune femme.

BASSET (Chez)

GARDE DU CORPS DU ROI

Planche en largeur, gravée et coloriée. Trait carré. Titre

au bas de la feuille et au milieu, *Gardes du Corps du Roi en uniforme et en surtout* ; à gauche, *à Paris, chez Basset, rue St-Jacques, n° 64* ; à droite, *Déposé au bureau des Estampes.*

BLAISOT (Chez)

LA GARDE IMPÉRIALE (VERS 1859)

Planche in-folio, en largeur, lithographiée et coloriée, représentant un défilé de la Garde Impériale comprenant les corps suivants :

Gendarmes. — Sapeurs. — Musique et Tambours. — Voltigeurs et Grenadiers. — Dragons. — Chasseurs. — Lanciers. — Artilleurs. — Train des Équipages.

En bas, à gauche, *Blaisot Editeur. 178. rue de Rivoli ;* à droite, *Imp. Aug. Bry, rue du Bac, 14, Paris.*

CHARON (Chez)
Vers 1816

LA REVUE ROYALE
OU RÉUNION DES UNIFORMES FRANÇAIS

Planche en largeur, gravée et coloriée. Double trait. Titre au bas de la feuille ; à gauche *Déposé* et au-dessous, *à Paris, chez Charon, rue Jean de Beauvais, n° 16 ;* à droite, *et chez Martinet, Libraire, rue du Coq, n° 15.*
Dimensions du cadre 0,236 sur 0,220.

Cette planche, finement gravée représente dix-huit Soldats ou Officiers de la Maison du Roi et de la Garde royale, groupés dans des cadres particuliers, autour d'un sujet central représentant le couronnement du buste de Louis XVIII.

CHÉREAU (Chez Mme Vve)

GARDE DU CORPS SOUS LES ARMES

Planche in-4°, en hauteur, gravée et coloriée. Trait carré. Titre au bas de la feuille et au milieu ; à gauche, *à Paris, chez Mme Vve Chéreau, rue St-Jacques, n° 10* ; à droite, *Déposé à la Direction Générale de l'Imprimerie.*

Dimensions du cadre 0,186 sur 0,277.

CORMIER DU MÉDIC

TABLEAU GÉNÉRAL DES UNIFORMES ARMEMENTS ET EQUIPEMENTS DE L'ARMÉE FRANÇAISE, ANNÉE 1826

Planche in-folio, en hauteur, gravée et coloriée. Double trait carré.

Cette belle planche représente sous forme de schemas les uniformes de l'État-Major, de la Maison Militaire du Roi, de la Garde Royale et de la Ligne, avec l'indication des distinctions de grades. Elle donne en outre de nombreux renseignements sur la composition de l'Armée en 1826. Elle est fort intéressante.

M. le comte Cormier du Médic, Chevalier des Ordres de St-Louis et de la Légion d'honneur était Chef de bataillon, Capitaine de Grenadiers au 3me Régiment de la Garde Royale.

ENGELBRECHT (Chez)

TROUPES DU PREMIER EMPIRE

Officier Polonais, Mameluck, Grenadier français et Deux Cuirassiers.
Augsbourg, chez Martin Engelbrecht.

FOUSSEREAU

LANCIERS D'ORLÉANS
(1830)

Planches in-folio, en hauteur, lithographiées et coloriées. *Lith. de Delaporte, successeur de Langlumé, chez Aubert, passage Vero-Dodat.*

1 Lanciers d'Orléans. Chef d'Escadron, Grande tenue, dessiné d'après nature au Quartier de Cavalerie à Melun (1830).

2 Lancier d'Orléans. Soldat.

GAUTIER (Chez)

MAISON DU ROI (1814)

Planche en hauteur, gravée et coloriée. Trait carré. Au haut de la planche et au milieu, *Maison du Roi;* en bas et au milieu, titre de la planche ; à gauche, *chez Gautier, rue Poupée, n° 7, à Paris ;* à droite, *Déposé à la Direction Générale.*

Dimensions de chaque planche 0,294 sur 0,420. Dimensions du cadre 0,166 sur 0,222.

1 Mousquetaire Noir en grand uniforme, dessiné par C. de C., Mousquetaire de la 2me Cie *(Le Mousquetaire est à pied, devant son cheval).*

2 Gendarme en Grand Uniforme (en haut, *Maison Militaire du Roi*).

Ces deux belles planches donnent tous les détails du costume, avec beaucoup de précision.

GENTY (Chez)

LA GALANTERIE FRANÇAISE OU LA PROMENADE DU MATIN

Planche in-4°, en hauteur, gravée et coloriée, représentant un Garde du Corps donnant le bras à une jeune femme.
Dimensions de la planche 0,272 sur 0,378.
Dimensions du cadre 0,169 sur 0,274.

HERZBERG

FRANÇAIS AU BIVOUAC

Planche en hauteur, gravée et coloriée, portant en Allemand les inscriptions suivantes : *Français au bivouac, Augsbourg, à la Librairie d'Art de Herzberg*.

Dimensions de la planche 0,244 sur 0,334 et du cadre 0,160 sur 0,196.

Belle planche intéressante pour les costumes.

KOBELL (WILHELM)

DES TROUPES FRANÇAISES EN MARCHE 1800

Planche in-folio en largeur, gravée au trait et coloriée, représentant des Fantassins d'Infanterie de ligne et d'Infanterie légère, un Cuirassier et un Carabinier en marche Trait carré. Dans le terrain la signature *Wilhelm Kobell, del., 1800.*

Dimensions de la planche 0,642 sur 0,504.
Dimensions du cadre 0,470 sur 0,355.

HALTE DE HUSSARDS FRANÇAIS

Planche in-folio, en largeur, gravée au trait et coloriée, représentant un groupe de Hussards, dans le fond un campement.

Trait carré. Dans le terrain la signature *Wilhelm Kobell del., 1800.*

Dimensions de la planche 0,642 sur 0,504.
Dimensions du cadre 0,470 sur 0,355.

Ces deux belles planches font partie d'une suite de six gravures qui paraissent toutes se rapporter à la campagne de Souvorow en Suisse, pendant l'année 1799. Les quatre autres représentent :

L'ÉQUIPAGE D'UN OFFICIER RUSSE

(Deux jeunes femmes dans une voiture, escortée par des Dragons).

CHARIOT DE BAGAGES DES DRAGONS RUSSES

Des Dragons Russes escortent un chariot de bagages.

DES HULANS EN MARCHE

Défilé de Hulans Autrichiens; au premier plan trois fantassins.

DES HUSSARDS EN MARCHE

Défilé de Hussards Autrichiens.

Ces six planches de Kobell, gravées par Adam Bartsch, sont remarquablement dessinées. On les trouve soit en noir, soit coloriées. Les planches coloriées sont extrêmement poussées et forment de véritables tableaux. Cette série est du plus haut intérêt au point de vue des uniformes.

KOBELL (WILHELM)

TABLEAUX DE L'INFANTERIE ET DE LA CAVALERIE FRANÇAISE (1809)

Planches in-folio, en largeur, gravées et coloriées. Trait carré. Titre en bas et au milieu de la planche, au-dessous du titre, *A Vienne, chez Artaria et Cie*; à gauche, *Kobell pinxit*; à droite, *Rahl sculpsit*.

1 Tableau Général de l'infanterie Française.

Dans une vaste plaine, le long du Danube, un Général accompagné de son État-Major passe en revue différents corps d'Infanterie. Sur la droite un défilé d'Artillerie.

2 Tableau Général de la Cavalerie Française.

Des soldats des différentes Armes de la Cavalerie sont groupés à la suite d'un Général. Sur la gauche, un Escadron de Chasseurs à cheval de la Garde.

Ces deux planches font partie d'une suite qui comprend :

Deux planches pour l'Armée Russe (l'une pour la Cavalerie l'autre pour l'Infanterie).

Deux planches pour l'Armée Anglaise.

Deux planches pour l'Armée Autrichienne.

Deux planches pour l'Armée Prussienne.

Deux planches pour l'Armée du Royaume d'Italie.

Ces dernières ne sont pas de Kobell et paraissent être un peu postérieures aux précédentes.

Elles sont fort intéressantes et forment des tableaux complets des principales Armées Européennes vers 1809 ou 1810.

KLEIST (DE)

TABLEAUX DE L'ARMÉE FRANÇAISE

(VERS 1840)

Planches grand in-folio, gravées et coloriées, contenant chacune un très grand nombre de soldats de différentes armes. Quadruple trait carré formant cadre, colorié en deux tons de gris. Titre en allemand et en français dans le cadre ; à gauche, *Bommer fec.*

Dimensions du cadre intérieur 0,666 sur 0,510

1 Tableau de l'Armée Française, 1re section.

   La Cavalerie. Nouvelle organisation.

   Publié chez Louis de Kleist, à Dresde.

2 Tableau de l'Armée Française, 2e section.

   L'Infanterie, Bei Ludwig von Kleist, in Dresden.

Ces deux belles planches, très soigneusement coloriées font partie d'une série représentant les uniformes Russes Autrichiens, Prussiens, Bavarois, Saxons, Anglais, Wurtembergeois, Danois, Suédois, Hanovriens et Hessois.

LEHMANN (Chez)

UNE PARTIE DE LA GARDE IMPÉRIALE ET ROYALE

Planche in-8º portant comme sous-titre :
Première feuille : Costumes de la Grande Armée.
Se trouve chez Lehmann, Probstgasse, nº 14, à Berlin.

LEIPSICK (A)

SCÈNES DE GUERRE DE LEIPSICK (VERS 1807)

Comptoir de l'Industrie, à Leipsick.

Planches in-4°, gravées et coloriées, représentant des scènes militaires où figurent des soldats français.

La jeunesse de Leipsick escorte jusqu'au quartier les Français, à leur arrivée.

Deux soldats Français se battent en duel sur les Allées.

Des soldats Français s'assurent à la Porte de la Ville que l'on n'y fait pas entrer de marchandises Anglaises.

Un Dragon Saxon veut se brûler la cervelle parce qu'il est obligé de livrer son cheval aux Français.

Les Français, faits prisonniers par les Dragons Saxons du Prince Clément à Ziets, sont conduits à la Pleisenburg pour y être retenus.

Distribution de viande aux Français allant bivouaquer ; ceux-ci mettent en vente les objets qu'ils ont pillés à Iéna ou sur leur route.

Passage de Prussiens du Corps de Hohenlohe, faits prisonniers et se rendant en France.

Passage par Leipsick de Cantinières françaises.

Ces belles planches fort bien gravées et soigneusement coloriées sont fort intéressantes au point de vue de l'uniforme.

LOEILLOT

CORTÈGE DE CHARLES X

Quatre planches, in-folio, lithographiées formant chacune quatre bandes que l'on collait les unes à la suite des autres, pour former l'ensemble d'un cortège qui paraît être celui des funérailles de Louis XVIII. Elles s'enroulaient autour d'un axe, dans une boîte cylindrique, pour pouvoir se développer.

Ces feuilles représentent les sujets suivants :

Gendarmerie de Paris. État-Major de la Place. État-Major de la 1re Division militaire. État-Major de la Garde royale. État-Major de la Garde Nationale. Garde royale, Lanciers. MM. le Premier Ecuyer et le 1er Gentilhomme de S. A. R. Mgr le Duc de Bourbon. S. A. R. Mgr le Duc de Bourbon. MM. les Aides-de-Camp du Prince. MM. le 1er Ecuyer et le 1er Gentilhomme de S. A. R. Mgr le Duc d'Orléans. S. A. R. Mgr le Duc d'Orléans. MM. les Aides-de-Camp du Prince. Maison du Roi. Les Pages du Roi de service auprès de Mgr le Dauphin.

L'Écuyer Cavalcadour et l'Écuyer ordinaire. S. A. R. Mgr le Dauphin. MM. les Aides-de-camp et M. le Premier Gentilhomme de la Chambre du Roi. La Garde Nationale à cheval. Les Gardes à pied ordinaires du Corps du Roi. MM. les Bourgeois de St-Cloud. MM. les Forts de la Halle et les Charbonniers. MM. les Officiers supérieurs des Gardes du Corps du Roi. MM. les Écuyers ordinaires. MM. les Aides de Camp du Roi. Les Pages du Roi. Deux aides des Cérémonies. M. l'Ecuyer Cavalcadour. MM. les Deux Gentilshommes de la Chambre du Roi. MM. le Grand Maître et le Maître des cérémonies. M. le Capitaine Colonel des Gardes à pied ordinaires du Roi. M. le

Maréchal Major Général de la Garde royale, de service. M. le Premier Ecuyer. M. l'Ecuyer commandant. M. le Capitaine des Gardes de service auprès du Roi. S. A. R. Charles X. M. le Capitaine des Gardes. M. le Premier Gentilhomme de la Chambre d'année. M. le Ministre de la Guerre. MM. les Maréchaux de France. Les Gardes du Corps du Roi. Carosse où sont Madame la Dauphine, Madame la Duchesse de Berry, Madame la Duchesse d'Orléans, Mlle d'Orléans. Voitures des Dames d'Honneur de chacune des Princesses. Garde royale, Gendarmerie d'élite. Garde royale, Cuirassiers. Gendarmerie du Département de la Seine. La Garde Nationale. La Garde royale. La Garde royale Suisse.

Ces feuilles fort bien dessinées sont d'un très grand intérêt, tant au point de vue des uniformes de la Maison du Roi et de la Garde royale, qu'au point de vue des costumes des dignitaires de la Cour de Charles X.

MALLET

HUSSARDS (1817)

Planche in-folio, lithographiée, en largeur, représentant trois Hussards tenant une carabine de la main gauche et un pistolet de la main droite ; à gauche, *Dépôt général de la guerre (1817)*; à droite, *Mallet fecit* et au-dessous, *Imprimerie Lithographique de Engelmann.*

Planche intéressante au point de vue des costumes.

MARCHANT

COSTUMES DE L'ÉCOLE DE CAVALERIE DE SAUMUR (VERS 1854)

Planche en largeur sur papier teinté avec cadre blanc lithographiée. Titre au bas de la feuille dans le terrain. Au-dessous : Grande tenue. Petite tenue. Tenue de manège. Capitaine adjoint. Tenue de carrières. Ecuyer. Ecuyer Capitaine. Écuyer Sous-Officier. Cavaliers 2e et 1re Classes.

A gauche, *Dessiné par Jehan Marchant ;* à droite, *Lith. par Jules Maildrau;* au-dessous du titre, *Imp. Lemercier, rue de Seine, 57, Paris.*

Dimensions de la planche 0,454 sur 0,372. Dimensions du cadre 0,365 sur 0,238.

Planche intéressante donnant tous les Costumes de l'Ecole de Cavalerie de Saumur.

MARTINET (Chez)

MOUSQUETAIRES NOIRS, GARDE DU ROI

Planche in-4°, en hauteur, gravée et coloriée. Titre en bas et au milieu: à gauche, *à Paris, chez Martinet, rue du Coq, n° 15* ; à droite, *à la Direction supérieure de l'Imprimerie et de la Librairie.*

Dimensions du cadre 0,218 sur 0,205.

La planche représente trois mousquetaires au premier plan, dont deux à cheval et l'un à pied.

Dans le fond, deux Mousquetaires à cheval.

MARTINET (Chez)

UN CORPS DE GARDE DE LA GARDE NATIONALE

Planche in-folio, en largeur, gravée et coloriée. Trait carré. Titre au bas de la feuille; à gauche, *à Paris, chez Martinet* ; à droite, *Déposé*, etc.

Dimensions de la feuille 0,430 sur 0,290. Dimensions du cadre 0,298 sur 0,221.

Titre
Un corps de Garde de la Garde Nationale.

« Mais, Monsieur Pigeon, faites-vous donc habiller. »

Tambour des Chasseurs. — Grenadier en petite tenue. — Grenadier en grande tenue. — Chasseur. — Bourgeois sans uniforme.

MASSÉ ET DE MORAINE

LA GARDE IMPÉRIALE (1857)

Planche in-folio, en largeur, lithographiée et tirée sur papier teinté, représentant tous les Corps de la Garde Impériale en 1857.

Titre en bas au milieu de la planche : « La Garde Impériale, salon de 1847 ; le tableau appartient à S. M. l'Empereur » ; à gauche, *Massé pinxit ;* à droite, *R. de Moraine lith.*

Au dessous, à gauche, *Paris, Maison Martinet, rue Vivienne, 41 et rue de Rivoli, 146* ; à droite, *Imp. Lemercier, Paris.*

Pièce fort intéressante.

NANTES (A)

Garde d'Honneur en grand uniforme, formée à Nantes pour la réception du grand Napoléon.

Planche in-4°, gravée et coloriée.

Se vend à Nantes, au bourg, N°15, et chez les Marchands d'Estampes.

PERROT

COSTUMES MILITAIRES FRANÇAIS
OU TABLEAU DE TOUS LES UNIFORMES
DE L'ARMÉE

avec des notes sur l'organisation et la force des corps et les marques distinctives des Régiments. Dessinés par M. A. Perrot et gravés par Montaut et Couche fils.

Grande planche in-folio, gravée et coloriée, contenant 60 soldats de toutes armes.

Maréchal de France. — Lieutenant Général. — Maréchal de camp. — Officier d'Etat Major. — Intendant Militaire. — Lieutenant du Roi. — Adjudant de Place. — Chirurgien. — Maréchal des Logis du Roi. — Garde du Corps du Roi. — Garde du Corps à pied du Roi. — Gendarme d'élite. — Garde royale, Infanterie, Grenadier. — Garde royale, Infanterie, Fusilier. — Garde royale, Infanterie, Voltigeur. — Garde royale, Infanterie suisse. — Garde royale, Cavalerie, Grenadier à cheval. — Garde royale, Cavalerie, Cuirassier. — Garde royale, Cavalerie, Dragon. — Garde royale, Cavalerie, Chasseur. — Garde royale, Cavalerie, Lancier. — Garde royale, Cavalerie, Hussard. — Garde royale, Artillerie à pied. — Garde royale, Artillerie à cheval. — Garde royale, Train d'artillerie. — Officier du Génie. — Etat-Major, Troupe du Génie, Ingénieur Géographe. — Infanterie de ligne, Officier supérieur. — Infanterie de ligne, Grenadier. — Infanterie de ligne, Fusilier. — Infanterie de ligne, Voltigeur. — Infanterie légère, Carabinier. — Infanterie légère, Fusilier. — Infanterie légère, Voltigeur. — Infanterie de ligne Suisse. — Infanterie de ligne, Régiment de Hohenlohe. — Cies sédentaires de la Garde royale. — Cies sédentaires de Sous-Officiers. — Cies sédentaires de Fusiliers. — Carabiniers, 1er

Régiment. — Cuirassier. — Dragon. — Chasseur. — Hussard, 1er Rég^t. — Artillerie à pied.— Artillerie à cheval. — Train d'Artillerie.— Gendarmerie Départementale. — Gendarmerie de Paris. — Sapeur-Pompier. — Sapeur de la Garde royale. — Bataillon de Voltigeurs Corses. —Élève de l'École Polytechnique. — Élève de l'École royale de St-Cyr.-- Vétéran Invalide. —Garde National, à cheval. — Garde National, Grenadier. — Garde National, Chasseur.

Cette belle planche donne tous les costumes de la Garde Royale et de l'Armée vers 1822 ou 1823. Bien que chaque soldat n'ait que 0,07 à 0,08 de hauteur, les détails de l'uniforme ressortent très nettement; le dessin est bon et le coloris soigné.

SEELE

FRANÇAIS (FRANZOSEN)

Planche gravée, en largeur et coloriée, représentant des Cavaliers Français (*Dragons, Chasseurs et Hussards*) au campement.

Inscription en allemand. Titre en bas et au milieu de la planche.

Au-dessus du mot Français, *Gravé par Ebner, d'après le tableau original de M. Seele, Directeur de Galerie.* Au-dessous du titre, *Augsbourg, à la Librairie d'Art de Herzberg.*

SEELE

FRANÇAIS JOUANT

Planche gravée, en largeur et coloriée, représentant des Chasseurs à cheval, des Hussards et un Dragon en petite tenue, jouant au bouchon.

Inscriptions en Allemand. Titre en bas et au milieu de la planche.

Au-dessous des mots Spielende Franzosen, *Au comptoir de la Librairie d'art d'Ebner à Stuttgard;* à gauche, *peint par Seele;* à droite, *gravé par C. Kuntz.*

Dimensions de la planche (inconnues), du cadre 0,291 sur 0,264.

Cette planche, fort belle et fort intéressante au point de vue des costumes, est cependant un peu inférieure comme exécution à la précédente. Elle date de la même époque.

SEELE

FANTASSINS FRANÇAIS TRANSPORTANT UN OFFICIER BLESSÉ

Planche gravée, en hauteur et coloriée, représentant des Fantassins en bonnet à poil, en casque et en chapeau, de l'époque des Guerres de la Révolution, portant sur deux fusils en croix un Officier blessé.

Nous ne connaissons cette planche que coupée au trait carré et nous ignorons par suite si elle a un titre. Elle est très bien dessinée et d'un beau coloris. Elle est fort intéressante au point de vue des costumes et doit dater de la fin du siècle dernier.

Dimensions du cadre 0,220 sur 0,264.

SEELE

LA SURPRISE MAL A PROPOS

Planche gravée, en largeur et coloriée, représentant des Fantassins français, attablés dans une auberge, avec des femmes et surpris par des Hussards Autrichiens.

Titre en Allemand et en Français au bas de la planche; au-dessous du titre, *Nuremberg, chez J.-F. Frauenholz et Cie, 1798*; à gauche, *Composé et peint par Seele*; à droite, *gravé par E. Moreau*.

Dimensions de la planche 0,520 sur 0,430. Dimensions du cadre 0,438 sur 0,316.

Très belle planche remarquablement dessinée et d'un beau coloris. Très intéressante au point de vue des costumes.

SEELE

LA RETIRADE DES FRANÇAIS, 1796

Planche gravée, en largeur et coloriée, représentant des

Fantassins français déguenillés, en casque et en chapeau. Trait carré.

Dimensions du cadre 0,468 sur 0,318.

Cette planche est également fort intéressante. Nous la connaissons gravée et coloriée, ainsi qu'à l'état d'eau-forte. L'inscription *La Retirade des Français* n'existe que sur cette dernière, dans le terrain. Dans la planche gravée, l'inscription *Seele fecit 1796* se trouve à gauche, dans le terrain.

SEELE

AVANT-POSTE FRANÇAIS

Planche gravée, en hauteur et coloriée, représentant un fantassin français en casque. Trait carré. Titre en Allemand, en bas et au milieu de la planche ; à gauche, *peint par Seele ;* à droite, *gravé par Kuntz.*

Au-dessous du titre, *Le tableau original se trouve dans la collection de M. le Conseiller intime de Uxkole.*

Dimensions du cadre 0,164 sur 0,258.

Cette belle planche fait pendant à une planche intitulée *Avant-poste Autrichien.*

ZIX

BIVOUAC DE HUSSARDS

Planche en largeur, gravée ; à gauche, *Déposé a la Bibliothèque Nationale le 10 Mars 1808* ; à droite, *Dessiné et gravé à Paris par Zix.*
Dimensions du cadre 0,306 sur 0,190.

QUATRIÈME PARTIE

Catalogue de Planches isolées, représentant des Costumes Militaires Étrangers, publiées en France

BASSET

LE RUSSE PRENANT UNE LEÇON DE GRACE A PARIS

Planche in-folio, en largeur, gravée et coloriée. Titre en bas et au milieu; à gauche, *à Paris, chez Basset, rue S¹-Jacques, n° 64*; à droite, *Déposé à la Direction de la Librairie*.

Dimensions du cadre 0,284 sur 0,199.

Un Officier Russe, en uniforme, se regarde dans une glace que tient une jeune femme.

ANGLAIS ET ECOSSAIS

Mêmes indications que sur la planche précédente; le cadre a 0,277 sur 0,193.

Trois militaires, un civil et deux femmes.

RENCONTRE D'ANGLAIS A LA PROMENADE

Mêmes indications que sur les planches précédentes : le cadre a 0,296 sur 0,196.

Trois militaires, un civil et une femme.

RÉUNION D'ALLIÉS

Mêmes indications que sur les planches précédentes, mais la planche porte en plus ; à gauche, *Dessiné par Malbranche*, et à droite, *gravé par Subin*. Le cadre a 0,285 sur 0,190.

La planche représente neuf Militaires Russes, Anglais et Autrichiens.

SOLDAT ANGLAIS ACHETANT DES CERISES
(1814)

Planche in-folio, en hauteur, gravée et coloriée. Titre en bas et au milieu de la planche; à gauche, *dessiné par J. Finart;* à droite, *gravé par Thiébaut;* au-dessous, à gauche, *à Paris, chez Basset, rue St-Jacques, n° 64;* à droite, *Déposé au Bureau des Estampes.*

Dimensions de la planche 0,285 sur 0,432. Dimensions du cadre 0,21 sur 0,270.

Belle planche, donnant avec beaucoup d'exactitude l'uniforme d'un fantassin anglais.

Intéressante également au point de vue du costume de la marchande de cerises.

FINART

LES ALLIÉS A PARIS

Planches in-folio, en hauteur, gravées et coloriées. Trait carré. Chaque planche représente un Soldat et une Dame ; poses variées. Titre en bas au milieu ; à droite, *N. Finart del.* ; à gauche, *Blanchard aîné fils sculp.* ; au-dessous, à gauche, *à Paris, chez Basset, rue St-Jacques, n° 64* ; à droite, *Déposé au bureau des Estampes.*

Dimensions des planches 0,30 sur 0,428.
Dimensions du cadre 0,20 sur 0,268.
La Nouvelle Mode ou l'Ecossais à Paris.
L'Amateur Anglais à Paris.
L'Autrichien sentimental.
L'Aimable Prussien.
Le Russe en bonne fortune.

GAUTIER (Chez)

2 planches in-folio, en largeur, gravées et coloriées, représentant chacune plusieurs personnages. Titre au milieu de la feuille, en haut et en bas; à gauche, en bas, *à Paris, chez H. Gautier, rue Poupée, n° 7*; à droite, *Déposé à la Direction Générale de l'Imprimerie et de la Librairie.*

Dimensions du cadre 0,343 sur 0,228.

Est-ce ça. Officiers et soldats *(Sept soldats Russes, Autrichiens, etc.).*

Quelle nouvelle. Rencontre d'Officiers Anglais et Ecossais à Paris.

Planche représentant quatre officiers, deux civils et deux dames anglaises.

GENTY (Chez)

Planches in-folio, en hauteur, gravées à la manière noire et coloriées. Trait carré. N° en haut, à droite ou à gauche. Titre en bas, au milieu, et au-dessous, à *Paris, chez Genty, Éditeur, Marchand d'Estampes, rue St-Jacques, n° 14*, et *Déposé au bureau des Estampes* ou *à la Direction des Estampes*.

Dimensions du cadre 0,221 sur 0,286.
1 Cosaque de la Garde Impériale Russe.
2 Hussard de la Garde royale Prussienne.
3 Garde Nationale à cheval de Paris.
4 Garde noble Hongroise de l'Empereur d'Allemagne.
5 Garde du Corps Anglais. Porte-enseigne.

Très belle série, fort bien dessinée et d'un très beau coloris.

GENTY (Chez)

LES ALLIÉS A PARIS

Planches gravées, en hauteur et coloriées ; en bas, au milieu, titre ; à gauche, *à Paris, chez Genty, rue St-Jacques, n° 14. Déposé au bureau des Estampes.*

Dimensions du cadre 0,171 sur 0,228.
1 La Danse Allemande ou la Galanterie bavaroise à Paris.
2 Galanterie à la Brunswickoise.
3 Le Galant Ecossais à Paris.

GENTY (Chez)

Planches in-folio, en largeur, gravées et coloriées. Sur chaque planche plusieurs personnages. Quelques-unes portent un numéro d'ordre en haut, soit à droite, soit à gauche, et la date 1815. Titre en bas et au milieu ; à gauche, *à Paris, chez Genty, rue St-Jacques, n° 14* ; à droite, *Déposé à la Direction Générale de l'Imprimerie et de la Librairie* ou *Déposé à la Direction des Estampes.*

Dimensions des planches 0,464 sur 0,308. Dimensions du cadre variables, 0,270 à 0,272 en largeur, 0,175 à 0,181 en hauteur.

1 Les Anglais chez ma tante, à Bruxelles.

Des Officiers Anglais courtisent des filles dans une maison de passe de Bruxelles.

2 Divertissement des Anglais en Belgique ou le soupé (sic) chez Mamour.

Des Officiers Anglais sont attablés avec des filles et une négresse ; la tenancière de la maison de passe où a lieu le festin soupèse la bourse qu'ils lui ont donnée.

3 La Pudeur alarmée ou les Amours Prussiens.

Sur la gauche, un Hussard et un Fantassin courtisent une jeune modiste. Sur la droite, un fantassin vu de dos est assis entre deux filles, dont l'une lui vole son mouchoir.

4 Les Ecossais à Paris ou la curiosité des femmes.

Des femmes du peuple regardent avec curiosité des soldats Ecossais manœuvrant et dont la jupe se relève, au moment où ils se baissent pour ramasser leur fusil.

5 L'Embarras du choix ou les Anglais au Palais-Royal.

Des Officiers anglais se promenant au Palais-Royal sont en butte aux sollicitations des filles qui fréquentaient à cette époque les Galeries de Bois.

6 Groupe de Cosaques. — 1 Cosaque de la Garde Impériale de Russie. — 2 Cosaque de Crimée. — 3 Cosaque de la Mer Noire. — 4 Cosaque de la Crimée. — 5 Cosaque Arnaute. — 6 Cosaques Usbuck.

7 Le Bivouac Russe ou la Provision de jour et de nuit.

Plusieurs cosaques au bivouac font rôtir un gigot ; sur la droite de la feuille un cosaque fait la cour à une jeune femme.

8 Bivouac Anglais aux Champs-Elysées.

A gauche un Anglais fait la cour à une jeune femme ; sur la droite un Officier Anglais donne le bras à une femme ; dans le fond des soldats font du feu.

9 Bivouac Prussien au Jardin du Luxembourg ou la Déclaration d'Amour.

Sur la gauche un cosaque courtise une jeune fille ; sur

la droite un fantassin de la Landwehr prend par la taille une bonne ; entre les deux groupes trois soldats, assis par terre, boivent et mangent.

Cette série amusante de planches, représentant divers uniformes des troupes alliées, est également intéressante au point de vue du costume féminin.

GENTY (Chez)

COSTUMES MILITAIRES ANGLAIS

Planche in-folio, en largeur, gravée et coloriée. Titre en bas et au milieu ; à gauche, *se vend chez Genty, rue St-Jacques, n° 14 ;* à droite, *Déposé au bureau des Estampes.*

Dimensions de la planche 0,432 sur 0,292. Dimensions du cadre 0,250 sur 0,176.

Elle a pour titre : *Costumes Militaires Anglais*, et pour sous-titre :

1 12me Régiment de Chasseurs. — 2. Hussards Anglais. — 3. Ecossais. — 4. Chasseurs Anglais.

LA GALANTERIE RUSSE

Planche in-folio, en largeur, gravée et coloriée. Trait carré. Titre en bas et au milieu ; à gauche, *chez Genty, rue St-Jacques, n° 14 ;* à droite, *déposé à la Direction de la Librairie.*

GODEFROY

LES SOUVERAINS ALLIÉS A PARIS

Planche gravée, en largeur et coloriée. Titre en bas et au milieu; à gauche, *à Paris, chez Martinet. Déposé, etc.* (*la planche est de Godefroy*).

Dimensions de la planche 0,418 sur 0,278. Dimensions du cadre 0,303 sur 0,205.

Titre : *Les Souverains Alliés à Paris.*

S. M. Alexandre Ier, Empereur de Russie. — S. M. Louis XVIII, Roi de France. — S. M. François Ier, Empereur d'Autriche. — S. M. Frédéric-Guillaume III, Roi de Prusse.

Belle planche représentant les quatre souverains en uniforme.

LE PREMIER PAS D'UN JEUNE OFFICIER COSAQUE AU PALAIS-ROYAL

Planche in-folio, en largeur, gravée et coloriée. Titre en bas au milieu; à gauche, *à Paris, chez Martinet, libraire, rue du Coq, n° 15*; à droite, *Déposé à la Direction, etc.*

Dimensions de la planche 0,426 sur 0,292. Dimensions du cadre 0,300 sur 0,196.

Un jeune Officier Cosaque s'apprête à suivre des filles au Palais-Royal. Son Ordonnance essaye de le retenir (*signature de Godefroy dans le terrain*).

LES ADIEUX AU PALAIS-ROYAL OU LES SUITES DU PREMIER PAS

Mêmes dimensions et mêmes indications que sur la précédente.

Le jeune Officier reçoit des mains d'un médecin des

boîtes de médicaments, dont la nature ne laisse aucun doute sur les suites fâcheuses du premier pas.

Ces deux planches fort amusantes sont d'une bonne exécution.

LES VALETS DE CHAMBRE RUSSES FAISANT LA TOILETTE DE LEUR JEUNE OFFICIER

Planche in-folio, en largeur, gravée et coloriée. Titre en bas, au milieu ; à droite, *à Paris, chez Martinet;* à gauche, *Déposé, etc.*

Dimensions du cadre 0,296 sur 0,188.

Deux valets de chambre enroulent une ceinture autour de la taille d'un tout jeune Officier Russe. Un troisième lui apporte son uniforme de grande tenue. Une jeune femme assiste à la toilette de l'Officier.

MARTINET (Chez)

COSTUMES RUSSES

Planche in-folio, en largeur, gravée et coloriée. Titre en bas et au milieu ; à gauche, *à Paris, chez Martinet, Libraire, rue du Coq, n° 15* ; à droite, *Déposé à la Direction des Estampes (signature de Godefroid)*
Dimensions du cadre 0.276 sur 0,206.
Trois Officiers Russes en goguette suivent deux jeunes femmes.

LES COSAQUES EN BONNE FORTUNE

Planche in-folio, en largeur, gravée et coloriée. Trait carré. Titre en bas, au milieu de la planche ; à gauche, *à Paris, chez Martinet, Libraire, rue du Coq, n° 15* ; à droite, *Déposé à la D°ⁿ de la Librairie.*

MUSIQUE PRUSSIENNE

Planche in-folio en largeur, gravée et coloriée. Au haut de la planche et au milieu, COSTUMES MILITAIRES ETRANGERS. En bas, au milieu, MUSIQUE PRUSSIENNE ; à gauche, dans le terrain, *Chazal jeune.*
Dimensions de la planche 0,505 sur 0,350. Dimensions du cadre 0,352 sur 0,327.
Belle planche représentant une musique de la Garde royale prussienne, jouant dans un jardin public.

TABLE DES PLANCHES

Frontispice de Job :
Tambour-Major des Gardes Suisses sous Louis XVI. Tambour-Major d'Infanterie légère sous le Premier Empire. Tambour-Major des Voltigeurs de la Garde sous le Second Empire.
Hoffmann (d'après) : Timbalier de la Musique des Gardes Françaises en petit uniforme, 1786.
Martinet (d'après) : Tambour des Cent-Suisses. Maison du Roi, 1814.
Weiland (d'après) : Officier de Chasseurs (Infanterie légère) en 1808.

TABLE DES MATIÈRES

PREMIÈRE PARTIE

CATALOGUE DES PRINCIPALES SUITES DE COSTUMES MILITAIRES FRANÇAIS PARUES TANT EN FRANCE QU'A L'ÉTRANGER DEPUIS LE RÈGNE DE LOUIS XV JUSQU'A NOS JOURS.

1	Adam (Victor).	Collection des Costumes militaires, Armée Française 1832, représentés dans des sujets de genre.
2	Adam (Victor).	La République Française, la Grande Armée, la Jeune Armée, Garde Nationale, Collection d'uniformes.
3	Adam (Victor).	Costumes de la République, de l'Empire, de l'Armée Française et de l'Armée d'Afrique de 1830 à 1840.
4	Adam (Victor).	Cavalerie de la Garde Impériale du Premier Empire.
5	Adam (Victor).	Cavalerie sous le règne de Louis-Philippe.
6	Adam (Victor).	Armée Française (1844) dessinée par de Luna.
7	Adam (Victor).	Costumes de l'Armée Française (1860-1861-1862).
8	Ambert (J.).	Esquisses historiques des différents Corps qui composent l'Armée Française (1835).
9	Aubry et Loeillot.	Maison du Roi et Garde royale (1816-1817).
10	Aubry (Charles).	Collection des uniformes de l'Armée Française présentées au Roi par S. E. le Ministre de la Guerre, 1823. Edition complète.

11	Aubry (Charles).	Collection des uniformes de l'Armée Française, présentée au Roi par S. E. le Ministre de la Guerre, 1823. Edition réduite.
12	Aubry (Charles).	Collection des uniformes de l'Armée Française, présentée au Roi par S. E. le Ministre de la Guerre, 1828. Edition complète.
13	Baour.	Uniformes de la Garde Impériale du 1er Empire.
14	Bassano (à)	Recueil d'Estampes et de Tableaux.
15	Basset (chez).	Maréchaux de l'Empire et Généraux des Armées alliées.
16	Basset (chez).	Troupes Françaises (1er Empire).
17	Basset (chez).	Troupes Françaises (Restauration).
18	Basset (chez).	Troupes Françaises (Restauration). Planches in-folio.
19	Basset (chez).	Uniformes Français (Restauration).
20	Basset (chez).	Uniformes Français (Règne de Louis-Philippe).
21	Bastin (F.).	Collection d'Uniformes Militaires Français de 1789 à 1855.
22	Bastin (F.).	Uniformes français sous Napoléon Ier, la Restauration et Napoléon III.
23	Bellangé (Hip.).	Uniformes de l'Armée Française depuis 1815 jusqu'à nos jours, 1828-1831.
24	Bellangé (Hip.).	Costumes de l'Armée Française depuis 1830 jusqu'à nos jours, 1831-1832.
25	Bellangé (Hip.).	Cavalerie de l'ex-Garde.
26	Bellangé (Hip.).	Hussards (Restauration).
27	Bellangé (Hip.).	Costumes militaires sous la Restauration.
28	Bellangé (Hip.).	Collection des Types de tous les Corps et des uniformes militaires de la Révolution et de l'Empire.
29	Berka.	L'Armée Française (vers 1809).
30	Bonneville.	Costumes des états-majors de la première République.
31	Bouillé (L. de).	Album de la cavalerie française (1635 à 1881).
32	Canu (chez)	Troupes Françaises.
33	Carle Vernet.	Collection de costumes dessinés d'après nature par Carle Vernet et gravés par Debucourt (1814).
34	Carle Vernet.	Collection de chevaux et de militaires.

35	Charlet.	Costumes militaires (chez Delpech) 1817.
36	Charlet.	Costumes militaires (chez Villain) 1822.
37	Charlet.	Costumes de la Garde Nationale (chez Villain) 1827.
38	Charlet.	Costumes militaires (chez Lasteyrie) 1817 et 1818.
39	Charlet.	La vieille armée française, Infanterie de ligne en 1809, chez Motte.
40	Charlet.	Costumes de l'ex-Garde (chez Delpech).
41	Charlet.	Costumes Militaires Français (chez Delpech).
42	Charlet.	Costumes de corps militaires faisant partie de l'Armée Française avant et pendant la Révolution et de la Garde Impériale (chez Auguste Bry).
43	Charpentier.	Costumes Militaires sous le règne de Louis-Philippe.
44	Charpentier.	Costumes Militaires sous la 2ᵉ République.
45	Chataignier et Poisson.	Costumes militaires et civils sous le Consulat et costumes portés au sacre de Napoléon Iᵉʳ (de l'an VIII à l'an XIII).
46	Jean (chez).	Suite de cet ouvrage, parue chez Jean, rue Jean de Beauvais, de l'an XIII à 1815.
47	Chéreau (chez Mᵐᵉ Vᵛᵉ).	Garde royale.
48	Chereau (F.).	Nouveau recueil des troupes légères de France.
49	Dero Becker (chez).	Galerie militaire (format in-4°).
50	Martinet (chez).	Supplément de la galerie militaire paru chez Martinet-Hautecœur.
51	Dero Becker (chez).	Galerie Militaire. Armées Européennes.
52	Detaille (Edouard).	L'Armée Française. Types et Uniformes.
53	Dullos.	Nouveau recueil des costumes militaires français.
54	Dumarescq (Armand)	Uniformes de la Garde Impériale en 1857.
55	Dumarescq (Armand)	Uniformes de l'armée française en 1861 (troupes de ligne).

56	Duplessis-Bertaux.	Suite de militaires de différentes armes (1807).
57	Engelbrecht (chez).	Costumes des armées Française, Bavaroise et Autrichienne, en 1809.
58	Finart.	Garde royale et maison du Roi.
59	Foussereau.	L'Artillerie française en 1829.
60	Foussereau.	Uniformes de la Garde Nationale, de l'Armée et de la Marine, de 1830 à 1832.
61	Foussereau.	Milices Révolutionnaires sous le gouvernement Provisoire (1848).
62	Gaildrau (Jules).	L'Armée française (1855 et 1856).
63	Garnerey.	Collection des nouveaux costumes des autorités constituées civiles et militaires.
64	Gautier (chez).	Troupes Françaises.
65	Genty (chez).	Troupes Françaises (1814).
66	Genty (chez).	Troupes Françaises (1815).
67	Genty (chez).	Troupes Françaises (1816).
68	Genty (chez).	Tableaux des nouveaux uniformes des troupes françaises en 1816.
69	Grammont (de).	Maison Militaire du Roi (1814).
70	Grandmaison (de).	Fantassins et cavaliers sous Louis XV
71	Grasset-St-Sauveur.	Recueil complet des costumes des Législateurs, des Autorités constituées, civiles, militaires et de la marine.
72	Guérard.	Les exercices de Mars.
73	Hambourg (Le bourgeois de).	Représentation des uniformes de toutes les troupes qui ont été casernées à Hambourg de l'année 1806 à l'année 1815.
74	Hendschel.	Garde Impériale et Royale.
75	Hoffmann.	Costumes militaires suivant l'ordonnance de 1786.
76	Hoffmann.	Costumes militaires de France.
77	Hoffmann.	Costumes de la Cavalerie Française.
78	Hoffmann.	Uniformes du consulat.
79	Horvarth.	Uniformes de l'armée de la République Française.
80	Isnard.	Les nouveaux uniformes de tous les régiments de cavalerie.
81	Isnard.	Les nouveaux uniformes de tous les régiments de Dragons.
82	Isnard.	Etat général de toutes les troupes de France suivant le règlement du 21 février 1779.

83 Isnard.	Régiments de Hussards au service de France.
84 Janet Lange.	Uniformes de l'armée Française en 1847.
85 Job.	Tenues des troupes de France.
86 Juillett (chez).	Nouveau recueil des troupes qui forment la Garde et Maison militaire du Roy, de Monsieur et Mr le Comte d'Artois.
87 Juillett (chez).	Uniformes militaires des troupes françaises et étrangères, de l'infanterie, cavalerie, dragons et hussards, sous le règne de Louis XVI.
88 Knoetel.	Renseignements sur les uniformes.
89 L. (Ch.).	Garde royale.
90 Lalaisse (Hip.).	Album des uniformes de l'armée et de la marine françaises.
91 Lalaisse (Hip.).	Costumes de tous les corps de l'armée et de la marine françaises sous Louis-Philippe Ier.
92 Lalaisse (Hip.).	La jeune armée.
93 Lalaisse (Hip.).	Uniformes de l'armée et de la marine françaises (1848-1852).
94 Lalaisse (Hip.).	L'armée et la garde impériale (1853-1860).
95 Lalaisse (Hip.).	L'armée et la garde imp. (1866-1868).
96 Lalaisse (Hip.).	Costumes militaires sous Napoléon III.
97 Lalaisse (Hip.).	Types militaires (1857-1870).
98 Lalaisse (Hip.).	L'armée française (1875).
99 Lami et Vernet.	1re partie. Collection des uniformes des armées françaises de 1789 à 1814.
100 Lami et Vernet.	2me partie. Collection des uniformes de l'armée française de 1814 à 1824.
101 Lami (Eugène).	Souvenirs du camp de Lunéville.
102 Lami (Eugène).	Collection des armes de la cavalerie française en 1831.
103 Lattré.	Uniformes de l'infanterie française suivant le règlement arrêté par le Roi le 21 avril 1767.
104 Lecomte (Hip.).	Costumes civils et militaires de la Monarchie Française de 1200 à 1820.
105 Lemière (chez).	Costumes militaires français, 1860.
106 Leo (Auguste).	Description de quelques corps composant les armées françaises.
107 Lienhard et Humbert	Les uniformes de l'armée française depuis 1690 jusqu'à nos jours.

108	Mallet.	Garde royale
109	Marbot (de) et Noirmont (de).	Costumes militaires français depuis l'organisation des premières troupes régulières on 1439 jusqu'en 1789.
110	Marbot (de) et Noirmont (de).	2e Partie. Costumes militaires français de 1789 à 1815.
111	Marbot (de).	Tableaux synoptiques de l'Infanterie et de la Cavalerie françaises et des Régiments étrangers au service de la France de 1720 à 1788.
112	Marco de St-Hilaire.	Histoire anecdotique, politique et militaire de la garde impériale.
113	Martinet (chez).	Troupes françaises (1er empire) (1807-1814).
114	Martinet (chez).	Troupes françaises. Restauration. (1814-1816).
115	Martinet (chez).	Troupes françaises. Maison du Roi. (1814).
116	Martinet (chez).	Maison du Roi (1814).
117	Martinet (chez).	Troupes françaises (1816-1822). Garde royale.
118	Martinet (chez).	Garde nationale en 1830.
119	Martinet (Maison).	Uniformes de l'armée française sous Napoléon III (1854).
120	Martinet (Maison).	Album militaire (vers 1857).
121	Martinet (Maison).	Garde impériale et l'armée française (vers 1860).
122	Martinet (Maison).	Costumes des Francs-tireurs et des Volontaires de 1870.
123	Möltzheim (A de).	L'artillerie française.
124	Molztheim (A de).	La nouvelle armée française (vers 1875).
125	Monten (D.).	Les armées d'Europe, représentées en groupes caractéristiques.
126	Montigny (de).	Uniformes militaires, 1772.
127	Moraine (de).	Napoléon III et son armée (vers 1859).
128	Moraine (de).	Album militaire de l'armée française en action.
129	Moraine (de).	Album militaire (cantinières et musiciens).
130	Mouillard.	Armée française. Les régiments sous Louis XV.
131	Noel (chez).	Troupes auxiliaires et Troupes françaises.
132	Noguès.	Garde municipale et Garde nationale
133	Pajol.	Armée française.

134	Pascal (Adrien).	Histoire de l'armée et de tous les régiments.
135	Petit.	Garde nationale en 1830.
136	Potrelle.	Garde des consuls.
137	Raffet.	Costumes militaires, 1825-1826.
138	Raffet.	Uniformes des troupes de ligne.
139	Raffet.	Garde royale.
140	Raffet.	Collection des costumes militaires de l'armée et de la marine françaises depuis août 1830.
141	Raffet.	Napoléon et la Garde Impériale.
142	Raspe (chez).	Recueil de toutes les troupes qui forment les armées françaises, 1761.
143	Raspe (chez).	Uniformes des armées françaises suivant les règlements du Roy, 1775.
144	Richard et Berrieux (chez).	Troupes françaises (1832).
145	Rigo.	Cavalerie française en 1846.
146	Seele, Volz, etc.	Représentation caractéristique des principaux Militaires Européens.
147	Sinnett (chez).	Armée française (1842-1846).
148	Sinnett (chez).	Les cantinières françaises. La musique. La France militaire. La Garde Impériale. La France Maritime.
149	Sorrieu et Fortuné.	L'armée française et ses cantinières, vers 1857.
150	Susane (Louis).	Histoire de l'ancienne infanterie française.
151	Swebach.	Armée française (1831).
152	Tardieu.	Galerie des uniformes des gardes nationales de France (1817).
153	Titeux.	Histoire de la maison militaire du Roi de 1814 à 1830.
154	Vernier.	Costumes de l'armée française de Louis XIV à 1849.
155	Weiland.	Uniformes de l'armée impériale française et de ses alliés en l'an 1812.
156	Wolf.	Armées Française et Étrangères (de 1800 à 1804).

DEUXIÈME PARTIE

CATALOGUE DES SUITES MILITAIRES ÉTRANGÈRES PUBLIÉES EN FRANCE

157	Basset (chez).	Troupes étrangères (1812-1815).
158	Chéreau (chez Mme Vve).	Troupes alliées (1815).

159 Dero Becker (chez). Collection des costumes militaires de toutes les nations.
160 Drancr. Types militaires (1862-1868).
161 Finart. Uniformes des armées alliées, 1814.
162 Finart. Troupes Russes.
163 Genty (chez). Costumes militaires. 1re suite, Infanterie Russe (1815).
164 Genty (chez). Costumes militaires. 2e suite, Infanterie Prussienne (1815).
165 Genty (chez). Costumes militaires. 3e suite, Infanterie Allemande (1815).
166 Genty (chez). Costumes militaires. Infanterie Anglaise (1815).
167 Genty (chez). Tableaux comparatifs des principaux corps militaires Européens en 1815.
168 Godefroi (A.). Armée des souverains alliés, années 1814 et 1815.
169 Martinet (chez). Troupes étrangères.
170 Moltzheim (de). Artillerie européenne (1832).
171 Moltzheim (de). Collection des uniformes actuels de l'Artillerie européenne.
172 Motte (chez). Uniformes de l'armée Turque en 1828.
173 Pajol. Armée Russe (1856).
174 Saint-Fal. Costumes militaires (1815).
175 Sauerweid. Armée Russe (1814).
176 Sinnett (chez). Armée Anglaise, armée Autrichienne, armée Bavaroise, armée Espagnole, armée Napolitaine, armée Prussienne, armée Russe, armée Sarde.

TROISIÈME PARTIE

CATALOGUE DE PLANCHES ISOLÉES
REPRÉSENTANT DES COSTUMES MILITAIRES FRANÇAIS

177 Sans nom d'auteur. Aspect des nouveaux Francs (1796).
178 Bance (chez). Cavalerie Impériale.
179 Basset (chez). Lancier de la garde royale (1814).
180 Basset (chez). Officier de la garde royale.
181 Basset (chez). Garde du corps du Roi.
182 Bastin. Costumes et manœuvres de l'Armée Française (1842).
183 Bastin. Armée française (1848).
184 Blaisot (chez). La Garde Impériale (vers 1859).

185 Charon (chez).	La revue royale (vers 1816).
186 Chéreau (chez Mme Vve).	Garde du corps sous les armes (1814)
187 Cormier du Médic.	Tableau général des uniformes (1826)
188 Engelbrecht (chez).	Troupes du premier Empire.
189 Foussereau.	Lanciers d'Orléans (1830).
190 Gautier (chez).	Maison du Roi (1814).
191 Genty (chez).	La galanterie française.
192 Herzberg (chez).	Français au bivouac.
193 Kleist (de).	Tableaux de l'armée française.
194 Kobell (20).	Troupes françaises en marche. Halte de Hussards, français etc.
195 Kobell.	Tableaux de l'Infanterie et de la Cavalerie française.
196 Lehmann (chez).	Une partie de la garde impériale et royale.
197 Leipsick (à).	Scènes de guerre (1807).
198 Loeillot.	Cortège de Charles X.
199 Mallet.	Hussards (1817).
200 Marchant.	Costumes de l'école de Saumur, vers 1854.
201 Martinet (chez).	Mousquetaires noirs de la garde du Roi (1814).
202 Martinez (chez).	Un corps de garde de la garde nationale (1816).
203 Massé et de Moraine.	La garde impériale (1857).
204 Nantes (à).	Gardes d'honneur formées à Nantes.
205 Perrot.	Costumes militaires français.
206 Seele.	Français. — Français jouant. — Fantassins français transportant un officier blessé. — La surprise mal à propos. — La Retirade des Français (1796). — Avant-poste Français.
207 Zix.	Bivouac de Hussards (1808).

QUATRIÈME PARTIE

CATALOGUE DE PLANCHES ISOLÉES REPRÉSENTANT DES COSTUMES MILITAIRES ÉTRANGERS PARUES EN FRANCE

208 Basset (chez).	Le Russe prenant une leçon de grâce à Paris.
209 Basset (chez).	Anglais et Écossais.

210 Basset (chez).	Rencontre d'anglais à la promenade.
211 Basset (chez).	Réunion d'alliés.
212 Basset (chez).	Soldat anglais achetant des cerises.
213 Finart.	Les alliés à Paris.— La nouvelle mode ou l'Ecossais à Paris. — L'amateur anglais à Paris. — L'Autrichien sentimental.—L'aimable Prussien.—Le Russe en bonne fortune.
214 Gautier (chez).	Est-ce ça? Quelle nouvelle?
215 Genty (chez).	Cosaque de la garde impériale Russe — Hussard de la garde Prussienne. — Garde nationale à cheval de Paris. — Garde noble hongroise de l'empereur d'Allemagne. — Garde du corps Anglais. Porte-enseigne.
216 Genty (chez).	Les alliés à Paris — La danse Allemande ou la galanterie bavaroise à Paris. — Galanterie à la Brunswickoise. — Le galant Ecossais à Paris.
217 Genty (chez).	Les Anglais chez ma tante à Bruxelles.— Divertissement des Anglais en Belgique.—La pudeur alarmée ou les amours Prussiens. — Les Ecossais à Paris ou la curiosité des femmes. — L'embarras du choix ou les Anglais au Palais-Royal. — Bivouac Anglais aux Champs-Elysées. — Groupe de Cosaques. — Le Bivouac Russe ou la provision de jour et de nuit.—Bivouac Prussien au Jardin du Luxembourg ou la déclaration d'amour.
218 Genty (chez).	Costumes militaires anglais.
219 Genty (chez).	La Galanterie Russe.
220 Godefroy	Les souverains alliés à Paris. — Le premier pas d'un jeune officier Cosaque au Palais-Royal.—Les adieux au Palais-Royal ou les suites du premier pas. —Les valets de chambre russes faisant la toilette de leur jeune officier.
221 Martinet (chez).	Costumes Russes.
222 Martinet (chez).	Les Cosaques en bonne fortune.
223 Martinet (chez).	Musique Prussienne.

TABLE CHRONOLOGIQUE

Epoque antérieure à Louis XV, 31, 72, 104, 107, 109, 123, 134, 150, 154.

Règne de Louis XV, 31, 48, 49, 70, 85, 88, 104, 107, 109, 111, 123, 126, 130, 134, 142, 143, 150, 154.

Règne de Louis XVI, 21, 31, 42, 49, 52, 75, 77, 80, 81, 82, 83, 85, 86, 87, 88, 99, 103, 104, 107, 109, 110, 111, 123, 134, 150, 154.

Première République, 2, 3, 14, 21, 28, 30, 31, 42, 49, 52, 53, 63, 71, 78, 79, 85, 88, 99, 104, 106, 107, 110, 123, 134, 154, 177, 192, 194, 206.

Consulat et Premier Empire, 2, 3, 4, 13, 15, 16, 21, 22, 25, 28, 29, 31, 33, 34, 35, 36, 38, 39, 40, 41, 42, 45, 46, 49, 51, 52, 56, 57, 66, 73, 74, 85, 88, 99, 104, 107, 110, 112, 113, 123, 131, 134, 136, 141, 146, 154, 155, 156, 178, 188, 195, 196, 197, 204, 207.

Restauration, 9, 10, 11, 12, 17, 18, 19, 21, 22, 23, 26, 27, 31, 32, 33, 34, 37, 38, 41, 46, 47, 49, 51, 52, 58, 59, 64, 65, 67, 68, 69, 85, 88, 89, 100, 104, 107, 108, 114, 115, 116, 117, 123, 134, 137, 138, 139, 152, 153, 154, 161, 167, 168, 174, 179, 180, 181, 185, 186, 187, 190, 191, 198, 199, 201, 202, 205, 215.

Règne de Louis-Philippe, 1, 2, 3, 5, 6, 8, 20, 21, 23, 24, 31, 43, 49, 52, 60, 84, 85, 88, 90, 91, 92, 101, 102, 107, 118, 123, 125, 132, 134, 135, 140, 144, 145, 148, 151, 154, 170, 171, 182, 189, 193.

Deuxième République, 21, 31, 44, 50, 52, 61, 85, 88, 90, 91, 93, 107, 123, 133, 134, 154, 183.

Second Empire, 7, 21, 22, 31, 50, 52, 54, 55, 62, 85, 88, 94, 95, 96, 97, 105, 107, 119, 120, 121, 123, 127, 128, 129, 133, 134, 148, 149, 160, 184, 200, 203.

Epoque actuelle, 31, 52, 98, 107, 122, 124.

Pour rechercher les costumes militaires d'une époque déterminée, il suffit, à l'aide de cette table, de relever les nos correspondant à cette époque et de se reporter ensuite à la table des matières générale pour trouver à l'aide des numéros les titres des ouvrages à consulter.

ERRATA

Page 1   4ᵉ ligne du titre. Au lieu de Genres il faut Genre.

Page 69   Au n° 45 il faut ajouter à la suite de 7° de Chasseurs les mots (1855-1873). Etendarts 1779-1793-1805-1816-1831).

Page 73   8ᵉ ligne. Il faut : Dimensions des planches 0,238 sur 0,297.

Page 136   Au n° 40 il faut : Spahis. Maréchal des logis français. Soldat arabe.

Page 159   29ᵉ ligne. Au lieu de 1815 il faut 1816.

Page 191   A la suite de la 20ᵉ ligne entre Lyonnois et Isle de France il faut intercaler le Régiment Royal Touraine.

Page 194   Aux nᵒˢ 22 et 24 au lieu de Type du n° 1 il faut Type du n° 3 et au n° 25 au lieu de Type du n° 3 il faut Type du n° 1.

Page 195   Au n° 33 au lieu de Type du n° 3 il faut Type du n° 1.

Page 224   8ᵉ ligne. Au lieu de n° 8 il faut n° 3.
               11ᵉ ligne. Au lieu de n° 9 il faut n° 6.
               40ᵉ ligne. Après Savoie Carignan il faut n° 35.

Page 227   6ᵉ ligne. Au lieu de Rathenon il faut Rathenow.

Page 241   34ᵉ ligne. Au lieu de 1853-1866 il faut 1853-1860.

Page 269   10ᵉ ligne. Au lieu de 5 planches il faut 4 planches.

Page 337   23ᵉ ligne. Au lieu de Douaniers il faut Douanes

Page 354   5ᵉ ligne. Au lieu de Région il faut Légion.

Page 375   Avant dernière ligne. Au lieu de 24 Beace il faut 53 Beauce.

Page 390 25e ligne. Au lieu de Tambour il faut Trombonne.
Page 435 2e ligne. Au lieu de 1864 il faut 1811.
Page 445 31e ligne. Il ne faut pas de point après Prussiennes.
Page 519 10e ligne. Au lieu de Maildrau il faut Gaildrau.
Page 523 7e ligne. Au lieu de 1847 il faut 1857.
Page 557 Au n° 95 au lieu de 1866 il faut 1860.
Page 561 11e ligne. Il faut supprimer (20) après Kobell.

www.ingramcontent.com/pod-product-compliance
Lightning Source LLC
Chambersburg PA
CBHW070357230426

43665CB00012B/1152